LE SUCCÈS DU SÉNÉGAL

Un enjeu pour le devenir de l'Afrique et de l'Europe

Allé Nar Diop & Yves Dalmau

LE SUCCÈS DU SÉNÉGAL

Un enjeu pour le devenir de l'Afrique et de l'Europe

Manuel d'économie pour gouverner, réformer et étudier

Deuxième édition mise à jour et enrichie, avec en sus une annexe académique

Préface du Pr Jean-Marc Daniel

Avant-propos du Pr Chérif Sidy Kane

L'Harmattan Sénégal

Des mêmes auteurs

Allé Nar Diop et Chérif Sidy Kane
Théorie des jeux et pratiques politiques
L'Harmattan 2025

Yves Dalmau et Pierre Lunel
Parents sauvez vos enfants ..et l'école avec
Albin Michel 2008

10 VDN, Sicap Amitié 3, Lotissement Cité Police, DAKAR

http://senharmattan.com
direction@senharmattan.com

ISBN : 978-2-336-52858-8
EAN : 9782336528588

DÉDICACES

Allé Nar Diop

À mes chères jumelles, Adama et Awa, qui entament avec passion leur parcours d'économistes, symbole d'espoir, de rigueur et d'engagement pour l'avenir. À tous les économistes, ces bâtisseurs silencieux du progrès, qui œuvrent sans relâche pour le développement économique et social des nations. Puissent leurs efforts contribuer à faire du succès du Sénégal un levier pour le devenir de l'Afrique et de l'Europe.

Yves Dalmau

A Mon père, qui a dirigé une importante usine de chaussures et qui m'a initié à l'art de produire,

Allé Nar Diop et Yves Dalmau

A tous les contributeurs au PIB du Sénégal, pêcheurs, mareyeurs, agriculteurs, artisans, industriels, hôteliers, enseignants, et biens d'autres, ainsi qu'à leurs représentants, les responsables des organisations professionnelles, qui nous ont ouvert leurs portes pour que nous puissions écrire ces lignes à partir du réel. Des remerciements particuliers pour **Ibrahima Sall**, mareyeur, cheville ouvrière du secteur de la pêche, pour **Boubacar Sabaly**, hôtelier, Président de la fédération des offices de tourisme et syndicats d'initiative, militant infatigable du tourisme, et pour **Grégoire Ngom**, agriculteur charismatique à Ndiaganiao, qui nous a guidé dans les arcanes de l'agriculture et des communautés rurales du pays.

A Fatim Deme, Mame-Saye Diop, Suwadu Sakho-Jimbira, qui nous ont aidé dans l'organisation des visites de terrain et dans l'analyse des causes profondes des difficultés relevées.

0.1 Nota bene pour la deuxième édition : Réformes, ne pas tergiverser - New

La première édition de ce livre est parue au tout début de 2024, avant la dernière élection présidentielle. Nous démontrions, nombreuses enquêtes de terrain à l'appui, que les difficultés du Sénégal tenaient avant tout à ce que le pays était bloqué, parce que des réformes, repérées pourtant comme indispensables depuis longtemps, n'étaient toujours pas engagées.

La liste en était longue et concernait tous les domaines de la vie économique, avec comme fil rouge un pays où l'Etat tient une place excessive, stérilisante, où le secteur privé est atone et l'économie de marché biaisée.

Nous passions ainsi longuement en revue l'origine des faiblesses récurrentes de l'agriculture, avec comme premières explications le statut du foncier et l'absence de vraies coopératives, les résultats dramatiquement insuffisants du système de formation, ou encore le défaut d'aménagement du territoire.

Nous proposions des réformes structurelles, et surtout la façon de les conduire à bien, de manière non technocratique mais inclusive, tant pour l'agriculture et l'école donc, que pour le secteur informel, le tourisme, la pêche ou le développement des industries.

Quoi de neuf dans cette édition de 2025 ? Cinq choses, en une centaine de pages supplémentaires.

Elle fourmille d'abord d'informations complémentaires et récentes, qu'illustrent de nombreux tableaux et photos, sur l'état du pays réel, relevées de Guet Ndar à Kafountine, notamment sur la pêche, l'agriculture, l'urbanisme, et les finances, car ce livre est avant tout un voyage dans les territoires, yeux et oreilles grands ouverts.

Elle comporte ensuite des rapprochements entre les réformes que nous suggérions dans la première livraison et les premières annonces et mesures du nouveau gouvernement, dont plusieurs d'entre elles montrent que, manifestement, parmi les lecteurs de cette version initiale, se trouvent des membres de l'équipe qui a accédé au pouvoir au printemps 2024.

Mais, sur ce chapitre des réformes en cours ou annoncées, cette édition met aussi en garde, un an après, contre tout ce qui, pour des motifs divers, conduirait à de l'attentisme ou à des demi-mesures, car il y a bien urgence à réformer, d'autant plus que ces premiers mois de 2025 sont ceux de la découverte d'une situation financière dégradée, qui accentue l'obligation de produire plus de richesses, ce que les structures héritées du Sénégal des années 60, toujours en place pour l'essentiel, ne permettront pas.

C'est là, concernant ces pratiques prédatrices, surréalistes, en matière de finances publiques, la troisième nouveauté de cette édition, puisque nous suggérons les réformes à apporter à l'organisation et au fonctionnement de l'État pour que les errements qui n'ont pas fini de défrayer la chronique ne puissent plus se reproduire.

On y fait également, quatrième apport, l'analyse des opportunités que le Sénégal peut tirer de la guerre commerciale que viennent de déclencher les Etats Unis. On assite en effet à un véritable basculement du monde, avec le retour au premier plan de l'économie réelle, mettant fin à une longue séquence de domination de la finance et de l'éclatement des chaines de valeur, retour à l'économie de production qui concerne en premier lieu le Sénégal, qui doit prendre le virage des manufactures avec résolution, ce qui suppose de la méthode, méthode que nous détaillons, car en la matière rien ne sera donné.

Elle s'enrichie enfin, cinquième nouveauté, d'une partie plus académique, à destination notamment des étudiants, où l'économie sénégalaise est appréhendée entre autres au travers de la matrice de comptabilité sociale, des relations entre propriété, droits et libertés, des outils de mesure de l'efficacité de l'investissement (ICOR), ou encore des analyses de la croissance selon l'approche du modèle de Kalecki.

Nous avons en effet décidé de relever cette gageure qui consiste à articuler dans le même ouvrage une approche empirique et une approche théorique, permettant aux praticiens de l'économie et aux universitaires de vérifier la cohérence des deux démarches.

Le texte initial n'a pas été modifié, et tous ces ajouts, plus de 80, sont encadrés et écrits avec la police de ce nota bene, permettant de les identifier facilement, y compris dans la table des matières, où ils figurent signalés par « New ».

0.2 Et l'année 2025 ? New

La fin de l'année 2024 a été bonne du point de vue des chiffres de la croissance. A cela s'est ajoutée la volonté fermement exprimée par les nouvelles autorités de conduire enfin les réformes indispensables aux ambitions légitimes du pays.

Sur la base de ces deux données, l'Assemblée générale des Nations Unies, le 19 décembre 2024, a considéré que le Sénégal pouvait être inscrit sur la liste des pays qui ont les atouts pour quitter, d'ici 5 ans, le groupe des PMA, les pays les moins avancés.

Tel est bien la conviction des auteurs, qui ont intitulé leur livre « Le Succès du Sénégal », et qui, connaissant le pays dans ses moindres recoins, voient bien que ce classement au sein du groupe des PMA n'a rien de normal, et peut être sans aucun doute rapidement dépassé.

0.3 Patatras - New

Mais voilà, **patatras** ! juste avant de mettre sous presse, on vient de lire le rapport de la Cour des comptes qui nous indique qu'entre 2019 et 2023 le déficit budgétaire a été en moyenne le double de celui déclaré, 12,3 % contre 4,9 %, et que la dette publique représente désormais 100 % du PIB, voire plus, au lieu des 70% affichés.

Il va donc falloir faire des économies.

Les marges de manœuvre existent, surtout du côté du train de vie de l'État. La chasse au gaspi a d'ailleurs commencé avec une sérieuse décrue des dépenses de fonctionnement en ce début d'année 2025 (- 8 % par rapport au 1er trimestre de 2024)

La chasse à l'argent détourné, dont les montants ne sont manifestement pas anecdotiques, aidera grandement aussi.

Il faudra bien entendu produire plus. Et là également il y a des marges de progrès INTERNE à gagner, comme nous le montrons, secteur par secteur, tout au long de ces 500 pages, **à condition de conduire les bonnes réformes.**

L'État-Sumo - New

Au-delà de la réduction de son train de vie, Il va falloir aussi réformer profondément les structures mêmes de l'Etat. Deux seuls exemples à cet endroit illustrent son embonpoint. La masse salariale de la fonction publique a augmenté de 75 % entre 2019 et 2023 ! Le ministère de l'agriculture quant à lui regroupe quelques **64** bureaux, cellules, directions, établissements, agences, concourant à la planification de l'agriculture du pays, ce qui ne peut déboucher, comme l'écrit ingénument le ministère qu'à « *un manque de coordination dans les interventions, le département ministériel restant caractérisé par l'existence d'une multitude de projets et programmes dont les interventions sont dispersées, peu coordonnées et n'ont pas encore induit les impacts escomptés.*

A 64 on ne s'en étonne pas ! On est plus prêt du Sumo que du coureur de fond.

Ces graves incidents financiers, loin d'être un obstacle aux changements structurels dont le pays a besoin, en renforcent l'urgence, car il faut plus que jamais, insistons, produire plus de richesses pour se désendetter sans s'enfoncer dans encore plus d'austérité, reproduisant alors les erreurs des plans structurels du siècle précédent, sur lesquels nous revenons longuement.

0.4 L'Agriculture et la Pêche, les deux mamelles du Sénégal : des Réformes profondes y sont nécessaires et pressantes ; une maison solide repose sur de bonnes fondations - New

Pour une économie pleinement prospère tous les secteurs sont importants, le bâtiment comme l'agriculture, le tourisme comme l'industrie, l'artisanat comme les communications.

Si au Sénégal bien des secteurs sont à la peine, comme l'industrie et le tourisme, les difficultés de deux d'entre eux nous paraissent particulièrement cruciales et mériter une attention toute particulière, nous désignons la pêche et l'agriculture.

Ces deux secteurs sont primordiaux non seulement parce qu'ils nourrissent le peuple, non seulement parce que lorsqu'ils dysfonctionnent ils coûtent chers en importations, non seulement parce qu'ils jouent un rôle décisif dans l'aménagement du territoire, non seulement parce qu'ils sont porteurs de valeurs et de cultures, c'est-à-dire de civilisation, non seulement par les emplois qu'ils offrent, mais tout autant parce qu'ils impriment leur marque de manière fondamentale à la société : lorsque l'agriculture (et l'élevage), et lorsque la pêche (et l'aquaculture) sont en retard, le pays est en souffrance.

On ne le relève pas suffisamment, l'agriculture et la pêche ont été dans toutes les sociétés modernes des domaines d'activité qui ont fait plus que participer au progrès, ils en ont été l'aiguillon.

Regardez comment depuis longtemps la modernité européenne et américaine c'est d'abord celle de leur agriculture et de leur pêche, et comment depuis peu c'est aussi le cas pour la Chine, le Vietnam, ou le Maroc. Ne l'oublions pas, même la première révolution industrielle, en Angleterre, il y a 4 siècles, a commencé par une révolution agricole, celle des enclosures, qui a mis fin à un système communautaire, comme nous le relatons plus loin.

Moderniser la pêche et l'agriculture au Sénégal c'est donc bien plus qu'agir sur leur poids dans le PIB, c'est œuvrer au progrès de toute la société. Lorsque ces deux branches de l'économie sortiront de leur retard, de l'informel, ce sont toutes les activités qui seront entrainées vers le haut, y compris les nombreux secteurs industriels qui y trouveront des débouchés : machinisme agricole, engrais, semences, bateaux, équipements pour le froid et l'irrigation, conserveries, génie civil, informatique professionnelle, etc.

Voilà pourquoi cette nouvelle édition ajoute de nombreuses informations sur ces deux secteurs et précise ce que devraient être les réformes vigoureuses, fondamentales, à y conduire.

Nous avons bien noté la volonté d'aller de l'avant de la part des autorités. Il reste à passer à l'acte. Les professionnels y sont prêts, puisque d'éminents représentants de ces deux filières signent ces quelques lignes avec les auteurs.

Dieng Gaye, Secrétaire général de la Fédération des producteurs maraichers des Niayes. Seynabou Dieng, Présidente du GIE Kaay Baakh de Kafountine, (transformation du poisson). Thierno Mbengue, Président de l'Association nationale des Mareyeurs du Sénégal (ANAMS). Khadidiatou Sarr, Présidente de l'Association Nationale des acteurs de la filière aquacole (ANAFAS). Mar Ndaw, Coordonnateur national des Comités locaux de pêche artisanale (CLPA

0.5 PREFACE

Jean-Marc Daniel

Professeur émérite de l'École supérieure de commerce de Paris

S'intéresser à un pays africain, c'est, par définition, s'intéresser à l'avenir du monde. En effet, la jeunesse mondiale est africaine alors que la vieillesse est asiatique ou européenne. Normalement, cet atout considérable qu'est la jeunesse devrait favoriser en Afrique une croissance vigoureuse rappelant celle qu'ont connue la Chine et les autres pays émergents dans leur phase souvent récente de décollage. Avant les perturbations de l'économie mondiale dues à la COVID 19, puis à la guerre contre l'Ukraine engagée par la Russie, selon les chiffres du FMI, la croissance de l'Afrique subsaharienne est passée de 1,4% en 2016 à 2,8% en 2017 et 3,4% en 2018. Derrière ces chiffres, il y a évidemment des situations contrastées. En 2018/2019, on constatait les 8% de croissance de l'Éthiopie, depuis malheureusement rongée par une nouvelle guerre civile, du Ghana, désormais en difficulté car en cessation de paiement et en négociation avec le FMI ou encore de la Côte d'Ivoire. Simultanément, on assistait au naufrage du Sud-Soudan et à l'hyperinflation du Zimbabwe.

Une interprétation précise de ce que vit et devrait vivre l'Afrique subsaharienne suppose que l'on revienne sur les différentes composantes de la croissance. Celle-ci est en effet la somme de trois éléments : une croissance tendancielle, connue sous le nom de « croissance potentielle », un cycle économique et des facteurs aléatoires, souvent d'origine politique comme ceux qu'a connus l'économie mondiale après 2019. Ce que montrent les dernières années, c'est que la politique économique, supposée apporter des réponses cohérentes au cycle et être capable d'en atténuer l'impact, est de moins en moins efficace. Chaque nouvelle récession suscite des niveaux de déficit budgétaire de plus en plus élevés un peu partout dans le monde avec des résultats sur la croissance de plus en plus mitigés. Il en résulte une accumulation de dettes publiques inquiétante à laquelle l'Afrique contribue au point d'être de nouveau menacée par une crise de la dette rappelant celle de la décennie perdue des années 1980. Bien qu'elle ait redressé sa situation financière après cette crise de la dette des pays dits alors en voie de développement, elle connaît de nouveau une dérive de ses finances publiques. Dans trois pays (l'Angola, le Gabon et le Nigéria), le service de la dette absorbe plus de 60 % des recettes publiques. Or, le point commun de ces trois pays est qu'ils sont producteurs de pétrole. L'accroissement rapide de leur endettement provient de leur volonté probablement vaine d'amortir par les dépenses publiques les conséquences sur le niveau de vie de leur population de l'évolution erratique du cours des hydrocarbures. En revanche, les pays qui font la course de la croissance en tête ne sont pas des pays pétroliers. Ces pays ont fait le choix d'une insertion accrue dans le marché mondial et de dispositions favorables à l'investissement étranger. Leur but est clairement d'assurer un renforcement de leur potentiel de croissance par des gains de productivité et non par l'exploitation à courte vue d'une rente minière. Ils tirent non seulement la croissance de l'Afrique mais aussi de plus en plus celle de l'économie mondiale. C'est en particulier le choix du Sénégal, dont les auteurs du texte qui suit ont expertisé de façon détaillée les forces et les faiblesses.

Il y a 145 ans, en 1878, le journaliste américain Henry Morton Stanley publiait son deuxième best-seller sur ses expéditions africaines. Paru en français en 1879 sous le titre « *A travers le continent mystérieux* », ce texte marque les débuts de la dynamique coloniale qui s'organise au sommet de Berlin de 1884 et marque tristement le destin africain. A ce sommet de Berlin, auquel participe en acteur secondaire la France vaincue en 1871, le chancelier allemand Otto von Bismarck aurait déclaré « *Faisons en sorte que les Français aillent oublier sur les rives du Congo celles du Rhin* ». Il en est résulté pour l'Afrique un siècle d'abaissement pendant lequel elle a été étouffée par ces deux aberrations économiques et morales que furent le colonialisme et le communisme marxiste. Aujourd'hui, enfin sortie de ces deux drames, elle entre dans une phase de rattrapage à l'instar de l'Europe des années 50, du Japon des années 60 ou de la Chine des années 80.

Alors que la croissance potentielle des économies les plus avancées tend à marquer le pas, c'est le décollage des pays émergents qui est appelé à nourrir la croissance de long terme de l'économie mondiale. Et ce décollage repose maintenant de plus en plus sur l'Inde d'une part mais surtout sur l'Afrique, à une époque où la Chine digère son expansion passée et où l'Amérique latine se détruit dans la survivance d'un marxisme à la fois folklorique et dévastateur. Certes, la situation africaine reste fragile. Comme le soulignait le FMI dans un rapport récent :

« *Les facteurs de vulnérabilité ont augmenté dans la région, notamment en raison de la hausse de la dette publique et des tensions dans le secteur financier (...) Ces facteurs de vulnérabilité sont aggravés par l'incertitude politique qui résulte d'un manque de clarté quant à l'orientation future de la politique économique, notamment dans certaines des plus grandes économies de la région, telles que le Nigéria ou l'Afrique du Sud. Cela pèse sur la confiance des consommateurs et des investisseurs.* »

Il n'en reste pas moins que l'Afrique est un énorme réservoir de croissance du fait de la jeunesse de sa population et de l'insertion croissante de son économie dans la mondialisation, même si l'Afrique ne représente encore que 2 à 3% du commerce mondial. Pour les Français, tant hommes d'affaire que dirigeants politiques, cette évidence devrait prendre plus d'importance dans la mesure en particulier où l'Afrique est le lieu de développement par excellence de la francophonie. Quant au Sénégal, pays francophone assuré d'une certaine stabilité économique et monétaire par son appartenance à la zone franc et d'une certaine stabilité démocratique par ses institutions et par ses traditions historiques, il peut et doit être un élément clé de l'avenir africain. Il est temps pour la France de redécouvrir les rives du Congo et les rivages de l'Atlantique sans oublier pour autant le Rhin. Et en ce sens, le livre du professeur Allé Niar Dop et d'Yves Dalmau est à marquer d'une pierre blanche pour ce qu'il apporte tant aux Sénégalais qu'aux Français.

0.5.1 L'Economie plaisir - New

Si jusque-là vous trouviez l'économie rébarbative, allez sur YouTube pour écouter les nombreuses conférences et interviews de Jean-Marc Daniel. C'est l'économie-plaisir, l'économie savoureuse. Son talent de pédagogue n'a d'égal que sa profonde culture.

Car cet ingénieur-universitaire, diplômé de l'école Polytechnique, sait à quel point l'économie, quand on veut en comprendre les mécanismes les plus profonds, ne se réduit pas à des modèles sommaires, mais résulte de l'entrelac de toutes les sphères de la société humaine.

En démêler les fils comme il le fait suppose une excellente connaissance de l'histoire économique, et d'avoir une grille de lecture pertinente. JMD est un libéral classique. Libéral, parce qu'il est un partisan ardent de la liberté d'entreprendre, de la libre circulation des capitaux et des hommes, de l'économie de marché, de la concurrence, parce qu'il plaide pour un Etat modeste, et Classique, parce qu'il met le travail au centre de la production des richesses contre toutes les théories de la facilité monétaire et de leurs lots de déficits, publics et commerciaux.

Sa jovialité de bordelais d'origine, les nombreuses anecdotes dont il sait pimenter ses récits, ajoutent à la qualité exceptionnelle de ses prestations.

C'est pour nous un grand honneur qu'il est bien voulu préfacer notre livre.

0.6 AVANT-PROPOS

Chérif Sidy KANE
Professeur agrégé de Sciences Économiques
Doyen de la Faculté des Sciences Économiques et de Gestion (FASEG)
Université Cheikh Anta DIOP (UCAD) DAKAR

À travers des analyses approfondies, accompagnées de théories et d'illustrations concrètes, le Professeur Allé Nar Diop et Yves Dalmau montrent comment le succès du Sénégal peut être un enjeu pour l'Afrique et pour l'Europe. Au-delà de l'orientation pédagogique, ce manuel, conçu pour les décideurs publics, révèle en réalité l'ambition et l'engagement des auteurs pour l'émancipation économique du Sénégal et de l'Afrique, n'hésitant pas un instant à aller à contrecourant des idées en vogue de la pensée ultra-libérale, du « laisser-faire laisser-aller », mais plaidant pour une économie de marché vigoureuse mais régulée. La magie de cette œuvre est qu'elle a su regrouper diverses réflexions brutes, au total vingt-six (26) thèmes, en un ensemble cohérent et intemporel, suivant un fil conducteur qui montre à la fois la nature des crises et la recherche du développement dans tous les secteurs d'activités.

Toutefois, Diop et Dalmau ne manquent pas de s'interroger sur les théories économiques de la croissance et du développement dans le but de cerner, d'une part, la diversité des référentiels et d'autre part, d'orienter les décideurs dans l'élaboration de programmes et stratégies qui permettent de sortir les populations du chômage et de la pauvreté. En effet, ils estiment que les courants de pensés, de par leur degré d'abstraction croissant, n'offre pas assez d'outils opérationnels aux acteurs politiques, et les approches formelles ou mécaniques des organisations internationales écartent de plus en plus les acteurs de l'économie réelle (artisans, agriculteurs, commerçants, entrepreneurs..., etc.) du processus d'émergence économique.

Ainsi, à travers les vingt-six (26) thèmes abordés et qui touchent tous les secteurs de l'économie, les auteurs reconnaissent que la seule croissance économique ne peut constituer une solution intégrale aux problèmes économiques et sociaux des pays africains en général et du Sénégal en particulier. L'enseignement à en retirer est que les référentiels théoriques, qui constituent les soubassements des politiques économiques, doivent être considérés dans leur diversité, leur contestabilité, et utilisés dans cette perspective.

Fort de ce constat, l'ouvrage nous conduit évidemment à analyser diverses thématiques avec une lucidité qui caractérise les esprits libres. Sur la base d'une démarche pragmatique et se fondant sur les réalités du terrain, des besoins quotidiens des citoyens (le travail, le logement, la santé, la consommation, l'éducation et la formation, le transport, la gouvernance des institutions), cet ouvrage cherche à formuler des politiques économiques ou des recommandations susceptibles de transformer radicalement et de manière durable la société sénégalaise. Abordant, la question agricole, un des thèmes qui regroupe plus de 70% de la population active du Sénégal, les auteurs mettent l'accent sur quatre aspects essentiels :

- Les perspectives de la production alimentaire dans un contexte de changement démographique, d'urbanisation et de croissance économique.
- La production potentielle face à la forte croissance de la demande alimentaire et aux changements climatiques.
- L'emploi et les activités économiques générées dans le monde agricole.
- La création d'un cadre de gouvernance institutionnel qui favorise le développement des investissements et la transformation structurelle du secteur agricole.

La particularité de l'ouvrage de Diop et Dalmau est qu'il s'adresse aux élites politiques sénégalaises et africaines qui doivent maintenant sortir de l'enfermement dans lequel le monde occidental et les organisations internationales veulent les maintenir. Ces deux auteurs ont le mérite de dégager des pistes de réflexion qui permettent aux décideurs, aux intellectuels et aux chefs d'entreprise sénégalais d'avoir une nouvelle orientation pour construire « ***une vision nationale commune, endogène et souveraine*** », capable de fédérer les forces vives de la nation et de les préparer aux différentes mutations scientifiques, climatiques, économiques, politiques et sociales. En réalité, cette nouvelle vision dégagée par les auteurs devrait aboutir à l'édification d'une économie performante de croissances ; l'orientation de cette croissance dans le sens de la satisfaction des besoins de base, c'est-à-dire les besoins de se nourrir, se loger, se former et se soigner ; le respect de l'égalité des chances de tous les citoyens dans un système démocratique concurrentiel ; l'instauration d'un modèle de justice sociale et de répartition équitable des fruits de la croissance et la participation des populations, par le biais de la décentralisation, à la définition et à l'exécution du projet collectif (Kasse, 2021).

Sans nul doute, cet ouvrage sera utile à l'universitaire en quête d'un regard sans complaisance sur les problématiques économiques, à l'étudiant qui cherche à affiner sa connaissance théorique et générale en économie, au décideur politique qui y trouvera une multitude de réflexions pratiques par rapport à la plupart des défis auxquels sont confrontées les économies et les gouvernants africains et enfin à toute personne désirant acquérir une culture générale en économie à travers une lecture à la fois rigoureuse et accessible.

0.6.1 Pour le pays - New

Sidy Kane a une très grande responsabilité. Il forme les économistes et les gestionnaires qui demain, dans le privé ou le public, prendront en charge les affaires du pays.

Sacrée mission ! Il doit en effet leur enseigner les théories de l'économie, qui permettent grâce à des modèles de cerner ses mécanismes, également l'histoire de l'économie, car l'histoire est le laboratoire des économistes, et encore l'histoire de la pensée économique, grâce à laquelle on comprend comment la science économique s'est progressivement élaborée, tout en leur apprenant à confronter en permanence leurs savoirs académiques aux rudes réalités de la production et des marchés.

C'est en effet de ces allers-retours entre le tableau noir et la vie matérielle, entre l'ordinateur et ses revues de littérature et le terrain, que se forgent non seulement des savoirs solides, mais la capacité à agir avec pertinence une fois aux responsabilités.

C'est une tâche décisive pour l'avenir du pays, pour qu'en particulier les économistes qui seront dans l'appareil d'Etat soient en osmose avec les producteurs et les consommateurs, bref avec le peuple.

C'est là toute la noblesse et la complexité de cette mission de responsable universitaire que Sidy Kane assure avec le brio de l'éminent professeur agrégé et l'âme du citoyen totalement mobilisé pour la prospérité de son pays. Car la seule vraie tâche des économistes et de proposer des chemins pour réduire la pauvreté.

Sidy Kane, quant à lui, appartient au courant de pensée dit de « la Régulation », qui considère que les mouvements économiques de chaque pays, leur croissance et leurs crises, dépendent en bonne partie de ses propres institutions. Nous le pensons aussi, et c'est pourquoi nous indexons deux institutions sénégalaises, qui nous paraissent très problématiques, la logique des biens communs, et son corollaire, un Etat omnipotent.

Notre livre se veut l'expression de cette dialectique entre théorie et pratique. C'est pourquoi nous sommes fiers que le Professeur Sidy Kane est accepté de le parrainer et de le recommander à ses étudiants.

0.7 PROLÉGOMÈNES

Senghor, la Négritude, Molière, la Chine

« La force du baobab est dans ses racines ».

Proverbe africain

Ce livre parle d'économie. Comment le Sénégal peut-il réussir son émergence ? Mais l'économie n'est qu'une des composantes d'une société qui se caractérise toujours, fondamentalement avant tout, par ses valeurs.

Celles du Sénégal sont multiples, mais convergentes. Ce sont d'abord celles portées par ses confréries, la valeur travail et la place donnée à la culture et à la formation chez les Mourides et les Tijanes, ce sont les valeurs attachées à l'esprit de communautés propres à l'Islam, c'est aussi celle de la justice sociale portée par les socialistes sénégalais dont Mamadou Dia fut un des porte-paroles les plus éminents, celles défendues par l'universitaire Cheikh Anta Diop dont les travaux multidisciplinaires ont visé à recentrer, à se réapproprier, à mettre en lumière l'histoire millénaire de l'Afrique, et bien entendu celles exprimées par son premier Président, Léopold Sédar Senghor, dans ses écrits et dans sa vie.

Chantre de la Négritude, c'est dans la langue de Molière qu'il a chanté la beauté et les forces de son pays. Chrétien président d'un pays très majoritairement musulman, socialiste qui a ancré son pays dans le camp libéral au moment des indépendances, il est une des expressions les plus marquantes de cette attitude féconde qui consiste à questionner sa culture avec celle des autres pour lui donner toute sa plénitude. En cela, il appartient à la catégorie des leaders dont les racines, loin d'être un argument de repliement, sont au contraire les bases nécessaires pour l'ouverture à l'universel.

Cette relation positive, désaliénée à l'égard de la francophonie, est largement partagée par nombre d'intellectuels, comme l'écrivaine tunisienne Emna Belhaj Yahia, qui dit que plus elle pénétrait l'univers de la langue française, plus elle apprenait à mieux comprendre son premier univers arabe, car la dualité permet de mieux connaître le monde et donc de mieux le maîtriser.

Au Sénégal, on considère par exemple que la Déclaration des droits de l'homme et du citoyen de 1789 n'est pas un texte d'aliénation parce que français, mais un texte universel appartenant à l'humanité, qui figure donc légitimement dans le préambule de la constitution du pays. Le sentiment religieux y est profond, mais la laïcité y est vigilante. Tel est ce pays qui sait en permanence nourrir ses profondes racines de sa curiosité sans tabou et de son ouverture au monde.

C'est là un gage de succès en économie. Car s'il y a une leçon à retenir de ce qu'on appelle le miracle chinois, qui n'en fut pas un, mais le résultat d'une stratégie, c'est bien cela, s'ancrer dans sa civilisation pour bénéficier efficacement des apports du monde. C'est dans le retour à Confucius, morale humaniste fondatrice de la civilisation chinoise, qui prône l'harmonie sociale, la primauté du collectif et la perfection personnelle par la connaissance, que le pays a trouvé les ressorts de son élan pour capter sans se renier tout ce que le monde pouvait lui donner.

La réussite économique du Sénégal sera donc aussi celle de la démocratie, de la tolérance, de la laïcité, lui qui n'a connu ni guerre inter-ethnique, ni guerre religieuse, ni coup d'État depuis les indépendances.

Sortir de la pauvreté n'est donc pas chose aisée quand on est un pays du Sahel dans un environnement instable. Et pourtant, il en prend aujourd'hui le chemin.

Mais il n'aboutira pleinement que s'il se libère du choix d'une voie par trop étatique, qui l'a jusqu'ici en partie entravé, au profit d'une pleine économie de marché qui donne toute sa place à l'initiative de ses entrepreneurs, dans l'industrie comme dans l'agriculture, laquelle doit être entièrement refondée par des changements radicaux en matière foncière, et que s'il bâtit le système de formation qui lui fait défaut encore aujourd'hui. Ce livre repère les blocages et les lacunes de son économie et détaille les mesures concrètes à prendre pour les dépasser. Il est un manuel pour l'action.

L'échec du Sénégal serait lourd de conséquences pour le modèle démocratique et libéral africain, et donc pour l'Europe.

0.8 Fluctuat nec mergitur (*Il est battu par les flots mais ne coule pas*) - New

En 2011, le Président Wade a tenté d'apporter une modification à la Constitution qui aurait abouti à faire élire le Président de la République dès le premier tour avec 25% des voix. La réaction de l'opinion publique a été d'une telle vigueur qu'il a dû y renoncer.

Son successeur, le Président Macky Sall a eu une tentation similaire, en envisageant de se présenter à un troisième mandat, pourtant explicitement interdit, hypothèse cette fois-ci aussi massivement rejetée par le pays, mais hélas accompagnée, en rupture avec ses traditions humanistes, d'un très lourd bilan humain, de plus de 60 morts, qui auraient non seulement dû mais pu être évitées.

Mais encore une fois l'attachement du pays à la démocratie a fini par imposer le respect de la Constitution, et des élections transparentes ont pu se dérouler normalement. Le résultat des urnes a été respecté et la transmission du pouvoir, malgré ce lourd bilan humain, s'est déroulée selon la tradition républicaine.

0.9 Le pont aux Ânes des anticapitalistes

> *« L'apiculteur était communiste par amour des abeilles dont il admirait l'organisation. La reine lui posait un problème ».*
> Gilbert Cesbron

Chaque diatribe anticapitaliste est désormais précédée d'une proclamation dans ses convictions « sociales, écologiques et féministes ». C'est le cas du journaliste Pape SÈNE, qui est présenté par le Journal le Monde, auquel il accorde une interview (21/12/2022), comme un des « *animateurs les plus affûtés de la vie politique au Sénégal* ». Comme si le capitalisme donc était par essence antiécologiques, antiféministe et antisocial.

Rappelons quelques faits. Le féminisme. Deux des pays parmi les plus capitalistes, l'Angleterre et l'Allemagne, ont été dirigés pendant des décennies par deux femmes, Margaret Thatcher et Angela Merkel qui, par leur seul leadership, ont fait plus pour l'égalité entre les femmes et les hommes, pour combattre les préjugés, que bien des déclarations enflammées.

Les géants de l'électroménager ont sûrement gagné beaucoup d'argent avec le frigo et le lave-linge. Qui s'en plaindra ? Sûrement pas les femmes qui jusqu'ici lavaient le linge à la main ou qui ne savaient pas comment conserver leurs aliments. Une des premières priorités des familles sénégalaises n'est-elle pas de pouvoir accéder enfin à ces équipements ménagers de base ? Les marques de l'électroménager ont fait plus pour libérer la femme de ses tâches et aliénations ancestrales que bien des discours.

Pendant des décennies, les mouvements féministes liés à l'extrême gauche ont considéré qu'il n'y aurait de véritable libération des femmes qu'avec la disparition du capitalisme, qui était dénoncé comme étant la matrice même du patriarcat. Heureusement que les femmes n'ont pas attendu la chute du capitalisme pour voir leurs droits sensiblement progresser.

L'écologie. N'est-il pas surprenant, alors qu'on accusait le Capital d'être drogué au pétrole, de voir avec quelle vigueur il s'investit dans l'économie verte : batteries, éoliennes, panneaux solaires, hydrogène vert, voitures et vélos électrique. On peut certes dire que le capitalisme, qui est toujours à la recherche de nouveaux marchés, se jette sur l'économie verte pour renouveler ses occasions de profit. Mais si c'est pour décarboner le développement, qu'y a-t-il à redire ?

Les écologistes liés à l'extrême gauche servent aujourd'hui le même discours que les féministes cette fois sur la sauvegarde de la planète, qui ne serait possible qu'avec la fin de l'économie de marché. On voit bien que c'est le même vice de raisonnement qui est à l'œuvre, et qu'au contraire, un État régulateur, qui établit les normes, peut s'appuyer sur la dynamique du marché pour décarboner l'économie, et qu'au contraire, là où ces entreprises n'existent pas, c'est l'ancien monde qui perdure.

Le social ? Déjà, Henry Ford l'avait compris. S'il voulait que la production de masse de ses voitures trouve preneurs, il fallait des salariés suffisamment bien payés pour les acheter. S'il est vrai qu'il a fallu souvent tordre le bras au capitalisme pour qu'il partage convenablement la valeur, c'est bien dans les pays les plus emblématiques du capitalisme que les lois sociales, la fiscalité redistributive, les services publics, les syndicats de travailleurs sont les plus développés.

Le féminisme, le social, l'écologie n'entrainent pas logiquement, mécaniquement, la condamnation de l'économie de marché. D'autant moins que les tenants d'une « autre économie » sont avares de précision sur les mécanismes, l'organisation, les structures, les stimulations, les principes de cette autre économie. Sauf des généralités bien entendu sur « une autre logique », mais laquelle ?

Ils devraient tout de même réfléchir à cette réalité historique. La Chine est le pays qui est allé le plus loin dans la négation de l'économie de marché, lors du « Grand bond en avant », au cours des années 50, qui l'a plongé dans la misère la plus noire de sa longue et tourmentée histoire. Mais c'est bien ensuite grâce à l'économie de marché, sous Deng, qu'elle a relevé la tête, contrairement à Cuba qui, n'ayant toujours pas fait sa révolution capitaliste, est le pays du socialisme en marche où les travailleurs ont du mal à se payer un vélo, même sans changement de vitesse !

Relevons de surcroît que la Chine a eu recours à l'économie de marché sans se soumettre à « l'impérialisme ». Au contraire, c'est son développement capitaliste qui lui a permis de s'y soustraire. Dans cette interview donc, virulemment anti-française, c'est à la mode, ça passera, M. Pape SÈNE proclame son anticapitalisme et, à une question sur les raisons qui poussent de nombreux jeunes africains à aller en France, répond : *« Ils vont là où sont les capitaux, là où ils peuvent vivre décemment ».*

Quel aveu ! C'est donc là où il y a du capital qu'on peut vivre décemment ! Ce propos peu cohérent pour un anticapitaliste tient à ce que les marxistes - pensée dans laquelle il dit avoir été élevé - n'ont pas compris ce qu'est le capital. Ce ne sont pas des rapports d'exploitation, d'aliénation, comme ce fut scandé depuis presque deux siècles (ça revient aussi à la mode !), c'est du travail accumulé qui, réinvesti grâce à l'initiative et à la prise de risque de ses détenteurs, permet d'aller plus loin, de produire de nouvelles richesses et… de donner du travail.

L'INSEE, l'ANSD française, chiffre le patrimoine français à quelque 20 000 milliards d'euros (soit six années de PIB accumulées), dont 77 % sont détenus par les ménages, 17,5 % par les sociétés non financières, 3,5 % par les sociétés financières et 2 % par les administrations.

77 %, soit près de 15 000 milliards d'euros, détenus par les ménages. On le voit, le capital n'a pas bu le sang du peuple, il lui a permis de

constituer un patrimoine gigantesque ! C'est là tout le problème du Sénégal, c'est parce qu'il n'y a pas assez de capital qu'il n'y a pas assez de travail et de richesses, et que les jeunes Sénégalais veulent venir en Europe.

L'enjeu des prochaines années n'est pas de répéter les erreurs de Sékou Touré en Guinée, pays qui a rompu avec la France dès 1958, qui a choisi le modèle soviétique et qui n'est toujours pas sorti des dramatiques impasses de cette période, tant en termes de pauvreté que de liberté, alors qu'il a le sous-sol le plus riche du monde, de celles de Didier Ratsiraka (encore un marxiste), qui a fait de Madagascar un des pays les plus pauvres du monde, ou de Mengistu (encore un) qui a fait plonger l'Éthiopie au fond du Rift.

L'enjeu est bien de créer davantage de richesses par une économie de marché qui produise davantage de biens agricoles et industriels, ce qui suppose, on va le voir, non pas des « capitalistes », mais des entrepreneurs qui prennent des risques, des salariés formés et organisés dans des syndicats libres, des épargnants qui investissent dans l'économie productive plutôt que dans la spéculation foncière, et un État qui veille au bon fonctionnement de tout cela, y compris dans la juste répartition des fruits de la croissance, via les services publics et les lois sociales. Comment ? C'est l'objet de ce livre.

0.9.1 Le bébé et l'eau du bain - New

On aurait pu croire qu'avec la chute de l'URSS, et la conversion de la Chine communiste à l'économie de marché, le temps des proclamations anticapitalistes serait révolu. Pas du tout. Les diatribes contre l'économie de marché, directes ou sous-jacentes, continuent, en prenant appui habilement sur ses défauts et ses difficultés, qui naturellement ne manquent pas. Les atteintes à l'environnement, les poches de pauvreté, les fortunes colossales de quelques-uns, ses crises, sont régulièrement mises en exergue pour jeter le bébé avec l'eau du bain.

Cette répudiation de l'économie de marché prend donc des formes diverses. Là-bas ce sera la revendication d'une extension permanente de l'impôt et de la sphère publique, ici l'apologie de l'économie communautaire et de l'économie administrée. Jean-Luc Mélenchon, qui intervint récemment à Dakar, est un de ces porte-paroles de la voie anticapitaliste et un auditeur attentif d'une figure du marxisme, Alain Badiou, philosophe de haut vol quand il parle de Kant ou de Spinoza, qui devient étrangement peu rigoureux quand il parle de ce qu'il appelle les deux seules hypothèses pour l'humanité, le capitalisme ou le communisme.

Un de ses arguments phares sur la « tromperie capitaliste » est celui-ci. Il nous dit, le capitalisme veut nous faire croire, ce serait sa justification anthropologique, que l'homme n'étant mu que par l'intérêt, que par l'appât du gain, l'économie capitaliste est le seul système apte à répondre à ses aspirations les plus profondes.

Cet argument anthropologique est faux nous dit-il, car la société nous montre tous les jours que l'homme est partagé entre égoïsme et générosité et donc que cette affirmation, qui lui sert de base, selon laquelle le seul ressort exclusif de l'humanité est la recherche du profit, est un mensonge.

Et il continue en disant, la grande mystification du capitalisme est de dire aux populations, grâce à notre système vous allez pouvoir satisfaire votre pulsion fondamentale, devenir riche, alors même que toute son action conduit à l'appauvrissement des masses. Ah bon ?

Lui qui continue à glorifier le « Grand bond en avant » et la « Révolution culturelle chinoise », car ces deux « mouvements de masse » seraient allés le plus loin dans la contestation de l'ordre capitaliste, notamment par l'appropriation collective des moyens de production, devrait tout de même savoir (en fait il sait, mais ne veut pas voir, ses lunettes étant embuées par l'idéologie), que ces mouvements donc, ont conduit à des famines dramatiques et que c'est bien le retour à l'économie de marché qui a permis aux Chinois, aux masses populaires chinoises, de sortir de la pauvreté.

Si la pratique est un critère de vérité son raisonnement est faux.

L'économie de marché est tout simplement un mécanisme efficace qui résout, qui dénoue, vite et bien, des milliards d'opérations quotidiennes sur la planète, et qui permet au contraire à l'économie de fonctionner au bénéfice de tous grâce à cette fluidité

Point besoin d'entrer dans des raisonnements sur la psychologie humaine pour voir que le marché ça marche, et que l'homo économicus, qui va rechercher son gain sur le marché, est par ailleurs un être social mu par bien d'autres buts, qu'il est rempli de générosité et d'altruisme, les deux comportements se combinant harmonieusement, au sein de chacun et de la société.

Le consentement à l'impôt (raisonnable) et aux cotisations sociales, le haut niveau d'acceptabilité de ces mécanismes de solidarité, en est la preuve la plus éclatante dans maints endroits du Monde.

0.10 L'histoire, en fin de livre

L'histoire économique du Sénégal depuis l'indépendance, en 1960, est singulière et riche de leçons. Il aurait été apparemment logique de commencer par cette date pour arriver à nos jours, de suivre une chronologie classique. En réalité, cela n'aurait pas été très éclairant. Nous allons partir d'un état des lieux détaillé de 2023, puis nous verrons pourquoi nous en sommes là, comment les décisions de 1960 et des années suivantes, agrémentées de nombreux plans d'ajustements structurels élaborés par les bailleurs, nous ont conduits à la situation actuelle. Nous remonterons le fleuve plutôt que le descendre, car c'est à l'embouchure qu'on peut en comprendre son histoire, c'est aux fruits qu'on voit si la promesse des fleurs a été tenue.

0.11 Pourquoi ce livre ?

Les auteurs, économistes, ont eu l'occasion de travailler ensemble comme consultants au Sénégal et dans d'autres pays, et ont été amenés à faire deux constats :

Premier constat. Les théories économiques, celles des chaires universitaires, par leur degré d'abstraction croissant, ne sont plus des outils opérationnels pour les dirigeants politiques.

Deuxième constat. Les organismes internationaux, par leur approche beaucoup trop formelle des problèmes, apportent des réponses trop globales, trop générales, qui oublient les principaux acteurs, ceux qui font l'économie réelle, les entrepreneurs, les ouvriers, les techniciens, les artisans, les commerçants, les paysans, les fonctionnaires, les banquiers, bref le peuple, dont seule la mobilisation est garante de progrès.

C'est pourquoi ce livre part des réalités vécues, les prix, le logement, la formation, le travail, dans les villes et dans les campagnes, et formule des propositions opérationnelles, réalistes, dont non seulement les décideurs politiques peuvent s'emparer immédiatement, mais qui offrent surtout à tous ces acteurs des perspectives mobilisatrices, parce que compréhensibles et accessibles.

La théorie, lorsqu'elle est mobilisée, ne l'est que pour éclairer les réalités et non pas les fossiliser. Il est donc à la fois un état des lieux, une explication historique de cette situation, une réflexion sur les dynamiques économiques qu'engendre, appuyée sur les faits, telle ou telle doctrine, libéralisme ou socialisme, et un manuel pour l'action, avec une panoplie de mesures précises qui pourraient être utilement prises pour l'industrie, l'agriculture, le commerce, la formation, le secteur informel ou encore le tourisme, l'urbanisme ou la santé.

Conçu et bâti sur les réalités sénégalaises, il nous semble que la lecture de ce livre pourrait être également utile à ceux qui s'interrogent sur ce qu'il conviendrait de faire dans d'autres pays de la sous-région, étant entendu que chaque pays d'Afrique est aussi différent de son voisin que le sont entre eux les pays européens.

0.12 La dialectique du réel et du souhaitable : l'économie positive et l'économie normative - New

Avant de s'attaquer à l'étude des dynamiques propres à l'économie sénégalaise, il importe de poser une distinction essentielle entre deux démarches fondamentales de l'analyse économique : **l'économie positive et l'économie normative**. Ces deux approches, bien que distinctes, sont profondément complémentaires et structurent la réflexion économique contemporaine, y compris bien entendu lorsqu'il s'agit d'étudier les spécificités du Sénégal.

L'économie positive consiste à observer et à décrire les faits économiques sans jugement de valeur. Elle cherche à analyser la réalité telle qu'elle est : le comportement des agents économiques face à la rareté, la répartition des ressources, les mécanismes d'offre et de demande, ou encore l'impact des politiques publiques sur les variables économiques fondamentales.

Dans le cas du Sénégal, cette approche implique par exemple d'étudier objectivement la croissance du PIB, l'évolution de la structure productive, les performances agricoles, industrielles et de services, ou encore la dynamique de l'emploi et du commerce extérieur. Ce que nous faisons ici de manière méthodique, **le nez dans les statistiques et l'œil grand ouvert sur le terrain.**

L'élaboration de théories économiques et la formulation de prévisions reposent sur cette observation minutieuse. C'est là un exercice délicat, car en économie, et plus encore dans un pays en développement comme le Sénégal, l'expérimentation rigoureuse est difficile : les faits sociaux et économiques évoluent dans des contextes mouvants où les variables ne peuvent être isolées facilement.

Ainsi, même les hypothèses de type « toutes choses égales par ailleurs » (ceteris paribus) se heurtent à une réalité complexe et changeante, rendant les prévisions aléatoires et incertaines. **L'annexe académique en fin de livre sera consacrée à cet exercice.**

Parallèlement à cette économie positive donc, il y a **l'économie normative,** qui quant à elle, prenant aussi appui sur l'analyse des faits, propose des solutions visant à atteindre des objectifs déterminés : elle prescrit ce que l'économie sénégalaise devrait être pour réaliser un certain niveau de développement, de prospérité ou d'équité.

Cette approche implique d'élaborer des recommandations de politique économique, telles que la promotion de l'industrialisation locale, l'amélioration de la compétitivité agricole, la réforme du système fiscal ou la création d'emplois décents.

L'économie normative au Sénégal ne peut se limiter moins qu'ailleurs à des considérations d'efficacité étroitement économique ; elle doit

intégrer les enjeux sociaux, politiques et culturels complexes qui façonnent le développement national.
Une politique efficace sur le papier pourrait échouer si elle ne prenait pas en compte les réalités de la société sénégalaise : l'informalité économique, l'importance des solidarités communautaires, ou encore la diversité territoriale.
Ainsi, analyser l'économie sénégalaise exige des vas et vient entre ces deux pôles : d'une part, comprendre objectivement la complexité des mécanismes existants, d'autre part formuler des politiques ambitieuses, mais réalistes, tenant compte des spécificités nationales.
Cette double exigence permet d'éviter deux écueils fréquents : celui d'une analyse technocratique, détachée des réalités sociales, et celui d'une action politique guidée par des intuitions sans fondement analytique solide.
Dans cet ouvrage, nous avons choisi de situer notre démarche à l'intersection de l'économie positive et de l'économie normative. Nous partirons de l'observation des faits économiques au Sénégal, en mobilisant les données disponibles et les grandes théories de l'analyse économique, pour ensuite discuter des stratégies possibles pour construire une économie sénégalaise plus performante, plus inclusive et plus souveraine, avec, comme point de liaison entre les deux, les enquêtes de terrain.
À travers cette approche, nous souhaitons à la fois éclairer les dynamiques économiques passées et présentes, et contribuer au débat sur les voies d'avenir d'un Sénégal en quête d'une croissance durable et équitable.

1-

INTRODUCTION

« Que nous répondions présents à la renaissance du monde, tel le levain nécessaire à la farine blanche ».
Léopold Sédar Senghor

Le Sénégal peut-il prendre place parmi les pays développés ? Oui, si…………

1.1 L'inclusion, moteur de l'économie

Les données sont incontestables : le Sénégal connaît une croissance soutenue de son PIB depuis 20 ans, notamment depuis 2014, 6,3 % en moyenne par an de 2014 à 2019, jusqu'à la crise de la Covid et la guerre en Ukraine, ce qui a permis une augmentation de son PIB par habitant de 3,5 % chaque année sur la même séquence, la différence entre les deux s'expliquant par l'augmentation de la population. Le gâteau grandit, mais il y a plus de monde autour de la table[1]. Soit tout de même une hausse du PIB par tête de près de 20 % sur la période.

Cette croissance se voit : infrastructures (aéroport, autoroutes nord et sud, ponts, TER, bus en site propre, Théâtre, musée, stades, etc.), smartphone généralisé, fibre optique, parc automobile, grandes surfaces commerciales, utilisation courante de la monétique, construction de logements haut de gamme, augmentation des productions agricoles, progrès en matière d'électricité, création de nouvelles universités sur tout le territoire, etc.

Ces 20 % de hausse du PIB par tête signifient-ils que le pouvoir d'achat disponible dans le porte-monnaie des ménages a augmenté à la même hauteur ? Non, naturellement. Car, au-delà même du fait qu'il s'agit d'une moyenne, qui écrase les inégalités, on trouve dans ces 20 % le TER, les autoroutes et les nouvelles universités.

[1] Tous les chiffres de ce livre concernant le Sénégal sont extraits des documents et des bases de données de l'Agence Nationale de la Statistique et de la Démographie (ANSD), de ceux des ministères techniques et de la Banque mondiale ou du FMI.

Or, ces équipements ne bénéficient pas à tout le monde de la même façon. Pour bénéficier des autoroutes, il faut une voiture. En revanche, les plus modestes bénéficient du TER ou des bus en site propre plus que les riches. Même chose pour les universités qui, pour l'essentiel, bénéficient davantage aux plus aisés. Encore faut-il nuancer ce propos, car ces autoroutes et ces universités vont permettre d'accélérer le développement du pays et donc, si ce n'est dans l'immédiat, du moins à terme, bénéficier à tous.

Ces chiffres globaux, s'ils ne disent pas le pouvoir d'achat vécu, celui du porte-monnaie quand on fait ses courses, disent bien tout de même une réalité nationale en progrès. Ces progrès dans les infrastructures routières et énergétiques sont le résultat d'un volontarisme politique qui a conduit le Sénégal à mobiliser, en 2021, 34,1 % de son PIB pour l'investissement, contre 23 % six ans plus tôt.

Pourtant, le sentiment de pauvreté reste élevé dans une large partie de la population. Ce sentiment d'insatisfaction et d'injustice correspond à une réalité sociale encore difficile pour un très grand nombre de Sénégalais, et aussi à la conviction que tout ne va pas mal pour tout le monde comme chacun le constate avec de nombreux signes de richesse ostentatoires, telles les grosses cylindrées qui sillonnent les rues de la capitale.

Si toutes ces Toyota Land Cruiser et Range Rover appartenaient à des patrons ayant créé des entreprises performantes, on ne pourrait que s'en réjouir ; si c'est le résultat de la spéculation foncière, un peu moins. L'émergence, incontestable, palpable, frémissante n'a pas encore enrôlé tout le monde. Surtout, les premières briques de cette émergence reposent encore sur des fondations bien fragiles.

L'agriculture, malgré des progrès récents et significatifs, est loin de tenir toutes ses promesses, car ses faiblesses structurelles ne sont pas du tout réglées, en particulier parce que la réforme foncière, tellement nécessaire, est toujours en panne. La forte croissance démographique en cours exige pourtant une hausse rapide de toutes les productions que le système en vigueur depuis 60 ans peinerait en l'état à satisfaire.

Ces difficultés de l'agriculture pèsent mécaniquement sur l'industrie agroalimentaire qui a du mal à décoller faute d'une ressource abondante et de qualité. Du coup, les prix des produits alimentaires sur le marché sénégalais, d'origine locale ou importés, sont élevés et contribuent à la pauvreté.

Quant à l'industrie, elle se résume encore beaucoup trop à quelques entreprises liées aux activités extractives (phosphate, engrais, zircon, or, etc.), aux matériaux de base du bâtiment (ciment) ou encore aux aliments pour le bétail. L'industrie manufacturière reste embryonnaire, elle souffre, alors que c'est elle et non ces industries extractives qui génère de l'emploi. Comme, de surcroît, la plupart des grosses sociétés appartiennent à des capitaux étrangers, on peut dire qu'une industrie manufacturière nationale reste à construire.

Peut-être le plus problématique, une population très jeune,75% de moins de 35 ans et 63 % de moins de 25 ans, où le taux d'illettrisme, de 50 %, hypothèque l'accès à l'emploi qualifié.

Qu'en est-il justement de l'emploi ? La question est difficile à cerner, d'une part parce que 90 % des actifs sont dans le secteur dit « informel », où la distinction entre temps plein et temps partiel ne peut être aisément saisie, et où l'existence d'un contrat de travail est peu fréquente, et d'autre part parce que faute d'inscription des demandeurs d'emploi dans une agence dédiée, on ne peut procéder que par enquête, ce que fait l'ANSD.

On retient que le nombre de personnes sans activité, par rapport à la population en âge de travailler, est de l'ordre de 25 %, dont près de la moitié ne sont pas à la recherche d'un emploi conformément à la définition du Bureau international du Travail, selon laquelle *« est chômeur toute personne en âge de travailler immédiatement disponible et à la recherche d'un emploi ».*

Il faut noter le niveau élevé des aides familiales – 6 % de la population active – qui jouent un rôle important dans l'organisation de la société, garde d'enfants, tâches ménagères, accompagnement des personnes âgées, toutes activités qui ailleurs seraient externalisées, salariées, et donc comptées comme emplois, en tant que personnels des restaurants, de l'aide à domicile. En tout état de cause, les chiffres de non-activité, partielle ou totale, sont élevés et source supplémentaire de pauvreté.

Chômage, dernières données - New

(Déclaration de politique générale du Premier ministre, devant l'Assemblée nationale, le 27 décembre 2024).

« La population sénégalaise est caractérisée par un niveau d'emploi faible. Sur les 18,1 millions de Sénégalais(es), recensés en 2023, six sur dix (10,8 millions) sont en âge de travailler[2].

Parmi ceux-ci, 1,8 millions de jeunes ont entre 15 et 23 ans et sont en situation de formation : ils ne sont pas à la recherche immédiate d'un emploi. Il y a donc environ 9 millions d'adultes qui devraient pouvoir, en 2024, travailler et être rémunérés.

Toutefois, dans les faits, selon les données du dernier recensement général de la population mené en 2023, seuls 3,6 millions d'adultes sont des actifs rémunérés.

La richesse nationale est créée par 20% de la population, dont la moitié travaille dans le secteur informel.

1,25 millions de personnes sont à la recherche active d'un emploi et 4,3 millions d'adultes sont considérés comme inactifs, n'ayant pas d'activité rémunérée déclarée et vivant de la solidarité des actifs.

L'âge moyen d'accès à un premier emploi formel sur le marché du travail est très tardif au Sénégal, autour de 35 ans, contre près de 23 ans pour les pays de l'OCDE. »

Cette pauvreté doit être impérativement réduite. Le pays doit offrir un avenir à sa nombreuse jeunesse, car cette situation, à bien des égards explosive, peut compromettre la réussite même de l'émergence et faire le lit des démagogues et des populistes. Trois cent mille jeunes se présentent chaque année sur le marché du travail ; ils seront plus de 400.000 dans moins de 10 ans, puis très vite 500.000, chiffre des naissances en 2022 (autant que l'Italie qui a 3 fois plus d'habitants).

Malgré ces difficultés objectives, l'espoir est raisonnablement permis, en premier lieu parce que le Sénégal est une démocratie mature, où les

[2] : L'Organisation Internationale du Travail défini l'âge de travailler comme la catégorie de la population se situant entre 15 ans et l'âge légal de départ à la retraite, à savoir 60 ans au Sénégal.

débats politiques se déroulent normalement dans les cadres prévus à cet effet, dans les médias et au parlement. Les alternances politiques sont désormais régulières et jamais contestées. L'ordre constitutionnel est solide, et défendu quand il est contesté, et l'État de droit organise l'ensemble de la vie économique et sociale.

Les découvertes récentes de pétrole et de gaz vont donner des marges de manœuvre supplémentaires qui permettront de réaliser les investissements d'avenir pour franchir un palier supplémentaire. Le chemin sera long, semé d'embûches. Il va falloir de la persévérance, de la stabilité, de l'unité. Car les dossiers à traiter, on va le voir, sont nombreux, lourds et complexes.

Ce livre, à la fois essai et manuel pour l'action, se propose tout simplement de contribuer au débat : comment consolider les débuts de l'émergence et en même temps raccrocher toute la population au train de la croissance ? Car, faute de cette inclusion, les tensions sociales peuvent tout faire exploser. Nous partirons donc « à l'envers ».

Non pas assurer la croissance pour résoudre la pauvreté, mais résoudre la pauvreté pour obtenir une croissance solide parce que partagée. Les priorités économiques sectorielles, les filières industrielles par lesquelles on doit commencer sont celles qui vont avoir un impact direct et rapide sur la qualité de vie des populations, afin qu'inclusion et croissance s'auto-entretiennent dans une dynamique vertueuse. Le social au service de l'économie pour amorcer la pompe.

Chômage et besoins non satisfaits, l'éternel débat - New

Les chiffres de non-activité cités par le Gouvernement donnent le tournis et laissent l'opinion perplexe. On manque de tout, de logements, de professeurs, de fabricants et réparateurs en tout genre, mais alors pourquoi ne pas mettre tous ces chômeurs au travail pour satisfaire ces besoins ?

Bon, d'abord on imagine bien que pour exercer tous ces métiers il faut des compétences que ces personnes à la recherche d'un emploi ne possèdent pas nécessairement. On le voit bien avec ce qui se passe à l'aéroport, l'AIBD, où la direction doit, pour équilibrer les comptes, se séparer des personnes embauchées sur des postes plus ou moins nécessaire à son bon fonctionnement, alors que des personnels d'un haut niveau technique manquent, en l'occurrence notamment pour la climatisation. Mais voilà les licenciés n'ont pas ces compétences.

Ce décalage entre compétences disponibles et qualifications nécessaires est abyssal dans un pays où la moitié des enfants scolarisés atteignent péniblement la fin de l'école primaire, et où les jeunes qui sont dans l'enseignement supérieur le sont en trop grand nombre dans des formations sans véritable débouché.

Voilà donc le premier sujet : **faire mieux marcher le système de formation**. Ce livre suggère de nombreuses actions concrètes et aisément accessibles.

Mais il y a un deuxième sujet, plus compliqué, qui oppose depuis toujours les deux grandes écoles d'économistes. Les interventionnistes, comme John Maynard Keynes et ses disciples, partisans notamment de la résolution du problème par les déficits publics, en injectant de l'argent dans l'économie, pour la booster. Les libéraux, les disciples de Friedrich Hayek ou de Milton Friedman, qui eux voient dans un marché toujours plus pur, toujours plus fluide, sans intervention de l'Etat, le seul moyen efficace de régler la mauvaise articulation entre offre et demande.

Soyons concrets, comment se pose la question au Sénégal ?

Il y a d'immenses besoins en matériels et en installateurs qualifiés pour la production de froid, pas seulement à l'AIBD mais partout, que ce soit pour les frigos domestiques, la climatisation dans les maisons et les hôtels, pour les chambres froides dans l'agriculture et dans la pêche, etc. Tous ces appareils nécessaires à la vie sont importés et les installateurs agréés sont rares.

L'Etat peut bien décider d'ouvrir les formations nécessaires en génie thermique et faire ce qu'il faut aussi pour attirer ici les fabricants de tous ces équipements. Mais ces industriels viendront-ils s'ils savent que ni les hôtels, ni les particuliers, ni les pécheurs, ni les agriculteurs ne disposent de moyens pour s'équiper, bref si la demande n'accompagne pas l'offre ?

La demande devrait pourtant suivre car tous ces investissements seraient hautement rentables. L'hôtelier équipé en domotique fera des économies d'énergie et améliorera ses prestations, la famille pourra congeler le mouton acheté à bas prix et donc améliorer son pouvoir d'achat, l'horticulteur mieux gérer ses récoltes et le pêcheur sa pêche, et ainsi gagner plus d'argent et éviter au pays des importations onéreuses, etc.

La question est alors comment amorcer la pompe ? Comment lancer la mécanique ? Comment enclencher ce cercle vertueux ? Il suffit que chacun prenne sa part du boulot.

L'hôtelier investira si les touristes affluent. C'est le rôle de l'Etat et de ses administrations spécialisées de faire ce qu'il faut pour assurer la promotion du pays.

Les horticulteurs et les pêcheurs ne trouvent pas les crédits pour investir ? C'est le rôle de l'Etat, par une politique fiscale vigoureuse, de réorienter l'épargne et les crédits vers la production et non plus vers la spéculation, pour que les banques soient enfin au service de l'économie réelle.

C'est également à l'Etat et à ses nombreuses administrations spécialisées de favoriser l'arrivée d'investisseurs nationaux et étrangers, bref à l'Etat de créer les conditions d'un marché où l'offre et la demande s'autoentretiennent.

Et cela est vrai pour tous les secteurs de l'économie, du bâtiment à la plasturgie en passant par les engrais.

Mais qu'on s'entende bien, ce n'est surtout pas à l'Etat de remplacer les industriels en s'improvisant producteurs, de suppléer les banquiers par des subventions, ou de se mêler de l'agriculture ou de la pêche. Non ! il doit juste donner à tous ces acteurs privés les moyens d'exercer leur liberté économique dans de bonnes conditions.

Tel est le principal objet de ce livre, un manuel pour gouverner : comment transformer les chômeurs en producteurs de richesses ? Et en sachant ceci : dans tous les secteurs qu'on vient d'évoquer, l'agriculture, la pêche, le tourisme, les équipements, le bâtiment, et bien d'autres, la demande est très supérieure à l'offre.

On doit donc pouvoir arriver à lancer « la machine à production » pour satisfaire cette offre massivement insatisfaite.

1.2 Chaine de valeur et Intégration, un couple magique ?

1.2.1 La chaine de valeur, le nouveau Graal

La chaine de valeur, c'est une chaine de production qui va, par exemple, de la cabosse de cacao jusqu'à la tablette de chocolat pour gagner de l'argent à chaque étape, et ne pas se contenter, comme trop souvent en Afrique, d'exporter des matières premières brutes, en l'occurrence la fève de cacao. Pour le Sénégal, c'est comment passer du champ d'arachide à la production ici même de la bouteille d'huile vendue chez Auchan. Ou du champ de coton au teeshirt.

Créer une filière industrielle est plus facile à dire qu'à faire. Ce n'est pas si simple. Pour créer une entreprise manufacturière, il faut, en effet, faire fonctionner tout un écosystème complexe : des entrepreneurs expérimentés, des salariés compétents de tous niveaux, des fournisseurs fiables, des clients fidèles, une logistique sans faille, de l'électricité bon marché (très chère au Sénégal) et bien entendu des financiers qui s'engagent et accompagnent l'entreprise dans la durée.

On le constate avec les difficultés récurrentes de la filière arachide comme avec les entrepreneurs qui se sont lancés courageusement dans le montage de véhicules et d'appareils électroménagers : si un élément de cette « chaine de valeur » fait défaut, rien ne marche comme prévu.

1.2.2 Le double visage de l'intégration économique

L'affaire est d'autant plus compliquée qu'avec la mondialisation, l'industrie manufacturière a été et est toujours confrontée au tsunami chinois, plus largement asiatique, voire turc. Difficile de fabriquer des chaussures, des pièces de rechange pour l'automobile, de l'outillage quand on voit les prix de tous ces produits importés sur les marchés sénégalais. Il faudrait, pour les concurrencer, répondre à tous les items de l'écosystème décrit ci-dessus, et en outre mettre en place des barrières de protection le temps que l'industrie naissante prenne racine.

Difficile quand on entretient des relations économiques étroites avec ces dits pays, souvent des bailleurs, qu'on appartient à un vaste ensemble économique, la CEDEAO, marché commun de l'Afrique de l'Ouest, dont les intérêts de chaque membre peuvent être divergents, et que les consommateurs courent après le prix le plus bas.

La deuxième notion qui a donc le vent en poupe est celle de « l'intégration économique », en l'occurrence de toute l'Afrique, au nom de la création d'un immense marché, de bientôt deux milliards de consommateurs, qui créerait, presque automatiquement, de formidables synergies, dans une logique de gagnant-gagnant. Nous sommes des libéraux favorables à la liberté du commerce, source de richesses.

Il faut tout de même, à notre avis, regarder tout cela avec vigilance. Dans la mondialisation, c'est-à-dire la création d'immenses marchés intégrés, il y a eu des gagnants, la Chine, l'Allemagne, la Corée du Sud, Taïwan, les GAFAM, LVMH, Zara, bravo à eux, mais beaucoup y ont laissé des plumes, laminés par des compétiteurs trop forts. La Chine, comme l'Inde d'ailleurs, ont su protéger leur industrie naissante avant d'en faire de redoutables armes à l'export. Importer des produits à bas prix est bon pour le consommateur, mais mauvais pour le chômeur.

Quand le chômeur et le consommateur sont le même, quand il y a plus de chômeurs que de consommateurs, le serpent se mord la queue, c'est la panne.

Un grand marché africain crée certes des opportunités, mais en même temps expose les entreprises nationales à tous les vents de la concurrence, non seulement dudit marché africain, mais aussi mondial, ébranlant inévitablement les jeunes pousses.

Ce qui se dessine aujourd'hui est un changement du contenu de la mondialisation avec des chaines de valeur qui vont concerner les flux de données et de personnes hautement qualifiées plutôt que les marchandises, pour lesquelles une approche fondée sur le développement des territoires et la minimisation de l'empreinte carbone sera plus appropriée.

Cet infléchissement commence à se mesurer d'ailleurs. La mondialisation, c'est-à-dire la place du commerce international dans le PIB mondial, ne s'élevait qu'à 25 % en 1970, pour monter jusqu'à 60 % en 2008, avant de commencer à se tasser aujourd'hui avec un ratio de 55 %. C'est ce basculement qu'il faut saisir pour développer notre industrie et ses territoires. Relancer l'industrie au Sénégal suppose donc une réflexion approfondie et une mise en œuvre rigoureuse et patiente, tant dans les chaines de valeur que dans l'intégration, où la démagogie et les formules miracles n'ont pas leur place.

1.3 Quelques convictions essentielles

C'est pourquoi nos suggestions d'actions, très concrètes, qui constituent ce livre, reposent sur quelques convictions fortes. Une économie saine est **autocentrée,** c'est-à-dire qu'elle produit une bonne partie de ce dont elle a besoin en premier par une **agriculture vivrière** performante. Son développement industriel doit s'appuyer sur les besoins et les atouts de son économie de base - agriculture, énergie, bâtiment, numérique, tourisme, etc. – et avoir comme objectif premier la réduction de la pauvreté et le développement des territoires. L'exportation, notamment issue des industries extractives, vient en complément soutenir l'économie autocentrée.

Une chaine de valeur, c'est d'abord une **chaine de compétences**, de l'entrepreneur à l'ouvrier. La formation doit être la priorité des politiques publiques.

Enfin, pour que cela tourne, il faut des **marchés transparents et fluides**, ceux des biens, des compétences et des capitaux, et mettre **l'entrepreneur au centre de la société**, comme un véritable héros moderne.

Ajoutons-y qu'il faut conserver ces deux atouts fondamentaux que sont une **monnaie forte et stable** et des finances publiques bien tenues. C'est sur ces bases que nous allons dérouler nos propositions.

Nous examinerons pour chacun des grands secteurs de la vie les réalités vécues par les Sénégalais modestes, *« les structures du quotidien »,* comme disait l'historien Fernand Braudel, et comment les améliorer : l'alimentation, le logement, la santé, les transports, l'énergie, le numérique, et comment l'industrialisation doit s'appuyer sur chacun de ces secteurs pour assurer développement et inclusion.

Nous en viendrons ensuite au financement, *« les jeux de l'échange »*, pour paraphraser le même historien. D'abord les trois grandes sources de devises du Sénégal, que sont le tourisme, le secteur minier et la diaspora, puis le dossier du système de financement global de l'économie.

Nous poursuivrons avec la mère des batailles, la formation, de l'école primaire à l'enseignement supérieur. Nous passerons ensuite en revue les grands agrégats de l'économie : la Dette, la Monnaie, la Démographie, le Commerce extérieur, la Coopération. Puis, le dossier crucial de l'Emploi. Nous dresserons ensuite la liste des risques encourus par le pays, et la manière de les conjurer, notamment par une bonne gouvernance.

Nous verrons également quelles sont les valeurs, quels sont les concepts économiques qui sous-tendent notre argumentation et nos propositions, valeurs qui sont celles, profondes, enracinées du Sénégal, pays de liberté, d'ouverture et de traditions morales et culturelles. Et nous finirons comme indiqué par une brève mise en perspective historique.

Nous allons faire tout cela avec beaucoup de modestie, car si c'était facile, ce serait déjà fait. C'est l'ambition de ces lignes : contribuer au débat sur la manière à la fois de produire plus et de mieux répartir.

1.4 La Méthode : partir de l'économie réelle, de la dépense quotidienne, la DQ

Pour agir contre la pauvreté, encore faut-il savoir de quoi on parle. Les statistiques sur les revenus, le niveau scolaire ou la santé donnent des bases objectives pour appréhender les réalités sociales. Au Sénégal, grâce à l'Agence Nationale de la Statistique et de la Démographie (ANSD), dont on ne louera jamais assez la qualité du travail, on connaît précisément ces réalités et ce livre utilisera ces informations.

Ces données, nécessaires, sont froides, abstraites, elles ne disent pas la souffrance concrète, matérielle, quotidienne de la pauvreté. Surtout, elles n'indiquent pas vraiment les mesures efficaces qui devraient être mises en œuvre pour corriger le tir. Car la croissance ne sera inclusive que si les stratégies, les décisions partent des réalités sociales à améliorer et pas des seules bases de données ou des items de la macroéconomie.

Dire la pauvreté vécue est d'autant plus nécessaire que ceux qui fréquentent le beau Dakar ignorent, ou les oublient vite trop souvent, les réalités de tous ceux qui se battent tous les jours avec la DQ, la dépense quotidienne. Quand leurs voitures filent sur l'autoroute pour un week-end vers les plages de la Somone, ils traversent sans trop les voir ces banlieues de Dakar en expansion continue où on patauge dans les débordements causés par les pluies d'hivernage.

Et que savent encore les urbains de la pauvreté des villages sénégalais, où on a l'impression que le temps s'est arrêté il y a bien longtemps ? Ils oublient vite le village. Et font-ils attention aux prix des courses quotidiennes ?

1.5 Le niveau des prix ou la parité des pouvoirs d'achat

Au Sénégal, grâce à une monnaie forte et à une gestion raisonnable des comptes publics, l'inflation a été historiquement très faible. Les prix ont été stables sur le long terme, même si le COVID et la guerre en

Ukraine leur ont donné un coup de chaud. Mais leur niveau absolu est élevé, et c'est là une question essentielle pour les pauvres sur laquelle il faut se pencher. Bravo si la production de riz progresse en volume. Quel bénéfice pour les pauvres si le prix du kilogramme de riz ne baisse pas ?

Le volume de poisson pêché est en hausse ? Bravo, mais quel bénéfice pour les plus modestes si le Thiof est toujours à un prix inaccessible ? Le bâtiment se porte bien ? Excellent ! Quel progrès pour la grande masse si les loyers sont exorbitants ?

Au Sénégal, la vie est chère pour les pauvres. Les niveaux absolus des prix, parmi les plus élevés d'Afrique, sont un angle mort des analyses sur la pauvreté. Il manque manifestement des données sur ***les parités de pouvoir d'achat***, c'est pourquoi nous allons de manière succincte aborder le sujet. Nous irons donc voir tout cela de manière empirique**, le panier de la famille à la main**.

1.6 La pauvreté en quelques chiffres

> *« La pauvreté n'est pas un accident. Comme l'esclavage et l'apartheid, elle a été faite par l'homme et peut être supprimée par des actions communes à l'humanité ».*
>
> Nelson Mandela

Les organismes internationaux mettent le seuil de pauvreté monétaire au Sénégal à 350.000 frs CFA par tête et par an (540 euros), soit 29.000 FCFA par mois et personne (44 euros). Pour une famille de 6 personnes, on est donc en dessous du seuil de pauvreté si les revenus monétaires de toute la famille sont au-dessous de 175.000 FCFA par mois (267 euros). Avec ce critère, c'est 40 % des Sénégalais qui sont en dessous du seuil de pauvreté, soit 6 millions. Il va sans dire que la richesse ne commence pas juste au-dessus.

La pauvreté n'est pas que monétaire, elle peut aussi se mesurer, en sus, par l'accès à la santé, à l'éducation, au travail, à l'eau, à l'assainissement. Sur ce critère, ce sont 57 % de citoyens qui sont regardés comme pauvres, soit 10 millions. Avec, on s'en doute, des inégalités sur le territoire, Matam, Kédougou, le bassin arachidier concentrant plus de pauvres que le reste du pays. Ajoutons, ce qui sera largement développé ci-après, que moins le chef de famille est instruit, et plus la famille est nombreuse, plus la pauvreté est grande.

Ainsi, les familles de plus de 10 personnes représentent 60 % de la population, mais 75 % des pauvres. De la même façon, les ménages dont le chef n'est pas instruit ont un taux de pauvreté monétaire de près de 50 %, alors que ce n'est le cas que pour 15 % des ménages dont le chef a achevé le lycée et de 4 % pour les ménages dont le chef a fréquenté l'enseignement supérieur. Terminons par les plus pauvres, ceux qui ont du mal à manger, qui dispose de moins de 15.000 frs par mois pour le faire (24 euros) : ils sont presque 7 %, soit encore un million.

1.7 Patriotisme

> *« Le Patriotisme, c'est l'amour de son peuple.*
> *Le nationalisme, c'est la haine des autres ».*
> Romain Gary

On ne peut pas fermer cette introduction sans évoquer un sujet qui, bien que ne relevant pas directement de l'économie, la détermine largement. Les réussites de la Chine, de l'Inde, de la Malaisie, du Maroc, de la Corée du Sud et avant de la Suisse, de l'Allemagne ou des USA reposent en bonne partie sur un patriotisme puissant. Patriotisme tant des entrepreneurs que des travailleurs et des dirigeants. C'est là un ressort caché, mais essentiel de l'économie. Les Sénégalais le savent.

L'instituteur et le chercheur, acteurs clés de la souveraineté - New

La souveraineté alimentaire, industrielle, politique, culturelle, universitaire, etc., sont à juste titre les leitmotivs du nouveau pouvoir.

Conquérir et défendre sa souveraineté est un combat de chaque instant, que ses propres faiblesses, et les mouvements du Monde, pensons au surgissement de l'intelligence artificielle, mettent en permanence en péril.

Insistons ici sur deux personnages clés de la souveraineté auxquels on ne pense pas nécessairement : le maitre d'école et le chercheur.

Pour disposer de semences adaptées au climat sénégalais, il faut des chercheurs sénégalais. Pour lutter efficacement contre les pandémies, il faut des chercheurs sénégalais. Pour surveiller si les ressources en poissons ne s'épuisent pas, il faut des chercheurs sénégalais. Pour faire venir des touristes du monde entier, il faut des chercheurs sénégalais. Etc. Pour que beaucoup de jeunes sénégalais deviennent chercheurs, il faut que beaucoup d'élèves aient parfaitement réussi leur école primaire.

La pépinière des chercheurs, c'est l'école élémentaire, là où on va non seulement apprendre à lire, écrire et compter parfaitement, mais aussi le moment où le maitre va stimuler la curiosité et le goût des sciences des futurs chercheurs, comme nous le proposons plus loin avec la méthode dite de la *« main à la pâte »*.

La volonté est là, il reste à décliner les tenants et les aboutissants concrets de cette politique de souveraineté. Tel est l'ambition de ce livre que d'y contribuer.

Après 20 ans de carrière, un instituteur gagne 395.000 frs net par mois. Ils mériteraient manifestement de gagner plus.

1.8 Il n'y a pas eu de miracle chinois, ou la croissance expliquée… à ceux qui rament

> *« Sous un bon gouvernement, la pauvreté est une honte ; sous un mauvais gouvernement, la richesse est aussi une honte ».*
>
> Confucius

La formidable croissance chinoise, qui a transformé les 600 millions de pauvres des années 60 en un milliard et demi de citoyens de 2022 vivant assez confortablement, pendant que sur la même période l'Afrique patinait, est souvent qualifiée de miracle. Les Français sont interdits. En 2000, il n'y a pas si longtemps, la France avait un PIB supérieur à celui de la Chine avec une population 20 fois moindre, 1.400 milliards de $ pour la France contre 1.200 milliards de $ pour la Chine.

Vingt ans plus tard, la Chine a un PIB quasiment 6 fois supérieur à celui de la France, 17.000 milliards pour la Chine contre 3.000 pour la France. Comment cela a-t-il été possible ?

1.8.1 Arithmétique

Pendant cette période, la croissance chinoise a été de 12/13 % par an, ce qui veut dire que son PIB doublait tous les 6 ans : 1.200 milliards en 2000 donc, puis 2.400 milliards en 2006, ensuite 4.800 milliards en 2012, suivis de 9.600 en 2015, et 18.000 ou presque en 2021. Pendant ce temps, la France se trainait avec un taux de croissance de 3 %. Or, avec un tel taux, le PIB ne double que tous les 20 ans. C'est ce qui s'appelle faire le trou ! Une leçon à en tirer : rien n'est jamais définitivement joué, on peut rebondir et rattraper son retard.

1.8.2 Les besoins

Pour croître aussi vite, encore faut-il que les besoins le justifient. En Chine, c'était bien sûr le cas. En 1992, la Chine construisait son premier gratte-ciel, le World Trade Center de Pékin, et encore pas très haut, 200 m ! Six ans plus tard, 15 % des grues du monde entier étaient en activité dans la seule ville de Shanghai où se construisaient 2000 tours.

Il n'y avait en l'an 2000 aucun TGV, aujourd'hui la Chine dispose du plus grand réseau de trains à grande vitesse du monde. Au début des années 90, il n'y avait ni autoroute ni métro, il y en a désormais partout. Sous Mao, on n'avait pas construit de logements alors que la population explosait, il a fallu en construire des dizaines de millions, etc. Et nous ne parlons pas de tout le reste, les universités, les hôpitaux ou encore l'équipement des ménages. Bref, les besoins, gigantesques, étaient là.

1.8.3 Une stratégie de long terme

Y a-t-il eu un miracle comme on le lit souvent ? Non, aucun miracle, juste une stratégie mise en œuvre avec détermination. D'abord, l'agriculture. En 1978, Deng Xiaoping, le successeur de Mao, en a fait la base économique de la société. Une agriculture de main-d'œuvre, mais productive, où chaque lopin est un jardin, offrant aux paysans, grâce à une économie de marché tonique, des revenus corrects les encourageant à rester à la terre.

Il a été en cela un observateur attentif de l'échec de Nikita Khrouchtchev, Monsieur Maïs (son surnom pour avoir fait des promesses mirobolantes non tenues pour cette céréale), qui, à la mort de Staline, a voulu relancer l'agriculture soviétique sans vraiment la réformer, laissant en place le système collectiviste, ce qui a fait que les Soviétiques ont continué à faire la queue pour acheter des pommes de terre jusqu'à l'effondrement général de l'URSS des années 90.

Ces réformes chinoises ont donc permis de bien nourrir le peuple et surtout de fixer la population rurale et d'éviter l'explosion des villes malgré la croissance démographique. Cette agriculture efficace, paysanne et nationale, a donné aux ouvriers accès à une alimentation de qualité malgré des salaires bas. Bas salaires qui ont permis une industrie compétitive.

Puis, toujours dans une stratégie d'aménagement du territoire, le développement d'une industrie rurale, en appui à l'agriculture notamment, qui a fait des villages et des bourgs des lieux d'activité n'ayant rien à envier aux villes.

Pour développer l'industrie, l'éducation nationale a mis l'accent sur les écoles techniques de l'ouvrier au technicien supérieur, et les universités sur les ingénieurs ; elle en forme 500.000 par an ! Foin de bataillons de juristes, économistes, financiers, sociologues qui, formés en trop grand nombre, vont contribuer à bureaucratiser un pays. La Chine a raté la révolution industrielle et la révolution technique et scientifique du début du 20e siècle, elle a mis les bouchées doubles pour se rattraper.

Bureaucratie. La Chine est un pays autoritaire, mais, contrairement à ce qu'on peut croire, pas bureaucratique, même si elle a la réputation de l'avoir inventée, il y a deux mille ans, avec ses gouverneurs-mandarins. Les consignes politiques sont données fermement par le gouvernement, aujourd'hui comme par l'empereur hier, sous la forme de quelques brèves formules, relevant parfois de la métaphore, et il revient à chaque responsable de ville, d'usine ou d'école de prendre toutes les initiatives nécessaires à leur bonne mise en œuvre.

Un maire ou un proviseur de lycée dispose d'une autonomie d'action et de moyens financiers considérables, et c'est ce dynamisme, cette inventivité de toute une nation et de tous ses cadres qui expliquent en bonne partie le boom chinois. Il est centralisé sur les principes, décentralisés pour les actions. Également, parmi les éléments de la réussite, l'épargne populaire orientée vers la bourse chinoise pour financer ses entreprises ; la Chine est un pays de boursicoteurs !

Enfin, la Chine a su faire revenir une bonne partie de la diaspora formée à l'étranger pendant la période de vaches maigres.

Certes, elle a reçu un gros coup de pouce de l'Occident qui pendant 40 ans y a délocalisé ses usines. Si les entreprises étrangères se sont implantées en Chine, c'est qu'elles furent bien sûr attirées par la taille de son marché intérieur, mais surtout parce qu'elle offrait la stabilité, la sécurité, la logistique et de surcroît une main-d'œuvre travailleuse et disciplinée malgré des salaires bas. Or, si la main-d'œuvre était efficace malgré des salaires bas, c'est parce que, on l'a vu, une agriculture performante lui donnait accès à une nourriture de qualité bon marché.

La Chine a su accueillir les usines du monde entier, de l'industrie textile au iPhone. Ces biens étant massivement exportés, elle a engrangé les devises dont elle avait besoin pour acheter les machines-outils allemandes nécessaires à la modernisation de son économie. Mieux, très vite, la Chine a servi sa classe ouvrière avec des biens de consommation assurant une croissance inclusive. Par exemple, de l'électroménager moins sophistiqué que celui qui était exporté, mais à prix accessible et apportant un premier confort bien venu. Et progressivement, le marché intérieur a lui-même été destinataire des mêmes biens que ceux exportés, de la TV au smartphone.

Aux infrastructures, à l'accueil des investissements étrangers, à l'agriculture performante, au développement du marché intérieur, à l'épargne orientée vers la bourse, à la formation de centaines de milliers de techniciens et d'ingénieurs pour conduire les chantiers et faire tourner les usines s'est ajoutée, un sacré paradoxe en pays communiste, la promotion du chef d'entreprise et du business.

Ayant appris à produire dans les usines des autres, et après s'être donné les moyens de faire de même, elle a pris son envol. Et tant mieux pour les Chinois, qui, faut-il le préciser en ces temps de xénophobie universelle, sont nos frères en humanité ! Un milliard et demi de pauvres en moins, c'est une bonne nouvelle pour la planète. L'Afrique n'a plus qu'à faire la même chose.

Les besoins africains ?

Ils sont encore plus gigantesques que ceux de la Chine, tant en infrastructures qu'en équipements de production et en biens de consommation. Trente ans de travail acharné devant nous.

Comment amorcer la pompe ?

C'est l'objet de ce livre. De l'attractivité pour les investissements étrangers à l'agriculture efficace.

Le secret de la Chine et la Vision Sénégal 2050 - New

Les Chinois, qui ont fondé une civilisation désormais multimillénaire, savent donner du temps au temps. Ils savent remonter la pente marche par marche.

James Freeman Clarke disait : « La différence entre le politicien et l'homme d'Etat est la suivante : le premier pense à la prochaine élection, le second à la prochaine génération ».

Le premier prix Nobel d'économie, Jan Tinbergen, le paraphrasait en disant : « l'homme politique pense à la prochaine élection, l'économiste à la prochaine génération ».

L'homme d'Etat doit être sérieux en économie - New

Dans sa première déclaration de politique générale devant l'Assemblée nationale en décembre 24, le Premier Ministre Ousmane Sonko justifie l'horizon, apparemment lointain, du plan « Vision Sénégal 2050 » par la nécessité d'en finir avec des promesses électorales à courte vue, sources de dépenses mal maitrisées, et de donner à la nation un horizon de long terme, seule méthode sérieuse de transformation du pays.

C'est bien là la bonne façon de faire. Comme le disait La Fontaine : **« Patience et longueur de temps font plus que force et que rage ».**

2.
FAIRE BOUILLIR LA MARMITE, LA QUESTION AGRICOLE

« Sagesse et gentillesse ne font pas bouillir la marmite ».

Proverbe africain

Être pauvre

Cela veut dire quoi être pauvre au Sénégal aujourd'hui ? D'abord, comme partout et de tout temps, essayer de manger convenablement. Or, ce n'est pas si facile.

2.1 Mon marché de tous les jours

2.1.1 Le poivron est cher et importé

Les Sénégalais raffolent des légumes. Or, aujourd'hui, ils sont devenus onéreux. On trouve facilement en Europe 1 kg de légumes pour 1 euro, aussi bien des pommes de terre, des tomates, des courgettes que des oignons. À Dakar, ces mêmes produits sont au minimum à 600 et 1000 frs CFA le kg, soit au même prix, avec bien entendu des écarts de pouvoir d'achat considérables, de 7 à 10 fois supérieurs en faveur de l'Europe. Avec 1 euro, on achète 1 kilo de poivrons en France et à peine 1 poivron à Dakar.

Les légumes étant donc 6 à 7 fois plus chers à Dakar qu'en Europe, les familles modestes doivent consacrer à l'alimentation l'essentiel de leur budget, 50 % en moyenne, au détriment du logement, de l'éducation ou de la santé, s'enfonçant ainsi dans une trappe à pauvreté.

Des frigos de stockage, vite ! - New

Et encore ces prix-là sont-ils ceux de la production locale, qui va considérablement diminuer pendant l'hivernage, la saison des pluies, de juillet à octobre, obligeant alors à des importations onéreuses qui vont les faire flamber. Cette rupture dans les chaines d'approvisionnement en produits du pays tient à ce que les maraichers ne disposent quasiment d'aucun moyen de conservation leur permettant de faire la soudure. Cela devrait être, des moyens de stockage modernes, une des priorités d'équipement des coopératives agricoles avec des modalités de gestion qui assureront leur pérennité.

Le marché d'intérêt national de Diamniadio, plateforme commerciale, qui dispose de ces équipements modernes de stockage, est sous utilisé. Pourquoi ? Les maraichers disent qu'il est cher. C'est possible. Mais est-ce peut être aussi parce qu'ils ont pris l'habitude de ne pas payer certaines prestations à leurs vrais prix.

Le stockage au froid coûte cher en énergie ; il est rentable pour peu qu'il soit hautement professionnel, c'est-à-dire qu'après quelques semaines de frigo les légumes et les fruits aient toujours bonne mine. Ce qui suppose le recours à des techniques sophistiquées, notamment l'évacuation continue des gaz de « respiration » de ces aliments, qui autrement accélèrent leur mûrissement. En revanche une critique est juste : ce marché d'intérêt national de Diamniadio est mal placé, trop loin de beaucoup de zones de production. Sa relance supposerait en tout état de cause une sacrée amélioration des dessertes routières.

Quant au coût en énergie de ces équipements, il pourrait être désormais sensiblement abaissé en couvrant leurs toits de panneaux solaires et en veillant à leur bonne isolation thermique. Voilà bien là un domaine de prédilection du partenariat public-privé.

L'affaire Mpal - New

À Mpal, à quelques 35 km au sud de Saint-Louis, se dressent d'imposants et de très vastes bâtiments, remarquablement construits, abritant une multitude de chambres froides, des locaux de calibrage et de conditionnement équipés, ainsi que toute une série de véhicules, tout ce dont rêve les maraichers sénégalais. Et bien ce superbe vaisseau est resté fermé pendant des années. La cause : une embrouille !

Construit avec 11 milliards de la coopération espagnole en 2005, le ministère de l'agriculture en a assuré directement la gestion qu'il a confié, semble-t-il dans des conditions peu transparentes, à un producteur privé de melons. Ce dernier serait rentré en conflit avec les producteurs locaux et a fini par mettre la clé sous la porte et à laisser ce magnifique outil à l'abandon, au grand dam des maraichers du pays.

C'est ici l'illustration de deux mots de l'agriculture sénégalaise, sur lesquels nous allons longuement revenir : l'absence de cadre juridique clair, en l'occurrence celui d'une coopérative de producteurs, producteurs réellement propriétaires de la dite coopérative, et son corollaire, l'interventionnisme peu efficace et peu limpide de l'Etat.

Après des années de fermeture donc, une partie des bâtiments vient d'être louée à un agrobusiness. Il est dommage que ces locaux n'aient pas pu profiter, depuis tout ce temps, à une coopérative de petits producteurs du secteur, qui eux ne disposent toujours pas du moindre équipement.

Chères importations d'hivernage...New

En 2023, le Sénégal a importé 55 milliards de francs CFA de légumes, avec des variations mensuelles considérables. Un milliard par mois pendant les périodes de production des Niayes, et 9 milliards par mois pendant l'hivernage, faute de frigos pour conserver les productions de la pleine saison d'activité. Et Mpal qui était fermé !

...Et coûteux effondrement des prix - New

Donc, pendant l'hivernage, on importe. Mais en mars/avril quand il y a un pic de production de l'oignon et des pommes de terre, les prix s'effondrent, au point que l'agence de régulation des marchés bloque les livraisons des producteurs sur les marchés de gros pour tenter de maintenir un prix de rémunération minimum pour ces maraichers. Ce qui veut dire que certes la chute de prix est stoppée, mais que les oignons non vendus sont perdus.

On ne verrait rien de tout cela avec des coopératives de producteurs, capables de réguler les productions de leurs adhérents en amont, et de lisser les ventes, les mises sur le marché, grâce à des frigos.

Une frite nationale - New

Un des moyens de réguler les pics de production saisonniers est bien entendu celui de la transformation, soit, pour nos pommes de terre, leur métamorphose en frites, chips ou encore flocons. Tous ces produits en vente dans nos hypermarchés sont importés. Voilà, en sus du stockage, une des solutions aux variations des productions saisonnières, une industrie agroalimentaire aval, à laquelle il faudra fournir naturellement des produits de qualité, par exemple pour les pommes de terre, respecter la teneur en eau maximum exigée pour les frites ou les chips. Il pourrait en être de même avec la déshydratation de l'oignon.

2.1.2 Parité de pouvoir d'achat, ouvriers sénégalais et chinois

Comment comparer, sans trop se tromper, la cherté d'un produit d'un pays à l'autre ? Comment mesurer d'un pays à l'autre le pouvoir d'achat réel des mêmes catégories sociales ?

Une idée assez juste des pouvoirs d'achat relatifs, des niveaux de vie comparés, peut être établie en mesurant l'effort que doivent, par exemple, fournir les ouvriers de deux pays pour acheter la même marchandise. Combien d'heures de travail doit fournir un ouvrier pour acheter un kg de dorade, ici et ailleurs ? L'unité de mesure commune entre deux pays peut donc être tout simplement le temps de travail nécessaire pour se procurer telle ou telle marchandise. Nous allons faire l'exercice sur une liste de produits alimentaires entre le Sénégal et la Chine.

Pourquoi la Chine ? Parce qu'en 1960, au sortir de la collectivisation forcenée des terres par Mao sous le « Grand bond en avant », des dizaines de millions de Chinois couraient après un bol de riz quotidien (sans viande !). En 1980, après la deuxième faillite qu'a été la Révolution culturelle, laquelle, on s'en souvient, avait enflammé la jeunesse du monde, particulièrement en Afrique, Deng a mis fin à la collectivisation des terres et a redonné aux paysans toute liberté d'exploiter leur lopin comme ils l'entendaient, toutes leurs capacités d'initiative, et la possibilité de s'enrichir sur le marché qui était rétabli après des années où l'État s'occupait de tout : de fixer les productions, de distribuer les parcelles, les intrants et le matériel, d'acheter les récoltes et de les distribuer. Comme encore ici !

Le résultat se mesure dans le tableau ci-après, où pour tous les légumes et les viandes les plus courants, on peut lire l'effort que doivent faire respectivement un ouvrier sénégalais et un ouvrier chinois. Car, comme le disait Adam Smith, « *le prix réel de chaque chose, ce que chaque chose coûte réellement à celui qui veut se la procurer, c'est le travail et la peine qu'il doit s'imposer pour l'obtenir* ». Les chiffres sont d'autant plus spectaculaires qu'entre-temps, de 1950 à 2022, la Chine a multiplié sa population par 3, passant de 500 millions à un milliard et demi d'habitants, c'est-à-dire prenant en charge un milliard d'habitants supplémentaires !

Données prises en compte pour le calcul : salaire d'un ouvrier sénégalais non spécialisé à 75.000 frs CFA pour 160 heures par mois, soit 469 frs CFA par heure travaillée, contre 28 yuans par heure pour l'ouvrier chinois également non spécialisé.

Produits : légumes, viandes, poissons ; prix décembre 2023, marchés populaires	**Temps de travail nécessaire à un ouvrier sénégalais pour s'en procurer un kg**	**Temps de travail nécessaire à un ouvrier chinois pour s'en procurer un kg**	**Coefficient multiplicateur : colonne 1/ colonne 2**
Riz long	1 H	9 mn	6,6
Riz parfumé brisé	1 H	6 mn	10
Riz brisé ordinaire	44 mn	5 mn	8
Tomates rondes	1 h 42 mn	25 mn	4
Aubergine locale	57 mn	22 mn	2,6
Oignon local	1 h 4 mn	30 mn	2,1
Oignon rond	1 h 54 mn	30 mn	3,8
Haricots verts	1 H 54 mn	55 mn	2
Gombo frais	2 H 33 mn	28 mn	5,5
Carotte	1 h 30 mn	13 mn	7
Concombre	1 h 42 mn	26 mn	4
Poivron	2 h 30 mn	1 H 54 mn	1,3
Navet	1 h 03 mn	11 mn	5,7
Chou vert	1 H 18 mn	6 mn	13
Salade	2 h 08 mn	28 mn	4,6
Pomme de terre	1 H 18 mn	11 mn	7
Patate douce	55 mn	13 mn	4,2
Manioc	55 mn	1 H	0,91
Haricots secs (niébé)	3 H 25	32 mn	6,4
Viande bœuf avec os	8 H	3 H 20 mn	2,7
Viande mouton	8 H 54 mn	2 H 50	3,1
Poulet de chair (élevage intensif)	3 H 83 mn	1 h 08 mn	3,5
Dorade	6 H 23	2 H 46 mn	2,3

À l'exception du manioc, un ouvrier sénégalais doit travailler jusqu'à 10 fois plus pour se procurer un kilo de nourriture fraîche que son homologue chinois. Cela reflète certes les écarts de salaire dus au fait que la Chine étant devenue un pays industriel, elle bénéficie d'une forte valeur ajoutée venue de ses usines, mais d'abord et avant tout, cela tient à une agriculture très performante, qui a justement permis d'asseoir une industrie efficace avec des ouvriers aux salaires mesurés, mais bien nourris.

Naturellement, le choix de la Chine n'est pas innocent. Nous soutenons que l'agriculture sénégalaise, qui malgré des progrès sectoriels, reste très en dessous de son potentiel, et de sa mission, souffre de ne pas avoir fait sa révolution capitaliste, celle de la propriété privée et du marché, que la Chine a elle engagé il y a 40 ans. Nous regardons ces données défavorables au Sénégal comme résultant d'une grande pusillanimité à l'égard de la réforme foncière et du maintien d'un État beaucoup trop interventionniste en lieu et place de l'initiative d'agriculteurs-entrepreneurs.

Certes, les prix de l'alimentation ne disent pas tout en matière de niveau de vie. Il faut prendre en compte également l'existence ou pas de services publics gratuits, tels ceux de l'école ou de la santé, et le prix du logement. On ne peut alors que constater que les écarts entre les niveaux de vie des ouvriers de ces deux pays, loin de se réduire, s'accroissent encore.

2.2 Les politiques publiques et les difficultés chroniques de l'agriculture sénégalaise

> *« L'économie de marché n'a pas besoin d'apologistes ni de propagandistes. ... Si vous cherchez son monument, regardez autour de vous ».*
>
> Ludwig von Mises

L'agriculture est sûrement le dossier le plus important et le plus difficile pour le Sénégal, car ses dysfonctionnements, sa faible productivité, sont la source d'une large partie des problèmes récurrents du pays. Organisée sur un mode à la fois traditionnel et soviétique, tant pour la production que la commercialisation, cumulant les inconvénients des deux systèmes, elle se traine de crise en crise depuis 60 ans sans que les responsables du pays osent affronter les réformes qui pourraient la mettre sur les rails.

Du coup, elle nourrit mal le pays, exporte peu et expose même ses agriculteurs à la pauvreté : 70 % sont de petits producteurs, cultivant au mieux 2 hectares, dont le revenu moyen annuel ne dépasse pas les

300.000 frs CFA (500 euros). Nous allons donc y consacrer la place que le sujet mérite.

2.2.1 Il y a le feu

La situation actuelle est difficile, mais ce qui s'annonce l'est encore plus. Malgré quelques progrès, le Sénégal et ses 18 millions d'habitants n'ont pas atteint à ce jour l'autonomie alimentaire. Or, la population du Sénégal va passer à 24 millions dans les 7 ans, d'ici 2030, elle va doubler et passer à 34 millions en 2050, et à… 60 millions en 2100. Il va donc falloir, au minimum, doubler les productions dans le quart de siècle qui vient, d'ici 2050, pour éviter une dégradation de la situation.

Les taux de croissance obtenus par le volontarisme du Plan Sénégal Emergent sont loin de la trajectoire qui permettrait ce doublement. Pour y arriver, il faudra faire deux choses : i) augmenter les surfaces cultivées de plusieurs millions d'hectares, ce qui suppose des aménagements d'irrigation considérables, ii) augmenter la productivité sur toutes les terres. Pour atteindre l'autonomie alimentaire d'ici 2030, c'est-à-dire dans 7 ans, il sera nécessaire d'augmenter la production des céréales de 50 %, celle des racines de 75 % et celles du maraîchage de 80 %.

Ces augmentations de production nécessitent une progression des surfaces cultivées qui donne l'ampleur du sujet : il y a en gros 9 millions d'hectares exploitables au Sénégal, sous réserve naturellement d'aménagements, notamment hydrauliques. Aujourd'hui, 4 millions d'ha, soit 20 % du territoire national, sont mobilisés ; il faudrait passer à 6 millions d'ici 2030, + 50 %, et à 8 millions, + 100 %, d'ici 2050.

Les investissements indispensables pour mettre ces terres nouvelles en exploitation sont, d'après le FIDA, Fonds des Nations Unies pour le développement de l'agriculture, considérables : il faudrait multiplier les dépenses d'investissement par 6 d'ici 2030 et par 10 d'ici 2050. Ce qui suppose un vaste transfert des crédits du budget de l'État, des subventions des récoltes vers des crédits d'investissement.

Pour progresser significativement vers ces objectifs, exigeants, une condition sine qua non : changer de système ! Le système actuel, malgré les quelques percées récentes, a fait la preuve de son inanité depuis 60 ans. Il faut rendre la propriété de la terre aux paysans qui doivent devenir des entrepreneurs agricoles. L'État doit se concentrer sur les aménagements et pas sur l'achat et la livraison des motoculteurs et des intrants et laisser ce job au marché.

Il faut en sus former des milliers et des milliers de compétences, en premier lieu chez les paysans eux-mêmes, pour développer une agriculture moderne, de type agro-dynamique, reposant sur la science, le respect de l'environnement et de la biodiversité, une agriculture s'appuyant sur un travail humain intense et méticuleux comme l'exige ce mode de culture, une agriculture de paysans qui, initiés à la gestion, seront aptes à tenir leur exploitation.

2.2.2 La Goana, « Grande offensive agricole pour la nourriture et l'abondance », ou le yoyo de l'agriculture sénégalaise

Le Président Abdoulaye Wade s'était attaqué aux faiblesses de l'agriculture sénégalaise en lançant, en 2008, un plan ambitieux de « doublement des récoltes », la Goana. Ça n'a pas tout à fait marché comme prévu, pourquoi ? Les raisons sont multiples. Relevons-en ici une première, fondamentale et pourtant non traitée. Le plan affiché n'a pas été accompagné d'un dispositif de formation permettant à l'agriculture sénégalaise d'acquérir les compétences nécessaires à l'atteinte de ces objectifs ambitieux.

Car l'agriculture, pour être efficace, exige des compétences qui, pour l'instant, sont en volume et qualité insuffisantes : du CAP à l'ingénieur agronome en passant par le niveau déterminant des techniciens, qui sont sur le terrain, il faut une multitude de spécialistes. Et si dans cette chaine de compétences, qui va de la conduite d'exploitation au conditionnement en passant par le machinisme agricole ou le génie rural, il y a des manques, c'est toute la filière qui en pâtit, car c'est le maillon le plus faible qui donne sa tension - sa fragilité - à la chaîne.

Les efforts de mise à niveau sont d'autant plus nécessaires, et considérables, que les chefs de famille agricole ont en moyenne 50 ans, alors que les moins de 30 ans ne représentent que 3 % d'entre eux, dans un pays pourtant particulièrement jeune, des agriculteurs vieillissants donc, et très faiblement éduqués : aujourd'hui en 2023, 70 % de ces agriculteurs n'ont aucun niveau scolaire, 17 % le niveau de l'élémentaire et 7 % du cycle moyen (collège). Soixante pour cent sont analphabètes et seuls 6 % ont reçu une formation en agriculture. La production agricole ne pouvait pas atteindre ces objectifs sans relever le niveau de compétences de ses agriculteurs. Or, le sujet n'a pas été traité du tout, puisque le mot « formation » n'apparaît même pas une seule fois dans le document officiel de présentation.

Le mil est ainsi passé de 318.000 tonnes avant la Goana à 813.000 tonnes en 2010 sous son impact, avant de retomber à 515.000 tonnes en 2013/14, soit la moitié des 1.000.000 de tonnes visées.

Même chose pour le maïs : 158.000 tonnes avant la Goana, 397.000 tonnes en 2010, puis 124.000 tonnes suivies d'un nouveau redressement à 225.000 tonnes, très loin des 2.000.000 de tonnes de l'objectif.

Même trajectoire pour le riz : 193.000 tonnes avant, 604.000 tonnes en 2010, 436.000 tonnes l'année d'après, loin des 1.500.000 tonnes de paddy annoncées.

Idem pour l'arachide : 607.000 tonnes avant la Goana, 1.195.000 tonnes en 2010, puis 708.000 tonnes avec un redressement ensuite à 916.000 tonnes.

Le fonio, le niébé, la pastèque ou le sésame ont connu les mêmes trajectoires erratiques. La Goana n'a pas réussi à mettre l'agriculture sénégalaise sur une ligne de croissance régulière.

2.2.2.1 Des paysans infantilisés

La Goana fixe les objectifs de production par région, détaille les tonnages d'intrants mobilisés (engrais, semences, pesticides, etc.) pour chaque production, arrête la liste des équipements mis à disposition des agriculteurs, 50 charrues pour le manioc, 150 pour le riz, et fixe… le jour de la rentrée : tout doit être en place pour le 30 mai pour les cultures pluviales, le 30 octobre pour le maraîchage et les cultures de contre-saison. Bref, on organise la rentrée dans l'agriculture comme une rentrée scolaire : on fixe les objectifs au ministère, on distribue les fournitures, on arrête le jour de retour au champ, et dans le rôle du maître d'école, le technicien du ministère passe de village en village. Les paysans confinés dans un rôle d'élève.

Le rédacteur a tout de même un éclair de lucidité en écrivant : *« La réussite du Programme 2008 - 2009 dépend du respect de ce calendrier d'exécution,* ***sous réserve d'une pluviométrie normale*** *»*. Le ministère daigne prendre en compte la pluie !

La Goana se félicite du nombre d'équipements mis « gracieusement » à la disposition des agriculteurs. Comment fait-on alors pour amortir un appareil « mis gracieusement à disposition », c'est-à-dire pour préparer son renouvellement ? Qui va en prendre réellement soin ? Tout le monde s'accordant en sus pour reconnaître que cette « grande distribution » a été d'autant moins efficace que les détournements n'ont pas été rares.

Bref, « la volonté politique du Chef de l'État », qui ne faisait pas de doute, n'avait pas pris la bonne tournure.

2.2.2.2 Les « grandes attributions »

Par souci légitime d'introduire du capital et de la modernité dans un secteur somnolent, l'État a cédé, à cette époque de la Goana, l'usage d'immenses surfaces, des centaines, voire des milliers d'hectares d'un seul tenant, à des investisseurs nationaux ou étrangers (ce qu'il pouvait faire en piochant dans le domaine national), ces heureux bénéficiaires s'engageant naturellement en contrepartie à produire.

Nous n'avons pas de bilan chiffré des résultats de cette politique, mais nous relevons tout de même que cela n'a pas fait bondir très longtemps les tonnages des différentes spéculations, et chacun sait, lorsqu'il bat la campagne, qu'il a toute chance de se voir indiquer par les habitants du coin les nombreuses grandes superficies en jachère, mais bornées, relevant de cette période de « grande et généreuse distribution ». Manifestement, s'il y a eu des investisseurs qui se sont lancés avec succès dans la production agricole, beaucoup de ses terres ont servi plutôt à de la spéculation foncière, que la croissance démographique stimule.

Aujourd'hui, on estime les superficies exploitées par de grandes sociétés étrangères à 3 % des superficies totales. Il ne s'agit que d'une estimation, car en l'absence d'un cadastre transparent, on est conduit à procéder par des relevés indirects, notamment via la télédétection. La cession de grands espaces à des acteurs étrangers, il s'agit assez souvent de contrats autour de 5000 ha, permet certes d'injecter des capitaux dans l'agriculture, mais comporte trois inconvénients majeurs : elle spolie des petits agriculteurs, elle cultive des plantes qui ne sont pas nécessairement les plus utiles au Sénégal, puisque les ¾ sont pour des agrocarburants, et ces sociétés ne laissent pas toujours la terre en bon état. Sans évoquer les conditions de cession.

2.2.3 PSE et PRACAS

Les vrais chiffres de nos récoltes - New

La collecte des données de la production agricole n'est pas chose aisée. Aussi les chiffres des récoltes des différentes spéculations ci-après doivent-ils être retenus en général plus pour leurs ordres de grandeurs et leurs évolutions d'une année sur l'autre que pour la précision affichée de leurs valeurs absolues. Quant à certaines spéculations essentielles, comme le riz, céréale « très politique », il est probable que les chiffres annoncés ces dernières années, visant l'autonomie alimentaire, aient été tout bonnement gonflés, ce qui apparait lorsqu'on rapproche les productions déclarées des importations et de la consommation, comme le suggère le ministre de l'agriculture lui-même dans une interview à l'APS (9 mai 2025),

Le PRACAS (Programme d'Accélération de la Cadence de l'Agriculture du Sénégal), volet agricole du Plan Sénégal Émergent en cours, a fait, à son tour, de l'autosuffisance alimentaire un de ses points forts. Des résultats significatifs, mais fragiles, ont été atteints pour les céréales et les légumes sans pour autant atteindre l'autosuffisance. On va le voir, les mêmes causes produisent les mêmes effets : les déficits en compétences n'ont pas été comblés, la réforme foncière est toujours en panne, le marché des semences et des engrais ainsi que la commercialisation des productions sont toujours étatisés, et de manière tout aussi fondamentale, la culture de l'entrepreneuriat fait toujours défaut dans ce secteur.

À la place d'un marché fluide, vivant de l'initiative de ses entrepreneurs-agriculteurs, l'État a en effet continué à jouer un rôle prépondérant, en subventionnant à tour de bras les intrants, les semences, les engrais, les équipements, et comme toujours quand l'État s'occupe de ce pour quoi il n'est pas fait, cela reste inefficace et coûte cher au Trésor public.

Nous allons revenir en détail sur cette organisation inefficace de la distribution des intrants ; un seul chiffre ici pour mesurer l'ampleur du problème : depuis 1960, l'État est sensé s'occuper de la distribution des semences pour améliorer les rendements ; or, en 2020, seuls 11 % des semences utilisées, toutes productions confondues, étaient certifiées, alors qu'il s'agit là, la fourniture des semences de qualité, d'un des objectifs ressassés depuis des lustres par l'État !

L'Espagne, qui est devenue une formidable machine à production de fruits et légumes, le Maroc qui tire largement son épingle du jeu et la Côte d'Ivoire qui, au-delà de ses produits phares d'exportation comme le cacao, la noix de cajou ou le café, dispose d'une agriculture vivrière performante, tous ces pays, au-delà de leurs spécificités, montrent le chemin : des agriculteurs-entrepreneurs dynamiques, un cadre foncier adéquat, une valorisation de la ruralité, une logistique sans faille, des coopératives de producteurs en lieu et place des organismes professionnels d'État qui prospèrent au Sénégal.

Il y a bien sûr des difficultés dues à la nature elle-même et au changement climatique, de la sécheresse à la remontée de sel. Mais face à ces éléments naturels, tous les pays sont logés à la même enseigne. Non, ce qui fait défaut, c'est bien le mode de gestion de ce secteur.

2.2.3.1 Le mil et le riz, les deux mamelles du Sénégal

Passons en revue rapidement les productions agricoles du pays pour savoir de quoi on parle avant de réfléchir aux causes des difficultés et aux solutions possibles.

2.2.3.1.1 Le mil

Il est la céréale millénaire du pays, celle de la géographie et de la civilisation. Il représente 26 % des surfaces cultivées du pays. Ses vertus nutritionnelles sont connues. Il a été, lors de la colonisation, supplantée par le riz, et d'une certaine façon, à tort, négligé par le milieu urbain, qui lui a en partie substitué le pain. Le PRACAS a produit des effets indéniables puisque la récolte de la saison 2021/22, de plus d'un million de tonnes, a été supérieure de 19 % à la moyenne des 5 années précédentes.

Mais avec 3 alertes : une baisse de 9 % du tonnage entre 21/22 et 20/21, et pour les mêmes dates, une baisse de 5 % des surfaces cultivées et de 4 % du rendement à l'hectare. Notons en outre qu'en 1967, il y a 50 ans, la production de mil s'est élevée à **657.000 tonnes**. Depuis cette date, la production de mil a donc progressé de 50 % alors que la population a augmenté de 400 % de 4 à 18 millions.

2.2.3.1.2 Le riz paddy (riz juste récolté)

Le riz mobilise un peu plus de 6 % des surfaces cultivées, 5 % pour le riz pluvial, 1,15 % pour le riz irrigué. La politique volontariste du

Président a porté ses fruits avec plus de 1,3 million de tonnes contre 650.000 tonnes en 2010. Bravo ! Sur la moyenne des 5 dernières années, c'est une progression de 17 %. Mais attention, le tonnage de 2022 est en baisse par rapport à 2021. – 2 %, ainsi que les surfaces cultivées, – 6 %, avec toujours un débat dans la population sur la qualité du riz local.

D'un côté, les politiques et les producteurs, qui font assaut d'arguments patriotiques, de l'autre les ménagères qui n'en démordent pas : le riz long asiatique importé, bien que 40 % plus cher, est incomparable, en pureté, en goût, en temps de cuisson, en tenue dans l'assiette, etc. Il faut dire que passer du riz juste récolté à un « riz idéal », blanc, sans impureté qui cuit facilement et qui ne colle pas, suppose la mise en œuvre de techniques complexes : décorticage, abrasion, polissage, dépoussiérage, étuvage, séchage, bref une industrie de transformation plus complexe que pourrait le laisser croire le riz une fois dans l'assiette.

In fine, c'est le consommateur, le marché, qui décident. Nier cette réalité d'écart de perception de qualité est vain. La seule question qui vaille est celle-ci : que doit-on faire encore comme progrès, en matière de variété, de traitement, de logistique pour que le riz local retrouve les faveurs des familles ? Si le riz irrigué, au cœur de la politique volontariste de l'État, a bénéficié de 59 % de semences certifiées, le riz pluvial a dû se contenter lui d'en obtenir 8 %.

2.2.3.2 Les autres céréales

Pour le sorgho (3,5 % des surfaces), l'impact du PRACAS est visible, avec 35 % de plus en 2021/22 sur la moyenne des 5 dernières années. Mais là aussi, avec une baisse de la production, –7 %, et des surfaces cultivées, – 5 %, en 21/22 sur 20/21 ; à surveiller.

Pour le maïs (10 % des surfaces), 750.000 tonnes, la progression est spectaculaire, avec 48 % de plus sur la moyenne des 5 dernières années, mais avec des résultats de production 2021/22 en légère baisse sur l'année précédente ainsi que des surfaces cultivées.

2.3.3.3 Le niébé (haricot)

Classé comme culture de rente, avec l'arachide, le coton et les pastèques, il mobilise 8 % des surfaces agricoles du pays. On vient de voir dans le tableau sur les parités de pouvoir d'achat que le niébé est cher. La hausse de sa production de 50 % par rapport aux 5 dernières années est donc particulièrement bien venue, en espérant que la baisse de

6 % entre 2021/2022 et l'année 2020/2021 ne marque pas un retournement de tendance.

2.2.3.4 Mon assiette de céréales

Au total, la production de ces 4 céréales, riz, mil, maïs, sorgho, a progressé de 24 % sur la moyenne de ces 5 dernières années, confirmant l'impact du PRACAS. Mais la dernière campagne, celle de 2021/2022, marque une baisse globale de la production de céréales, moins 4 %, faisant chuter le taux de couverture des besoins de la population par la production nationale en dessous des 80 %. [3]

2.2.3.5 Les légumes et les fruits, des progrès mitigés

Pa rapport à la moyenne des 5 dernières années, la progression du tonnage des fruits et légumes a été modérée, + 13 %, progression trop faible pour pouvoir en faire baisser les prix, et elle n'a été que de 4 % entre la récolte 2020/2021 et la précédente, marquant ici aussi un ralentissement, un palier, avec une production de mangues en baisse de 4 % en 2021/2020 par rapport à la moyenne des 5 récoltes précédentes.

L'autre production emblématique du Sénégal avec la mangue, le bissap, stagne, elle également, depuis des années au même chiffre de 1.500 tonnes.

Et surtout un gros point noir, celui des oignons, légume de base de la marmite sénégalaise, qui plafonne autour de 430.000 tonnes depuis de nombreuses années, répondant, semble-t-il, en volume à la demande nationale, mais qui, pour des raisons de pertes considérables post-récolte, et tout autant de qualité, oblige à d'onéreuses importations, comme encore récemment et en catastrophe en cette fin d'été 2023, en pleine fête du Magal !

Il est vrai que l'ouverture de la brèche dans la « langue de barbarie » (St-Louis) – quelle bêtise ! qui a fait rentrer la mer dans les terres, a détérioré la zone de production historique de Gandiol avec de fortes remontées de sel.

Et puis comment ne pas être frappé par ce spectacle des boutiques où les oignons hollandais, de belle taille et de belle forme, sont déballés de beaux sacs décorés d'un bandeau doré, alors que les locaux, difformes, tachetés, sont présentés dans un vieux carton d'emballage ? En agriculture, comme ailleurs, l'œil, la présentation, comptent aussi.

[3] Sur la base des prescriptions de la FAO, 185 kg par habitant et par an.

2.2.3.6 Céréales, fruits, légumes, prix et production

Le PRACAS a indubitablement donné un coup de fouet aux productions agricoles, mais encore insuffisantes pour l'autonomie alimentaire, insuffisante pour faire baisser les prix et semblant atteindre un palier alors que la population continue à augmenter fortement. Elle va doubler dans les 17 ans, ne l'oublions pas !

2.2.3.7 Les cultures industrielles, arachide et coton

2.2.3.7.1 L'arachide, une huile hors de prix

L'arachide, c'est encore 40 % des surfaces cultivées du pays. L'huile d'arachide est devenue un produit rare et cher, tellement que les consommateurs européens doivent se rabattre sur l'huile de tournesol aux qualités organoleptiques moindres. Pourquoi le Sénégal ne tire-t-il pas pleinement profit de cette situation, lui qui a été un grand pays arachidier ?

Pourquoi n'est-il pas dans l'arachide ce qu'est la Côte d'Ivoire dans le cacao ? Il y a eu certes un abus de monoculture intensive qui a appauvri la terre. Mais cela est réversible. Il y a bien d'autres éléments de blocage qui expliquent les difficultés du secteur et la baisse de productivité : l'accès aléatoire à des semences adaptées et performantes, la vétusté du matériel quand il existe, les lacunes de la logistique, la réforme foncière toujours en attente, les difficultés de financement qui rend l'acquisition des intrants difficiles, le durcissement des règles sanitaires sur les marchés européens, le vieillissement des producteurs et la faiblesse des compétences techniques corrélatives, et encore des politiques de soutien contracycliques instables, et aussi la concurrence du soja pour les tourteaux.

À l'heure où des perspectives de premier plan s'ouvrent pour l'huile d'arachide, avec notamment la demande chinoise, ce serait une erreur de faire le deuil de ce secteur comme s'il s'agissait d'un reliquat d'un passé révolu. Les chemins d'une reconquête sont connus : renouvellement du capital semencier, comblement du retard en compétences, traitement post-récolte de qualité, privatisation générale du secteur assurant un bon fonctionnement du marché, création d'un réseau de coopératives gérées par les producteurs eux-mêmes, l'État venant en soutien du privé, par les garanties de prêts, la fiscalité, sans s'y substituer.

Le PRACAS a permis une relance de l'arachide, grâce à une politique de subventions par l'État significative, avec 1,4 million de tonnes en 2021/2022, soit 17 % de plus que la moyenne des 5 dernières années, avec toujours une panne sur la dernière récolte, en baisse de 7 % par rapport à celle de 20/21.

Si les mesures structurelles sus-évoquées ne sont pas prises, le risque est grand qu'il ne s'agisse que d'un feu de paille, d'autant que nous gardons en mémoire que la production était déjà de 1.200.000 tonnes il y a 12 ans, soit une modeste progression de 16 % sur cette longue séquence, progression à relativiser d'autant plus qu'en 1976, le Sénégal produisait déjà ces 1,4 million de tonnes, il y a presque un demi-siècle.

À quoi il faut manifestement ajouter un problème de qualité puisque 100 kg de coque donnent pour l'export seulement 50 kg de graines, un rendement donc de 50 % contre 70 % selon les standards. Ce sont là des problèmes récurrents de productivité et de stockage manifestement.

La cause de ce faible rendement tient-elle peut-être, au moins pour partie, au fait que malgré l'affichage d'une priorité donnée aux semences, seuls 10 % de ces semences étaient certifiées en 2020.

2.2.3.7.2 Coton loin du Burkina

Quant au coton, la production de 2021/2022, avec 21.000 tonnes, est loin des 25.000 tonnes de 2009, et encore plus loin des 175.000 tonnes du Burkina et des 275.000 tonnes du Mali.

Les chiffres utilisés ici sont ceux des années 20/22. Les dernières données, celles de la campagne 23/24, font apparaitre des progrès importants pour le mil, les mangues et les tomates, et des baisses pour le coton et le Niébé, avec une augmentation des hectares cultivées.

2.2.3.8 Un État tentaculaire

2.2.3.8.1 Un sévère bilan officiel

Le rapport d'activité 2022 du ministère de l'Agriculture, dont nous avons tiré tous les chiffres cités ici, ne manque pas d'étonner, tellement il affiche sans détour le fait qu'au Sénégal, ce sont les bureaux dudit ministère qui pilotent l'agriculture de A à Z. Ainsi, peut-on lire :

« Ce document va faire le bilan de la présente campagne, en termes de **soutien direct à la production** (c'est nous qui soulignons), *et permettra de fixer les objectifs en termes de superficies, de rendements, de productions et d'intrants nécessaires avec des indications sur les besoins en financement et les mécanismes de mise en œuvre ».*

Il est précisé que toutes ces fournitures, engrais, semences, produits phytosanitaires, matériels (motoculteurs, semeuses, etc.), seront livrées aux commissions locales qui apparaissent donc comme des sous-traitants, des franchisées, de l'entreprise agricole d'État « ministère de l'Agriculture ». Le compte-rendu d'activité du ministère de l'Agriculture ressemble plus à celui d'un fournisseur en gros de graines, de phosphate et de charrues, qui achètent puis livrent lui-même ces marchandises, même pas à des exploitations agricoles, puisqu'il n'y en a pas comme on va le voir.

Et de détailler les prix et les lieux de cession des semences écrémées, certifiées, de base, des boutures de manioc, allant même jusqu'à suivre les épisodes pluvieux, suivant les semis, la floraison et les progressions des gousses comme des insectes ravageurs, bref les bureaux faisant le boulot des agriculteurs et de leurs coopératives.

S'il était encore besoin d'illustrer le fonctionnement étatique, de type Gosplan de l'ex-URSS, de l'agriculture sénégalaise, il suffirait de reproduire in extenso les conditions de mise sur le marché de l'arachide.

– ***Les mesures prises pour le bon déroulement de la commercialisation sont les suivantes***

– *La lettre circulaire n° 01552 /MAER/DA du 19 novembre 2021 a fixé le démarrage de la campagne au 25 novembre 2021.*

– *La lettre circulaire n° 01553 MAER/DA du 19 novembre 2021 a fixé les prix de collecte des semences certifiées (programme de multiplication de semences) de la campagne agricole 2021 – 2022.*

– *L'arrêté interministériel MAER – MCPME n° 037218 du 25 novembre 2021 a fixé la période de collecte et le prix plancher de collecte de l'arachide à 250 FCFA par kilogramme pour la campagne 2021 – 2022.*

– *La lettre circulaire n° 00812/MCPME/DCI/SP du 27 décembre 2021 relative à l'identification des centres de réception des exportateurs membres ou non du COPEGA est prise pour le suivi de ces centres par les Services Régionaux du Commerce Intérieur.*

– *La lettre circulaire n° 00565 MAER/DA du 13 avril 2022 relative à l'arrêt de la campagne de collecte de l'arachide 2021/2022.*

Ainsi, le marché, lieu de rencontre entre producteurs et acheteurs, est-il remplacé par 4 circulaires et un arrêté. Ces soutiens directs, 60 milliards, et ces lettres circulaires, n'ont pas empêché, nous citons, *« qu'à l'exception du coton (5 %) et du fonio (2 %), toutes les autres spéculations ont enregistré des baisses de superficies en 2021-2022 par rapport à 2020-2021 avec -5 % pour le sorgho, -1 % pour le maïs, le manioc, la pastèque et le sésame. Quant au niébé, la baisse de superficies emblavées est de -0,35 % ».*

Peut-être qu'il y a un lien de cause à effet entre le mode de pilotage et ce désengagement de la terre comme doit le constater le même rapport qui liste tous les dysfonctionnements, inhérents, classiquement, aux administrations. On cite :

2.2.3.8.2 Pour la production

« Le déficit en ressources humaines ; *le retard dans la mise en place des intrants (les opérateurs tardent toujours à amener les quotas qu'ils doivent mettre en place) ; l'insuffisance et la vétusté du matériel agricole attelé nécessaire à l'optimisation des opérations culturales ; les énormes difficultés d'entretien et de maintenance du matériel agricole motorisé, surtout des tracteurs suite à l'absence de chaine d'approvisionnement en pièces de rechange et de service après-vente ; le retard noté dans le marché des pesticides qui a impacté négativement sur le déroulement des interventions phytosanitaires ; le vieillissement des appareils de traitement des UPV (traitement des parasites) qui tombaient régulièrement en panne ; la majeure partie des véhicules de prospection des bases de surveillances et d'alerte sont tombés en panne avant la fin de la saison d'hivernage ; les prospecteurs ne sont pas dotés de motos pour pouvoir faire leurs prospections de manière indépendante ; la mauvaise qualité de certains aménagements dans la VFS », etc.* Arrêtons la liste longue comme un jour sans riz.

2.2.3.8.3 Pour la commercialisation

Ce sont « *les déficits en matière de stockage, de points de collecte et de financement* » qui sont listés, déficit en stockage et conservation responsable de 30 % des pertes post-récoltes des fruits et légumes. Et quelles sont les recommandations ? Continuer sans rien changer. Pourtant, le rapport met le doigt sur l'essentiel sans aller plus avant, comme effrayé par sa propre audace. Il est écrit, en effet, que parmi les difficultés, il y a *« les interprétations diverses de la politique foncière (domaine national, l'aspect légal et légitime) qui ne sont pas très claires pour les producteurs ».*

Jolie litote. Voilà en effet la première question à résoudre, la question foncière ! Puis, « *les difficultés d'accès au crédit agricole pour les producteurs et leurs organisations* ». Mais qui va prêter à des entités insaisissables, au sens de vaporeuses ? Arrêtons-nous en quelques lignes sur le financement et sur ce chiffre : seuls **7 %** des exploitants y ont accès.

Qui sont les prêteurs ? Des ONG pour 31 %, des organismes publics pour 22 %, les familles pour 19 %, des prêteurs privés pour 16 %, les coopératives pour 8 % et celles dont c'est la mission de financer l'économie, les banques, pour 6 % seulement. Ces chiffres ne concernant donc que 7 % des exploitations, cela signifie que le nombre d'agriculteurs qui ont eu accès à des **crédits bancaires** est égal à 6 % de 7 %, soit moins de 1 %, 0,42 % précisément. Ne jetons pas la pierre aux banques, comment pourraient-elles financer des entreprises évanescentes ?

Comment ces modestes crédits sont-ils utilisés ? Aux ¾ pour des achats d'intrants, c'est-à-dire principalement pour le fonctionnement et non l'investissement.

Et enfin, le rapport d'activité se termine par ce constat : *« Le manque de motivation des membres des Commissions locales et départementales de supervision, de contrôle et cession des semences, engrais et matériels agricoles subventionnés ».*

Remplacez tout ce monde par des paysans propriétaires, vous aurez alors des gens motivés !

2.2.3.9 L'agriculture d'exportation

Nous allons longuement revenir sur la question de la monnaie et sur les erreurs d'analyse qui sont régulièrement faites et qui malheureusement trouvent un écho dans l'opinion comme souvent les idées faciles. Ce n'est pas le niveau du franc CFA qui peut expliquer la faiblesse des exportations agricoles du Sénégal. La preuve suffisante est donnée par la Côte d'Ivoire qui avec la même monnaie est leader mondial dans plusieurs productions, le cacao, le café, la noix de cajou ou encore les mangues, les bananes et l'ananas.

En 2020/21, sur les 120.000 tonnes de fruits et légumes exportées, soit environ 6,5 % du total de la production (en progression), la mangue (24.000 tonnes), le maïs doux (23.000 tonnes), le haricot vert (18.000 tonnes) et les pastèques (14.000 tonnes) tiennent les premières places.

Pour l'arachide, 150.000 tonnes de graines sont exportées (20 % de la production), ce qui est peu compte tenu de la nature du produit, de la demande mondiale et de la faiblesse du raffinage sur place, puisque les huiliers sénégalais (SONACOS, COPEOS et SSII) ne traitent, ne raffinent, que 160.000 tonnes de graines, soit 22 % de la production nationale. L'exportation, au-delà des devises qu'elle procure, a l'avantage d'obliger les producteurs et les commerciaux à des standards de qualité, tirant tout le secteur vers le haut.

Sans oublier l'objectif principal de l'autonomie alimentaire, l'immense marché africain offre indéniablement de larges opportunités à l'agriculture sénégalaise. Si…

2.2.4 L'Industrie agroalimentaire

2.2.4.1 L'Affaire SONACOS, huilier national

« Quand l'éléphant trébuche, ce sont les fourmis qui en pâtissent. »

Proverbe africain

Dans la chaine de valeur d'un produit final, que ce soit l'huile, le pétrole ou la noix de cajou, le traitement post-récolte, le raffinage est essentiel. D'une part, parce que c'est là, et non dans le produit brut, que se font les marges, et, d'autre part, parce que ce n'est que si on contrôle cette phase qu'on peut peser sur les marchés.

Les difficultés récurrentes de la SONACOS, raffinerie nationale de l'arachide, viennent de loin et sont structurelles. À l'Indépendance, la nationalisation des huiliers privés et étrangers a laissé penser qu'il était possible, le pays ayant retrouvé sa souveraineté, de s'abstraire des lois de l'économie de marché. Erreur mortifère. Les bonnes règles de gestion sont universelles, intemporelles et ne dépendent pas du nom du propriétaire.

Depuis, la SONACOS est dans un dilemme insoluble. Soit les prix de l'arachide sur le marché mondial sont déprimés et on lui demande alors, pour des raisons politiques et sociales, d'acheter malgré tout les graines à un prix supérieur au cours mondial en soutien aux producteurs. Elle a donc à traiter une matière première payée plus chère que ses concurrents et ne peut s'en sortir, obligée qu'elle est de vendre à perte, au détriment notamment du renouvellement de ses équipements, particulièrement obsolètes, hypothéquant ainsi son avenir.

Soit les prix du marché flambent, comme aujourd'hui, et naturellement les producteurs préfèrent vendre aux Chinois qu'à la SONACOS qui, faute de trésorerie et de clients assurés, ne peut suivre les prix proposés par ces dits acheteurs chinois, et se retrouve du coup sans graine.

La SONACOS, au lieu d'être gérée selon les lois de l'entreprise, l'est depuis des décennies selon les lois de l'État, qui, une fois de plus, répétons-le, ne peut pas gérer une entreprise en situation concurrentielle avec sa logique d'administration, sauf à aller dans le mur, ce qui est le cas. Le paradoxe, c'est qu'en gérant l'arachide selon des prix administrés au nom d'une approche sociale, le pouvoir sénégalais, du fait, comme on vient de le lire, d'un système sans entreprise agricole indépendante et reposant sur des agriculteurs sans terre, a contribué à dégrader la qualité du produit, des sols, et appauvrit terriblement les producteurs.

Tout ceci sans évoquer des faiblesses dans la gestion de la société elle-même, et le fait qu'il faudra, en tout état de cause, sur de nouvelles bases, la recapitaliser.

Que faire ? D'abord, redonner vigueur à la production en attribuant les terres aux paysans, en pleine propriété avec titre foncier, c'est le plus simple, ou à la rigueur avec bail emphytéotique en bonne et due forme, avec création d'entreprises immatriculées et susceptibles alors d'accéder au financement.

Puis, laisser le marché des semences, intrants et matériels au secteur privé et non plus à l'administration, déficiente comme on vient de le voir, et mettre en place des systèmes de financements bancaires, bonifiés si nécessaire, pour les entreprises qui présenteront des comptes d'exploitation prévisionnels solides, afin qu'elles accèdent à tous ces facteurs de production, équipements, intrants et matériels, par leurs propres moyens et efforts.

Ensuite, laisser la vente de l'arachide libre sur le marché, la SONACOS étant un acheteur comme un autre, qui devra, si elle veut réussir, se repositionner commercialement, par exemple sur des produits de bouche ou raffinés de haut de gamme, les plus rémunérateurs, ce qui suppose naturellement la mise en place d'un management rigoureux, fût-il dans le cadre d'une société nationale.

Enfin, si les prix du marché mondial sont trop durs, trop bas pour les producteurs sénégalais, mettre en place des aides à l'entreprise agricole, mais des entreprises faisant des efforts de productivité et de qualité, afin que ces aides soient sinon supprimées du moins régulièrement réexaminées, pour éviter toute addiction aux subventions qui conduit inévitablement à la baisse de la qualité et à la faillite.

On verra alors que le Sénégal, qui dispose d'une terre et d'un climat propices pour l'arachide, qui peut compter sur la résilience et le savoir-faire de ses paysans, pour peu qu'on leur laisse l'initiative et le droit de s'enrichir, retrouvera la place qui était la sienne en 1960, celle d'un leader du secteur.

Le système actuel, où l'entreprise d'État SONACOS se plaint que - les cours mondiaux de l'arachide étant trop hauts- les producteurs lui préfèrent les acheteurs chinois, est quand même sacrément paradoxal pour un pays producteur d'arachides, comme si la mariée était trop belle. Elle les indexe, comme étant ingrats, eux qui ont besoin d'elle quand les cours sont bas et qui la snobent quand les cours sont hauts, comme si les producteurs étaient ses obligés, transformés en sous-traitants. Bref, une relation perverse qui depuis un demi-siècle montre ses limites.

L'État pourra alors se consacrer à ses missions naturelles, d'aménagement du territoire, routes et irrigation, de politique douanière et fiscale, d'établissement du cadre juridique idoine, de contrôle, de formation et de recherche.

1964, les accords de Yaoundé

Jusqu'en 1964, l'arachide sénégalaise a bénéficié d'une protection dans le cadre d'accords avec la France qui lui assuraient un prix de vente supérieur au prix du marché mondial. Malgré les nombreux rapports qui préconisaient dès cette époque de prendre des mesures structurelles pour préparer l'avenir, car chacun voyait bien la faible productivité du secteur, rien n'a été vraiment fait. Du coup, quant au titre des accords de 1964 – cette protection a pris effectivement fin en 1968 – et que l'arachide sénégalaise s'est alors trouvée confrontée à la vérité des prix de la concurrence, chinoise, indienne, nigériane, le choc a été rude. Mais, comme les mesures qui nous semblent incontournables – privatisation de la terre, mise en place d'exploitation en bonne et due forme, marché libre des semences, des intrants et de matériels, désengagement de l'État de la gestion directe, etc. – n'ont pas été mises en œuvre, ni à l'époque ni depuis, l'arachide sénégalaise se débat de crise en crise.

2.2.4.2 La formule gagnante du sucre

Le sucre, comme le riz et l'arachide, sont ici des affaires d'État. En 1970, le président Senghor, voulant *« assurer l'équilibre extérieur de l'économie et d'autre part augmenter le bénéfice social que l'économie du Sénégal tire de la commune de Richard-Toll »*, a demandé à une société privée de créer *« une exploitation agro-industrielle destinée à la culture de la canne à sucre ainsi qu'à la fabrication du sucre, et d'autres produits dérivés »*.

C'était en quelque sorte une délégation de service public, faire pousser des cannes à sucre et fabriquer du sucre, un partenariat public/privé avant que la formule ne soit à la mode, qui prit la forme d'une convention approuvée par décret (juin et juillet 1970). L'État va accorder à cette société, la *Compagnie Sucrière Sénégalaise, la CSS,* un certain nombre d'avantages pour qu'elle réussisse sa mission : bail emphytéotique sur des milliers d'hectares pour 1 frs symbolique, dégrèvements fiscaux, accès gratuit à l'eau du fleuve Sénégal, prix d'achat garanti, monopole non seulement de la commercialisation du sucre dans le pays, mais aussi des importations, importations qui devaient être limitées à des ajustements ponctuels entre la production et les besoins, et en aucun cas se substituer par facilité à la production locale, but même du partenariat.

Mais ce qui est important, c'est que l'entreprise, dans ce cadre et avec ces objectifs fixés par le partenaire public, avait toute liberté de gestion. Il y eut au cours des années des désaccords et des frictions, car inévitablement la situation de monopole conduit à des facilités. C'est pourquoi il y eut des rappels à l'ordre et des avenants, portant sur les mises à jour des avantages consentis (1972, 1984, 1987, 1992), puis celui sur la fin du monopole des importations en 1995 pour faire pression sur la CSS et l'obliger à augmenter sa production.

On imagine facilement le débat : la CSS se plaignant d'un prix de vente régulé au détail trop bas, et complétant son mix par des importations, et l'État exigeant à la fois et contradictoirement que la production locale de la CSS réponde pleinement à la demande, tout en la menaçant de laisser entrer des importateurs concurrents. C'est là le dilemme permanent d'une économie qui n'est pas dominante, l'ouverture et la concurrence pour faire baisser les prix, la protection pour préserver l'emploi.

C'est pourquoi l'État n'a utilisé l'épée de Damoclès des importations concurrentes qu'avec parcimonie. Au-delà de ces tensions, on ne peut, 50 après, que constater la réussite du projet. Depuis un demi-siècle, la CSS produit du bon sucre, très goûteux, à partir d'une canne à sucre nationale, qu'on trouve à 800 frs le kg dans les boutiques, et emploie de 3000 à 5000 salariés selon les saisons.

Pourquoi ce projet a-t-il réussi ? Parce que chacun a joué son rôle. L'État s'est soucié de l'objectif : protéger une activité nationale, car une ouverture totale des frontières dès le départ aurait fait le jeu irrésistible de la canne à sucre brésilienne ou du sucre de betterave français, contribuer ainsi à l'équilibre de la balance commerciale, créer des milliers d'emplois, qui plus est dans une région excentrée, fournir le marché local à bon prix avec un produit de qualité.

L'entreprise, quant à elle, a géré son affaire en toute autonomie ; elle a non seulement raffiné le sucre, mais fait pousser la canne sur des terres qui de facto sont les siennes (bail de 99 ans), sans attendre des intrants et des machines achetées et livrées par les bureaux du ministère de l'Agriculture et a ainsi, pour l'essentiel, rempli le contrat initial tout en réalisant les bénéfices nécessaires à sa pérennité. Un attelage gagnant-gagnant ou le cocher ne s'est pas pris pour le cheval et réciproquement. Bref, un meilleur modèle économique que celui de l'arachide.

Arachide : Chinois et SONACOS, il y avait urgence, mais…….. - New

La SONACOS pouvait se retrouver sans graine d'arachide après la récolte 2024 car les commerçants chinois proposaient des prix d'achat supérieurs à ce qu'elle même pouvait débourser. Le gouvernement a donc demandé aux producteurs de ne pas exporter, et de livrer leur récolte à la SONACOS, et c'est lui, l'Etat, qui s'est engagé à payer la différence.

Décision justifiée à la fois par l'urgence et l'approche souverainiste de l'économie, qui vise à exporter des produits transformés et non bruts, car c'est dans la transformation qu'il y a le plus de la valeur ajoutée.

Mais ce système, fondé en la circonstance, ne peut pas être trop longtemps reconduit, car cela revient à faire payer les agriculteurs par le contribuable sénégalais plutôt que par le consommateur chinois ! Donc vite, une SONACOS efficace, qui fabrique de la bonne huile et qui puisse acheter l'arachide au prix du marché !

Chers séminaires - New

Il n'y a pas que pour l'arachide où le concours du contribuable est sollicité de manière problématique. Nous allons voir que le tourisme ne se porte pas très bien. Les grands hôtels de Saly souffrent. Heureusement, l'Etat, ses administrations, y organisent une multitude de séminaires, *« de partage, de restitution, de maturation, stratégiques* », qui procurent à la station balnéaire quelques recettes bien venues.

Mais bon, ces recettes hôtelières, qui devraient sortir de la poche de touristes américains ou chinois, sortent des caisses des ministères, c'est-à-dire de la poche du contribuable sénégalais.

Donc, vite, ici aussi, une relance de la politique touristique. Nous proposons plus loin un chemin pour son redressement

2.2.4.3 Dans les rayons des supermarchés

Inutile d'aller dans les hypermarchés européens pour s'apercevoir de la faiblesse de l'industrie agroalimentaire du Sénégal. Il suffit d'aller chez Auchan ou Casino à Dakar même. Les jus de mangue ou de goyave « haut de gamme » viennent de partout : Afrique du Sud, Thaïlande, Côte d'Ivoire, Liban, sauf du Sénégal. Les jus locaux, bissap, gingembre, tamarin, etc., restent… locaux. Le Sénégal dispose pourtant d'une solide expérience en matière de fabrication de boissons. Pourquoi n'arrive-t-il pas à élever le niveau de sa prestation ?

Le Sénégal n'est pas un grand producteur de fruits comme la Côte d'Ivoire, mais on y trouve tout de même des mangues, des oranges, des goyaves et aussi du gingembre, du tamarin et du bissap.

Or, ces « fruits » ne sont transformés en jus que par le secteur artisanal, l'industrie locale, les sociétés Kirène, IBS et SOBOA s'étant spécialisées dans les sodas de culture américaine, fabriqués sous licence à base de concentrés importés, type Coca-Cola, et de la famille des Fanta ou Minud Maid, dont les dégâts sur la santé – explosion des diabètes – ne sont plus à démontrer.

Ces grands groupes ont certes des productions de jus de fruits classiques, Présséa (Kirène), Top (SOBOA), Uno (IBS), mais, du fait de leur positionnement de gamme, celle du premier prix, ils sont limités au marché national et valorisent insuffisamment du coup l'agriculture locale. Il y a bien de nombreuses PME se lançant dans le conditionnement des jus locaux, mais leur taille trop modeste, leurs équipements rudimentaires, ne leur permettent pas d'envisager l'export.

Voilà donc un dossier de premier plan : comment les grandes sociétés précitées, dans le cadre d'une politique nationale, peuvent-elles mieux valoriser les productions locales notamment en visant l'export ? Quels types de partenariat pour créer une filière de qualité sénégalaise, aux standards internationaux, dans les boissons à base de fruits en pleine expansion au niveau mondial ?

2.2.5 Sésame, baobab et karité

2.2.5.1 Le sésame, graine d'or

Ce n'est peut-être pas par hasard si dans Ali Baba et les 40 voleurs la céréale qui permet d'ouvrir la caverne au trésor est le sésame. Il s'agit bien, en effet, d'une graine d'or, très appréciée et très demandée tant en boulangerie et pâtisserie qu'en cosmétique, surtout en Asie. Un marché considérable dont le Burkina Faso a su tirer profit. Pourquoi pas le Sénégal alors que son climat se prête parfaitement à sa culture ?

C'est là un produit de diversification de l'agriculture sénégalaise de premier plan. La progression est sensible puisque le pays est passé de 20.000 tonnes à 37.000 tonnes en quelques années, avec de grandes marges de progression puisque le Burkina en produit 384.000 tonnes.

Ce n'est pas à l'État de produire du sésame, mais à lui de faire en sorte que des entrepreneurs-agriculteurs s'y lance avec quelques chances de succès, ce qui suppose un accompagnement technique et financier : formation, aide au choix des bonnes variétés de semence (sésame blond), accès à un système de contrôle de la qualité en amont (teneur en huile et en eau), condition de l'exportation, mise en place de structures partagées de dépoussiérage ad hoc (coopératives de producteurs), accès aisé au crédit export, aide au départ à l'achat des machines à semer et à récolter, et mieux, machines fabriquées ici.

2.2.5.2 Le baobab, au service de la beauté

Le marché de la beauté est en plein développement, nous y revenons plus loin. Il est demandeur de produits cosmétiques naturels dont le Sénégal est un des grands fournisseurs potentiels avec l'huile de baobab et le beurre de karité. Le pain de singe, fruit du baobab, au-delà du bouye, son jus aux mille vertus, donne une huile précieuse que des sociétés implantées au Sénégal (à Thiès notamment) savent exploiter.

Jusqu'ici, la ressource était naturelle, sauvage, issue des baobabs que la nature a offerts au Sénégal, et donc limitée. Ne serait-il pas temps, compte tenu de la forte demande mondiale de cette huile et de cette poudre, de passer à la plantation et de garantir ainsi la ressource pour longtemps ? Le baobab est lent à pousser ? Raison de plus pour s'y atteler tout de suite.

2.2.5.3 Le karité, l'or des femmes

Comme le baobab, le karité est une ressource précieuse du Sénégal, exploitée pour l'essentiel par des coopératives de femmes. Deux questions se posent :

i) Sans déposséder les villages qui produisent ce beurre demandé tant en cosmétique qu'en alimentaire (pâtisserie, chocolat), n'est-il pas temps là aussi d'envisager la plantation et surtout d'aider ces coopératives villageoises à mettre en place des processus de fabrication plus industriels ?

ii) N'est-il pas temps de passer ici aussi de l'exportation de beurre brut à des produits élaborés selon les standards de la cosmétique, car c'est dans la réalisation du produit final que se font les marges bénéficiaires ? Bref, de fabriquer les baumes, des crèmes, des laits de corps, des shampoings vendus très cher au consommateur final sur les marchés du Nord ? Pour toute cette industrie de transformation, que faut-il ?

Des compétences avant tout : des biologistes, des chimistes, des pharmaciens, des automaticiens, des électromécaniciens, des commerciaux, etc., ayant l'esprit d'entreprise. Or, une monographie du secteur de transformation du beurre de karité par des associations de femmes, qui ont pris courageusement leur destin en main, montre que leur niveau général de formation ne permet d'envisager que difficilement de passer d'un traitement de base, primaire, destiné au marché local, à un traitement plus sophistiqué et donc plus rémunérateur, destiné au marché international de la cosmétique.

2.2.6 Retour de pêche à Yoff

2.2.6.1 L'affaire des concessions, mais pas seulement

Il fut un temps où les pauvres de Yoff ou de Keur Massar garnissaient facilement de thiof (Mérou) le Thiéboudiène (plat national inscrit au patrimoine mondial par l'UNESCO). Il suffisait d'aller sur la plage à 17 h. Aujourd'hui, même la dorade, 3500 frs le kilo les bons jours, devient inaccessible et il faut se rabattre sur le mulet et ne compter que de petites portions par personne. Mais que s'est-il donc passé pour la pêche ? Qu'en est-il de ces droits de pêche cédés depuis trop longtemps aux bateaux industriels russes, chinois, européens, japonais qui épuisent la ressource en ratissant la Zone économique exclusive, vaste bande large de 350KM depuis la côte, qui permettrait de nourrir largement la Nation ? Et que dire lorsque ces bateaux-usines sont « déguisés » en bateau sénégalais, via l'attribution de licences de pêche sénégalaises, alors véritables renards en liberté dans le poulailler ?

L'image du renard dans le poulailler n'a rien d'excessif, puisqu'on apprend par la revue « Nature » que seuls 22% des navires de pêche industrielle navigant dans les eaux africaines déclarent correctement leur position via le système automatique d'identification, que de plus aucune information vraiment fiable n'est disponible sur leurs prélèvements, et qu'en tout état de cause les moyens de contrôle disponibles sont dérisoires.

Non seulement le peuple sénégalais se voit privé de son poisson, mais des milliers de pêcheurs ont été mis sur le sable, conduits parfois à reconvertir leurs bateaux dans les trafics d'êtres humains, transformant la mer non plus en zone de vie, mais en cimetière marin. Les difficultés de la pêche vivrière au Sénégal ne sont pas une fatalité, mais le résultat d'une ancienne politique de concession de droits de pêche qui, en contrepartie d'investissements divers ou de soutiens financiers, a finalement porté atteinte à la souveraineté alimentaire du pays.

Tout cela est réversible : la ressource halieutique peut être reconstruite. La zone de pêche exclusive doit revenir aux pêcheurs et au peuple sénégalais, et elle doit redevenir essentiellement une pêche vivrière. Ce que rapportent les concessions faites aux bateaux-usines d'Asie ou du Nord n'est pas comparable à leur impact négatif sur l'emploi et sur l'alimentation du peuple. La pêche artisanale est en voie de redressement en 2019, 450.00 tonnes contre 398.000 en 2018.

Le chemin du redressement sera encore long, car 450.000 tonnes en 2019, c'est le même tonnage qu'en… 2004 ! Et depuis le nombre de bouches à nourrir a bien augmenté. Un ouvrier (payé 470 frs/H) doit travailler plus de 7 h pour acheter un kg de dorade, à 3500 frs le kg ; un employé (781 frs/H) doit lui travailler plus de 4 H.

Surtout, surtout, on ne peut pas éviter la question suivante : mais pourquoi donc le Sénégal, sur les côtes duquel on doit pratiquer la pêche depuis au moins 2000 ans, n'a-t-il toujours pas, en 2023, à l'exception de Dakar pour la pêche industrielle, un seul vrai port de pêche où ses quelques 12.000 pirogues pourraient mouiller, et toujours pas un seul quai de débarquement digne de ce nom pour le poisson de ses pêcheurs nationaux, ne mettant à leur disposition que des **plages,** sur lesquelles il faut tirer les pirogues, et qui plus est quasiment pas équipées ?

Un combat inégal, avec d'un côté des embarcations en bois qui ne dépassent pas les 20km en mer pour nourrir le peuple, et de l'autre des chalutiers usines qui écument les 350 km de la zone de pêche pourtant exclusive pour les populations du Nord et d'Asie.

À quand des chalutiers nationaux ? A quand un armement sénégalais ?

Derrière les masques - New

Une première étape forte de reprise en main des ressources halieutiques vient d'être franchie en novembre 2024 avec le non-renouvellement des accords de pêche avec l'Union Européenne.

À quand un meilleur contrôle des prêtes noms au profit des armateurs chinois sous licence sénégalaise ?

Un débarquement du poisson dangereux, non conforme aux règles d'hygiène, et bien peu touristique - New

Sur ces quelques 30 **plages** de débarquement, seules 6 d'entre elles offrent une halle couverte, c'est-à-dire un toit et des tables en dur, qu'on appelle improprement un quai, et seules 5 proposent-elles encore des frigos aux pêcheurs pour gérer commercialement les mises sur le marché.

Première conséquence de ces insuffisances, ces plages de débarquement ne sont pas agréées par l'Union Européenne, empêchant l'exportation des poissons nobles, comme la sole ou le Saint-Pierre, pêche pourtant beaucoup plus rémunératrice que l'expédition des sardinelles vers la sous-région.

Deuxième conséquence, l'absence de ponton de débarquement oblige à décharger les pirogues, notamment sur la côte nord qui est exposée à une forte houle, dans des conditions périlleuses, comme en témoigne la première photo ci-après.

A ces deux considérations en matière d'hygiène et de sécurité s'ajoute la question touristique. Partout dans le Monde les ports sont des hauts lieux du tourisme.

Quoi de plus réjouissant en effet que de voir ces bateaux revenir au port décharger leurs précieuses caisses ? Les formidables odeurs de l'océan s'accompagnent de l'excitation à l'idée d'aller déguster bientôt un poisson à la chair encore frémissante dans un des multiples restaurants qui entourent les ports.

Les plages à poissons sénégalaises sont bien peu touristiques, et il faut beaucoup marcher pour trouver un joli restaurant à poissons !

Voici un des grands chantiers du pays, donner à ses pêcheurs et à ses mareyeurs des conditions de débarquement du poisson digne du 21ème siècle, pour leur sécurité et pour le business, celui de l'exportation et du tourisme.

Première photo prise le 28 janvier 2025 sur la plage de Fass Boye, où sont déchargées, dans des conditions similaires, avec une barque heurtant violemment les porteurs, et les autres personnes qui l'entourent, quelques....... 11.000 tonnes de poissons par an.

Deuxième photo prise à Kafountine le 3 février 2025 : une grande pirogue vient d'arriver ; les porteurs, caisse de 50kg sur la tête, mal payés, de l'eau jusqu'au torse, vertèbres cervicales en danger, la déchargent dans un invraisemblable capharnaüm.

Calcul à la louche (d'eau de mer) - New

Le Sénégal pêche environ 400.000 à 450.000 tonnes de poissons par an, dont 80%, soit 320.000 tonnes, grâce aux pirogues.

Depuis 40 ans, les pirogues ont donc débarqué 12.800.000 tonnes de poissons (320.000 tonnes x 40), disons 13 millions de tonnes. A 600 francs CFA le kg moyen, la tonne de poisson rapporte 600.000 frs.

Treize millions de tonnes à 600.000 francs CFA, cela fait : 78.000 milliards de chiffre d'affaires (CA), soit 62.000 milliards francs CFA de valeur ajoutée (80% du CA).

Avec tout cet argent, les responsables du pays, et du secteur, n'ont pas réussi à construire un seul port de pêche, un seul quai pour les piroguiers. Même pas une halle vraiment équipée.

Mais qu'a-t-on fait de tous ces francs CFA ? Comment peut-on négliger à ce point une communauté, une activité, aussi importante, qui fournit au peuple 70% de ses protéines, et qui exporte beaucoup ? C'est clair, au-delà de l'incurie des hommes, si on n'a pas réussi à mettre un peu de sous de côté pour un port ou un quai c'est qu'il y a vraiment des problèmes de structures et de modèle économique. D'autant que si ces quais et ports avaient été construits, le poisson aurai pu se vendre beaucoup plus cher. L'encadré suivant coule de source.

Pourquoi encore un tel archaïsme ? New

Aucun port de pêche artisanale, ni de vrai quai n'a donc été donc construit en 60 ans. Les plages de débarquement sont encombrées de pirogues hors d'usage et de déchets en tout genre en grande quantité, les quelques rares plateaux de vente édifiés sont déglingués, les hangars et divers locaux techniques construits au cours du temps abandonnés. Comment a-t-on pu en arriver là alors qu'on dispose d'une mer poissonneuse ?

Comme toujours, répétons-le, insistons, enfonçons le clou, une affaire de structures et de modèle économique

Le triptyque « de gestion » actuel repose **d'une part** sur des conventions de concession du domaine maritime public entre l'Etat et les communes, conventions vagues et même pas appliquées, et **d'autre part** sur le « pilotage » de ces sites de débarquement par les Comités Locaux de Pêche Artisanale (CLPA), en réalité sans moyen ni pouvoir, ni même lieu formel de délibération.

Ce système a montré son inanité : personne n'est responsable de rien, c'est l'impuissance assurée et effective.

Il est clair que si des structures de type « port de pêche autonome » avaient été mises en place, ports appartenant par exemple à la Région, dont la gestion serait confiée par contrat commercial à une société d'économie mixte, ou à un EPIC, ou à une société commerciale, des structures formelles donc, dans lesquelles les coopératives de pêcheurs, les syndicats de mareyeurs et d'autres parties intéressées pourraient jouer alors pleinement leurs rôles de manager, nous n'en serions pas là.

Le monde de la pêche disposerait d'outils de gestion à la hauteur de cette tâche complexe qu'est la prise en charge des points de débarquement du poisson, avec entre autres la possibilité d'emprunter, de construire des frigos, de vendre leurs prestations, notamment de faire payer des droits de port à des piroguiers qui vendront le poisson plus cher, de signer des accords de partenariat public-privé, d'embaucher du personnel technique, et dans le cadre du contrat avec le propriétaire du port, grâce à une comptabilité rigoureuse, assurer la maintenance de ses installations. .

Pour compléter la modernisation, la Criée - New

La criée est une « bourse à poissons », où les vendeurs, les pêcheurs, et les acheteurs, les mareyeurs se rencontrent dans un système organisé.
La criée est gérée par un tiers, « neutre », dont la fonction est d'optimiser les intérêts des deux parties.
Les ventes se font par un système d'enchères, montantes ou descendantes.
La littérature montre qu'en général les pêcheurs tirent un meilleur prix du système des criées que de celui du gré à gré, du marchandage bilatéral, actuellement en vigueur au Sénégal, car les pêcheurs sont en position d'égalité en matière d'informations sur les réalités du marché : la criée est en effet transparente, et de surcroit les mareyeurs sont en concurrence entre eux face aux enchères.
Pour protéger les pêcheurs, les jours de pêche surabondante, les criées prévoient en général des prix planchers pour les enchères descendantes.
Les formules possibles pour le gestionnaire de la criée sont nombreuses : Établissement public, Société de droit privée à capitaux publics, ou à capitaux mixtes, ou une société totalement privée.

Avec ces 400.000 tonnes (après déduction des exportations et inclusion des importations), les Sénégalais peuvent garnir leur assiette, **en moyenne**, des 250 grammes de poisson par semaine recommandés par les Nations Unies. Si les ressources futures ne suivaient pas la courbe de la démographie, la situation se dégraderait.

Les vrais chiffres de la pêche - New

Le chiffre officiel utilisé ici, celui des 400.000 tonnes environ, qui circule de rapport en rapport, n'est en réalité pas vraiment établi. Aucun système sérieux de mesure des prélèvements n'existe. Les enquêtes de terrain que nous avons conduites, sur les quelques 30 plages de débarquement, au pied des pirogues et au « cul des camions » des mareyeurs, nous conduisent à penser que ce chiffre est très sous-estimé.

D'ailleurs, quand on le recoupe avec ce que pêchent concrètement les pirogues et ceux des exportations et des importations, on voit que ça ne colle pas. Il est temps que le ministère de la Pêche mette en place un système d'information crédible, tant sur les pirogues en activité effective que sur les tonnages prélevés.

Les boucs émissaires

Il ne fait aucun doute qu'il faut faire preuve de plus de vigilance à l'égard des bateaux industriels, qui sont sans scrupule. Mais la pêche artisanale a sa part de responsabilité dans la surpêche. La raison fondamentale en est la suivante : les communautés de la pêche voient leurs populations augmenter rapidement, alors que les emplois alternatifs à la pêche n'existent pas vraiment.

Du coup, le nombre de personnes qui « vivent de la pirogue » est en croissance continue, alors que la ressource en poisson est limitée. « L'effort de pêche », la pression sur la ressource, est devenu trop lourd. Voilà la cause profonde de la surexploitation, et d'un autre drame, l'immigration sauvage, qui frappe particulièrement les communautés des pêcheurs.

Quelques Données sur la pêche artisanale - New

(Données établies par les auteurs)

Types de Bateaux	Zones de pêche	Poissons pêchés	Destination Prix de vente au pied du bateau
Petite pirogue (2000 actives régulièrement) 8-14mètres, 5 pêcheurs)	De 0 à 10 km ; pêchent à la ligne du poisson noble	Sole de roche, Saint-Pierre, Mérou, Daurade Bardèche	Exportation pour l'essentiel 2800 frs :kg
Grande pirogue 20 mètres, 20 pêcheurs, Pêchent à deux, avec un grand filet. 3000 pêchent	Jusqu'à 20 km 5000 pêchent et débarquent	Sardinelle, chinchard, maquereau, capitaine, pelon, petit thon,	Marché national et sous-régional 400 frs :kg

et débarquent au Sénégal.	dans les pays limitrophes	barracuda, carangue	

Comptes d'exploitations types (reconstitués) des pirogues (selon nos propres estimations) - New

Revenu Petite pirogue	**Données annuelles**	**Revenus Grande pirogue**	**Données annuelles**
Chiffre d'affaires 10 T x 2800 frs/kg	28 millions frs	Chiffre d'affaires 450 T x 400 frs/kg	180 millions
Consommations. intermédiaires (Carburant, glace...)	3 millions frs	Conso intermédiaires (filets, carburant.)	30 millions
Rémunération du travail (5 compagnons)	17,5 millions frs	40 personnes pour deux pirogues	130 millions
Amortissement (bateau, moteur)	1,5 million frs	Amortissement	8 millions
Résultat net	6 millions frs	Résultat net	12 millions

On voit que les pêcheurs ne s'en sortent pas trop mal et qu'ils pourraient faire beaucoup mieux s'ils disposaient de ports et de bateaux modernes.

Les revenus des mareyeurs - New

Revenus Mareyeurs avec carte : ils sont 5000
1% ont de 5 à 10 camions de 5 T ou 10 T
99% ont 1 ou 2 camions
Marge commerciale : 50 %
Résultat net annuel pour un 5 T : 12 millions frs Résultat net annuel pour un 10 T : 20 millions frs

Les revenus des matelots : le système de rémunération dans la pêche - New

Le patron pêcheur s'assure de la collaboration d'une main d'œuvre rémunérée « à la pêche » selon le système suivant.
Pour une petite pirogue, avec par exemple 5 pêcheurs en sus du patron, on compte : une part pour la pirogue, une pour le moteur, une pour le patron, puis une par compagnon. Sur une pirogue de 5 compagnons, on a donc 8 parts. Le patron touche 3/8 de la pêche, chaque compagnon 1/8.
Pour une grande pirogue, il faut ajouter au quantième du patron une part pour le filet, soit au total 4 parts (lui, la barque, le moteur, le filet). S'il y a 20 compagnons sur la barque chacun d'entre eux touche 1/24 de la pêche, le patron 4/24.

Quelques données sur la pêche industrielle - New

Ils sont environ 140 bateaux à débarquer au port de Dakar, appartenant pour la plupart à des capitaux étranger, chinois ou coréen. Ils pêchent un peu de tout, du noble et du pélagique, environ 20% du total de la pèche débarquée.
Le gros avantage de ces bateaux sur les pirogues est qu'ils vont loin, jusqu'à 350 km des côtes, et peuvent conserver le poisson au froid à bord, ce qui n'est pas possible même pour les grandes pirogues. De plus, ils n'ont pas de difficultés à sortir quand le temps est médiocre, ce qui est peu recommandé pour les esquifs en bois.
Bref, la modernisation de la pêche sénégalaise et un vrai sujet tant pour les points de débarquement que pour les bateaux eux-mêmes. Ici aussi, la question est celle de la mobilisation du capital national et des banques pour les secteurs productifs. Sinon, ce sont les financiers et les armateurs étrangers qui viendront pêcher notre poisson.

Une mer poissonneuse et du poisson congelé et importé - New

Début avril 2025, le vent est fort et le temps très frais depuis des mois. Les pirogues ne sortent presque plus. Il n'y a quasiment plus de poisson frais à Dakar.

Près de 80% du poisson vendus au marché central de Pikine sont « **du décongelé importé** ».

Seuls les vrais bateaux sortent, débarquent au port de Dakar des poissons destinés massivement à l'export.

Il est vraiment tant de doter la pêche nationale de vrais bateaux qui puissent aller en mer par temps perturbé, et surtout qui puissent pouvoir pêcher toute l'année jusqu'aux 200 miles, les 350 km de la zone économique exclusive.

Car, aujourd'hui, les pirogues sénégalaises ne peuvent pas aller beaucoup plus loin qu'à 20 km des côtes, faute de glace et de frigo à bord. On mesure le coût de ce handicap au chiffre suivant. La Mauritanie voisine, qui a la même mer et la même longueur de côte, mais qui elle dispose d'une flotte moderne de chalutiers, pêche deux fois plus de poissons.

De décembre à avril les containers de pélagiques congelés partent en grande quantité de Dakar vers la sous-région, notamment vers le Nigéria. Cette année 2025, faute de poisson, les exportations sont en berne.

Des chiffres qui interrogent et les réalités des travailleurs de la pêche - New

Les dépenses de personnel du ministère de la pêche ont en 4 ans, de 2020 à 2024, plus que doublé !

Parallèlement, les dépenses d'investissement, déjà particulièrement faibles, ont baissé, pendant la même période de 4 ans, de 50%, alors que le ministère indique lui-même que « *Les quais de pêche au Sénégal, construits pour améliorer la qualité des produits halieutiques et impliquer les communautés locales dans leur gestion, souffrent de graves déficiences. Leur état de délabrement avancé résulte d'un manque d'entretien, d'une mauvaise gestion des fonds et d'une insalubrité généralisée ».*

En réalité, comme déjà indiqué, nous insistons car c'est une réalité méconnue, il n'y a aucun quai de pêche, à l'exception de celui du port de Dakar, réservé à la pêche industrielle, et en partie à Ziguinchor sur le fleuve Casamance.

Les points de débarquement suivants ne sont que des **plages** : Saint-Louis, Potou, Lompoul, Fass Boye, Mboro, Kayar Yoff, Ouakam, Soumbédioune, Bel Air, Thiaroye, Rufisque, Bargny, Yenne, Toubab-Dialao, Mbour, Joal, Djifer, Foundiougne, Kafountine, Cap Skiring, et il en est de même naturellement pour une kyrielle de petits villages de pêche.

Seules **Six** sur environ **vingt** de ces plages disposent d'une halle. Pour les autres les ventes se font en plein air, sur le sol. **Et Cinq seulement disposent de frigos**. Constat établi de visu.

Un livre peut servir aussi à poser des questions : pourquoi le point de débarquement du poisson Mohamed VI, sis à Soumbédioune, achevé il y a 5 ans, et formidablement équipé, n'est-il toujours pas inauguré et ouvert ?

2.2.6.2 Pêche vivrière ou d'exportation

Une partie de la pêche, une fois que le marché local est satisfait, peut bien être exportée et source de devises. Mais cela ne doit pas être son centre de gravité qui doit rester la pêche vivrière, artisanale, pourvoyeuse d'emplois et respectueuse de la ressource halieutique à long terme. Dans un pays dont la population va doubler dans les 20 ans qui viennent, il faut penser prioritairement à le nourrir. La modernité n'est pas nécessairement cette pêche industrielle qui épuise la mer.

Bien entendu la pêche artisanale doit-elle elle aussi être modernisée, tant sur le plan technique qu'organisationnel : des bateaux en matériaux modernes, et pas simplement en bois, comme cela a commencé, une organisation fiscale et administrative plus rigoureuse, notamment pour licences, des conditions de débarquement, de stockage, de transport, de distribution plus moderne, d'abord pour la chaine du froid. Quant à l'export, encore faut-il pour cela ici aussi moderniser les infrastructures de froid, de mise en conserve, de séchage et fumage, pour répondre aux standards des marchés internationaux.

Combien pèse un touriste en poissons ? New

Le Sénégal exporte bon an mal an 300.000 T de poissons frais, de mollusques et crustacées, pour une valeur de 250 milliards de francs CFA. Ce qui valorise le kg de poisson exporté à un peu plus de 800 francs CFA, la tonne à 800.000 frs.

Première comparaison

Un touriste dépense en une semaine de séjour en hôtel 4* au Sénégal, hors billet d'avion mais avec la taxe aéroportuaire, 1 millions de francs CFA, soit l'équivalent de ce que rapporte en exportation 1,2 tonne de poissons.

Ce chiffre doit être en fait sensiblement corrigé pour être pertinent, car il faut raisonner en termes de valeur ajoutée, surtout dans un pays ou les consommations intermédiaires sont massivement importées. Or, la valeur ajoutée, en % du chiffre d'affaires, est de moitié moindre en hôtellerie/restauration que dans la pêche au Sénégal, 40% contre 80%.

Un touriste qui vient ici une semaine pèse donc, en valeur ajoutée, 600 kg de poissons exportés. C'est bien ce qu'il rapporte à l'économie.

Il est raisonnable de penser que le Sénégal a les moyens d'accueillir rapidement 500.000 touristes de plus compte tenu de ses atouts objectifs.

600 kg x 500.000 font 300.000 Tonnes.

Le touriste est bien un levier pour résoudre la contradiction angoissante pour un gouvernement entre, se procurer des devises indispensables et remplir l'assiette de ses citoyens. Et, bien entendu également pour alléger la pression sur la ressource.

Deuxième comparaison

Un touriste apporte au pays 400.000 francs CFA de valeur ajoutée (40% de 1 million) pour un séjour d'une semaine ; disons que 250.000 francs CFA vont aux salaires et 150.000 francs CFA au profit et à l'impôt.

5 touristes c'est donc 1.250.000 francs CFA en équivalent salaire, soit un an de salaire d'employé ; 5000 touristes, c'est mille de ce salaire annuel ; 50.000 touristes, c'est 10.000 de ces mêmes salaires. Ce qui correspondrait à 10.000 embarquements de moins sur les pirogues de la mort ; 500.000 touristes, 100.000 emplois financés

L'aquaculture a souvent été présentée comme une alternative prometteuse à l'égard de l'épuisement des ressources halieutiques et comme un complément de revenus pour des agriculteurs des zones disposant de bassins. En réalité, cette activité se révèle bien délicate. Le PRACAS affichait un objectif de 50.000 tonnes en 2023 ; on a atteint difficilement les 1.300 tonnes.

2.2.7 L'aquaculture plus difficile que prévu

Rien de surprenant pour une activité dans laquelle le Sénégal n'avait pas de tradition, sauf très artisanale, et qui en réalité est fort complexe, qu'elle soit continentale ou côtière. Il faut d'abord être sûr de vendre les produits élevés à un prix assurant la viabilité de l'exploitation. Or, l'aquaculture coûte cher, en particulier pour fournir aux poissons la nourriture adaptée. N'oublions pas que les poissons de la mer se nourrissent… gratuitement.

Les aquaculteurs doivent donc être aussi des gestionnaires avisés. Elle coûte cher également, car il y faut des équipements complexes : cages, pompes, filtres, etc. Elle exige un accompagnement sanitaire rigoureux, car la densité des animaux rend la propagation des maladies périlleuse. Il faut qu'elle soit durable, c'est-à-dire qu'elle ne pollue pas l'environnement sous peine d'être obligée de renoncer, en particulier qu'elle ne dégrade pas d'autres systèmes vitaux, comme celui de la ressource en eau de toute une zone géographique.

Or, la préservation de la biodiversité, l'évitement des risques zoo et phytosanitaire (rejets de phosphore et d'azote, traitement des rejets chimiques et organiques) ne sont pas si simples.

Elle doit bénéficier d'un cadre juridique assurant les investisseurs de la non-remise en cause de leurs activités par des autorités publiques ou des tiers, car si elle apporte des ressources, elle apporte aussi des contraintes, voire des nuisances. Ce cadre juridique doit aussi prévoir les sanctions pour tous ceux qui commettent des infractions et des dégâts, situation fréquente dans cette activité.

Enfin, elle nécessite beaucoup de recherche et de formation. Recherche pour sélectionner les bonnes espèces, qui répondent à la fois à des exigences de résistance aux maladies et de vitesse de développement, pour mettre au point des nourritures adaptées et peu onéreuses, et pour élever des produits, considération décisive, répondant aux goûts des consommateurs.

Les Sénégalais sont un peuple de l'Atlantique. On ne leur fera pas consommer des poissons d'eau douce, notamment pas le tilapia, poisson du Nil, en vogue dans l'aquaculture. Il faut donc penser à un élevage de poissons en eau salée, difficile sur les côtes sénégalaises qui ne présentent pas de zones abritées comme les baies grecques ou les fjords nordiques. Comme les expériences conduites dans les bolongs, ces bras de mer qui pénètrent dans la terre, n'ont pas été concluantes, du fait notamment d'une invasion des cages par des micro-organismes et autres parasites, la solution réside probablement dans des bassins côtiers alimentés en eau de mer filtrée. Comme on s'en doute, des dispositifs techniques complexes. Nous avons donc besoin de fermiers formés à la technique et à la gestion à la fois.

Il revient ainsi à l'État, au travers de son agence spécialisée, l'Agence Nationale de l'Aquaculture, d'accomplir sa mission : un cadre juridique, une recherche appliquée, une formation rigoureuse, et surtout de ne pas se substituer aux entrepreneurs. Car ce sont bien ces derniers, organisés en coopérative, ou dans des sociétés commerciales classiques, dans une dynamique de marché, qui doivent générer, par leurs commandes, la création d'entreprises d'écloseries et de production d'alevins, qui doivent commander aux fournisseurs locaux les équipements nécessaires, dont beaucoup, pourraient d'ailleurs être fabriqués sur place. Ce qui s'est mis en place avec l'aviculture, qui partage pas mal de similitudes avec l'aquaculture, peut servir utilement de référence.

La loi de 2022 sur l'aquaculture, si elle est prolixe à juste titre sur les sanctions à l'égard des contrevenants en matière d'environnement, l'est beaucoup moins concernant les garanties juridiques apportées aux investisseurs. La réglementation prise en application de cette loi devra y remédier si on veut attirer des entreprises étrangères performantes.

Des ZAD : Zones Aquacoles Dédiées - New

Les investisseurs en effet ne viendront implanter des bassins alimentés en eau de mer le long des côtes, ce **qui relève de projets de type industriel**, que s'ils disposent de solides garanties sur la mise à disposition des terrains nécessaires dans la durée, des ZAD. De la même façon l'implantation de cages en mer nécessitera d'offrir des garanties de durée similaires. Une législation ad-hoc doit être envisagée car la loi de 2022 sur l'aquaculture est à cet égard évasive.

Boulettes de soja et extrudeuse - New

Les poissons des bassins aquacoles ne doivent pas être nourris avec des poissons pêchés, car ce serait détruire du poisson pour en produire, une politique de gribouille. Parmi les solutions pour l'alimentation des poissons élevés il y a le soja, la plante la plus riche en protéines (plus de 30%). Or, le soja, oléagineux comme l'arachide, pousse bien au Sénégal.

Aquaculture et soja deux secteurs d'avenir pour le Sénégal.

Sédhiou

Nous avons tous vu des poissons manger dans un aquarium : les aliments flottent et les poissons viennent les happer à la surface. Dans un bassin aquacole c'est la même chose, les aliments doivent flotter à la surface pour que les poissons puissent les attraper. S'ils tombent au fond les poissons n'y arrivent pas.

Pour faire flotter les aliments il faut une petite machine, une extrudeuse, qui introduit un peu d'air dans les boulettes qui vont alors flotter.

A Sédhiou, l'ANA a créé un centre national aquacole pilote. L'extrudeuse est en panne depuis des lustres, les poissons n'ont rien à manger, et donc il n'y a pas de poisson. Mais pourquoi donc ce centre pilote ne fait-il pas réparer l'extrudeuse, machine simple, pas plus grande qu'un lave-linge ?

Parce que ce centre pilote n'a pas de budget. Il dépend pour chaque franc CFA des bureaux de l'ANA à Dakar. Et comme on le sait, loin des yeux, loin du cœur.

Voilà un des problèmes de fonds du secteur public au Sénégal. Ces établissements, au lieu d'être érigés en structures autonomes, avec personnalité juridique et autonomie budgétaire, qui leur permettaient d'avoir des recettes et de financer leurs dépenses, bref d'être réellement gérés, ne sont que des services des bureaux dakarois, dont ce n'est pas le métier.

Heureusement tout cela va changer

Résumé : moderniser la filière du poisson en 6 mesures - New

- Créer des emplois alternatifs à la pêche pour alléger le poids de la démographie sur la pirogue, notamment dans le tourisme, l'agriculture et l'industrie ;
- Mieux valoriser le poisson par le développement des criées, par l'installation de frigos aux points de débarquement, et par la modernisation de la transformation, notamment par des conserveries de sardines ;
- Remplacer progressivement les pirogues par des chalutiers pour que les pêcheurs sénégalais puissent aller jusqu'au 350 km de la zone économique exclusive ;
- Créer de vrais ports pour ces bateaux modernes ;
- Mieux organiser le droit de pêche, aujourd'hui subordonné à l'attribution individuelle d'une licence aux pirogues et aux bateaux, système en grande partie hors de contrôle, et le remplacer par des conventions de concession par pêcherie, par zone de pêche, avec des groupements de professionnel, car la ressource étant objectivement limitée il revient à la puissance publique d'organiser sa gestion.
- Développer l'aquaculture

De la cueillette à l'élevage

La pêche est une forme de cueillette. Le remplacement de la voile par des moteurs ne change rien à l'affaire : depuis des millénaires on jette des filets et on les remonte.

Le Sénégal ne s'est pas vraiment préoccupé jusqu'ici d'aquaculture. Pourquoi l'aurait-il fait alors que sa mer est une des plus poissonneuse du Monde ? Mais les temps changent, sa population augmente vite et la ressource halieutique stagne. En 2023, pour la première fois dans l'histoire, plus de la moitié du poisson consommée dans le Monde était issue de l'aquaculture. Ce chiffre est de 80% en Chine. Il faut désormais élever le poisson.

2.2.8 Le poulet, meilleur ami de l'homme

Le poulet est vraiment l'ami de l'homme. Il se prête à l'élevage professionnel comme familial (1/3 de la production), il est une source de protéines bon marché et écologique - il ne consomme que 2 protéines végétales pour produire 1 protéine animale - ce rapport étant de 7 à 1 pour le bœuf - et il est bon et facile à cuisiner.

Les performances du Sénégal sont remarquables : en 10 ans, de 2010 à 2019, la production de volailles a doublé, passant de 40 à 80 millions de têtes, accompagnée de la production d'œufs, passée de 600 à 800 millions. Au total, la volaille fournit 43 % de la viande du pays, grâce à un secteur privé dynamique, artisanal et industriel, de la couveuse aux aliments pour bétail, avec son entreprise phare, la SEDIMA.

Le rôle de l'État est ici clair, accompagner en veillant au respect des normes sanitaires, et surtout en mettant en place des tarifs douaniers protégeant le secteur des géants de la volaille à bas coût, européens ou brésiliens. Relevons que 80 millions de têtes pour 18 millions d'habitants c'est tout juste 5 poulets par an et par personne. Ça reste peu, et on comprend pourquoi : à 1800 frs CFA le kilo, le poulet national, dit de chair, reste cher. Un ouvrier doit travailler 3 H 83 mn, un employé 2 H 17 mn pour en acheter 1 kg. Un ouvrier français, 30 mn.

Petite comptabilité du poulet de 2 kg élevé en 45 jours, dit poulet de chair (à distinguer du poulet de pays) - New

Dépenses (coûts de production)	
Achat d'un poussin	500
Alimentation (4kg à 350 frs le kg)	1400
Eau	15
Litière	35
Médicaments	45
Salaire ouvrier (un mois et demi, 80.000 frs/mois) pour une prise en charge de 1000 poulets	120
Amortissement abreuvoirs er mangeoires	10
Total charges	2125
Prix de vente du poulet de 2 kg à la ferme et vivant	2700
Marge bénéficiaire par poulet de 2 kg	**575**
Marge pour 1000 poulets (réclamant 200 M2 de poulailler)	575.000
Marge pour 6 cycles de 45 jours dans l'année (de 1000 poulets chacun)	**3.450.000**
Marge pour 10.000 poulets en 6 cycles	34.450.000
Prix de vente de ce poulet au consommateur	**3600**

« *L'amortissement* » de l'achat du terrain dans le prix d'un poulet est marginal, car dans l'élevage intensif ils sont nombreux au M2 !

On voit que des gains sur les coûts de production peuvent être obtenus essentiellement par la réduction du prix des aliments (52% du prix de revient), d'où l'intérêt de produire du soja national.

2.2.9 L'élevage, de la transhumance à l'étable

Les familles modestes doivent pouvoir consommer régulièrement de la viande autre que de volaille. On peut faire confiance aux ménagères sénégalaises pour valoriser dans des plats goûteux même les bas morceaux ! Mais avec le kg de mouton ou de bœuf à 4000 frs, ce n'est pas facile de remplir la marmite d'une famille nombreuse. Un ouvrier doit travailler 8 H pour 1 kg, un employé 4 h 36. Les efforts des autorités portent sur la sécurité alimentaire par un renforcement des contrôles vétérinaires, en matière de conditions de transport, d'abattage, de distribution et de production (seuls 16 % des ménages ruraux qui élèvent au moins un gros animal ont recours à un vétérinaire).

En 10 ans, le cheptel de moutons a progressé, passant de 5,5 millions de têtes à 7,4 millions. Pour les caprins, on est passé de 4,8 millions à 5,7 millions. Pour les bovins, la progression a été moins forte, passant en 10 ans de 3,3 à 3,8 millions de tête. Ces progressions restent insuffisantes pour répondre à la demande et à l'accroissement de la population. Nous sommes là sur un sujet complexe. Le climat sénégalais avec ses pâturages qui glissent de région en région avec les pluies d'hivernage a conduit à une agriculture nomade, de transhumance, qui se caractérise par une productivité faible, une production artisanale et des conflits avec l'agriculture sédentaire.

Développer un élevage plus intensif, sédentaire, est souhaitable pour compléter cet élevage historique, mais ce n'est pas si simple. Mettre des animaux en stabulation suppose en premier lieu l'appropriation d'une ferme, d'un enclos, qui nous ramène à la question du foncier agricole. Le traitement des déjections pour éviter les nuisances environnementales, au détriment des populations comme des nappes phréatiques, n'est pas aisé lorsque le nombre de têtes est important. Leur transformation en engrais naturels complexe.

Enfin, quand les bêtes ne vont pas par elles-mêmes de pâture en pâture, il faut leur apporter de quoi manger, foins ou granulés issus de l'agroalimentaire, qui coûtent cher. Car une ferme en zone sahélienne ne peut fournir une nourriture sur site que très brièvement juste après l'hivernage. Bref, il y a un modèle économique à construire, qui doit prendre en compte également des traditions culturelles séculaires. Loin de nous l'idée de défendre le modèle des « usines à vaches », ces hangars ou les animaux ne voient jamais la lumière naturelle ou un brin d'herbe et sont gavés de chimie et de pharmacie.

Une agriculture moderne respecte les animaux et produit une viande saine et naturelle. Il s'agit de développer des fermes de plein air, assurant une production régulière et rentable. Aux aliments préfabriqués, que le Sénégal peut produire, devrait s'ajouter une production commerciale de foin (de sorgho notamment) et de soja, production à créer ex-nihilo pour le soja, qui offriraient de nouvelles perspectives à l'agriculture, assurant au bétail en stabulation une alimentation de qualité tout au long de l'année.

Et commencer à s'intéresser à la méthanisation.

À cet égard, on ne peut que souhaiter que les informations dont la presse se fait l'écho, selon lesquelles l'eau du lac de Guiers, si vitale pour l'approvisionnement de Dakar, serait ponctionnée pour produire de la luzerne, sur 20.000 ha, à destination des animaux des pays du Golfe est une fake-news.

Pour traiter ces questions de filières, nous proposons une méthode, celle des « Tours de Table par Filière », structures permanentes regroupant tous les acteurs sous l'égide du ministère de l'Économie, que nous appellerons T2F, sur lesquelles nous allons largement revenir. Manifestement, un de ces tours de table serait ici le bienvenu.

Soja, en finir avec la pusillanimité -New

Le Monde produit 350 millions de tonnes de soja par an, destinées pour 80% à l'alimentation du bétail, notamment des bovins. Le Sénégal manque de bovins, du fait notamment de son déficit en pâturages et de sa conséquence, un élevage nomade, qui n'est pas sans poser de nombreux problèmes, en tout premier lieu une faible productivité, dont la maigreur des zébus témoigne, sans compter tous ceux liés à la cohabitation tumultueuse entre l'agriculture sédentaire et l'élevage de transhumance.

A cette demande pour les bovins et l'aviculture, va venir s'ajouter celle de l'aquaculture.

Les besoins du pays en tourteau de soja sont donc déjà là et appelés à croitre. Or le Sénégal n'en produit toujours pas, alors que son climat et son sol se prête aisément à la culture de ce protéagineux. Le temps est venu pour le ministère de l'agriculture de stimuler son développement, avant que le soja américain ou brésilien arrive. C'est bien là le rôle d'un état stratège, que d'aider ses agriculteurs à anticiper et à innover.

2.3. L'entrepreneur agricole, clé du développement

2.3.1 Paysan, un métier aux innombrables facettes

Les réalités les plus concrètes étant posées, regardons comment tout cela marche. Pourquoi parlons-nous d'entrepreneur agricole ?

Produire en agriculture suppose de mettre en branle des « facteurs » de production multiples et complexes : la terre, alors que chaque hectare a sa spécificité et son histoire selon l'usage qui en a été fait précédemment, les machines, les semences, les engrais, les produits phytosanitaires, la main-d'œuvre, les informations scientifiques et techniques, des crédits, le tout en direction de marchés par nature changeants et concurrentiels, dans le but bien évidemment de livrer certes des aliments, but qui donne tout son sens et son humanité au métier, mais d'abord de gagner correctement sa vie dans la durée pour que son exploitation perdure.

Qui peut croire qu'on peut exercer un tel métier si on n'a pas l'esprit d'entreprise, c'est-à-dire le goût du risque, le goût de l'innovation, le plaisir de l'exercice des responsabilités, bref si on n'est pas un entrepreneur ? Qui peut croire qu'on peut redoubler d'efforts 7 jours sur 7, du lever au coucher du soleil si on n'a pas un rapport charnel, patrimonial avec sa terre, et donc si on n'en est pas propriétaire ? Propriété dont on va prendre d'autant plus soin qu'on espère bien la transmettre à ses enfants ? Qui peut penser qu'un tel métier s'exerce sans une solide formation tellement les savoirs et savoir-faire sont nombreux, de la biologie à la gestion en passant par le machinisme ?

Les systèmes communautaires sont aux antipodes de toutes ces exigences : la tradition enferme sinon dans l'archaïsme du moins dans le passéisme, la non-propriété dans une forme de distance, voire d'irresponsabilité peu propice à la gestion sur le long terme, à l'enracinement, générant du coup ces « populations flottantes » qui quittent les bords du fleuve et le bassin arachidier pour Guédiawaye et les autres banlieues !

Ce qui est dramatique, c'est que les premiers partants sont les jeunes, privant ainsi les territoires agricoles de leur avenir. Deux chiffres donnent une idée du caractère déconcertant de la situation. Alors que les chefs de famille du monde agricole sont à la tête d'un groupe familial de 10 personnes en moyenne, seuls 3,4 % ont un document écrit de titre de propriété, qui plus est qui n'en est pas vraiment un, on va le voir.

Si on se réfère aux concepts internationaux qui regardent comme « propriétaire » un exploitant qui a soit un titre de propriété, soit qui peut léguer ou qui peut vendre son lopin, on plafonne au Sénégal à 7,9 %. C'est-à-dire que 92 % des exploitants sont sans droit.

L'agriculture ivoirienne ne manque sûrement pas de défauts et fait l'objet de bien des critiques. Mais tout de même que ce pays de petite superficie soit un géant agricole doit donner à réfléchir. Manifestement, la clé de leur succès tient à ces entrepreneurs paysans aux profils d'ailleurs variables : beaucoup de petites exploitations familiales, avec quelques hectares seulement, des exploitations plus grandes et plus « business », mais dans tous les cas des acteurs dynamiques et autonomes sur les marchés.

Ses entrepreneurs peuvent compter sur deux partenaires performants : i) l'État qui tient toute sa place dans l'édiction d'une législation et d'une réglementation ad hoc, dans l'entretien des infrastructures, dans les bonifications des prêts, et aspect décisif, dans les négociations commerciales et les tarifs douaniers, ii) les coopératives de producteurs auprès desquelles ils peuvent se fournir dans de bonnes conditions en semences, intrants et machines, bénéficier de conseils professionnels et céder leurs productions sans être dans les mains ni de l'État ni des oligopoles, car ces coopératives leur appartiennent.

2.3.2 De nouveaux entrepreneurs agricoles

On a vu que la population agricole au Sénégal était vieillissante et pas formée. Il faut encourager son renouvellement par l'injection de sang neuf. La littérature indique qu'il y a trois sortes de nouveaux entrepreneurs, ceux qui s'installent par nécessité, ceux qui le font par « filiation » et ceux qui le font par opportunité. Les premiers, faute d'avoir trouvé un emploi et des revenus ailleurs, reviennent à la terre bien que ce ne soit pas un premier choix.

Les seconds restent à la terre en s'inscrivant dans une tradition familiale. Les derniers sont ceux qui flairent la bonne affaire. Ils ont réussi ailleurs, ils peuvent continuer dans la même activité, mais, informés des opportunités lucratives qu'offre telle ou telle culture, se lancent en agriculture, nombre de ces derniers étant issus de la diaspora.

Pour régénérer les ressources humaines de l'agriculture, et en particulier les rajeunir, l'État doit mettre en place une politique active d'installation dans le métier d'entrepreneurs-agriculteurs. Par la formation, par l'accès à la terre, par l'aide financière à l'installation. Un dispositif spécifique *« nouveaux agriculteurs, l'État vous accompagne »* devrait à notre avis être lancé.

2.3.3 La diaspora, ressource d'entrepreneurs

La diaspora sénégalaise dans le monde est importante et très active. Elle contribue par ses transferts d'argent à l'entretien de très nombreuses familles. Cette diaspora a acquis des compétences qui seraient bien utiles à l'économie du Sénégal. La plupart de ses membres ne reviendront pas, en tout cas, comme salariés. Non seulement parce que l'argent qu'ils envoient tous les mois au Sénégal est vital pour leur famille, mais surtout parce que les salaires locaux sont bien trop bas par rapport à leurs salaires en Europe ou aux Amériques.

En revanche, beaucoup parmi eux rêvent d'entreprendre dans leurs pays, et souvent ont acquis les compétences pour réussir. Combien de techniciens, de managers, d'ingénieurs pourraient venir nourrir le tissu économique du Sénégal et en particulier dans l'agriculture, comme ils en manifestent le souhait fréquemment ? Est-ce l'éloignement du pays natal qui les conduit à souhaiter « revenir à la terre » ? Peut-être, mais en tout cas, il y a là une source de dynamisation de l'agriculture et de l'agroalimentaire certaine.

Ce retour de Sénégalais de l'étranger comme entrepreneur ne concerne pas que l'agriculture, mais tous les domaines de l'économie. Il ne suffira pas de faire appel au patriotisme et à la nostalgie du pays. Il y faudra des mesures structurelles et pérennes, comme la Chine a su le faire. Car si le développement fulgurant de la Chine est dû d'abord à une bonne dynamique interne, elle tient aussi à sa capacité à faire revenir des centaines de milliers de Chinois qui peuplaient l'économie et les universités des pays du Nord. Ils l'ont fait avec des dispositifs fiscaux et financiers ad hoc dont le Sénégal pourrait utilement s'inspirer.

Les cinq dossiers de fond de l'agriculture sénégalaise : Ruralité, Subventions, Coopératives, Foncier, Formation ; Une agriculture du 21e siècle, de la chimie à la biodynamique

« Qu'il s'agisse de la culture ou de l'agriculture, la majoration continuelle des subventions résume le secret du génie politique ».

Jean François Revel

2.4.1 La ruralité, malade de la ville

Maladie d'une fausse modernité, au Sénégal comme ailleurs, la ruralité est négligée au profit des villes, détournant la jeunesse de l'agriculture. Vérité d'évidence, mais souvent oubliée, l'agriculture est un domaine exigeant qui se déroule… à la campagne. Il faut donc savoir donner envie à la jeunesse formée de travailler aux champs et faire en sorte qu'elle ne soit pas obnubilée que par les lumières de la ville.

Formation, aménagement du territoire, esprit d'entreprise, voilà les clés d'une agriculture puissante, qui doit être bien entendu accompagnée par les politiques publiques : foncier, fiscalité, protection douanière, irrigation, etc., mais avec un État qui doit rester à sa place, et laisser le marché et l'initiative privée agir.

Le désenclavement du pays profond est une urgence. La construction des autoroutes en cours vers le fleuve au nord et vers la Casamance au sud y contribue efficacement. Cela ne suffit pas pour inciter des jeunes à rester et s'installer en zone rurale. Il y faut aussi des emplois, des télécommunications, un bon système éducatif et de santé. Si Dakar, sous l'emprise de la gestion des urgences urbaines, mange les marges budgétaires du Sénégal, c'est, in fine, la ruralité et l'agriculture qui sont en péril. D'autant que l'absence de l'érection des terres agricoles en capital productif prive les communes de recettes fiscales qui les empêchent de moderniser leurs équipements.

L'habitat rural n'est pas mieux loti. On est frappé par la pauvreté des constructions en zone rurale. Pauvreté du bâti qui s'accompagne de carences toujours considérables dans le domaine de l'accès à l'eau et à l'hygiène sanitaire. Ici aussi, n'est-il pas dissuasif de construire sur un terrain dont on n'est pas propriétaire, sans titre foncier ? Le foncier constructible des zones rurales doit sortir du cadre établi pour les terres de production, pour s'inscrire dans le cadre du foncier bâti classique, celui de l'inscription et du Code civil.

2.4.2 Des aides peu efficaces, des subventions d'exploitation impossibles

L'économiste américain, Morris et al., donne le ton (2007). *« Les subventions agricoles sont hautement politiques, hautement sociales et populaires, difficiles à planifier, à exécuter et à évaluer. Même si la subvention est conçue comme provisoire, tout laisse à penser qu'elle sera définitive »*.

La faible rentabilité des « exploitations » agricoles qui ne peuvent pas sur leurs propres ressources acheter les intrants pour la campagne suivante, semences et engrais, conduit l'État à donner dans son budget agricole (10 % du budget total de l'État) une place importante à la production de biens et services privés, soit les 2/3 de ce budget agricole, alors que le désengagement de l'État du subventionnement des intrants est un axe majeur de la Nouvelle Politique Agricole depuis... 1984, intention qu'a renouvelée le PRACAS.

De ce fait, la concentration de l'État sur les biens que le secteur privé ne peut fournir (génie civil, recherche, contrôle, vulgarisation, formation, etc.), maintes fois proclamée, n'a pas été suivie d'effet dans le budget pour l'agriculture : 6,2 % pour les aménagements hydro-agricoles, 3,1 % pour la recherche et... 0,5 % pour la formation.

Du coup, 7 % seulement des exploitations bénéficient-elles d'irrigation, avec une pointe à 20 % du côté de Saint-Louis, mais tombant à... 0 % à Kaolack. Relevons encore que l'irrigation par le goutte-à-goutte, le plus économe en eau et en francs CFA, ne concerne que 3 % des exploitations, et que du coup 51 % de cette irrigation est manuelle. L'agriculture sénégalaise, à l'exception de la zone du fleuve Sénégal et pour une petite partie de la Casamance, reste donc une agriculture pluviale, 93 % des surfaces au total, alors que le pays dispose de nombreux cours d'eau et surtout de réserves souterraines considérables, mais qui nécessitent des investissements substantiels pour être mobilisés. C'est là à notre avis que devrait servir en priorité l'argent public.

Le subventionnement des intrants a naturellement permis à certaines périodes une relance de la production et de la productivité, notamment dans le riz et plus récemment dans l'arachide. Mais le système mis en place comporte beaucoup de sources d'inefficiences : nombreux gaspillages qui empêchent l'acheminement des ressources jusqu'aux producteurs ; écart considérable entre le prix auquel les opérateurs achètent les intrants sur le marché et le prix auquel ils les cèdent à l'État ; large différence entre les quantités d'intrants théoriquement distribuées et celles reçues par les producteurs ; mise en place tardive des crédits.

Le système de subventions agricoles, mis en œuvre depuis des décennies, est inévitablement, structurellement, par nature même, source d'inefficience, de gaspillages. Au total, seuls 35 % des ménages ont utilisé un engrais minéral (NPK et urée), chiffre qui monte à 69 % pour le riz irrigué, mais qui tombe à 20 % pour l'arachide et le mil. Des résultats mitigés obtenus sur le long terme qui doivent conduire à réduire le poids budgétaire des subventions. Les dépenses publiques agricoles sont trop concentrées sur l'agriculture de récolte.

Ces interventions directes et indirectes de l'État sur les prix des intrants créent des distorsions sur les marchés préjudiciables à l'organisation de marchés transparents et à des comportements rationnels et découragent la production privée de semences et d'engrais de qualité. À quoi, pourrait-on ajouter, des insuffisances nombreuses constatées dans la préparation et l'exécution du budget, notamment la libération tardive des ressources ou encore une absence de mise en compétition entre plusieurs projets.

Ce système d'une agriculture suradministrée se lit également dans les rendements des productions. Si l'État fournit à temps et en quantité et qualité les intrants nécessaires, les rendements progressent. Inversement, si l'État est défaillant, ils s'effondrent. Bref, des rendements agricoles qui dépendent des politiques budgétaires et de la diligence des bureaux de l'administration, rien de tel pour des rendements erratiques et une culture de l'assistanat !

Ce n'est donc pas temps le montant de 30 milliards dépensés pour les intrants qui sont en cause - encore qu'ils pourraient avoir un meilleur usage, que la logique administrative qu'ils introduisent dans un secteur qui doit relever de l'initiative privée. Ainsi a-t-on vu, un exemple parmi tant d'autres, le mil passer d'un rendement à l'hectare de 375 kg en 1999 pour s'écrouler à 73 kg en 2002 et rebondir à 695 kg en 2009. Comment un entrepreneur-agriculteur peut-il bâtir une stratégie sur de tels basculements ?

Pourquoi le système d'aides agricoles du Sénégal n'est pas le bon

L'agriculture est un système économique spécial qui ne peut s'apparenter pleinement aux autres. On ne peut pas y agir comme dans l'industrie. Dans l'industrie, il est toujours possible de changer rapidement de gamme en fonction du marché, de modifier l'organisation du travail, voire de délocaliser. Rien de tout cela n'est possible en agriculture ; le paysan est dépendant de son sol, de son climat, de ses saisons. Il agit dans un cadre très contraignant.

À la fin des années 80, Adidas était en grande difficulté face à Nike qui était en train de lui tailler des croupières. Pour le même chiffre d'affaires, Nike faisait de substantiels profits, Adidas de grosses pertes. Les analystes ont vite trouvé le problème et la solution. Ce qui était en plein boom à l'époque, ce n'était plus le Sport, mais le Sportswear. Nike faisait 70 % de Sportswear et 30 % dans le Sport. Adidas l'inverse, 30 % dans le Sportswear, 70 % dans le Sport. Nike réalisait 80 % de sa production en Asie alors que pour Adidas c'était, 80 % en Allemagne où les salaires étaient 3 fois plus élevés. En sus, la productivité de Nike était bien supérieure puisqu'il arrivait au même chiffre d'affaires avec 7000 salariés contre 11.000 pour Adidas.

Adidas a changé sa gamme, a délocalisé sa fabrication en Asie, a amélioré sa productivité et a ainsi évité la faillite et retrouvé sa bonne santé.

Voilà des remèdes auxquels par nature une exploitation agricole ne peut pas recourir. Quand Nike est arrivé en Asie, il a été le bienvenu puisqu'il y a créé des emplois. Inutile d'imaginer que des agriculteurs en difficulté aillent chercher de la terre ailleurs. Ils peuvent certes améliorer leur productivité avec de nouvelles semences ou des techniques de production plus performantes, mais ils ne changeront ni la terre ni le climat. Ils sont scotchés sur leur territoire avec ses atouts et ses faiblesses. On ne peut pas faire du riz dans le Sine Saloum ni de l'arachide à côté du fleuve. Il n'y a pas de mobilité des facteurs de production comme disent les économistes.

C'est pourquoi, alors que les subventions aux entreprises sont interdites dans le commerce international, parce que faussant la concurrence, comme étant déloyales, elles sont autorisées en agriculture. La plupart des pays et notamment l'Europe, les USA, la Suisse, le Japon subventionnent leur agriculture, mais cela n'a rien à voir avec le système des subventions sénégalaises.

En Europe, lorsqu'un agriculteur doit vendre sa production à un prix qui ne lui permet pas de vivre, le prix du marché, il recevra une subvention d'exploitation, c'est-à-dire une somme d'argent, calculée en fonction de la taille de son exploitation et des pertes que les prix du marché lui infligent, mais devra continuer à gérer tout seul son entreprise : acheter les intrants, les équipements, améliorer ses rendements, etc. C'est d'ailleurs la même chose en cas de calamité agricole.

Dans ce schéma, on le voit, l'agriculteur doit continuer à faire un maximum d'effort pour gérer son exploitation, gestion, répétons-le, dont il continue à maîtriser tous les éléments. Au Sénégal, il n'y a pas de subvention d'exploitation. Quand un agriculteur connaît des difficultés, l'État va lui fournir ses semences et ses engrais, ce qui l'infantilise, le rend dépendant de la bureaucratie et des trafics, et ne l'incite pas à faire des progrès puisqu'il ne maîtrise pas son exploitation.

Ajoutons qu'un agriculteur européen connaît le prix de ses produits sur le marché mondial, car ce n'est pas l'État qui le fixe arbitrairement. S'il ne peut pas atteindre ce prix du fait de ses réalités nationales, l'État lui verse une subvention d'équilibre, mais il ne maquille pas le vrai prix, celui du marché mondial. On a donc une trilogie, vérité des prix, responsabilité de la gestion, subvention d'équilibre. Pourquoi l'État verse-t-il cette subvention ? Parce qu'il ne veut pas que les agriculteurs quittent la terre, qu'ils mettent la clé sous la porte, pour des raisons d'autonomie alimentaire, mais surtout pour une occupation rationnelle du territoire et pour faire vivre la ruralité, sinon c'est l'exode dans les banlieues et le déclin des zones rurales périphériques. Et les « gilets jaunes » !

De plus, l'agriculture, la paysannerie, relève non seulement de l'économie, non seulement de l'aménagement du territoire, mais aussi de la culture, de la civilisation d'un pays. À statut exceptionnel, mesures particulières. On le voit d'un côté des subventions d'équilibre pour faire face au prix du marché, de l'autre une intrusion dans la gestion de l'entreprise et la fixation d'un prix par l'administration.

Pourquoi le Sénégal ne peut-il pas recourir au même système de subventions d'exploitation plutôt qu'à la fourniture d'intrants et à la fixation d'un prix d'achat administratif ? Parce qu'il n'y a pas d'exploitation ! Une exploitation agricole, c'est une entreprise dûment enregistrée, propriétaire de sa terre, propriétaire de ses bâtiments et de son matériel, avec une comptabilité d'exploitation gérée par un cabinet comptable qui permet d'avoir des données précises sur tous les postes de gestion.

C'est un vrai titre de propriété, un cadastre, une famille qui va hériter, et s'il n'y a pas d'héritage, un marché de la terre, réglementé. L'administration peut donc verser à l'exploitant, via sa banque et son comptable, sur la base d'informations rationnelles et transparentes, des subventions lui permettant de passer un cap difficile sans s'introduire dans sa gestion et sans fausser les prix du marché.

Dans un rapport très complet sur l'arachide, le rédacteur conclut en disant que l'État sénégalais ne peut pas mettre en place ce système de subventions d'exploitation parce qu'il n'a pas confiance dans les agriculteurs, en clair qui pourraient utiliser ces subventions à d'autres fins que renforcer leurs entreprises. Manque de confiance légitimement fondée sur les pratiques, pour ne pas dire les trafics, dont sont l'objet les semences ou les engrais.

Le problème se situe au-delà même de la confiance, il tient avant tout à ce qu'il n'y ait pas d'exploitation réelle pour mettre en place ce système de soutien à l'agriculture.

Non seulement, on l'a vu, seuls **3,4 %** ont un « titre de propriété », mais pire, **seuls 7 % enregistrent même de manière sommaire leur activité, en notant la production, les ventes et les achats d'intrants.**

Sans réforme foncière, l'État sénégalais est réduit à maintenir ce double système de gestion administrative de l'agriculture par la fourniture des intrants et la fixation des prix, avec les résultats que l'on sait.

Ajoutons que le système des subventions à l'exploitation permet de prendre en compte des contraintes de qualité ou environnementales que l'État fixe. Si par exemple l'administration veut inciter ses volaillers à faire des poulets de 90 jours sans OGM à la place des poulets industriels de 40 jours avec OGM, la subvention d'exploitation va couvrir le gap des prix de revient afin à la fois de soutenir les agriculteurs et en même temps promouvoir une agriculture de qualité. Pilotage que la fourniture directe d'intrants ne sait pas mettre en œuvre. On le voit, si l'agriculture est bien une activité à part, elle doit néanmoins être gérée selon des principes économiques assurant son efficacité.

2.4.3 La coopérative, un collectif de propriétaires

Dans les pays à économie libérale qui ont voulu préserver une agriculture performante tout en étant constituée de petites exploitations, assurant la vitalité des territoires ruraux, l'outil quasi universel mis en place est celui des coopératives de producteurs. La coopérative de producteurs permet à la fois de vivifier le tissu entrepreneurial tout en offrant à chacun de ses membres les apports d'un outil collectif : information sur les évolutions techniques et les marchés, semences et intrants certifiés à prix négociés, accès aux équipements à partager, regroupements pour les achats et la commercialisation, etc. Un système bien plus performant que celui de l'intervention directe des administrations de l'État.

Or, au Sénégal, le système coopératif mis en place au moment de l'indépendance était loin de cette philosophie de coopération entre producteurs et pour cause. Il s'agissait en réalité d'opérateurs de l'État laissant peu de place aux producteurs et donnant lieu à des pratiques éloignées de l'esprit coopératif, qui repose sur un principe de base de gouvernance simple et démocratique, un adhérent, une voix.

Au total, ce système a échoué, puisque seuls 17 % des agriculteurs sont dans une communauté de production (coopérative, association, GIE) et seuls 5 % dans une coopérative de commercialisation.

La Mosquée, la mairie et...la coopérative - New

Dans les villages du Nord, il y a trois bâtiments publics qui organisent l'espace et la vie sociale : l'église, la mairie et la coopérative agricole. L'église est arrivée à partir du 11ème siècle, la mairie à partir du début du 19ème siècle, et la coopérative au début du 20ème.

L'église s'occupe de l'administration des âmes et de la morale publique, la mairie de la gestion de la commune, la coopérative organise l'agriculture. La coopérative n'est pas qu'une entité juridique, c'est un beau et grand bâtiment qui se voit et qui magnifie la force et la qualité de la production agricole de la commune

Dans les villages sénégalais, on trouve la mosquée, la mairie mais il manque la coopérative, qu'il est temps d'édifier pour donner à l'agriculture toute sa puissance.

2.4.4 Réforme foncière : la tradition a bon dos

Nous y arrivons, la propriété foncière, c'est la question clé, dont dépendent toutes les autres. Ses enjeux économiques, sociologiques et culturels sont tels qu'il faudrait y consacrer un livre pour en démêler les tenants et les aboutissants. Nous allons essayer d'en exposer succinctement l'origine, les raisons du statu quo depuis 60 ans et son impact aujourd'hui sur l'économie du Sénégal.

2.4.4.1 Le paradoxe sénégalais

Il va sans dire qu'avant la colonisation, c'était le droit coutumier qui régissait la terre. Le colonisateur a tenté d'y mettre fin en essayant d'imposer le système européen de propriété privée et d'immatriculation. En vain, puisqu'à l'indépendance seul 1 % des terres relevait du modèle occidental. Les défenseurs du droit coutumier avaient bien résisté. Et c'est l'État sénégalais qui va se charger d'une certaine façon de liquider le droit coutumier en décidant que désormais les terres appartiendraient au domaine national.

Ainsi, la loi du 17 juin 1964 signée du Président Senghor est sans appel : Art.1 : *« Constituent de plein droit le domaine national toutes les terres dont la propriété n'a pas été transcrite à la Conservation des hypothèques à la date d'entrée en vigueur de la présente loi »*. C'est-à-dire presque toutes. Et, article 2. *« L'État détient les terres du domaine national en vue d'assurer leur utilisation et leur mise en valeur rationnelles, conformément aux plans de développement et aux programmes d'aménagement »*. En deux articles et cinq lignes, l'État prend possession du pays.

Il est surprenant de voir Léopold Senghor, qu'on ne peut soupçonner de sympathie maoïste, procéder à une telle collectivisation. Avançons deux explications. Il ne voulait manifestement pas reprendre à son compte le flambeau du colonisateur visant l'appropriation privative des terres et risquer ainsi de heurter les populations rurales alors qu'il y avait tant à faire.

D'autant moins que le Sénégal n'était pas dans la situation des pays d'Amérique du Sud où le système colonial avait fait naître ces gigantesques propriétés agricoles, dites latifundiaires, dont les paysans n'étaient que les journaliers, faisant alors du slogan « la terre à ceux qui la travaillent » le moteur de multiples révolutions au 19e siècle. Au Sénégal, formellement la terre leur appartenait puisque relevant de la communauté villageoise, puis maintenant nationale.

Enfant du Sine Saloum, il savait aussi que cette agriculture traditionnelle était bien peu performante et qu'il fallait la vivifier. Imprégné de la culture française de l'État qui est non seulement fortement régalien, mais acteur économique de premier plan, il décide alors, article 2, que l'État *« va assurer la mise en valeur rationnelle des terres »*. Rationnelle, terme sorti tout droit du vocabulaire des Lumières et de la Révolution française !

Notons au passage avec l'anthropologue Maurice Godelier qu'il n'y a pas de rationalité absolue, mais des comportements rationnels qui consistent à mettre ses moyens en concordance avec les fins. Et à fins différentes, moyens différents. Illusion funeste que de croire que l'État était capable de piloter le travail aux champs. Partout où il a eu cette prétention, ça a mal tourné. Inutile d'en faire la liste exhaustive, mais de Mao à l'Algérie en passant par Cuba, les exemples sont sans appel.

Comment les paysans vont-ils se voir attribuer des parcelles à cultiver ? Ce sont d'abord des conseils ruraux puis les communautés rurales qui vont s'en charger. On sait comment les choses se passent quand une entité publique a le pouvoir de répartir des biens : cela tourne sinon au copinage du moins à une affectation rarement basée sur des critères d'efficacité et d'exigence de résultats.

C'est d'ailleurs pour cela qu'ont été mis en place les codes des marchés publics et qu'il existe le délit de prise illégale d'intérêt.

Après 25 ans de politique agricole post-indépendance, un rapport de mars 1984 du ministère du Développement rural, intitulé *« Pour une nouvelle politique agricole »*, préfacé par le nouveau Président Abdou Diouf, tire un bilan peu flatteur de la situation.

On peut y lire : *que les surfaces cultivées et les productions stagnent sur la longue période et varient fortement selon les années à conditions pluviométriques identiques, que les sols se dégradent, physiquement et chimiquement, qu'il y a beaucoup de soucis sur les semences, par exemple, que l'augmentation des livraisons n'est pas suivie d'une augmentation de la production, que le paysan attend tout de l'État cherchant à stabiliser ses revenus sans prendre d'initiative, que se répand une mentalité d'assisté en général, que les coopératives se sont érigées en entités économiques non viables, que l'encadrement s'est alourdi, plus préoccupé de ses conditions d'existence que du transfert de compétences aux paysans, que la commercialisation des productions agricoles souffre de l'absence d'un marché organisé, que le fardeau des subventions d'exploitation empêche l'État de remplir ses obligations en matière d'investissement, etc.*

Étrangement, le rapport ne préconise que des mesures d'ajustements, pour ne pas dire de rafistolage, sans envisager une seconde de changer de logique. Un alinéa que nous reproduisons intégralement introduit lesdites nouvelles orientations. On voit qu'on ne modifie rien en réalité, qu'il n'y a pas de nouvelle politique agricole, et qu'on se contente d'aligner les vœux pieux, en langue de bois !

> *« Rendre possible le développement communautaire à la base par des structures villageoises économiquement viables, capables de gérer les intérêts des producteurs et de la collectivité rurale, cette action passe par la réforme et redynamisation du mouvement coopératif qui permettront d'avoir pour interlocuteurs des entités coopératives véritablement fondées sur la notion de communauté solidaire du travail et de vie, voire de production, de consommation, d'épargne et de crédit ».*

C'est beau comme une profession de foi, comme une charte de pionnier de Kibboutz ou de gardes rouges partant à l'assaut des campagnes. Ça ne fait pas une agriculture efficace comme en témoigne la situation 40 ans plus tard. Les mêmes causes produisant les mêmes effets, un rapport de 2022 sur l'agriculture sénégalaise ressemblerait à s'y méprendre à celui de 1984.

Bref, le paysan sénégalais est un paysan sans terre, qui a juste un droit précaire d'usage, sans jamais pouvoir ni mettre sa terre en garantie pour obtenir des prêts, ni la transmettre à ses enfants, ni a fortiori la vendre.

Pourquoi un jeune resterait-il sur une terre qui ne lui appartient pas ? Déjà que le travail agricole est dur, aléatoire, n'avoir aucune garantie à l'égard de son outil de travail et être dans une précarité maximum n'incitent pas à rester au village. Et on s'étonne ensuite que la production agricole soit faible et l'exode vers les villes massif, vers Dakar en tout premier lieu, où la question de la terre devient tout aussi cruciale, mais comme le négatif des campagnes : la réforme foncière non opérée en zone rurale conduit à un exode rural qui fait exploser le prix du foncier urbain.

2.4.4.2 Un « Far West » sénégalais ?

L'État est allé encore plus loin dans l'appropriation des terres, dans l'expropriation de facto des paysans, en distinguant, on se demande bien pourquoi deux catégories de zones rurales, les zones dites de « terroir », celles gérées par la communauté et cultivées, et les zones « pionnières » (art.4 de la loi de 1964), toutes les autres. Cela lui a permis de se constituer un vaste portefeuille foncier qu'il peut utiliser de manière discrétionnaire. Comme si au Sénégal en 1964, il y avait encore des régions non découvertes ! Au passage, la délimitation entre les deux zones n'ayant jamais précisément été établie, cela peut conduire à des opérations, des spoliations, qui défraient alors la chronique.

Ainsi donc, l'État a-t-il réussi en 4 ans ce que le colonisateur n'avait pas pu faire en un siècle, exproprier les agriculteurs ! Car le système d'affectation mis en place ne confère qu'un droit d'usage et exclut toute possibilité de transaction, de vente, de succession ou de location. Le paysan sans terre est en réalité sans capital et ne peut donc être un entrepreneur qui le fait fructifier, qui en prend soin, qui la fait grandir, qui assure une exploitation durable. Pas de projection possible à long terme, juste la récolte de l'année.

Voilà une des explications de base des problèmes structurels de l'agriculture sénégalaise : le découplage des agriculteurs de leur outil de travail.

2.4.4.3 Coutume, kolkhoze et « Grand bond en avant »

Car le rapport d'un paysan à sa terre est plus qu'un simple rapport à l'outil de travail, c'est un rapport charnel, culturel, qui s'inscrit dans une histoire personnelle et collective. Couper ce lien, c'est s'exposer partout à des déboires. La Russie bolchévique et ses kolkhozes, la Chine de Mao sous le « Grand bond en avant », qui ont provoqué des famines par millions de morts en savent quelque chose. Et le fait que sous Staline la famine a touché plus particulièrement l'Ukraine n'est pas sans rapport avec l'actualité. Les peuples, surtout les agriculteurs, ont la mémoire longue.

Le marché des terres agricoles doit être fluide, transparent, mais régulé. Il doit être fluide, les propriétés doivent pouvoir faire l'objet de transactions commerciales ou successorales non entravées au bénéfice exclusif du vendeur et de l'acheteur. Les transactions doivent être transparentes afin que chacun puisse y participer à armes égales.

Mais la terre, par sa spécificité, notamment sa rareté, n'étant pas un bien ordinaire, relève d'un marché qui doit être régulé par une structure représentant les politiques publiques. Par exemple, afin d'éviter l'accaparement par des groupes financiers au détriment des petites exploitations, en vérifiant que le projet de reprise d'une exploitation s'inscrit bien dans la stratégie agricole du pays, ou encore en veillant à la protection des surfaces agricoles contre la spéculation urbaine, et enfin par exemple en privilégiant l'installation de jeunes agriculteurs, etc.

C'est cette dialectique entre l'économie de marché favorisant l'entrepreneuriat agricole, la transmission patrimoniale d'un capital dont on n'a pas seulement l'usage, mais la propriété, et un encadrement public de supervision stratégique qui peut offrir le cadre foncier dynamique dont le secteur a besoin. Cadre que n'offre sûrement pas les dispositifs actuels où l'État et les communes jouent un rôle prépondérant dont les bénéfices, c'est le moins qu'on puisse dire, ne sont pas visibles.

2.4.4.4 Un nouveau décret (décembre 2022) ajoute de la brume à la brume

Jusqu'ici, l'affectation d'une parcelle de terre du domaine national ne pouvait concerner qu'une seule personne, physique ou morale. « *Cette situation a fait que pendant longtemps, la réalité de l'exploitation agricole familiale n'était pas effectivement prise en charge au plan de l'affectation des terres même si des cas d'affectation au nom de plusieurs personnes physiques sont notés dans certaines communes, dans la pratique, en violation des dispositions légales* ».

Relevons d'abord cette incongruité. Dans le système d'affectation communautaire, la famille, structure de base de la communauté, n'était pas prise en compte. Ce décret récent donc corrige l'article 3 du décret de 1972 et permet de procéder à une affectation au profit de plusieurs personnes.

« *Lorsque l'affectation est faite au nom de plusieurs personnes, ces dernières gardent l'autonomie dans le mode d'organisation et de gestion des terres affectées, sous réserve du respect des plans de développement de la commune, de la vocation des sols et des plans d'occupation de l'espace communal et des règles de gestion pastorale spécifiques à chaque zone. Plusieurs personnes affectataires d'une assiette foncière par délibération de la commune peuvent établir entre elles une charte collective de gestion foncière. Cette charte est communiquée, le cas échéant, à la Commune et à l'autorité administrative, à titre d'information* », renseigne le décret.

« *En cas de désaccord des ayants droit dans la gestion collective du droit d'usage sur des terres affectées, la commune exerce sa compétence légale en matière de gestion des conflits, d'affectation, de désaffectation et de réaffectation des terres de la zone des terroirs. Toutefois, cette compétence s'exerce dans le respect des règles de dévolution des biens entre membres d'une famille en cas de décès ou de divorce*.

On subodore immédiatement le contentieux qui va naître. Au début, l'affectation partagée ne fera pas problème, les déclarations de bonne entente la main sur le cœur ne manqueront pas. Quand on passera ensuite aux mille et une décisions de gestion à prendre, il ne faut pas être grand clerc pour savoir que le ciel se gâtera.

Des discussions seront inévitables sur les choix des cultures, d'investissements, les techniques utilisées, la commercialisation, la répartition du bénéfice, etc. Aucun dispositif juridique n'étant clairement prévu, de type parts dans une société avec statuts, mais seulement une vague charte de gestion reprenant quelques principes pastoraux, charte qui plus est facultative, le différend viendra devant…la commune. On imagine déjà la commune gérant des différends relatifs à la gestion d'une « entreprise » familiale.

Avec cette « correction » de 2022, on se contente de mettre les pas dans ceux des prédécesseurs et le refus d'aborder la question de fond de la propriété foncière ne fait qu'épaissir le brouillard.

2.4.4.5 Les variations des surfaces cultivées d'une année à l'autre

S'il y a un indice de la fragilité du rapport à la terre des agriculteurs sénégalais, c'est bien celui des variations dans les surfaces cultivées d'une année à l'autre, qui manifestement ne tiennent pas à l'hivernage pas plus qu'à un ajustement des productions à la demande exprimée sur les marchés. Ainsi, pour des productions dont la demande ne fléchit pas, on voit le nombre d'hectares cultivés s'effondrer ou bondir brusquement, ce qui manifeste un rapport élastique à la terre.

Un paysan propriétaire n'augmente ou ne diminue ses hectares cultivés que lentement, en fonction d'acquisition ou de ventes de terres, ou en fonction d'informations de moyen terme sur les marchés.

Comme si les agriculteurs sénégalais étaient des journaliers, appelés au travail en fonction d'un mystérieux donneur d'ordre. Le contraire d'une agriculture solide, patrimoniale et de longue durée.

Illustrons notre propos avec l'exemple d'une seule région pour avoir des données comparables d'une année sur l'autre sans biais, la région de Thiès : toutes cultures confondues, les surfaces cultivées passent de 192.000 hectares en 1999 à 348.000 hectares en 2008 pour retomber à 237.000 en 2009 ! Et ce même constat est vérifié pour les autres régions du Sénégal, avec des variations encore plus importantes quand on s'intéresse à une seule production.

2.4.4.6 Au secours Marx revient, les biens communs, chimères et réalités

Nous nous souvenons tous de la célèbre phrase de Marx qui ouvre « Le manifeste du parti communisme » : « Un spectre hante l'Europe, le spectre du communisme ». On aurait pu croire qu'après 70 ans de communisme réel, de l'URSS au Venezuela en passant par la Guinée de Sékou Touré, la mode serait passée. Que nenni ! Voilà qu'elle revient, dans certains milieux intellectuels et chez certains leaders politiques un tantinet populistes, sous de nouveaux oripeaux bien entendu, ceux des « biens communs », des « communs », concept qui a l'avantage de pouvoir surfer sur la vague écologique et ses biens communs, l'air, l'eau, la planète.

Les biens communs, rien de nouveau sous le soleil ! Le patricien romain, dans sa magnifique villa couverte de mosaïque à Nîmes, savait que l'eau lui arrivait à domicile par un bien commun, le pont du Gard. Et que les arènes étaient un bien commun. Le paysan propriétaire de son champ sait de tout temps que pour y accéder il passe par un bien commun, le chemin communal. La vie économique privée s'est toujours organisée par nécessité évidente autour de biens communs.

Voilà que nos nouveaux socialistes veulent tout faire passer sous les fourches caudines du bien commun, tellement ils détestent la propriété privée, les entrepreneurs, les marchés, le commerce et les banques. Leur détestation à des fondements théoriques, si l'on peut dire.

On a également en mémoire ces deux schémas de Marx. Au « temps béni » d'avant le capitalisme, la monnaie ne servait qu'à échanger des biens qui avaient une vraie valeur d'usage. Le cordonnier vendait ses chaussures certes contre de l'argent, mais juste pour acheter son blé et son savon. Loin de lui l'idée de faire un profit indu.

C'est le fameux M-A-M, marchandise contre argent, qui était ici un simple instrument d'échange pour acheter d'autres marchandises, elles aussi biens d'usage. Tout aurait changé avec le capitalisme marchand puis industriel ou le M-A-M est remplacé par le A-M-A' ou la marchandise, juste échangée ou fabriquée, ne sert qu'à gagner de l'argent, étant devenu un prétexte.

Tout cela n'est que rhétorique. Dès l'antiquité la plus profonde, la monnaie a servi à l'accumulation et au profit comme en témoignent les fortunes constituées 1000 ans av. J.-C. L'idée qu'il y eut une société du M-A-M est une pure fiction, sauf naturellement dans des communautés villageoises totalement repliées sur elles même. Mais, vague écologiste et antimondialiste oblige, le retour aux valeurs ancestrales ou encore aux monnaies locales aidant, ces chimères reviennent à la surface.

La propriété des terres agricoles au Sénégal relève toujours d'un système collectif historique, la réforme foncière étant dans les tiroirs. Nous avons vu qu'à nos yeux, cela freine le développement d'une agriculture efficace. On nous oppose une culture historique du bien commun, contradictoire à cette approche du titre foncier qui serait, elle, européenne, colonialiste, importée, éloignée de la culture africaine où le rapport à la propriété terrienne serait par essence de type collectif. Qu'il y aurait une contradiction essentielle entre la notion même de propriété foncière et la civilisation africaine.

On oublie tout d'abord que la propriété individuelle s'inscrit dans des dispositifs collectifs nombreux. Le cadastre, organisé par la loi, bien commun s'il en est. Cadastre qui comporte toutes les servitudes nécessaires au fonctionnement du champ privé, les chemins, l'irrigation, etc. L'exploitation du champ est soumise également à des règles communes, environnementales par exemple pour protéger les nappes phréatiques. Les productions privées de ce champ privé ne peuvent être commercialisées que si elles répondent à des normes fixées par le code de la santé et le code du commerce, autres biens collectifs qui encadrent toute la société.

L'agriculteur d'ailleurs ne peut produire et vendre que s'il s'inscrit harmonieusement dans un écosystème qui fait qu'il n'est qu'un des maillons d'un vaste système collectif : fournisseurs, transporteurs, entreprises de transformation, clients, sans parler des services fiscaux et autres administrations, biens communs qui l'encadrent. Bref, faire croire qu'une propriété privée c'est la jungle, le loup dans la bergerie, un atome isolé de la communauté qui l'environne est une vaste blague.

Un entrepreneur agricole propriétaire de son exploitation, c'est un agent économique qui doit rassembler de manière harmonieuse des facteurs de production, la terre, les machines, les semences, les intrants divers, la main-d'œuvre, des capitaux, des bâtiments, etc., pour produire des légumes ou du sorgho qu'ensuite un vaste système de commercialisation lui permettra d'écouler. Il n'est qu'un chef d'orchestre qui doit réussir sa partition.

Il réussira d'autant mieux cette tâche que propriétaire de son outil de travail, il en prendra soin, s'y attachera charnellement, car il souhaitera par exemple pouvoir le transmettre à sa descendance. Cette relation étroite avec sa terre est la meilleure garantie qui puisse être pour la conservation à long terme du patrimoine agricole. Qui s'est soucié de la surexploitation et de la stérilisation des champs arachidiers, biens communs pourtant ?

Enlever cette propriété à un exploitant agricole, bien, mais pour la remettre à qui au fait ? À une communauté, laquelle ? Familiale, de village, à l'administration ?

2.4.4.7 L'économie des Traban

Nous avons tous le souvenir de ces images de l'effondrement du mur de Berlin en novembre 1989 et de ces Allemands de l'Est rejoignant l'Ouest rêvé des Mercédès et des BMW à bord de leurs Traban en plastique brinquebalantes, donnant une bien piètre image, pathétique, de l'économie soviétique.

L'Allemagne de l'Ouest a donc intégré sa sœur de l'Est sans économiser les milliards de Deutch Marks. À la grande surprise de ceux de l'Ouest, malgré ces milliards, le relèvement de l'économie de l'Est fut laborieux. Pourquoi ? Les Allemands de l'Ouest mirent en tutelle chaque structure de l'Est qu'elle soit industrielle ou administrative en l'associant à un alter ego de l'Ouest.

Ainsi les villes, les entreprises, les universités de l'Est avaient une ville, une entreprise, une université de l'Ouest comme chaperon, comme parrain, bienveillant, fraternel. Ces accompagnateurs de l'Ouest ont eu beaucoup de mal à comprendre pourquoi le redressement était si lent, alors qu'il s'agissait « d'authentiques Allemands », des Prussiens ! La raison en était la suivante.

À l'Est, personne ne prenait d'initiative, on attendait des ordres d'en haut. Et gare à celui qui en prenait, il courait le risque de déplaire et d'être sanctionné. C'était devenu un peuple apathique, socialiste, tous les biens étaient communs ! Or, une économie, ce sont des milliers, des millions de décisions qu'il faut prendre tous les jours, que justement régule l'économie de marché. Si on attend on ne sait quelle consigne ou délibération d'une entité irresponsable pour prendre une décision, il est trop tard, d'autres ont avancé pendant qu'on palabre.

La propriété privée, le marché, c'est avant toute chose une dynamique d'initiatives. Dans une économie, s'il n'y a pas d'initiative, avec ce que cela suppose de responsabilité, il n'y a pas de production efficace et de progrès possible. Car bien entendu dans ces systèmes collectifs, il n'y a pas de responsable. Ne parlons pas du client, du consommateur dont personne ne se soucie, puisque le bénéfice d'une activité réussie, d'une bonne vente, se perd dans les sables du collectif.

La propriété privée, c'est l'assurance de producteurs motivés, responsables de leur outil de travail au bénéfice de tous. Et rappelons-le, leur activité s'insère dans un maillage serré de biens communs, du cadastre au code du commerce. En outre, ces agriculteurs-propriétaires ont tout intérêt à s'associer à leurs voisins pour créer des coopératives d'achat, de production et de vente, pour faire équipe et être plus fort collectivement. La coopérative, encore un bien commun, mais faite d'hommes et de femmes libres et responsables.

La terre étant indubitablement un bien spécifique, il revient à l'État, par des structures d'aménagement idoines, de s'assurer que ses orientations politiques sont mises en œuvre, par exemple en surveillant d'éventuelles trop fortes concentrations, des mains mises étrangères problématiques, ou encore en favorisant l'installation de jeunes agriculteurs.

Ce qui vaut pour l'agriculture vaut encore plus pour la production industrielle où la question de la terre ne se pose pas. Un vaste réseau d'entreprises privées, qui seules peuvent assurer la prospérité comme le montre l'histoire, n'est en rien contradictoire avec une gestion ferme des biens publics, communs, tels l'environnement, les zones naturelles, le littoral, les services publics, etc. C'est à l'État régalien de fixer des normes et de les faire respecter.

Tuer la dynamique du marché au nom de biens communs, au nom d'une civilisation fraternelle totalement mythique, d'un âge d'or d'avant le capitalisme, du retour à une civilisation perdue, n'est que chimère doublement dangereuse. En premier lieu parce qu'elle appauvrit, il suffit d'aller voir sur place où on pratique la chose, et plus grave, elle néglige un élément décisif, la question de la puissance. Si on n'est pas puissant, on est dominé. L'Afrique plus que d'autres devrait s'en souvenir. Une économie forte, c'est ce qui permet d'assurer son indépendance, et inversement.

2.4.4.8 Le partage de la valeur

Un des moyens décisifs de faire du commun, c'est de partager justement la valeur produite, que chacun ait sa part. Voilà du commun dont les chantres des biens communs ne parlent pas beaucoup.

Marx, puisqu'on a commencé avec lui continuons, a repris aux économistes classiques la notion de valeur travail, qui affirme à juste titre que seul le travail crée de la valeur, donne son prix aux choses produites. Mais il a ajouté quelque chose de décisif : le profit vient de la différence entre la valeur créée par cette force de travail et le prix de cette force de travail, c'est-à-dire le salaire.

Toute l'affaire est là, que les salariés est la juste part de la valeur créée, que la part qui revient légitimement au patron et à l'entreprise n'oublie pas celle qui doit revenir aux producteurs non-propriétaires. Et les hommes étant ce qu'ils sont, ce sont les travailleurs eux-mêmes qui par leur organisation collective, leurs syndicats, leurs combats doivent veiller à obtenir cette juste part. Ils doivent être en cela aidés par l'État qui fixe le salaire minimum et la durée du travail et installe plus largement un code du travail protecteur. L'État démocratique, des syndicats, le code du travail, encore des biens communs.

Le bien commun, au sens du bien-être commun ici, n'est donc pas dans la collectivisation de l'entreprise, agricole, industrielle ou de service, ni dans son étranglement bureaucratique, mais dans une bonne articulation entre les mécanismes de marché, la liberté d'entreprendre et les multiples systèmes d'organisation collective de la société. Répétons-le, notre approche n'a rien d'idéologique, n'est en rien une sorte de proclamation néolibérale absolue. Elle est une réponse concrète aux problèmes de l'agriculture sénégalaise.

Nous savons bien que la société ne peut vivre qu'avec des biens communs : la mer, la côte, l'air, les routes, les ponts, les services publics, les lois, etc. Et qu'on peut, en effet, toujours discuter de la frontière entre ce qui doit relever du commun ou du privé, comme les découvertes scientifiques – brevet ou pas – les codes sources en informatique, le savoir (Wikipédia), etc. Nous savons qu'il y a des formules mixtes, non binaires, comme une société d'HLM, ou une coopérative. Là n'est pas le débat. Il est celui de la formule adaptée à l'exploitation agricole. Et là, le terrain parle : les gestions en commun ne marchent pas, tout simplement.

Terminons par cette remarque. L'aliénation suprême pour les marxistes tient à ce que l'ouvrier n'est pas propriétaire de ses moyens de production, qu'il en est dépossédé par le Capitaliste, détenteur du capital. En toute logique, il devrait donc soutenir la propriété de la terre par celui qui la travaille, le paysan, qui détient ainsi ses moyens de production, son capital foncier, et qui n'est plus alors aliéné. Que nenni ! Biens communs on vous dit !

2.4.4.9 La « tragédie des biens communs »

Ce n'est pas d'aujourd'hui que philosophes, économistes et politiques débattent des avantages respectifs de la propriété privée et des biens communs. Aristote s'en préoccupait déjà ! Dans un article célèbre de 1968, le biologiste américain Garret Hardin est allé jusqu'à parler de « de la tragédie des biens communs », illustrant le terme de tragédie par un exemple de pâturage, dans lequel ceux qui avait accès à ce pâturage commun avaient intérêt à en abuser au détriment de la sauvegarde dudit bien, et donc que sa préservation sur la durée n'était pas assurée par la propriété collective.

Cette illustration n'est pas étrangère d'ailleurs aux réalités sénégalaises, avec son élevage nomade, qui rentre souvent en conflit avec l'agriculture des sédentaires, notamment parce que le propriétaire d'animaux nomades se soucie bien peu du devenir de la parcelle sur laquelle il fait brouter son troupeau, puisqu'un peu plus loin il en trouvera une autre. Les agriculteurs sédentaires en font d'ailleurs une de leurs préoccupations essentielles.

Avec la mer, bien commun au-delà des zones exclusives, qui a encouragé la surpêche, le Sénégal est bien placé pour savoir ce qu'il en est, illustrant pleinement les craintes de Garret Hardin. Ou encore avec la forêt domaniale, lieu mille fois dénoncé de la surexploitation (et du trafic) du bois.

Il faut chaque fois que la puissance publique nationale ou internationale intervienne pour réguler le bon usage de ce bien commun sur le long terme, car ses usagers propriétaires en commun de facto ne le font pas spontanément.

Même si le raisonnement de M. Hardin a du vrai donc, ce n'est pas pour autant que le symétrique serait vérifié : la propriété privée ne garantit pas à elle seule le bon usage de la terre comme en témoigne le recours excessif d'intrants dans l'agriculture privée productiviste.

Dans un système d'exploitation privée, la puissance publique a donc également son mot à dire, pour éviter que ces exploitants individuels ne subissent trop l'influence des puissances chimiques, ou encore pour préserver l'intérêt du consommateur.

Aujourd'hui, ce sont même des biens communs, dont la consommation par chacun n'enlève rien aux autres, l'air qu'on respire, qu'il faut réguler pour éviter un mésusage. Mais ce ne sont pas ici de toutes ces questions générales des biens communs que nous examinons, juste la question de l'agriculture sénégalaise.

Cet article de M. Hardin a eu l'effet d'un chiffon rouge auprès de tous les antilibéraux qui y virent une apologie indécente de la propriété privée, alors qu'il se contentait de relever les difficultés objectives de la gestion des biens communs. Dans le cas de l'agriculture, il ne s'agit pas en effet simplement de réguler l'usage d'un bien, mais de produire. Et c'est là toute la différence. Assimiler donc une route à un champ, l'air à une ferme est un non-sens absolu dont le rapprochement n'est possible que quand on tombe dans les généralités des concepts et de l'idéologie.

2.4.4.10 Le tragique sénégalais

Pour ceux que les arguments économiques et écologiques n'auraient pas encore convaincus que les « communs sénégalais » sont une impasse, ajoutons ces éléments sociaux, assez tragiques eux aussi. 53 % de la population du Sénégal est encore en zone rurale, où sont concentrés…75 % des pauvres. Pauvreté monétaire d'abord puisque seuls 8 % des céréales produites sont commercialisés, le reste étant de l'autoconsommation.

Plus grave. La campagne sénégalaise est tellement enfoncée dans la pauvreté que c'est toute la société rurale qui souffre. Ainsi, seuls 37 % des plus de 15 ans sont alphabétisés en zone rurale contre 72 % à Dakar, et encore, 41 % des jeunes achèvent la scolarité primaire en zone rurale contre 87 % à Dakar. On pourrait toujours accuser l'État de ne pas faire ce qu'il faut, mais non, il s'agit d'une spirale ou pauvreté économique et sociale qui s'auto-entretiennent.

Plus tragique, et peut-être plus significatif : en zone rurale, 22 % des enfants souffrent de retard de croissance (contre 12 % sur Dakar) et 17 % d'insuffisance pondérale (contre 11 % à Dakar). Ainsi, les campagnes sénégalaises non seulement n'arrivent pas à nourrir convenablement le pays, mais à se nourrir elles-mêmes. Qui peut prétendre que le modèle agricole actuel est à la hauteur de ses missions ?

L'insécurité foncière concrètement- New

Dans la zone maraichère des Niayes, qui fournit la plus garde partie des légumes du pays, qui est productive et rentable, seuls 1% des maraichers disposent d'un vrai bail, 10% bénéficient d'une délibération communale, et donc l'écrasante majorité de rien d'autre qu'un droit d'usage coutumier.

Les maraichers sont donc en situation bien fragile en cas d'expulsion, par exemple pour travaux d'utilité collective, comme une route, face à l'appétit d'un promoteur immobilier, de mèche avec le Maire, et ils sont totalement démunis pour une demande de prêt bancaire ou pour régler des problèmes de succession.

Ils seront également bien embarrassés quand, ayant acheté sous seing privé une parcelle bénéficiant déjà d'une délibération communale, ladite commune tarde, cas fréquent, à enregistrer la mutation de l'usager par une nouvelle délibération. Et pour obtenir satisfaction il n'est pas rare de devoir faire la danse du ventre.

2.4.4.11 Soldats de la terre, l'affaire Gabin et ses similitudes avec l'affaire Ndenguelère-Sédima

Il y a derrière ce débat sur la propriété de la terre un présupposé selon lequel la terre étant un patrimoine national, commun, ce qui est vrai, elle serait beaucoup mieux défendue contre toutes les formes d'accaparement contestable si sa propriété était collective plutôt que privée, ce qui est loin d'être démontré.

On peut lire dans les événements relatés ci-après que des agriculteurs privés peuvent s'organiser et défendre fermement leurs intérêts collectifs de propriétaires individuels. D'une certaine façon, ils ont agi comme des copropriétaires, comme dans une copropriété bien organisée où chacun a son appartement, mais où le syndic fait son boulot de bonne gestion des parties communes. Les chroniques sénégalaises sur le sujet en disent long.

Au tout début des années 60, une affaire d'acquisition de terre défraya la chronique en France : le plus grand des acteurs français, Jean Gabin, était cloué au pilori par les agriculteurs du département de l'Oise, à l'ouest de Paris, parce qu'il venait d'y acheter une propriété non pas de 2000, mais de 200 hectares. Ces petits agriculteurs considéraient qu'il s'agissait là d'un caprice de star qui confisquait des terres au détriment de ceux qui la travaillaient tous les jours et qui avaient besoin d'agrandir leurs exploitations.

Jean Gabin, lui le héros populaire, fut mortifié d'être mis à l'index comme accapareur, comme prédateur, affameur des petits, et il faut bien le dire, ce fut un procès d'une certaine façon très injuste. D'abord, parce que dans ses films, il donna toujours l'image la plus noble des classes laborieuses.

Ensuite, parce qu'il s'engagea dans la France Libre du Général de Gaulle contre les nazis et le gouvernement de collaborateurs de Pétain, ce que beaucoup d'autres ne firent pas, ce qui l'amena jusqu'en Allemagne, au nid d'aigle d'Hitler comme conducteur de char avec la division Leclerc. Aussi, parce que grand patriote et amoureux de la France, il refusa de faire carrière à Hollywood et contribua à la relance du cinéma français d'après-guerre. Enfin, parce que sa ferme était une vraie exploitation agricole traditionnelle, avec vaches, chevaux et cultures.

Mais voilà, même si son argent avait été gagné le plus honnêtement du monde, et même si le marché de la terre relevait de l'économie marchande, il achetait une terre que les agriculteurs de l'Oise, de petits propriétaires, considéraient comme leur « commun », comme appartenant à leur communauté et devant revenir à l'un des leurs. Par cette contestation, ces agriculteurs individuels manifestaient collectivement leur attachement à leur terre et à leur outil de travail. La cible était peut-être en l'occurrence malencontreuse, mais ils étaient assurés en la choisissant de bénéficier de la médiatisation maximum de leur initiative, ce qui fut le cas, la preuve en est qu'on en parle encore aujourd'hui.

Ces paysans en colère s'appuyaient sur une toute nouvelle loi de 1960 créant les SAFER (Société d'aménagement foncier et rural) ayant pour mission *« d'acquérir des terres ou des exploitations agricoles* ***librement*** *mises en vente par leurs propriétaires, ainsi que des terres incultes, destinées à être rétrocédées après aménagement éventuel »* dans le but, notamment, *« d'améliorer les structures agraires, d'accroître la superficie de certaines exploitations agricoles et de faciliter la mise en culture du sol et l'installation d'agriculteurs »*. La terre, un marché, mais organisé, au service des exploitants agricoles.

En Afrique, il arrive que de grandes entreprises, agricoles, de l'agroalimentaire ou financières, accaparent des centaines voire des milliers d'hectares, transformant les paysans locaux en salariés mal payés, pour des cultures fréquemment destinées à l'export, terres qui quelques années plus tard sont bien souvent laissées épuisées par une exploitation trop intensive. Les communautés villageoises sont en général impuissantes pour contester ces acquisitions, car ces terres, cédées bien des fois à vil prix et dans des conditions peu transparentes, ont un statut juridique flou qui rend difficile tout recours.

Dans les pays où existent une propriété privée des terres et une communauté d'agriculteurs-entrepreneurs, non seulement le statut du foncier interdit des opérations d'accaparement brutales, non seulement la réglementation offre des droits de préemption aux agriculteurs de la place, mais le collectif des propriétaires assure par son statut, ses intérêts, son sens du collectif une vigilance étroite sur toutes les transactions, vigilance d'autant plus déterminée que ces agricultures pensent à leurs enfants. Toutes choses que manifestement le système traditionnel de la propriété communautaire ne permet pas, comme en témoignent les affaires qui défraient la chronique régulièrement.

Ces grandes entreprises agricoles internationales ont, en outre, beau jeu de dire qu'elles prennent des terres pas toujours pleinement exploitées, ou de manière peu productive, alors qu'elles arrivent, elles, avec capitaux, machines, irrigation et experts. Et ce ne sont là que rarement des entreprises patriotes, soucieuses de l'intérêt à long terme du pays, comme l'était Jean Gabin, ou comme l'est la Sédima !

Une agriculture d'entrepreneurs-agriculteurs, propriétaires, modernisés, organisés en coopératives, est bien la meilleure garantie pour la défense du patrimoine foncier national. Des fantassins de la terre ! Car dans le conflit qui a opposé la Sédima, société amirale de l'agroalimentaire du pays, à une communauté villageoise, celle de Ndenguélère, le problème n'était pas que cette société veuille légitimement s'étendre, mais les conditions de son extension, par « voie administrative » et non commerciale, cheminement qui a été vécu comme un accaparement contestable.

Des hectares en veux-tu en voilà - New

Obtenir 20 ha (presque) gratuitement est chose aisée. Il suffit d'obtenir une délibération du conseil municipal ainsi rédigée :

Extrait de délibération portant affectation de terrain

Le conseil Municipal

Vu la constitution

Plein d'autres visas et un dernier.

Vu la demande de l'intéressé

Délibère

Article premier le conseil municipal de.... a affecté à Monsieur X un terrain à usage agricole de 20 ha sis à ....

Article 2 : la présente délibération, qui prendra effet à compter de sa date d'approbation sera enregistrée, publiée et communiquée partout où besoin sera.

Signé : le maire

Le tour est joué : 20 ha à l'œil pour un ami. Aucun prix de la cession, de la mise à disposition, dans le document. Quel a été le prix du soudoiement ? Mystère.

Et ces cadeaux ne se limitent pas à la campagne. Le littoral et la ville sont victimes des mêmes pratiques, à bien des égards surréalistes.

Rente foncière et rente d'Etat (pouvoir politique et administratif), étroitement entremêlées

Une campagne de murs

Il y a une étrangeté dans la campagne sénégalaise qui l'enlaidie : de vastes terrains, sans rien à l'intérieur, sont entourés de hauts murs de briques en ciment avec portes métalliques cadenassées. En voilà la raison : comme les « *titres de propriété* » ne sont pas très sûrs, il est plus prudent de marquer son territoire !

Identification : continuer à progresser

Puisque désormais les parcelles sont en cours d'immatriculation (DG impôts et domaines, urbanismes, communes, ANSD), il serait opportun de passer sans tarder à la prochaine étape, dresser un état des lieux du premier facteur de production en agriculture, la terre, en répondant aux questions suivantes. Qui sont les titulaires réels, dans chaque commune, des droits de propriété et d'usage des terres agricoles. Quel sont les pourcentages respectifs des baux, des délibérations, d'absence de tout titre ? Quels sont les délais d'obtention d'un document écrit donnant un droit d'usage ? Comment sont enregistrées les mutations, à la suite d'une vente sous seing privé ou d'une succession ? Quel est le prix de vente à l'hectare suivant les régions, car même si la transaction n'est pas enregistrée, il y a bien un prix de marché, etc.

Bref il est temps de décrire précisément la situation de la terre agricole, car c'est une condition sine qua non pour progresser vers l'objectif fixé par le PM, celui d'agriculteurs-entrepreneurs propriétaires. C'est certes un dossier sensible, complexe, où les traditions pèsent, mais pour lequel des changements doivent indubitablement intervenir si on veut débloquer l'agriculture du pays et la rendre plus productive.

Des enclosures aux coopératives de propriétaires - New

On se souvient que jusqu'au 13ème siècle, les seigneurs anglais, à qui appartenait le sol, laissaient les paysans sans terre accéder à leurs champs pour faire paitre leurs maigres troupeaux, et aussi cultiver quelques arpents de céréales, cela en contrepartie de journées de travail gratuites ou de paiements en nature, puis, qu'entre le 13ème et le 16ème siècle, ces seigneurs commencèrent à clôturer ces champs pour y mettre leurs moutons, afin de produire la laine dont la nouvelle grande industrie textile avait besoin.

Cette révolution, dites des enclosures, est considérée comme le début de l'agriculture capitaliste et de la révolution industrielle. Cela s'est fait avec la dureté des mœurs sociales de l'époque : les paysans ont été chassés de la terre et livrés à l'exploitation de la grande industrie naissante.

Passer aujourd'hui des communs à la propriété privée n'a rien à voir avec cette époque. D'abord parce que « les champs clôturés » sont attribués à de nombreux propriétaires et ne restent pas dans les mains du seigneur du village. Ensuite parce que le regroupement de ces petits propriétaires en coopératives leur donne la force collective de « l'agrobusiness », c'est-à-dire d'une agriculture efficace, sans être déposséder de leur bien.

Enfin, parce que l'instauration de structures de régulation privilégiant l'agrandissement des plus petites propriétés et l'installation des jeunes, comme indiqué dans l'exemple de la SAFER, prémunit contre les expropriations par le marché.

2.4.4.12 Les fausses solutions de M. Nubukpo

M. Kapo Nubukpo, éminent économiste, fait dans un de ses récents ouvrages, « Une solution pour l'Afrique », l'apologie des « biens communs », dont nous venons de montrer à quel point non seulement ce n'était pas la solution, mais au contraire le problème.

Biens communs, qui ne sont même pas une chimère, un horizon rêvé, comme le fut le communisme, mais un cauchemar vivant pour tous les paysans sans terre, sans propriété, spoliés quotidiennement.

Inutile de préciser que nous sommes donc en désaccord complet sur l'analyse de la situation et sur les solutions.

2.4.5 Le dossier des formations agricoles

Le niveau de compétences d'un pays est la clé de sa réussite. L'agriculture étant une activité millénaire et longtemps traditionnelle, on a pu considérer que la formation, l'élévation des compétences la concernait peu et valait pour l'industrie. Erreur fatale !

L'agriculture est un domaine clé des sciences et des technologies. Et l'enseignement agricole une des branches les plus stratégiques d'une politique de formation d'un pays. Aucun métier ne demande autant de compétences que celui d'agriculteur. Conduire une exploitation suppose de disposer d'une large gamme de connaissances en évolution permanente. Et cet agriculteur, s'il doit être entouré d'experts, notamment via des coopératives, car il n'a pas vocation à tout savoir, doit être lui-même suffisamment formé et informé pour garder une distance critique à l'égard de ces conseils afin d'éviter de n'être que le débouché commercial, manipulé, des fournisseurs d'intrants ou de matériels.

Il y a dix ans, les auteurs de ce livre rédigeaient pour la Banque mondiale un rapport sur la formation professionnelle au Sénégal. Les préconisations qu'ils formulaient ont-elles été suivies d'effet ? Pour ce qui est de l'enseignement agricole, la réponse est, pas vraiment. Nous relevions déjà qu'une des causes de l'échec de la GOANA du Président Abdoulaye Wade était la non-prise en compte du facteur décisif des ressources humaines, de la production des compétences qui devaient accompagner les objectifs ambitieux qui étaient fixés. Le PRACAS a-t-il corrigé le tir ?

2.4.5.1 Les indispensables Compétences pour les champs

Nous relevions, d'une part, le faible nombre d'inscrits et de diplômés dans les sections existantes et surtout le nombre élevé de formations inexistantes, alors que les compétences correspondantes sont indispensables à une chaine de production complète. Ainsi, au niveau du CAP, celui des ouvriers qualifiés, il n'y avait pas de formation en horticulture, en production agricole (conduite d'exploitation), en utilisation des matériels agricoles et maintenance de ces mêmes matériels. Une avancée significative a donc été réalisée avec la création de deux CAP en horticulture, un CAP mixte, agri-élevage.

Au niveau des techniciens (Brevet de technicien/bac professionnel), il n'y avait pas de formation en production horticole de fruits et légumes, ni en production aquacole, ni en agroéquipement. Aucune formation nouvelle n'a été mise en place.

Pour le niveau BTS, celui des techniciens supérieurs, on manquait de formation en agroéquipement, en aquaculture, en production horticole, en gestion forestière. Comme pour les BT, il n'y a pas eu de nouvelle formation. Pour les formations existantes, on était frappé par la faiblesse des effectifs inscrits et des diplômés chaque année, que ce soit au niveau des Techniciens (BT) dans la seule formation en place *Gestion et conduite de l'exploitation agricole* comme pour les techniciens supérieurs, le BTS et les deux spécialités existantes, « *Analyse et conduite d'exploitation* » et « *Production animale* ».

Les choses ont-elles été corrigées ? Rien de décisif n'a été fait. Le secteur de l'agriculture est toujours massivement sous-qualifié et ne décolle pas. Cent titulaires du BTS en gestion d'exploitation agricole arrivent sur le marché du travail tous les ans, ici aussi chiffre faible compte tenu de la sous-gestion du secteur, comme reste très insuffisant les 200 ouvriers qualifiés pour tous les CAP des métiers de l'agriculture.

2.4.5.2 Dans les métiers de l'agroalimentaire

Au niveau des techniciens supérieurs manquaient des formations en *Sciences et technologies des aliments, Contrôle industriel et régulation automatique, Traitement des matériaux.* En bio-analyse et contrôle, les effectifs étaient dérisoires. Au niveau technicien (BT) manquaient des formations en Bio-industries de transformation et en Boulangerie/ pâtisserie. Enfin, au niveau du CAP, il n'y avait pas de formation pour toute la panoplie des métiers qui complètent la chaine de l'agroalimentaire par une distribution de qualité.

Car, de la même façon qu'il ne sert à rien d'avoir un bon cuisinier dans un restaurant si le service est déplorable, c'est bien d'avoir une bonne pêche, mais c'est tout aussi important d'avoir des poissonniers qui sauront la présenter ! Et un bœuf bien élevé mérite un boucher professionnel.

Poissonnier, boulanger, boucher sont des métiers très techniques qui s'apprennent autrement que sur le tas et qui complètent la chaine des compétences des métiers de l'alimentaire. Pas de formation non plus en conduite de système industriel, métier pourtant décisif pour faire marcher une chaine de conditionnement.

On touche là avec cette carence dans les formations d'ouvriers qualifiés en agriculture et agroalimentaire un problème général au Sénégal : la négligence des formations à ce niveau d'exécution, pourtant seul garant des prestations de qualité.

Comme si ces métiers pouvaient s'apprendre en 15 jours sur le tas, alors qu'il requiert deux ans de formation pour un jeune sortant du collège et un an pour une personne ayant acquis une expérience en entreprise. Ici non plus, pas de progrès notable au cours des dix dernières années : si 320 techniciens sont formés au niveau IV, celui du Brevet de Technicien, rien n'a été mis en place pour les ouvriers qualifiés, les techniciens supérieurs et les licences professionnelles.

Les filières industrielles en appui de l'agriculture et de l'agroalimentaire

Une économie équilibrée repose sur un trépied : l'agriculture et l'agroalimentaire, l'industrie, les services. Le Sénégal dispose d'un secteur industriel faible. Comment le développer ? Il est extrêmement difficile, voire illusoire de vouloir créer des filières industrielles ex nihilo. Il faut avoir une base sur laquelle s'appuyer, des débouchés assurés. Il faut donc, à notre avis, partir des domaines de production de base du pays : l'agriculture et l'agroalimentaire, la pêche, le bâtiment, les transports, l'énergie, le numérique d'abord.

Si on examine de près les équipements pour l'agriculture par exemple, on voit qu'ils ne sont pas d'une si grande complexité, en tous cas, pour les entrées de gamme, qu'un pays partant de zéro ne puisse progressivement les fabriquer. Il y faut naturellement des ingénieurs, des techniciens, des ouvriers qualifiés. Faire une cuve suppose des calculs et des dessins d'ingénieurs, puis des techniciens capables de mettre en route un processus de fabrication, puis des ouvriers capables de plier et de souder correctement. On a besoin de semeuses, de matériels de sarclage, de motopompe, de motoculteurs, de transplanteur, de moissonneuses de riz, d'épandeurs d'engrais, mais aussi de remorques, de brouettes, de réservoirs (lait, eau), de petits outillages.

Dans l'agroalimentaire, d'appareils de conditionnement, de pasteurisation, de séchoir solaire, de centrifugeuses, de brosses à grain, de décortiqueuses, d'unités de remplissage, de tamis vibrants, etc. En cosmétique, de cuves de fabrication, de mélangeurs, de remplisseuses, etc. Pour tous ces équipements pour lesquels il faut donc des compétences, des financements et des clients, c'est à l'État stratège de fixer des axes de développement réalistes, d'établir concrètement une liste de fabrication, de former le personnel sur place ou le faire venir de la diaspora (on verra comment, on va y revenir), de faciliter l'importation des équipements de fabrication incontournables, de mettre en place des tarifs douaniers de protection, garantir les prêts, aider à la commercialisation par une fiscalité favorable.

Il revient au ministère de l'Économie de s'assurer que tous les éléments constitutifs d'une filière industrielle vont être mis en place selon un chronogramme cohérent pour ne pas « qu'un trou dans la raquette » fasse capoter le projet. À lui d'organiser les « Tours de table » filière par filière, avec les industriels, PME ou plus grands groupes, nationaux ou étrangers, avec les financeurs potentiels, avec les représentants des clients qui seront sollicités, avec les responsables de la formation professionnelle, avec les services douaniers, pour, en utilisant pleinement l'outil du FONSIS, mobiliser le pays sur un objectif de Filière, raisonnable et de long terme.

Et si ce travail de construction d'un environnement favorable est fait, nul doute que des entrepreneurs et des investisseurs répondront présent.

Les barrières douanières de protection

S'enfermer derrière des barrières douanières peut être mortifère. S'ouvrir à tous les vents tout autant. Appartenir à un grand marché offre des opportunités à ses propres entrepreneurs, encore faut-il qu'ils sachent les saisir.

Il serait envisageable de taxer fortement le riz ou les oignons importés pour favoriser les productions locales.

On voit tout de suite les limites de l'exercice : les producteurs locaux n'étant plus sous pression de la concurrence ne feraient plus d'effort pour améliorer leurs productions, et la population serait vite fort mécontente compte tenu de ce qu'est l'offre locale. Cela ne durerait pas longtemps et finirait mal. La politique douanière est un des leviers du développement lorsqu'elle protège des activités nationales le temps qu'elles deviennent compétitives. Elle est un outil à manipuler finement au service d'une politique de filière précise. Il faut donc s'assurer de la bonne articulation entre la politique industrielle et agricole et la politique commerciale.

Le Sénégal est dans ces négociations internationales l'objet de pressions de plus puissants que lui qui font du chantage aux prêts et aux crédits, et qui en tout état de cause fixent les règles de l'OMC. Mais chaque pays a des marges de manœuvre pourvu que ses dossiers soient solides. Le Sénégal pourrait se doter, en particulier, de dispositifs de contrôle sanitaire comme le fait l'Europe pour s'assurer que les produits importés sont sans risque. Il en a les moyens techniques.

Est-on sûr par exemple que les tomates importées venant des usines à tomates espagnoles ou marocaines (hors sol, chargées chimiquement) sont sans danger ? Quel est leur taux de contamination à l'éthéphon, ce produit miracle qui leur donne la couleur du fruit mûr au détriment de la santé du consommateur ? Ce sont là des arguments utiles dans les négociations commerciales.

Bref, les tarifs douaniers ne doivent pas servir de substitut à un impôt qui rentre mal, mais d'outils au service du développement.

Il va de soi, par exemple, que les autorités sénégalaises doivent être vent debout pour protéger leur marché de la volaille, qui grâce à l'activité de milliers de paysans et de famille et à de grands entrepreneurs locaux fournisseurs d'aliments, permettent aux Sénégalais un accès convenable à une source de protéines de qualité, qui plus est en ligne avec le développement durable.

On prend d'ailleurs conscience avec ce dossier de la limite du « progressisme » du Président brésilien Lula, qui combat avec détermination la pauvreté dans son pays, mais qui, au nom de la défense de ses volaillers, est prêt à ruiner les éleveurs africains en multipliant les pressions pour l'ouverture des marchés du continent.

Une agriculture du 21e siècle, de la chimie à la « biodynamique » et à la résilience

« Le meilleur engrais de la terre est le pied du propriétaire ».
Proverbe des campagnes

2.7.1 Une main-d'œuvre abondante et nécessaire

Avec des exploitations réduites, 3 ha en moyenne, des revenus d'exploitation faibles, 300.000 frs CFA (460 euros) par an pour 70 % des exploitations, des niveaux d'éducation et de formation lacunaires, un accès aux intrants et au financement difficiles, une sous-utilisation de l'énergie, seuls 6 % des exploitations y ont recours (du pétrole pour les 3/4), des familles d'exploitants nombreuses, 10 personnes en moyenne, on serait vite tenter de dire que la modernisation passe par des remembrements, c'est-à-dire la constitution de grandes exploitations, accompagnée d'un exode rural pour résorber le trop plein de main-d'œuvre. Ce serait à nos yeux pure folie, car outre que les résultats ne seraient pas nécessairement au rendez-vous, cela signifierait par contre une chose certaine, le gonflement des banlieues dakaroises déjà au bord de l'explosion.

Il est impératif que cette population agricole ait un avenir en zone rurale. Paradoxalement, certaines lacunes actuelles peuvent servir de point d'appui pour l'avenir. Il y a en premier lieu de la ressource de travail disponible. En effet, le nombre moyen de jours de travail par exploitant est de 63 jours, manifestement la quotité liée au régime pluvial, ce qui indique un sous-emploi chronique évident, **donc des réserves de travail**.

Dans une autre organisation, cette réserve de travail pourrait être mobilisée pour des travaux collectifs d'aménagement, digues, routes, irrigation, bâtiments, dans le cadre d'une coopérative de production ou d'initiatives communales. Il est fréquent en Europe que le paysan intervienne au profit d'une collectivité publique, cette fois comme salarié, pendant « la saison morte ».

En second lieu, ce rythme de travail laisse des espaces de temps libres pour **la formation** sans perturber la production, et on a vu à quel point elle est nécessaire.

En troisième lieu, une agriculture **plus biologique** est méticuleuse, et exige une forte intensité de main-d'œuvre. Moins de chimie, plus de travail humain. Ces petites parcelles n'appellent pas de puissantes machines, mais du petit matériel, motoculteurs, semeuses, etc., qui nécessitent toujours beaucoup d'ouvriers. Cela ne changera pas beaucoup en termes d'activité puisqu'aujourd'hui, le travail est massivement manuel, seuls 8 % des travaux de préparation sont mécanisés, ce chiffre tombant à 1 % pour les semis, 1 % pour l'entretien et 3 % pour la récolte. Mais le travail humain sera investi dans une nouvelle agriculture.

En quatrième lieu, cette réserve de travail est nécessaire **pour compléter le revenu** des agriculteurs par l'élevage auquel ils s'adonnent déjà de façon significative et qui pourra être accentué : élevage naissant, embouche, poulet de chair, ou encore pour des activités agroforesterie (bois de chauffe).

Cette réserve, cinquièmement, pourra être aussi après formation mobilisée pour assurer **des tâches de gestion** aujourd'hui en déshérence totale, et enfin, sixièmement, ce sont des bras disponibles pour **l'industrie rurale** qu'il faut impérativement développer pour fixer la population des campagnes, soit dans l'agroalimentaire soit pour fabriquer ici les petits matériels dont le pays a besoin.

Ce trop-plein de main-d'œuvre dénoncé lorsqu'on met en rapport les populations rurales et l'apport de l'agriculture au PIB ne l'est plus si on se fixe des perspectives ambitieuses, imaginatives et du 21e siècle.

2.7.2 La chimie et la main-d'œuvre

Ce n'est pas ici pour céder à la mode du temps que nous abordons cette question. Bien avant que le réchauffement climatique ne fasse les titres des journaux, le Sénégal connaissait le prix de l'agriculture chimique avec l'épuisement et la contamination des terres arachidières par excès de monoculture et d'intrants.

Partout dans le monde, avec la pénurie d'eau, polluée et gaspillée, avec la stérilisation de la terre par destruction de la biodiversité, et avec le réchauffent climatique, les hommes, ayant pris notre minuscule planète et son atmosphère pour une décharge, mesurent le coût des excès de cette idée folle d'une croissance illimitée et brutale dans un monde fini et fragile. C'est bien sûr difficile pour les pays en développement d'accepter cette réalité alors qu'ils ne sont pour rien dans les désordres environnementaux créés depuis deux siècles par le Nord.

Toute la révolution industrielle a consisté à remplacer le travail manuel par le travail des machines. L'agriculture a suivi avec la mécanisation et la chimie ; il ne faut pas critiquer cette phase de notre histoire qui a permis de libérer les hommes des travaux les plus durs et de multiplier les biens et la nourriture jusqu'à nourrir 8 milliards d'hommes, demain 10. On en voit aujourd'hui ses limites, notamment dans l'agriculture : pollution et appauvrissement des terres, produits offerts aux consommateurs contaminés par des molécules dangereuses, etc.

La pratique d'une agriculture plus respectueuse de l'environnement se caractérise par un besoin de main-d'œuvre accru : pour faire simple, désherber manuellement exige plus de main-d'œuvre que l'épandage d'un herbicide ; ou encore, faire cohabiter des variétés différentes dans le même champ pour lutter naturellement contre les parasites consomme plus de travail qu'une monoculture arrosée de pesticide, etc.

La faible mécanisation de l'agriculture sénégalaise n'est pas nécessairement un drame si on sait l'orienter vers une agriculture de qualité. Il est de bon ton chez les économistes de bureau, ayant relevé l'écart entre la part de l'agriculture dans le PIB sénégalais, 20 %, et sa part dans les emplois, plus de 50 %, de dire alors qu'il s'agit d'une agriculture peu efficace qui doit être rationalisée, et modernisée, ce qui, à leurs yeux, signifie qu'elle doit se délester de ce trop-plein. Nous ne pensons pas qu'il s'agisse là de la bonne façon de prendre le problème.

Pas si vite en effet ! D'abord, ce ne serait pas un grand progrès que d'envoyer tous ces gens dits en surnombre continuer à engorger Keur Massar. Ensuite et surtout, cette main-d'œuvre théoriquement en surnombre ne l'est que parce que l'agriculture sénégalaise est mal organisée comme on vient de le voir. Une agriculture renouvelée, productive et biodynamique aura besoin de main-d'œuvre. Attention à ne pas se retrouver dans la situation de l'agriculture occidentale qui a fait du vidage des campagnes une stratégie de la modernité et qui maintenant cherche désespérément des paysans !

Cette agriculture d'inspiration biodynamique n'a rien d'archaïque : elle intègre au contraire beaucoup de science, mais une science sophistiquée, prenant en compte toute la complexité du vivant là où la chimie établissait des causalités simplistes et des traitements brutaux. L'agriculture sénégalaise doit donc prendre le tournant du 21e siècle, et non pas celui du 20e. Alors qu'au 20e siècle, le Nord était massivement équipé de téléphone fixe, au Sud, seule une élite en disposait. Au 21e siècle, le Sud n'est pas passé au téléphone fixe pour rattraper son retard, mais directement au smartphone, sautant une étape et souvent prenant les devants.

Cette agriculture consommatrice de travail et de moins de chimie est moins onéreuse. On connaît la situation de nombreux agriculteurs du Nord, surendettés auprès des fournisseurs d'équipements et de produits phytosanitaires, et qui, dans une impasse, se suicident. Avec la crise de l'énergie en cours et les politiques de lutte contre le réchauffement climatique, l'agriculture devra devenir moins consommatrice d'engrais de synthèse, gourmands en énergie.

Le Sénégal doit prendre ce virage pour ne pas rater son avenir sur les marchés mondiaux. Cela veut dire qu'il ne suffit plus de se féliciter des tonnes d'intrants mis à disposition de l'agriculture, mais de savoir aussi si cela contribue à une agriculture durable. Sans oublier les questions de santé publique, tant les alarmes sont de plus en plus nombreuses et inquiétantes quant aux conséquences de cette agriculture chimique sur les consommateurs comme sur les agriculteurs. Les ministères de l'Environnement et de la Santé doivent rentrer en dialogue rigoureux avec celui de l'Agriculture sur ces sujets, et la formation en école d'agriculture doit donner toute sa place à cette double préoccupation de santé de la terre et des populations.

La terre dont dispose chaque famille agricole, 10 personnes en moyenne, rappelons-le, est réduite, 3 ha en moyenne par exploitation, avec même 0,6 ha dans la région de Dakar (maraîchage), ou encore 1,4 ha pour le riz irrigué. Pour vivre avec des superficies aussi étroites, il faut nécessairement, d'une part, tirer un maximum de revenus de ses parcelles en remontant en qualité et en précision.

Ces petits lopins doivent être travaillés comme des jardins, selon un modèle asiatique. Comment en l'occurrence ne pas être frappé par les campagnes asiatiques, tirées au cordeau, où chaque m2 est manifestement l'objet de soins les plus méticuleux, faisant des campagnes des « paysages » ? On n'a pas du tout le même sentiment esthétique en parcourant la campagne sénégalaise. La beauté d'une campagne en dit long sur sa « richesse ».

Il faut aussi avoir des activités complémentaires : élevage ou commerce bien sûr, mais aussi un travail de salarié soit dans une entreprise locale soit dans la commune ou à la coopérative. Il faut aussi pouvoir étendre ses surfaces, sans nécessairement prendre sur des propriétés existantes, mais en mettant en exploitation de nouvelles terres, les superficies non ou mal utilisées si nombreuses.

2.7.3 L'exemple du Vietnam, une puissante agriculture familiale en pays communiste

Au Vietnam (comme en Chine), on s'est vite souvenu de ce qu'est l'âme paysanne. Aussi, dès la fin de la guerre (1975), le pays a-t-il procédé à une allocation foncière pour toutes les familles paysannes. On pouvait craindre qu'un morcellement excessif de la propriété n'aboutisse à une chute des rendements. Que nenni ! Alors que 85 % des exploitations ont moins de 0,5 hectare (un terrain de foot), le Vietnam est devenu le deuxième exportateur de riz au monde ! Certes, le delta du Mékong est riche d'eau et de limons, mais contrairement à une idée reçue, cette culture d'irrigation exige un surcroît de travail.

Dans un premier temps, les parcelles ont été allouées pour 20 ans. Au vu des résultats, le bail est passé à 50 ans. La sécurité foncière est bien un élément décisif de la productivité agricole. Ajoutons que cette agriculture familiale a permis de fixer une importante population en zone rurale, grâce à des revenus corrects et des perspectives d'avenir, dans un pays tout de même de 100 millions d'habitants et qui est à peine 50% plus étendu que le Sénégal.

2.7.4 La géographie, base de l'économie

Le géographe Yves Lacoste a écrit un livre célèbre, « *La géographie, ça sert d'abord à faire la guerre* », à la fois historique et prémonitoire. Pour le paraphraser, nous dirons que la géographie, ça sert d'abord à faire de l'économie. La science économique s'est trop longtemps concentrée sur les mécanismes, les flux hors sol, à la rigueur sur l'histoire, pas assez sur l'espace, sur les territoires. Une usine à Dakar ou à Tambacounda ce n'est pas pareil, même si le chiffre d'affaires est identique. À Dakar, ce seraient des externalités négatives dues à la surpopulation évidente, à Tambacounda, un aménagement intelligent du territoire.

Une banque de plus à Saint-Louis, le développement de l'Université Gaston Berger dans la même ville, permettrait de conforter la présence du Sénégal dans sa belle région nord, alors que des banques et des étudiants supplémentaires à Dakar ne contribueraient qu'à accroître les embouteillages et la cherté des loyers. Il est clair qu'aujourd'hui, les mouvements de population au Sénégal qui se concentrent sur le centre-ouest ne sont à bien des titres pas satisfaisants. L'émergence doit être équilibrée, et l'agriculture doit y jouer un rôle prépondérant.

Nous venons de voir que la taille moyenne des exploitations était réduite. Même s'il est possible d'en tirer un meilleur parti, leur agrandissement est souhaitable. Est-ce possible ? La terre manque-t-elle au Sénégal ou au contraire est-elle sous-utilisée ? Nous penchons pour la deuxième hypothèse.

Nous avons relevé des variations de surfaces cultivées sensibles d'une année à l'autre, une utilisation peu performante des jachères, et également que des terres pourraient être mises en culture si les aménagements idoines étaient conduits, notamment en matière d'irrigation, et également si les possibilités de fertilisation étaient libérées des raies étatiques.

À cela s'ajoute la question des zones dites pionnières, créées par le fameux décret de 1964, no man's land juridique et agricole. Pourquoi ne pas lancer un vaste plan de relance agricole « zones pionnières » favorisant l'augmentation de la taille des exploitations et du même mouvement leur consolidation juridique ?

L'agriculture sénégalaise ne se heurte pas aux murs de sa géographie, mais à celui de son organisation. Des régions entières sont vides de population alors que la terre est bonne, et que partout des terres non exploitées côtoient des zones cultivées.

2.7.5 Les OGM

Le débat sur les OGM est pollué par l'idéologie. C'est le cas en ce moment même au Sénégal avec la loi en instance. Qui peut nier les progrès que la génétique des plantes a fait faire à l'agriculture ? Qui peut nier que la génétique des plantes peut apporter des réponses au stress hydrique ou donner aux plantes une plus grande capacité de résistance aux parasites sans recours massif aux pesticides ? Faut-il pour autant se livrer pieds et poings liés au « big-semencier » ?

Le bon chemin est celui à la fois de l'accès à un marché des semences ouvert et diversifié, laissant aux acteurs une liberté de choix en fonction de leurs propres intérêts, réflexions et expériences. Les OGM ce n'est ni le diable ni le miracle. Un progrès à utiliser avec perspicacité, comme tous les progrès.

Il y a bien sûr un débat culturel, historique, de civilisation, qu'on ne peut pas ignorer. Dans la tradition agricole millénaire, le paysan gardait une part de sa récolte pour les semences de l'année suivante. Avec les semences

OGM, qui produisent des graines stériles, il perd en effet le contrôle de « ses » semences. Mais ses semences épargnées sur chaque récolte étaient-elles la garantie d'une plus grande indépendance ?

Sûrement pas quand la récolte étant mauvaise, il fallait bien s'approvisionner sur le marché pour l'année suivante, marché archaïque n'offrant pas des semences garanties. Et ces semences maisons étaient-elles de si bonne qualité que ça ? Il est incontestable que les semenciers, avec leurs semences plus élaborées, ont fait faire depuis de nombreuses décennies de gros progrès aux récoltes dans le monde. Ouverture au progrès et vigilance donc.

Au Sénégal, le dossier des semences, sans cesse débattu, censé être organisé par l'État, est particulièrement mal réglé : toutes productions confondues, 11 % des semences sont certifiées, 41 % sont dites sélectionnées, mais non certifiées, et 49 % sont du tout-venant. Avec des taux de semences certifiées particulièrement faibles pour le riz pluvial, 8 %, le maïs, 9 %, et l'arachide, 10 %. En réalité, le tout-venant et le « sélectionné non certifié » viennent pour l'essentiel des réserves personnelles, 83 % pour les céréales et 61 % pour l'arachide.

Bref, l'État empêche l'installation d'un marché performant tout en ne fournissant ses semences certifiées et subventionnées qu'à une petite minorité.

2.7.6 Revenir au local, pour la résilience et la santé

L'Afrique est riche de céréales ou de tubercules aux grandes valeurs nutritives et gustatives, qui ont été sinon marginalisées du moins ne font plus l'objet de l'attention qu'elles mériteraient. Le sorgho, peu gourmand en eau contrairement au maïs, résistant aux parasites, riche en fer, en calcium et en phosphore, en protéines et en fibres alimentaires, est en plus pauvre en gluten. Ces vertus sont telles qu'il commence à être cultivé en Europe, changement climatique et sécheresse obligent ! On pourrait dire la même chose du mil comparativement au blé importé, ou encore des nombreux tubercules (igname, manioc, patate douce, taro) en comparaison de la pomme de terre.

Quand on voit le succès de la baguette blanche et insipide en zone urbaine, on mesure que la revalorisation des plantes locales passe par une bataille culturelle, dans les cantines scolaires, dans la publicité, et dans les restaurants. Aux cuisinières et cuisiniers sénégalais qui passent à la télé ou qui sont sur les réseaux sociaux, de savoir les présenter sous leur meilleur jour !

Les nappes en danger ! - New

Le Sénégal est un pays du Sahel mais qui a de l'eau douce, avec le fleuve Sénégal, majestueux et puissant, et ses généreuses nappes phréatiques, notamment celle au nord de Dakar, une riche région maraichère, disposant d'un vaste réseau souterrain, celle des Niayes.
Mais voilà, faute d'une gestion collective de cette ressource en eau, comme dans toutes les civilisations vivant de l'irrigation, le Croissant fertile, le Nil ou les deltas asiatiques, l'Etat a laissé chacun puiser anarchiquement dans la nappe, au risque de la compromettre. Il est temps de la reprendre en main, par exemple en signant des « contrats de nappe », comme il y a des agences de bassin, avec des coopératives ou des établissements ad-hoc, et surtout en la facturant à son vrai prix, car la production de l'eau à un prix, alors que sa gratuité conduit au gaspillage.
Et les maraichers peuvent la payer car l'horticulture est une activité qui rapporte : 15 millions de bénéfice net annuel à l'hectare.

Quelques chiffres indicatifs sur le maraichage dans les Niayes (nos propres estimations) - New

Données comptables	Chiffre d'affaires (frs)	Consommations intermédiaires + rémunération du travail (frs)	Bénéfice (frs)
Production de Pommes de terre sur un hectare	13 millions	3 millions	10 millions
Deuxième cycle sur 50% de la surface avec une autre spéculation, le reste en repos	6 millions	1,5 million	4,5 millions
Total un ha	19 millions	4,5 millions (dont salaires, 2, 5 millions)	14,5 millions
Pour 2 ha	38 millions	9 millions	29 millions

		(dont salaires 5 millions)	
Pour 5 ha	95 millions	22,5 millions	72,5 millions

Un maraichage rémunérateur - New

Ce tableau montre deux choses : le maraichage près d'une grande ville est toujours rémunérateur, sous tous les cieux et à toute époque, et donc que les maraichers pourraient bien payer l'eau à son juste prix.

On mesure aussi à quel point cette activité serait encore plus rémunératrice si les intrants étaient plus facilement accessibles, au travers d'un marché ouvert et concurrentiel, si les maraichers disposaient de frigos pour bien gérer les cycles des récoltes, et ils seraient encore mieux payés s'ils avaient des labels, bref s'ils étaient organisés dans de vraies coopératives agricoles

Conclusion sur la question agricole : comment enrichir les agriculteurs, comment produire plus et mieux, en 12 mesures ?

1) Passer à la propriété privée des terres avec constitution d'exploitation en bonne et due forme ;

2) Former massivement aux techniques agricoles et à la gestion ;

3) Favoriser le retour de la jeunesse à la terre, par la formation et des aides à l'installation ;

4) Passer de la recherche de résultats de production quantitatifs à la recherche de résultats quantitatifs et qualitatifs ;

5) Passer de l'agriculture chimique à une agriculture durable et saine, intensive en main-d'œuvre ;

6) Libérer les marchés des semences, intrants et matériels ;

7) Inciter les paysans à adhérer à des coopératives de producteurs et de commercialisation autogérées, c'est-à-dire aux mains des agriculteurs eux-mêmes ;

8) Concentrer les moyens de l'État sur la recherche, la formation, les aménagements ;

9) Développer l'industrie rurale, celle de l'agroalimentaire et du petit équipement agricole ;

10) Consacrer plus de moyens publics à améliorer l'habitat rural et pas seulement pour l'aménagement des villes ;

11) Mobiliser les zones pionnières au service de l'agriculture paysanne ;

12) Mettre l'émergence au service de la reconquête de tout le territoire.

On est loin des 12 travaux d'Hercule. Rien d'inaccessible ! Juste des formules qui ont réussi partout ailleurs.

Agriculture : forte déclaration du Premier ministre - New

Le gouvernement a annoncé dans la DPG du 27 décembre 2024, des mesures susceptibles de transformer enfin radicalement l'agriculture sénégalaise. Ainsi, du haut de la tribune de l'Assemblée nationale, le PM a-t-il déclaré :

« Dans le domaine agricole, l'urgence est de doter l'agriculteur sénégalais d'un statut rénové qui lui permettra de s'équiper et d'investir à moyen et long terme sur sa parcelle afin d'accroitre ses rendements.

Il deviendra ainsi un vrai entrepreneur. Parallèlement, l'aménagement du territoire en 8 pôles et la réforme foncière permettront aux agriculteurs sénégalais d'avoir la propriété de leur terre et de pouvoir entrer en joint-venture avec des investisseurs privés pour leur valorisation ».

A ces propos d'une grande clarté viennent s'ajouter ceux tout aussi décisif, sur les coopératives.

« Nous soutiendrons également la création de coopératives agricoles communautaires pour structurer les agriculteurs et favoriser leur accès aux formations, aux intrants, aux équipements aux services agricoles, aux infrastructures de transformation et aux marchés ».

Voilà un programme qui va changer la face du pays.

Errare humanum est, persevare diabolicum - New

Le Premier ministre a clairement parlé ! Aussi, serait-il dommageable que l'administration continue, en 2025, à penser et à écrire des choses qui ne seraient manifestement pas en ligne avec la nouvelle politique, prônant par exemple « la mise *en place d'une planification rigoureuse pour satisfaire les besoins et libérer le potentiel de l'agriculture* », perspective antagonique à celle de « l'agriculteur entrepreneur », et alors qu'on sait qu'une « agriculture prospère et planifiée » est un oxymore, car partout dans le temps et l'espace où l'agriculture a été planifiée ce fût un échec.

Ou qui pourrait encore dire que *« La gouvernance organisationnelle et institutionnelle constitue un pilier majeur dans le développement du secteur de l'agriculture et de l'élevage »*, et qui, pour bien enfoncer le clou, afficherait les prérogatives qu'elle revendique pour son ministère, par exemple la *fourniture d'intrants, d'équipements et de services, de la production et de la collecte, du stockage et de la transformation, de la commercialisation, de la distribution et de la consommation »*

Comme si le ministère de l'agriculture était le principal acteur de l'agriculture, en lieu et place des exploitations agricoles, de leurs coopératives et des marchés, comme le prône le PM.

De la même façon, ce serait persévérer dans l'erreur, que de vouloir créer des établissements parapublics, qu'il s'agisse de fermes ou de « structures » de gestion des équipements agricoles, matériels ou frigos, puisqu'on sait d'expérience que cette intrusion de l'Etat dans la production agricole ne marche pas et coûte cher au contribuable.

Ces formules administratives apparaissent dès le départ d'autant plus illusoire, au-delà même de l'absence de précision sur leurs modalités de gestion et sur leur modèle économique, qu'on annonce, comme par magie, leurs créations par centaines, voire millier.

La vérité économétrique

On verra, dans l'annexe académique, que le coût de toutes ces déficiences est élevé pour le PIB du pays, puisque l'efficacité de l'investissement dans l'agriculture est particulièrement faible : il faut investir presque 5 milliards pour obtenir un point de PIB supplémentaire (Indice ICOR 4,6)

Tracteurs, un propos lucide

Nous avons fait part de notre perplexité à l'égard de cette politique de dotation des campagnes en matériel agricole, qui consistait par exemple à **donner** des tracteurs », payés par le contribuable ou les bailleurs, tracteurs dont en réalité on ne savait pas très bien quel en était le bénéficiaire final, mais dont on connait avec certitude le résultat, égrené tout au long des rapports de ce même ministère de l'agriculture : des équipement sous utilisés, inadaptés, mal entretenus et quasiment tous hors service.

Le ministre de l'Agriculture vient de reconnaitre que cette politique était une impasse (APS, 9 mai 2025), une gabegie, en évoquant le chiffre de 200 milliards d'argent public jetés par les fenêtres depuis 20 ans, et qu'il fallait désormais faire rentrer les équipements agricoles dans le cycle normal de l'économie de marché : les tracteurs doivent être achetés, soit par une société privée soit par une vrai coopérative agricole (privée elle aussi), puis loués aux agriculteurs, afin que l'amortissement de ces matériels soit intégré dans les prix de la tonne de mil, de maïs ou d'arachide, et dès lors entretenus et renouvelés.

Il s'agit bien là de la bonne formule, plutôt que de la création, une fois de plus, de structures parapubliques aux statuts et au modèle économique mal définis qui, les mêmes causes produisant les mêmes effets, seraient bien en peine de gérer rationnellement des équipements reçus en dotation.

Thomas Piketty à la rescousse des biens communs

Dans son livre « Capital et Idéologie », l'économiste à la mode, Thomas Piketty, reprend à son compte la diatribe de Proudhon « la propriété c'est le vol », et sur des centaines de pages dit tout le mal qu'il pense des « idéologies propriétaristes », allant jusqu'à proposer un système assez surréaliste de propriété tournante.

Au Sénégal, les paysans et les habitants qui se réveillent au bruit des bulldozers défonçant ce qu'ils croyaient être des biens leur appartenant, mais sur lesquels ils découvrent avec le chant du coq qu'ils n'avaient en réalité aucun droit, pensent à juste titre que c'est au contraire l'absence de titre de propriété qui permet le vol.

Quant à la « propriété tournante », on mesure tout de suite qu'elle ne serait qu'un facteur de démotivation de l'agriculteur qui travaille dur pour transmettre son outil de production à ses enfants, entrainant à la fois et inéluctablement une baisse de la productivité et l'exode rural desdits enfants.

Et cela vaut tout autant bien entendu pour l'artisan ou l'industriel, petits ou grands.

Car ce que Thomas Piketty omet tout de même de relever, c'est que le système de propriété, et donc d'économie de marché, a permis un enrichissement global considérable des sociétés, et qu'être dans le décile le plus pauvre de la société d'aujourd'hui en Europe, où on bénéficie de l'école gratuite, de la sécurité sociale, d'un logement social équipé, d'une voiture, des congés payés, n'est pas la même chose qu'appartenir à ce même décile il y a cent ans quand tout cela n'existait pas pour ce même décile des plus pauvres dans les graphiques.

Réduire les inégalités par la fiscalité, par la redistribution, notamment au travers des services publics, et par l'action syndicale est une chose, nécessaire, surtout ici, mais casser les ressorts de la motivation au travail en est une autre, bien peu pertinente.

Ajoutons que les plus grandes fortunes de cette phase du capitalisme mondialisé, celles des GAFAM ou de LVMH, celles des oligarques russes ou des milliardaires chinois, mexicains (Carlos Slim Helú) ou espagnols (Zara/Amancio Ortega) ne sont pas des héritiers, pas plus que M. Soros. Ces milliardaires ont fait preuve probablement de talent, sûrement aussi d'opportunisme, mais sont à la merci des bouleversements technologiques et des multiples crises économiques et politiques qui traversent le monde, ou encore d'héritiers incertains, peu compétents, toutes choses qui rebattent régulièrement les cartes. Sans parler des millions de détendeurs de parts dans les fonds de pension qui viennent massivement de la classe moyenne.

Bref, jeter l'opprobre sur la propriété privée au nom des abus de concentration des fortunes et des inégalités excessives de revenus, réalités à corriger sûrement, nous semble jeter le bébé avec l'eau du bain.

Les deux font la paire : la croisade de Gaël Giraud pour les « communs »

Gaël Giraud, ex-économiste en chef de l'AFD, thuriféraire des biens communs, cite comme réussite de ce type d'organisation, la gestion de l'eau dans des villages du Tchad et dans les favelas de La Paz. Mon Dieu, quelle vision d'expert-mâle-occidental ! S'il avait quitté sa posture d'anthropologue un instant pour regarder les femmes de ces villages et de ces bidonvilles souffrir, de retour de la fontaine, avec des bidons de 10 litres dans chaque main, figures même de la « mater dolorosa », il n'aurait même pas eu à les questionner pour savoir ce à quoi elles rêvent, l'arrivée le plus vite possible d'une société publique ou privée qui apporte à la maison de l'eau propre et sans coupure !

Pour défendre cette gestion communautaire de l'eau, il avance deux arguments. Il relève les incapacités fréquentes des services publics des pays émergents à fournir la bonne prestation, ce qui est certes exact, mais qui renvoie alors à leur redressement moral et technique.

Et quant au privé, dit-il, il coûte cher. En effet, une eau de qualité apportée au robinet, avec entretien régulier des tuyaux et des pompes, coûte plus cher qu'une eau médiocre qu'il faut aller chercher soi-même au point de distribution communautaire. Une tout autre question est de savoir qui doit payer le coût réel de l'eau, le consommateur modeste, intégralement, ou le contribuable pour partie, au travers de subventions.

On voit bien que la solution communautaire est un pis-aller, et que les deux seules solutions rationnelles, confortables, sont soit un service public dans lequel on aura mis de l'ordre, technique et éthique, soit la concession à une société privée hautement professionnelle.

Gaël Giraud, dans sa croisade pour les « communs » donc, distingue en outre les biens communs traditionnels, ceux qu'on connaît au travers des modes d'organisation de l'agriculture de nos villages, dont on vient de montrer les failles, de ce qu'il appelle les biens publics, comme les routes, les écoles ou les lois, au motif que les premiers seraient gérés directement, au plus proche des gens, sous forme de démocratie directe, alors que les biens publics, gérés par l'État, échapperaient à leur contrôle et leur seraient donc extérieurs.

Nous ne partageons pas cet avis. Les biens publics, les services publics notamment, sont des « communs », bien plus pourrait-on même affirmer que les premiers, car au-delà du fait qu'ils rendent en général de meilleurs services à toute la communauté, ils sont gérés par le peuple au travers de la démocratie, des élections et de toutes les procédures administratives et juridiques qui fondent la vie commune de l'État et des collectivités territoriales. Il n'est pas sûr du tout que les modes de gestion des « communs », dans les communautés traditionnelles, offrent, en termes d'égalité d'accès, d'équité et de transparence, autant de garanties que les « communs-biens publics » des sociétés modernes.

Répétons-le, si les services publics ne sont pas à la hauteur de leurs missions, la bonne solution n'est pas de pallier leurs carences par des formules de secours, mais de les réformer (et la tâche d'un bailleur est d'aider à les réformer), ou, à défaut, de concéder les missions à des entreprises privées, dans le cadre de marchés publics transparents.

Car, ajoutons, pour montrer l'inanité de ces solutions de dépannage, que capter, traiter, transformer et recycler de l'eau est un métier de haute technologie, qui fait appel à des compétences en génie civil, chimie, biologie et électromécanique, et donc à des capitaux importants et à des ressources humaines spécialisées, que seules des entreprises publiques ou privées ayant la bonne taille et l'expertise peuvent mobiliser. C'est ça le progrès pour le peuple !

Il y a manifestement dans cette convergence récente de prêches sur les « communs », le retour de la détestation de l'économie de marché et, corrélativement, celui des mythes communistes, d'inspirations chrétienne ou marxiste, qui avaient été mis en sourdine après l'effondrement de l'URSS.

Bouquet (final) de riz

Comment ne pas s'interroger sur l'agriculture communautaire quand on observe ce qui se passe dans une rizière pluviale de Casamance ? Qui voit-on ? Des hommes travaillant la terre à la houe et des femmes récoltant le riz épi par épi, brin par brin, armées d'un pauvre couteau, constituant certes de jolis bouquets mais comportant hélas bien peu de grains. La volonté légitime de défendre une culture à bien des égards passionnante, celle des Diola, qui donne la primauté au groupe sur les individus, qui repose sur une symbiose avec la nature, se traduit dans l'agriculture par un étonnant conservatisme technique et organisationnel, cause inéluctable de faibles rendements, de 1 à 3 tonnes de riz à l'hectare, essentiellement consommé par la famille. Peu rentable, ces rizières ne dégagent aucune épargne, interdisant ainsi tout progrès technique, dont la nécessité crève pourtant les yeux. Immobilisme que le conservatisme culturel vient légitimer. Cette agriculture est certes écologique et consommatrice de main d'œuvre, mais c'est une écologie de la pauvreté, alors qu'il faudrait passer à une écologie de confort.

Quand la base agricole est faible, c'est toute l'économie qui est entrainée dans la stagnation. Voilà une région magnifique, à la population travailleuse, au potentiel agricole, agroindustriel et touristique considérable, qui piétine faute de réformes qui pourraient pourtant se faire sans porter atteinte à l'essentiel de ses fortes et riches valeurs intrinsèques. Autrement dit, construire une société solidaire mais productive, en commerçant tout simplement par créer de vraies entreprises agricoles, avec bilan et compte d'exploitation.

Des femmes de Palmarin aux labels - New

Tant qu'on ne l'a pas vu on a du mal à le croire. Difficile de trouver des conditions de travail aussi brutales.

A Palmarin, la nappe, salée, est là, à quelques mètres sous les pieds. Alors des femmes, pour survivre, creusent des grands trous, de 10 m de diamètre et de 4/5 mètres de profondeur, pour disposer au fond de ce trou, d'une hauteur d'environ un mètre d'eau salée.

Puis, elle glisse dans ce trou, le long de parois friables, sans échelle, et là, de l'eau jusqu'à à la taille, elles écument la surface pour ramasser un peu de sel, qu'à bout de bras elles font passer enfin sur le bord supérieur du trou.

Dans l'eau fortement salée une bonne partie de la journée, inutile de préciser que leur peau et leurs yeux sont brûlés (photo, Palmarin, juin 2024)

Et savez-vous à quel prix elles cèdent à des grossistes le sac de 25 kg de sel ? Mille francs, oui mille francs les 25 kg, certes encore humide, mais tout de même !

À Dakar, sur les rayons des grandes surfaces, le sel, presque toujours importé, ce vend très cher. Ainsi, le joli petit sachet de 200 g de fleur de sel de Guérande est-il affiché à 4500 francs.

Des écarts de prix aussi astronomiques ne sont pas rares. On peut voir la même semaine, côte à côte, des pommes de terre locale à 500 francs le kg, et des importées, pas du tout plus jolies, à 3500 francs le kg. Et surprise, une dégustation à l'aveugle ne permet pas de les distinguer.

On pourrait multiplier les exemples de ces produits locaux, miel, huile, huitres, riz, qui sont vendus à des prix inférieurs à ceux des produits importés, dans des proportions que rien ne justifie vraiment.

Mais que se passe-t-il donc ? Parmi les causes de ces écarts, celle-ci : beaucoup de produits qui se vendent chers sont des marques qui bénéficient de labels, d'appellations d'origine, qui attirent et rassurent le consommateur, comme Nike et Adidas pour les chaussures, ou Samsung pour les smartphones.

Ainsi, l'Europe a-t-elle mis en place pour ses produits agricoles et alimentaires un vaste dispositif de valorisation de 3300 appellations protégées. L'Afrique en a sept, le Sénégal une.

Un label bien sûr ce n'est pas qu'une étiquette, ce sont aussi des qualités, des garanties, des conditions de production qui sont fixées par ce qu'on appelle un « cahier des charges », c'est-à-dire l'ensemble des obligations de production et de conditionnement qui doivent être respectées pour bénéficier de l'appellation protégée, de la marque.

C'est une démarche de qualité, donc des efforts, de la rigueur, mais qui paient.

Le gouvernement va lancer, en association étroite avec tous les acteurs, une valorisation des productions nationales au travers d'une politique de labellisation, pour engager le pays dans une montée générale en gamme. Une initiative vitale.

L'hygiène, le business et l'aéroport de Lisbonne - New

Sorti de l'eau, le poisson est un produit fragile. Son débarquement, sa transformation, son transport et sa conservation exigent des règles d'hygiène strictes. Le Sénégal pêche beaucoup de sardinelles et de maquereaux qui sont fumés, séchés, fermentés, salés directement près des quais de pêche par des femmes dites « transformatrices », sur des plateformes pour le moins traditionnelles, destinés massivement à la consommation locale et exportés vers les pays voisins, notamment du Sahel.

La première caractéristique de ces produits, qui ont certes une grande valeur nutritionnelle, c'est qu'ils se vendent peu cher ; 300 francs CFA le kg, ½ euro, au pied du bateau, 1200 francs une fois transformés, étant entendu qu'il faut 3 kg de frais pour en faire un de sec.

Les pêcheurs sénégalais attrapent aussi des variétés dites nobles, qui elles se vendent beaucoup plus cher, cinq fois plus, comme la sole ou le Saint Pierre, très appréciées sur les marchés européens, mais qui ne sont accessibles que sous réserve du respect de normes d'hygiène très strictes, auxquelles la plupart des points de débarquement, sans infrastructure ni équipement, ne répondent pas.

Bref, appliquer les règlements sanitaires c'est respecter le poisson, les travailleurs de la pêche, l'environnement et gagner beaucoup plus d'argent. La modernisation des ports de pêche sera une affaire rentable.

Il serait donc possible de gagner beaucoup plus d'argent même avec les sardines.

La zone des boutiques de l'aéroport de Lisbonne dispose d'un espace merveilleux, celui.... des boites de sardines, mises en scène avec autant de goût que les parfums qui sont à peine à quelques mètres plus loin. Des centaines de boites multicolores, correspondant à une multitude de recettes, beau et appétissant.

Non vous ne rêvez pas dans cette ambiance de boutique de luxe on vend bien des sardines, et qui plus est millésimées, comme les grands champagnes !

Les sardines prélevées et dégustées sur ces fumoirs des femmes transformatrices sénégalaises sont excellentes, mais le design peut s'améliorer, surtout si on veut accéder à ces marchés du Nord rémunérateurs. (Ici plateforme de Joal, décembre 24)

A quand la même boutique qu'à Lisbonne à l'aéroport Blaise Diagne ? Il est une expression à la mode, souvent employée de manière bien abstraite dans les cénacles des économistes et autres technocrates, « la chaine de valeur », mise désormais à toutes les sauces. En voici une concrète, celle de la sardine en boite.

Laquelle boite, de 100 gr, importée d'Europe, se vend chez Casino à Dakar-city, 2000 francs, soit 20.000 francs le kg. A rapprocher des 300 francs ci-dessus payés au pêcheur...

Il y a bien à Dakar une conserverie qui transforme la sardine sénégalaise, mais pour en faire essentiellement... du pâté. Bref un poisson formidable, transformé en sous-produit pour les usines à farine de poisson et autres usines à pâté !

Vite des conserveries de sardines sénégalaises labellisées.

Farine de poissons : Éducation, économie et répression - New

La transformation des déchets des plateformes et usines de traitement du poisson en farine pour nourrir d'autres poissons est une bonne chose. Le recours pour produire ces farines à des poissons entiers une très mauvaise.

La réglementation de la pêche interdit le prélèvement de petits poissons, des juvéniles. Malgré tout, des pêcheurs s'y adonnent et cèdent ces poissons aux usines de farine qui les acceptent car une fois en farine on ne voit plus leur petite taille. Les chaines de transformation traditionnelles, de congélation et de fumage, ne peuvent pas les prendre, car même séchée une petite sardine reste petite. Comment remédier à ces errements ?

Par l'éducation des acteurs, en leur montrant l'impact négatif de ces pratiques sur la ressource halieutique et l'alimentation des populations.

Par le contrat, entre les professionnels, à qui des droits de pêche ont été accordés, et les autorités sur le respect des tailles des prélèvements.

Par la répression la plus ferme contre les contrevenants, pêcheurs, intermédiaires et usines, avec notamment le retrait des droits de pêche, de mareyage ou de transformation.

Enfin, par l'amélioration de la situation économique des pêcheurs. Car leur argument est le suivant : on n'a rien trouvé d'autres que ces petits pélagiques, il faut bien qu'on vive. Tant que les sardines normales seront si peu valorisées, la tentation sera grande de pêcher des petites et de les livrer à ces usines. La répression est toujours plus efficace dans un contexte économique favorable

La Coopérative agricole, la force collective qui fédère les énergies individuelles, le collectif qui repose sur la propriété privée - New

L'ensemble des problèmes que nous venons d'examiner, accès à la terre, achat des semences et des intrants, gestion de l'eau, équipements de stockage, formation, financement etc. trouveraient des solutions plus satisfaisantes si le monde agricole était organisé en coopérative de producteurs.

Ainsi, une vraie coopérative serait l'interlocuteur des mairies pour les titres d'usage de la terre, du ministère de l'hydraulique pour l'eau, des importateurs et des distributeurs pour les engrais, les semences et les produits phytosanitaires, et pourrait gérer efficacement des locaux de stockage et de conservation, des plateformes de marché, des unités de conditionnement, des stratégies de label et de commercialisation, mutualiser les garanties pour des prêts ; etc.

Et il ne serait alors plus nécessaire de mettre la distribution des engrais subventionnés, qui de toute façon ne couvrent qu'une quantité marginale des besoins, sous la surveillance des gendarmes

On ne change pas la société par Décret (Michel Crozier) : le bon cheminement pour développer les coopératives agricoles -New

Une coopérative agricole est une entité économique et sociale complexe

Par son objet. Sera-t-elle une coopérative d'achat, de production, de commercialisation, les trois à la fois ? Une coopérative d'achat se contente d'acheter des intrants pour ses adhérents. Une coopérative de production va accompagner les agriculteurs dans l'acte de produire : conseils en conduite d'exploitation, location de matériels, etc. Une coopérative de commercialisation va fournir des prestations de stockage, de conditionnement, de labels, de vente, etc. Les trois missions à la fois, ce qui est le cas commun ?

Par sa géographie. Quel sera son territoire d'intervention : communal, infra-communal, plus large ?

Par ses spécialités. Sera-t-elle mono produit (carottes, oignons, mil, etc.) ou multiproduits ?

Par son modèle économique. Quel sera le montant de son capital social, les prix de vente de ses prestations (marge bénéficiaire sur les intrants, prix de location de locaux et de matériels, etc.) ? Fera-telle appel à des prestataires privés **externes** ?

Par ses règles de **répartition des bénéfices**, par sa politique commerciale et d'investissement, par sa politique salariale, car elle aura des salariés. Rappelons que les bénéfices sont répartis au prorata des parts sociales mais qu'en revanche les droits de vote, en AG, c'est un adhérent, une voix. C'est là, dans cette distinction entre parts sociales et votes, l'originalité subtile de la coopérative agricole).

Par son modèle organisationnel qui est fixé par les statuts (instance délibérative, direction, etc.)

Et aussi, quel rôle jouera-t-elle en matière **foncière** ou de **gestion de l'eau ?**

La méthode de création d'une vraie coopérative agricole

On subodore, **à l'ampleur** du sujet, et à **la complexité** des sociétés rurales et agricoles au Sénégal, qu'une coopérative ne peut être que l'aboutissement **d'un processus** approfondi de **discussion et de maturation.**

Et donc, que la conduite à bien, effective, de ce processus, suppose **un leadership local** et aussi un **facilitateur expérimenté**, apte à animer de véritables **ateliers de réflexion-construction** de projets. D'où le nécessaire passage par **la voie expérimentale** et le recours à des **pilotes**, précisément évalués.

On mesure, à l'aune de toute la finesse nécessaire à de tels montages, que les politiques publiques qui visent à accompagner ces mutations doivent elles aussi faire preuve d'empirisme et de patience, et se garder des annonces tonitruantes.

Des plateformes informelles aux conserveries modernes sous forme de SCOP : l'avenir des femmes transformatrices - New

Une coopérative **agricole** regroupe des agriculteurs indépendants, qui s'associent pour agir plus efficacement ensemble, par exemple pour acheter des engrais ou vendre leurs productions.

Une société coopérative **de production**, ou société de production **ouvrière**, est une société de type SARL ou SA avec une caractéristique propre essentielle : les salariés sont en même temps les patrons puisqu'ils gèrent eux-mêmes leur entreprise de production. Comment ?

Le Capital appartient majoritairement aux salariés qu'on appelle les associés-salariés. Ils détiennent donc au moins **51 %** du capital social et disposent de **65 %** des droits de vote au CA. Dans ce CA, chaque **salarié-associé** dispose d'une voix, quel que soit son statut, son ancienneté et le montant du capital investi, selon le principe : une personne égale une voix (même principe d'ailleurs que dans les coopératives agricoles).

La Capital de la SCOP est variable en fonction des entrées et des sorties qui interviennent au fil du temps. Les salariés-associés ne sont donc pas prisonniers de l'entreprise En cas de départ le capital investi est remboursé.

Pour compléter l'apport des salariés, des **associés extérieurs peuvent y investir, c'est à dire acheter des parts ou des actions.** Ils ne travaillent pas dans l'entreprise et restent minoritaires. Ils ont **35 %** des droits de vote.

Les bénéfices sont répartis en 3 parts. A titre indicatif, 40 **% vont à l'entreprise**, 40 % aux salariés en complément des salaires, 20 % aux associés sous forme de dividendes.

Les associés salariés nomment leurs dirigeants durant les assemblées générales. Les organes de direction sont ceux classiques de la forme juridique de la Scop choisi (SARL, SA).

Tout associé peut être désigné pour remplir des **fonctions de direction** tout en **restant salarié** de la Scop. Les associés non-salariés peuvent également exercer des missions de direction.
On le voit une formule qui concilie astucieusement communauté et gestion privé rigoureuse, par son mode d'organisation et de direction, et par la proportion des bénéfices restant dans l'entreprise pour son entretien et son développement,

3.

SE LOGER

« Gouverner, c'est d'abord loger son peuple »
Abbé Pierre

Être pauvre, c'est ensuite avoir le plus grand mal à se loger correctement. En la matière, pour les pauvres, c'est la triple peine ! Un ouvrier, payé 75.000 frs par mois, devra travailler 106 heures pour un studio moderne (1 séjour + 1 chambre) dans un quartier intermédiaire, soit y consacrer les 2/3 de son salaire, et 64 heures pour une chambre avec cour commune sans toilette interne. Un employé payé 125.000 devra lui travailler respectivement 64 heures et 38 heures.

3.1. Que d'eau !

« Quand l'eau monte, le bateau aussi. Pas les rues »
Proverbe japonais

Quand il pleut à Thiaroye-sur-mer, non seulement l'eau envahie les maisons, mais les fosses septiques débordent dans les rues, et inutile de préciser que les réseaux d'adduction d'eau, vétustes, sont inévitablement contaminés. On est entassé dans les chambres et salon, on partage la cour-cuisine avec les voisins, et pendant l'hivernage il faut monter les pauvres meubles sur des briques pour ne pas finir de les gâter. Même hors période d'hivernage, les pauvres souffrent de l'humidité. Beaucoup de logements populaires ont été construits sur des zones humides, de type Niayes, sans vide sanitaire, provoquant des remontées d'humidité permanentes et des murs rongés par le salpêtre.

3.2. Le canapé est une chambre

Les statistiques disponibles ne disent pas grand-chose sur les m2 dont dispose chaque personne dans les quartiers populaires. Ce serait pourtant là une information essentielle. Mais, vu le nombre de personnes par chambre, et la transformation tous les soirs du canapé du salon en lit, non pas d'appoint, mais permanent, gageons que chaque pauvre dispose de bien peu de m2.

3.3. Le boom du logement, mais pas très social

Le bâtiment est en plein boom à Dakar. Il faut dire qu'il y a urgence avec une population qui va doubler en moins de 20 ans. Mais l'effort porte-t-il au bon endroit ? L'urbanisation de Dakar est hors de contrôle, sous l'effet de l'exode rural, de l'explosion démographique et de l'instabilité chronique sous-régionale, qui poussent beaucoup de citoyens des pays voisins à venir s'installer dans la capitale. Coefficients d'occupation des sols (COS) non respectés aboutissant à des surdensités dans tous les quartiers, absence de parking rendant la circulation impraticable dans nombre de rues, non mises aux dimensions de la nouvelle population des réseaux d'eau et d'assainissement, construction en zone inondable avec des réseaux de collecte des eaux pluviales inexistants ou insuffisants, Dakar explose et les loyers avec. À ces éléments de surpopulation évidente s'ajoute l'argent gris, qui alimente une spéculation foncière débridée.

La politique du logement doit-elle accompagner la folle croissance de Dakar ou contribuer à son désengorgement ? L'argent du logement doit-il aller à des logements de luxe aux loyers exorbitants ou à des logements populaires de qualité ?

Le blocage des loyers est un trompe-l'œil. C'est le marché qui fait le loyer, pas l'administration. Le seul moyen de faire baisser les loyers, c'est d'augmenter l'offre de logements sociaux. Comment ? L'État à la main sur le foncier à Dakar comme ailleurs. À lui de réserver des ZLS, des zones pour logement social comme l'y oblige la loi, et comme avait su le faire les précédentes administrations avec les programmes SICAP, HLM, etc.

L'Article premier du code de l'urbanisme porte : *l'urbanisme a pour objet l'aménagement progressif et prévisionnel des agglomérations dans le cadre d'une politique de développement économique et social et d'aménagement du territoire et de protection de l'environnement. Il tend notamment, par l'utilisation rationnelle du sol, à la création, pour l'ensemble de la population, d'un cadre de vie propice à son développement harmonieux sur les plans physique, économique, culturel et social.*

Il faut passer à l'acte et reprendre la main sur l'urbanisme de Dakar. On voit d'ailleurs là les problèmes de la relation entre l'État et la société, qui intervient là où son action est contre-productive et qui laisse faire là où il devrait être directif. Le logement social, avec ce que cela suppose donc de reprise en main de la politique foncière, doit être à notre avis une des questions prioritaires du débat présidentiel, car elle est le cœur de la croissance inclusive. Répétons-le, la meilleure réponse à la spéculation, ce n'est pas le blocage des loyers, ni même la construction de logements sociaux dans le grand Dakar, pourtant urgente, mais l'aménagement du territoire et la valorisation des villes moyennes.

Aucun pays, même riche, ne peut faire l'économie d'un aménagement intelligent du territoire. Pourquoi le prix du m2 est-il deux fois moins élevé à Berlin qu'à Paris ou Londres ? Parce que l'Allemagne est un pays géographiquement équilibré : il dispose de nombreuses grandes métropoles en sus de Berlin, Francfort, Munich, Hambourg, et une myriade de villes moyennes prospères.

Le Sénégal, comme trop de pays d'Afrique, est frappé par le syndrome de Paris ou de Londres, une capitale mégapole qui mange le reste du pays et complique inutilement la vie de ses citoyens.

3.4. L'argent gris, une question… d'esthétique

Les Français seraient mal venus de faire des remarques sur l'argent gris (stupéfiants, argent de la corruption) qui alimente la spéculation immobilière sur Dakar. Deux des plus belles villes françaises ont été construites elles aussi avec de l'argent sale, celui de la traite transatlantique. Mais Nantes et Bordeaux, deux siècles après, sont des chefs-d'œuvre d'urbanisme que le monde entier vient visiter. Nous craignons qu'il n'en soit pas de même de Dakar, qui est en train d'être dégradée faute de plan d'urbanisme et du moindre souci d'esthétique. Qu'on y construise des immeubles modernes n'est pas le problème pourvu qu'ils soient beaux, qu'ils respectent le patrimoine qui le mérite, et qu'ils s'inscrivent dans un ensemble harmonieux.

Aujourd'hui, manifestement, tout cela se fait sans cahier des charges en matière d'alignement, de hauteur, de matériaux et de design. Attention, la presqu'île du Cap-Vert, site exceptionnel, s'enlaidit et devient bien grise !

Ça éclate comment une bulle immobilière ? New

Dakar est une ville attractive, son climat est doux et le pays tranquille. Il est donc normal qu'on veuille y habiter. Mais, presqu'île entourée de mer, l'espace y est rare, ce qui provoque inéluctablement des tensions, puisqu'au Sénégal comme ailleurs, la croissance démographique et l'exode rural font gonfler les villes côtières.

Cela va se corser avec l'argent gris, dont on sait désormais, depuis la publication du fameux rapport de la Cour des comptes sur les finances de l'État pour la période 2019/24, qu'il n'est pas venu que de l'étranger, auquel il faut ajouter celui venant des blanchiments divers.

A la pression démographique naturelle s'ajoute donc celle de tout cet argent à l'origine opaque, qui n'étant pas à la recherche d'une rentabilité immédiate, mais d'un placement discret, ne va pas être regardant sur le prix du mètre carré. C'est en particulier le cas, en sus de l'argent public détourné, de l'argent issu du trafic de stupéfiant. Citant l'Institut d'étude et de sécurité, SENEWEB (03 mai 2024) évoque un CA pour ce trafic de l'ordre de 200 milliards de frs CFA, dont une bonne partie serait recyclée dans le bâtiment, avec entre autres effets une explosion du nombre d'agences immobilières.

[L'actuel gouvernement a pris des engagements formels de lutte contre ce cancer, conduisant au retrait du Sénégal, le 25 octobre 2024, de la liste grise du GAFI, où il était entré en 2021. Le GAFI, groupe d'action financière, est l'organisme international chargé de surveiller le blanchiment.

Cette gestion transparente, légale et morale des flux bancaires au Sénégal est confirmée par la décision de l'Union Européenne de sortir à son tour le Sénégal de la liste des pays à hauts risques de blanchiment, et d'y inscrire à contrario la principauté de Monaco (juin 2025)]

Bref tout cela mêlé, la spéculation va donc s'emballer et le prix des terrains va exploser.

Cette hausse permanente du prix de l'immobilier conduit les banques à être généreuses en crédit. Puisque la valeur du bien hypothéqué ne cesse de croitre, il n'y a aucune raison de refuser de prêter.

La machine s'emballe, et un décalage, qui devient un gouffre, s'installe, entre les prix des loyers, des bureaux et des logements, et les capacités de les payer par les sociétés et les habitants.

Le moment arrive où faute de locataire les prêts ne peuvent plus être remboursés et les entreprises de construction payées. C'est alors la dégringolade en chaine. Boum ! la bulle éclate.

L'idéal est de savoir atterrir en douceur tant qu'il est temps, en particulier en mettant en place une fiscalité idoine. Les recettes fiscales sur la propriété bâtie ne représentent que 0,5 % du PIB. Un relèvement substantiel de cet impôt donnerait accès à de précieuses recettes supplémentaires, sans pénaliser les entreprises de production, et calmerait la spéculation.

3.5. Vue sur mer

Les pauvres ne disposent pas de grandes terrasses avec vue sur la mer. La mer, bien public, ils en profitaient en déambulant sur les promenades côtières. Où pourront-ils désormais voir la mer avec le bétonnage de la corniche ? La croissance inclusive, c'est aussi préserver et non privatiser l'accès aux biens collectifs.

Quelques arpents viennent d'être joliment aménagés sur la Corniche. Ce ne doit pas être l'arbre qui cache la forêt (d'immeubles).

L'accaparement de la côte contre le Peuple - New

A peine installé, le Gouvernement a suspendu les travaux des chantiers en cours sur la corniche dakaroise, pour vérifier que tous les documents requis pour de tels travaux avaient été délivrés conformément à la loi.

Une photo en dit plus qu'un long discours. Voici quel est le sort fait au peuple quand on confisque le littoral au profit de la spéculation. Il n'a même plus de place pour étaler sa serviette de bain, au sens strict : les personnes debout, pieds dans l'eau, ne peuvent même pas s'assoir. (Photo prise le 14 août 2024 à 19 h, plage de Ngor). Au loin une plage privatisée. Vide. (Au pied d'un beau bâtiment, un hôtel, de l''architecte Le Corbusier).

Du béton oui, mais au bon endroit - New

Lorsque le Gouvernement a suspendu toutes ces constructions manifestement implantées illégalement en bordure de mer, le chœur des pleureuses s'est mis en branle, l'accusant de mettre les entreprises du bâtiment en difficultés et leurs ouvriers au chômage. Oui, il fallait arrêter le massacre du littoral comme il faudrait stopper ces constructions anarchiques qui défigurent Dakar. Est-ce pour autant mettre le secteur du bâtiment à l'arrêt ? Bien sûr que non ! Le Sénégal doit investir massivement dans les ports de pêche, les coopératives agricoles, les écoles, le logement social, les routes, le train, les égouts, etc., où les besoins sont incommensurables ! Pourquoi alors cela ne se fait-il pas autant que nécessaire ?
C'est le rôle de l'Etat que d'orienter les flux financiers, l'épargne, vers les équipements utiles et économiquement rentables au

détriment de l'actuelle spéculation immobilière, par une fiscalité punitive pour cette dernière. Car les investissements socialement utiles sont économiquement rentables : des quais de pêche agréés c'est vendre le poisson plus cher à l'export, des frigos dans les coopératives agricoles c'est éviter d'importer des poivrons marocains ou espagnols, de bonnes écoles c'est préparer une jeunesse formée et donc plus productive, comme l'est d'ailleurs également en règle générale une population bien logée.

Relevons qu'à Fass Boye, dont nous avons vu une photo des conditions de débarquement, on pêche 11.000 tonnes par an pour 5 milliards de recettes ; on y cède donc le poisson à 450 francs le kg, manifestement trop peu, faute d'un quai agréé et des équipements qui vont avec. Un café à Dakar se paie facilement 1500 francs, soit le même prix que 3 kg de poissons à Fass Boye et ailleurs ! Voici des chiffres qui font réfléchir.

Stopper la spéculation et réorienter l'économie ce n'est donc pas créer du chômage mais préparer un avenir solide et gagner de l'argent.

Précieux sable

Pour faire du béton il faut du sable. Le monde en consomme le chiffre astronomique de 50.000 milliards de tonnes par an, et le Sénégal y participe, comme en témoigne ces norias de camions du côté de Notto

La demande, donc l'argent, étant là, bon nombre des entreprises exploitant ces sablières ont fait peu de cas des règles environnementales et fiscales. Le gouvernement a décidé d'y mettre bon ordre, ce qui a entrainé une forte hausse du camion de sable, et les cris d'épouvante du monde du bâtiment (le m3 aurait doublé passant à près de 7000 frs).

Le bon prix n'est pas celui déterminé par l'offre et la demande dans la Jungle, mais celui où l'acheteur et le vendeur se mette d'accord dans le cadre des règles qui organisent les marchés, en l'occurrence le respect de l'environnement et la fiscalité qui va avec. Le sable, comme l'eau, les deux produits les plus consommés sur terre, doivent être payées à leur vrai prix qui doit, au titre d'un développement durable, inclure tous les coûts, directs et indirects.

3.6. Assainissement, eau et inondations

« Il n'est pire eau que l'eau qui dort »

S'il y a des marqueurs de pauvreté, ce sont bien ceux-là : l'accès à une eau potable, des toilettes et l'assainissement qui va avec, et l'évacuation des eaux de pluie pendant l'hivernage. Les statistiques de l'ANSD en disent déjà beaucoup, mais ne révèlent que la partie émergée de l'iceberg.

3.6.1 L'accès à l'eau

3.6.1.1. L'eau confort

Alors que le 21èm^{e} siècle est déjà bien entamé, les 20 % des familles les plus pauvres au Sénégal continuent à ne bénéficier que minoritairement d'un robinet personnel. Seuls 32 % de ces pauvres ont en effet un accès privé à l'eau, les autres ayant recours à un robinet public, une borne-fontaine ou un puits. Chez les 20 % de pauvres au-dessus des 20 % les plus pauvres précédents, seuls 65 % ont un robinet privé, et chez les 20 % au-dessus des 40 % précédents, qui sont classés « moyens », encore 25 % n'ont pas ce robinet à domicile. Ce qui fait qu'au total, pour les 60 % de la population les plus modestes, 44 % n'ont pas l'eau courante à la maison. Les ruraux paient le plus lourd tribut de ce sous-équipement. Si 90 % des urbains ont l'eau à domicile, ils ne sont que 50 % chez les ruraux. Comment imaginer de rendre à nouveau la ruralité attractive dans un tel contexte ?

Ajoutons pour être complet que pour les 65 % de ces plus pauvres qui n'ont pas l'eau à la maison, le temps pour s'approvisionner, pour aller chercher de l'eau est supérieur à 30 mn pour 40 % de ces familles, et bien entendu ce sont les femmes qui sont à 85 % chargées de cette tâche. Apporter l'eau à la maison doit être une priorité de l'action publique. D'autant qu'en cette matière, il n'y a pas de fuite de devises vers l'étranger, car outre que plomberie et adduction sont une industrie de main-d'œuvre, tuyauteries et canalisations pourraient être en totalité fabriquées ici, qu'ils soient en plastique, métallique ou en ciment.

3.6.1.2. L'eau santé

Une eau propre est la condition de la santé. Les pathologies liées à l'eau contaminée sont sérieuses et souvent mortelles pour le nourrisson. Une eau propre, dite améliorée, est une eau protégée de la contamination. Or, si la totalité des riches ont accès à cette eau améliorée, ce n'est le cas ni pour 25 % des ruraux, ni pour plus d'un tiers des 20 % les plus pauvres déjà cités qui, lorsqu'ils sont exposés aux pathologies de l'eau contaminée, auront de surcroît du mal à se soigner. On le voit, l'inclusion passe aussi par la qualité de l'eau.

3.6.1.3. Dessaler l'eau de mer

Saluons la construction de l'usine de dessalement d'eau de mer de Dakar en construction, car il y a là sûrement avec cette technique l'opportunité d'un apport en eau douce complémentaire décisif, surtout pour un pays qui va disposer de l'énergie nécessaire à cette industrie.

3.6.2 L'assainissement

Les chiffres inquiètent. Seuls 10 % des toilettes sont reliées à un réseau d'égout, sans qu'on sache d'ailleurs, parmi ces 10 %, la part qui en est sérieusement traitée par une station d'épuration et la part qui est rejetée directement, sans traitement, en mer ou dans un cours d'eau. Sur les 90 % donc non reliés aux égouts, la moitié de ces eaux sanitaires va en fosse septique, qui est un équipement plus délicat qu'il n'y paraît. Il doit être étanche et le processus chimique de décomposition doit être contrôlé pour s'assurer que l'eau finalement rejetée n'est pas source de contamination. Ce qui n'est massivement pas le cas.

Pour l'autre moitié, ce sont des systèmes dits naturels, c'est-à-dire sans fosse septique ni égout, en vigueur bien entendu principalement en zone rurale. C'est là, nous le disons avec gravité, un souci de premier ordre pour le pays en termes de santé publique et de contamination de l'environnement, qui devrait être la priorité absolue de l'État et des communes.

3.6.3 Les inondations

Reste un problème pour lequel il ne faut pas hésiter à mettre les pieds dans le plat : les inondations d'hivernage. Première erreur fatale bien entendu, les autorisations de construction en zones inondables accordées depuis des lustres. Deuxième lacune, les constructions débridées et l'artificialisation des sols qui va avec, sans mettre la collecte des eaux pluviales aux bonnes dimensions.

Au-delà de ces questions de fond, il y a manifestement un problème de bonne gestion du dossier. Il faudrait d'abord curer les réseaux de collecte avant la pluie ! Les choses se sont un peu améliorées depuis quelques hivernages, mais on est loin du compte, celui d'un curetage systématique du réseau avant les premières averses ! Et là aussi, point d'importation nécessaire, que de la main-d'œuvre ! Et posons une question encore plus iconoclaste : les services ont-ils des documents à jour du réseau, notamment sur le positionnement des avaloirs ?

Qui n'a pas vu les ouvriers de l'ONAS, l'office en charge de ces réseaux, chercher laborieusement une grille sous le sable sans connaître précisément son emplacement ? Ces trois dossiers, eau courante, assainissement, pluie n'en font qu'un, car quand il pleut et que l'eau n'est pas évacuée, les fosses septiques débordent et le réseau d'eau potable est pollué. L'inclusion, c'est avant tout ça : l'eau, l'assainissement, les inondations !

Pour progresser en la matière, il faut en premier de la main-d'œuvre compétente. C'est-à-dire des techniciens supérieurs (BTS) en Métiers de l'eau, en Génie sanitaire, en Hygiène propreté environnement, des techniciens (BT) hygiène et environnement et des ouvriers qualifiés (CAP) Agent d'assainissement et de collecte des déchets liquides, agent de la qualité de l'eau, gestion des déchets et de la propreté urbaine. Où en est-on ? Aucune formation sur ces métiers spécifiques de l'eau n'a été mise en place, absence que ne saurait palier les formations en génie civil, qui concerne les « tuyaux, mais pas le produit « eau » lui-même.

3.6.4 L'affaire ONAS

En réalité, le problème essentiel tient à la structure qui est chargée de le régler, l'Office national de l'assainissement du Sénégal, l'ONAS.

« On ne peut pas être juge et partie ».

Quand on construit un immeuble, il y a toujours au moins trois acteurs :

- Le Promoteur, ou Maître d'ouvrage, qui décide de construire et qui finance,
- L'Architecte qui fait les plans et suit le chantier, dit le Maître d'œuvre
- Les Entreprises qui construisent.

Quand il s'agit d'un bâtiment public, et donc d'un maître d'ouvrage public, il faut y ajouter le comptable public, qui vérifie que les factures payées par le maître d'ouvrage, l'État ou une mairie sont bien conformes à la commande et à l'exécution effective des travaux.

Dans les opérations complexes bien gérées, on fait aussi appel à l'intervention d'un bureau de contrôle technique indépendant, qui vérifie la qualité du projet et du travail.

Cette distinction des rôles et des acteurs garantit un bon déroulement de chaque étape du processus et des contrôles respectifs.

Rien de cela avec l'ONAS qui est tout à la fois : maître d'ouvrage, c'est-à-dire qui décide et qui finance, qui fait les études techniques (maître d'œuvre), qui réalise les travaux (entreprise générale), et qui s'autocontrôle. Le tout selon son propre calendrier. Ça ne peut pas marcher et ça ne marche pas.

On met souvent les inondations sur le dos du changement climatique et de ses déluges, de l'incivilité des citoyens qui bouchent les canalisations, des constructions en zones inondables, des raccordements sauvages, du manque de crédit, etc., toutes choses ayant sans aucun doute une part de responsabilité dans la situation. Mais à supposer que des progrès soient faits dans tous ces domaines, rien ne sera vraiment réglé si l'ONAS reste l'ONAS.

L'ONAS faisant tout ne peut donner satisfaction. Tant que ce sera l'ONAS qui décide de ce qu'il faut faire et quand, qui finance, qui dit comment le faire, qui réalise elle-même les travaux et qui s'autodélivre un certificat de bon achèvement, la situation ne s'améliorera pas.

Il ne s'agit pas là d'appréciation sur les compétences techniques, mais sur l'organisation.

Cette confusion des responsabilités et des métiers est la première source des dysfonctionnements : le renforcement des règles d'urbanisme et l'augmentation des crédits consacrés aux eaux pluviales et à l'assainissement, bien entendu nécessaires, n'auront les effets attendus que si une profonde réforme du dispositif est engagée.

C'est aux villes d'être pleinement responsables des voiries et des réseaux divers, dits VRD.

D'abord, pour des raisons de coordination. On voit tous les jours des réfections de routes et de trottoirs bloquées parce que l'ONAS n'a pas réalisé les travaux préalables sur les tuyaux, ou pire des routes à peine refaites défoncées pour remplacer lesdits tuyaux, etc.

Ensuite, parce que s'il y a bien une responsabilité municipale essentielle, c'est celle des eaux pluviales et de l'assainissement.

C'est pourquoi cette responsabilité devrait être attribuée en totalité aux mairies, avec bien entendu les transferts correspondants des moyens budgétaires, ou au département pour les zones rurales.

Il reviendra aux mairies de s'organiser en syndicats intercommunaux si nécessaire.

En tout état de cause, villes ou syndicats intercommunaux, ce sont les élus qui doivent garder la main, rester pleinement maîtres d'ouvrage.

C'est le conseil municipal (ou le conseil départemental), maître du plan d'urbanisme, qui programmera et financera les travaux. Il lui revient de faire appel aux compétences techniques nécessaires pour concevoir ces travaux. Ce peut être soit ses propres services techniques, soit s'il n'en a pas, ceux de l'ONAS, mais alors comme prestataire de services, ou encore ceux d'un cabinet d'ingénierie privé. Le maître d'ouvrage doit avoir le loisir de choisir la meilleure offre, le meilleur prix et les meilleures références.

Puis, avec l'aide de l'organisme technique retenu, il procédera aux appels d'offres pour l'exécution des travaux, auxquels pourront répondre tant l'ONAS que des entreprises privées. Que le meilleur gagne !

Quid de l'actuel ONAS ? Il pourrait être scindé en trois structures :

1) Un service de maîtrise d'ouvrage déléguée : si une municipalité ne s'estime pas assez armée pour conduire cette tâche de maître d'ouvrage, elle pourra faire appel à ce service de l'ONAS, qui sera alors assistant au maître d'ouvrage.

2) Un service technique, fournisseur d'ingénierie, auquel les municipalités pourront recourir pour la réalisation du programme des travaux qu'elles auront décidé, et qui sera en compétition avec d'autres cabinets d'ingénierie ou les services techniques de la mairie elle-même.

3) Un service des travaux, qui répondra aux appels d'offres lancés par le maître d'ouvrage, en concurrence bien entendu avec les entreprises du secteur privé, comme il se doit dans tout marché public bien géré.

L'ONAS facturera toutes ses prestations aux mairies qui lui en passeront commande, à lui d'assurer ses recettes par sa compétitivité.

Nul doute qu'un tel pilotage clair des routes et des réseaux d'assainissement et d'eaux pluviales par les municipalités (ou les districts), pleinement maîtres d'ouvrage, permettra une planification rationnelle, et le bon usage des deniers publics.

La redynamisation de l'ONAS, dont les savoir-faire seront pleinement valorisés par la distinction de ces trois missions, maître d'ouvrage délégué, bureau d'ingénierie, entreprise de travaux, mais sous le pilotage des municipalités, sera aiguillonnée par cette mise en concurrence.

Les usagers mécontents sauront alors vers qui se retourner s'ils pataugent dans des eaux nauséabondes, l'équipe municipale, et disposeront d'une arme fatale pour améliorer la situation, le bulletin de vote.

3.7. Le défi Diamniadio

Qu'on ne s'y trompe pas, Diamniadio a à voir avec l'agriculture, car les sous mis à aménager la ville nouvelle manqueront à Sédhiou et à Podor. Les mégapoles, qui plus est souvent inondables, car construites à raz de l'eau, qui est en train de monter partout, sont un archaïsme du 20e siècle. À l'heure du réchauffement climatique et de l'Internet, il faut penser l'urbanisation autrement, davantage de métropoles d'équilibre et de développement des villes moyennes, plutôt que ces monstres ingérables que sont ces capitales aux millions d'habitants, plus que jamais illusoires : encombrements auxquels on essaie de remédier par des voies rapides et échangeurs ou des transports en commun prohibitifs, spéculation foncière et cherté des loyers, chômage de masse masqué par des emplois de service mal payés, délinquance, pollution, assainissement et adduction d'eau complexes, etc.

Il fallait donc bien désengorger Dakar. Diamniadio a-t-il été la bonne option ? À bien des égards, Thiès paraissait une solution plus judicieuse. Il y avait une vraie ville, avec une histoire et une âme, de l'espace pour se développer et une position idéale. Un autre choix a été fait et a conduit à ce projet de Diamniadio. Maintenant que c'est fait, il faut que « la mayonnaise prenne », car un échec coûterait cher au Sénégal.

Or, l'histoire des villes créées ex nihilo montre que l'affaire n'est pas facile. Yamoussoukro, ville fantôme, ambition hasardeuse du Président Houphouët Boigny, par ailleurs grand promoteur de l'agriculture ivoirienne, en est l'illustration. Il faut prendre garde en outre que Diamniadio, ajoutée à Dakar, ne finissent pas d'étrangler Saint-Louis, Kaolack ou Ziguinchor, en consommant toutes les marges de manœuvre financières du pays. Pour cela, il faut que tout le monde joue le jeu, et, en premier, les administrations de l'État, que des politiques fiscales incitent les sièges des sociétés privées à y venir, et surtout que le peuple vienne y habiter pour lui donner une âme. Une ville sans âme ne saurait réellement exister. La cherté des loyers sur Diamniadio va-t-elle le permettre ?

La beauté de « grands équipements » publics implantés, le Stade Abdoulaye Wade, l'Arena, le Centre International de Conférences Abdou Diouf et la magnifique « Maison des Nations Unies » du grand designer Jean-Michel Wilmotte, qui prendra place dans les créations architecturales de référence, doit être accompagnée d'une ambition de mixité sociale. Les habitants de Dakar, quant à eux, espèrent que Diamniadio, qui va désormais accueillir toute une série de représentations et d'organisations internationales, en sus des sièges de sociétés privées, va contribuer à dégonfler les loyers de certains quartiers de la capitale, que ces organismes et sociétés avaient fait flamber !

Diamniadio inquiète - New

Quand on fréquente Diamniadio on est pris par une sorte d'angoisse. Mais que va-t-il donc se passer ici ? Des bâtiments, souvent beaux, l'Arena, le stade, le centre de conférence, le siège des nations unis, éparpillés aux quatre coins de la zone, des chantiers à l'arrêt, des immeubles d'habitation toujours vides. A 17 h une ville fantôme. La ville se distingue de la campagne par sa densité de constructions. Ici on a l'impression d'un vaste courant d'air.

Le Brésil a réussi son coup avec Brasilia, créée ex nihilo en 1960, parce qu'il a été radical, tout le pouvoir d'État y a été transféré : la Présidence, qui abrite aujourd'hui Lula, l'Assemblée nationale et toutes les administrations, tant économiques que judicaires et militaires.

Mais il a malgré tout fallu plusieurs décennies pour que la moyonnaise prenne. Aujourd'hui, avec 2,5 millions d'habitants, contre 150.000 au départ, la réussite est au rendez-vous. Et Rio qui a perdu tout ce pouvoir d'État ne s'en porte pas plus mal, bien au contraire, car la concentration excessive c'est la thrombose assurée.

Outre la volonté politique, Brasilia a eu la chance d'être pensé par un grand urbaniste, Lucio Costa.

Alors, si on veut vraiment que Diamniadio réussisse, ne faudrait-il pas avoir la lucidité d'y transférer tout le pouvoir d'État ? Au passage, le fait d'y avoir déconcentré les ministères dits « techniques », agriculture, formation, pêche, hydraulique, tourisme, etc. traduit une vision passéiste des administrations, avec les « nobles », les régaliennes, qui sont restées à Dakar, et les « techniques » de second rang, qu'on a déménagées. Pourtant pour le pays, pour son PIB, les plus importantes ne sont-elles pas ces derniers ?

Et le foncier occupé par l'Etat à Dakar pourrait être négocié à prix d'or pour payer les frais de ces déménagements.

Et surtout, vite, plein de logements sociaux pour remplacer ceux pourris par l'humidité structurelle des quartiers à ras de l'eau de Thiaroye ou de Pikine. On sortira ces habitants d'une grande précarité et on donnera enfin une âme à Diamniadio. Car c'est le peuple qui fait une ville.

Et aussi plein d'étudiants qui la font vibrer avec l'université Amadou Makhtar Mbow.

3.8. La filière industrielle du bâtiment, de l'assainissement et de la maison

3.8.1 Les matériaux

Le bâtiment peut être une activité très autocentrée, nationale. Les matériaux de base, au-delà du ciment et des fers à béton, pourraient être en bonne partie produits au Sénégal, en particulier carrelages, équipements sanitaires, matériels électriques de base, canalisation. La demande est là, les compétences disponibles ou aisément accessibles.

3.8.2 Mon salon est chinois : le dossier emblématique du meuble

Une maison, ça se meuble. À quoi peut-on rêver de mieux qu'un salon confortable pour boire le thé en famille, une belle armoire et un bon matelas ? Le Sénégal avait des artisans habiles, fabricant de jolis meubles, solides avec du vrai bois. Ils sont balayés par des meubles importés, fabriqués à base d'aggloméré et de produits médiocres, mais brillants, au sens propre, et ayant l'apparence de la modernité. Le consommateur étant roi, il ne s'agit pas de le blâmer, mais de constater que le secteur du meuble sénégalais, qui avait pourtant des arguments, n'a pas su s'adapter à la demande d'une nouvelle génération.

Cette crise révèle un problème majeur, celui de la formation. La formation sur le tas a des vertus, car elle met en contact direct avec les réalités du travail. Mais elle a un gros inconvénient, elle ne sait pas intégrer la modernité. L'artisan-maître d'apprentissage va enseigner à son apprenti ce qu'il sait, qui par définition est issu du passé.

La modernité, c'est à l'école qu'elle s'apprend grâce à un système, celui de l'Éducation nationale, qui sait injecter la modernité dans les programmes. Un système trop scolaire est coupé des réalités du travail. Un système exclusivement d'apprentissage sur le tas est coupé des évolutions. C'est la bonne articulation entre les deux qui permet de former une main-d'œuvre compétente comme l'Allemagne et la Suisse en témoignent brillamment.

Dans ce dossier du mobilier, les artisans de Soumbédioune, quels que soient leurs savoir-faire indéniables, sont restés trop traditionnels, négligeant les nouveaux designs et les traitements de surface modernes. Et les Sénégalais vont faire leurs courses chez Orca, acheter des meubles chinois. C'est le challenge que doit relever la formation professionnelle au Sénégal, la bonne articulation entre école et entreprise.

Relancer le meuble sénégalais est possible. Les artisans et les entreprises doivent se régénérer en bénéficiant du recrutement de jeunes collaborateurs formés à l'industrie du meuble dans des sections de CAP et de BTS que le ministère de la Formation professionnelle doit sans attendre relancer.

3.8.3 Mon frigo, mon lave-linge, mon fer à repasser

> *« La diligence est devenue automobile, le lavoir est devenu machine à laver, le conteur est devenu télévision. »*
>
> (Jacques Attali)

Chez les pauvres, le frigo est souvent une passoire thermique, le fer est toujours à charbon de bois et le lave-linge, une femme pliée en deux au-dessus d'une bassine en plastique. Donner aux femmes, y compris aux bonnes, l'accès à cet électroménager de base, c'est les libérer des tâches les plus pénibles et leur donner du temps pour des tâches plus nobles, de cuisine, de couture, d'éducation des enfants, de formation ou d'activités de production, à domicile ou ailleurs.

3.8.3.1 Une filière de l'électroménager

Seul un tiers des ménages dispose d'un frigo, qui sont pour les ¾ de seconde main, et âgés pour la quasi-totalité de plus de 8 ans. Seuls 2% des ménages utilisent un climatiseur. C'est dire si les besoins sont immenses en matière « d'appareils à froid ».

Non seulement monter, mais fabriquer entièrement cet électroménager de base sur place est un défi que le Sénégal doit pouvoir relever. Les industriels prêts à s'engager dans ces métiers de la tôlerie, de la plasturgie et des pompes à chaleur existent ; il revient à tous les acteurs, État, FONSIS, Banques, Ministère de la formation professionnelle, d'organiser le « Tour de table filière » pour en créer les conditions, et de faire en sorte que les produits soient de qualité, compétitifs en prix par rapport aux produits turcs ou coréens, et que les familles sénégalaises soient fières d'acheter sénégalais.

L'accueil d'entreprises fabricant des réfrigérateurs, familiaux et professionnels, des climatiseurs, et produisant sur place tous les composants, tôlerie, plasturgie, pompes à chaleur est un objectif réaliste à court terme, qui pourrait être le point de départ de filières industrielles utilisant les mêmes composants, en tôlerie et plasturgie, comme celle par exemple des matériels agricoles ou encore celle des pièces détachées pour voitures et bus.

3.8.3.2 Vive la marchandise

Le courant écolo-décroissant et le marxisme se rejoignent dans la critique de la « marchandise ». Les écolos décroissants trouvent que l'on consomme trop par rapport à la planète. C'est peut-être vrai pour les classes aisées du Nord, mais sûrement pas au Sénégal et en Afrique en général où chacun aspire au confort qu'offrent l'électroménager, frigo et lave-linge, de beaux écrans télé, sans neige et avec Led, des salons de qualité et des voitures qui marchent. On vient de voir les chiffres pour les frigos, pour le lave-linge ont est proche de zéro. On est loin de la surconsommation ! Et que dire des matelas en (mauvaise) mousse tellement peu adaptés à un pays chaud !

Les marxistes eux dénoncent le « fétichisme de la marchandise » selon lequel le capitalisme aurait transformé les marchandises en prétexte à faire du profit au lieu de penser à leur utilité. Au Sénégal, on rêve pourtant de capitalistes qui fabriqueraient sur place tous ces biens tellement nécessaires, non seulement pour les rendre plus accessibles, mais en plus pour créer des emplois. Car quoi de plus précieux que le travail, que de participer au bien commun ? On peut bien entendu critiquer les excès de la société de consommation, mais ce qu'on fait en général d'autant plus aisément qu'on a soi-même rempli sa maison de marchandises.

Comment peut-on contester le fait que ces marchandises avant d'être un prétexte à profit remplissent une fonction d'usage appréciable ? Sinon se vendraient-elles ? Sauf naturellement à prendre les consommateurs pour des demeurés. Et c'est encore à nouveau le cas avec les néomarxistes qui remettent sur la table les propos de Marx sur l'aliénation par la marchandise dans les économies capitalistes.

Faisons litière donc de la première aliénation selon laquelle la valeur d'usage des marchandises serait reléguée, estompée par la valeur d'échange, ne serait plus qu'un prétexte, qu'une pièce d'un circuit qui fonctionnerait parce que les consommateurs seraient aliénés, mystifiés par le fétichisme de la marchandise. Sornettes, car chacun avant d'acheter, surtout s'il est pauvre, vérifie sérieusement si la marchandise répond à ses besoins, qui par nature sont différents du voisin, question d'arbitrage.

La deuxième aliénation serait que le travail qui a été nécessaire à la fabrication de cette marchandise, et qui lui donne sa valeur d'échange, serait occulté par l'échange marchant, masquant l'exploitation capitaliste qu'elle recèle et dont elle serait le fruit. Sornettes encore. L'ouvrier d'une chaine de montage d'automobiles sait que le frigo qu'il achète a lui aussi été monté par le travail d'autres ouvriers, conçus par des ingénieurs, et qu'il faut également amortir les machines et rémunérer les actionnaires, qui ont placé leur épargne, du travail accumulé, dans ladite société. Tout le monde sait, surtout le peuple, que les marchandises ne sont que du travail et qu'elle recèle une part de profit.

3.8.3.3 L'innovation frugale

Vouloir produire et consommer ne doit pas bien entendu faire perdre tout esprit critique. Normalement, avec le progrès technique et des marchés en extension permanente, le prix des voitures aurait dû baisser. Or, ce n'est pas le cas. Pourquoi ? Parce que les fabricants les dopent de plus en plus de fonctions, d'applications qui peuvent être certes utiles, mais qui coûtent cher et qui donc rendent leur achat impossible pour les plus pauvres. C'est de cette réflexion qu'est née la Logan de Renault-Dacia : dépouillons la voiture de ce qui n'est pas vraiment utile pour obtenir un prix raisonnable. A-t-on vraiment besoin de voitures dont les tableaux de bord ressemblent à ceux d'un avion pour aller au boulot ou déposer ses enfants à l'école ?

On peut s'interroger de la même façon sur la montée en puissance des téléphones portables dont on utilise qu'une faible partie des capacités disponibles, ou sur l'électroménager aux programmes toujours plus nombreux qui font surtout grimper les prix.

L'innovation frugale n'a rien d'archaïque. Elle part de ce questionnement d'évidence : de quoi a réellement besoin le consommateur, et surtout quel prix peut-il supporter ? On revisite les produits à cette aune, le besoin réel, de base, exprimé par l'usager. Une entreprise comme Décathlon ayant constaté que faire du sport coûtait de plus en plus cher sous la pression d'une publicité multipliant les innovations et les accessoires, s'est lancé dans une remise à plat de ses produits sur la base de ce nouveau paradigme de l'innovation frugale.

L'Inde est très en avance dans cette démarche. Ne tombons pas dans le piège de l'idée miracle, de la formule magique qui réglerait tous les problèmes. C'est une voie parmi d'autres que l'Afrique devrait explorer. On pense bien sûr à l'électroménager, aux matériels agricoles, au matériel pédagogique, aux voitures, à la téléphonie mobile ou à la pharmacopée pour lesquels l'industrialisation ne consiste pas nécessairement à imiter, mais à réinventer.

4.

LA SANTÉ

« L'agriculture devrait être la première activité de santé. Le paysan doit précéder le médecin. »
Pierre Rabbhi

La pauvreté, c'est un accès difficile aux soins. C'est aussi être exposé à une alimentation carencée et déséquilibrée ou à une eau comportant des risques de contamination.

4.1. D'abord et avant tout prévenir

La médecine occidentale est majoritairement curative. Elle coûte doublement cher. D'abord, parce que mobilisée principalement sur les soins, elle cherche peu à prévenir, il suffit pour s'en convaincre de voir les taux d'obésité qui explosent, ensuite parce qu'elle dépense sans compter, au travers des systèmes de sécurité sociale, au-delà même de l'efficacité médicale. Ses réussites, incontestables, ne doivent pas masquer ses lourdes carences, particulièrement ses gaspillages, par sa débauche d'analyses et d'imageries médicales superfétatoires, et par ces placards familiaux remplis de médicaments inutiles, voire nocifs. Le Sénégal doit trouver une voie originale, en relation avec ses pathologies les plus fréquentes et avec ses moyens, d'abord et prioritairement par la prévention.

Un bon système de santé, c'est avant tout celui qui évite aux populations de tomber malades, qui privilégie la prévention sur le curatif. Les pathologies dites chroniques, celles dont les traitements sont au total les plus onéreux, qui sont liées au diabète, à l'hypertension, au cholestérol, qui donnent lieu entre autres aux maladies vasculaires, cardiaques ou rénales, mais aussi à certains cancers ou à l'arthrose, ont principalement pour causes les modes de vie, de la mauvaise alimentation au tabagisme, en passant par l'absence d'activité physique, sans oublier les maladies respiratoires dues à la pollution atmosphérique.

La pauvreté joue bien entendu un rôle important dans ces pathologies chroniques quand, faute de mieux, le riz, l'huile, le sucre ou la viande trop grasse se substituent trop souvent aux légumes et au poisson. Mais, même pauvre, on peut manger de manière saine, comme ce fut le cas pendant longtemps, avant le Coca-cola et les pizzas industrielles.

Le Sénégal, avec son vaisseau amiral l'Institut Pasteur, est un pays très efficace dans la lutte contre les maladies épidémiques, les maladies contagieuses, comme il l'a montré il y a peu face à Ebola, comme il le démontre encore avec un taux de prévalence du VIH très faible, ou avec ses résultats très encourageants contre le paludisme. Il lui reste encore des progrès à faire dans le domaine des infections liées à l'assainissement et surtout en matière de vaccination puisqu'encore aujourd'hui, seuls 37 % des enfants entre 2 et 3 ans ont reçu tous les vaccins appropriés à leur âge.

Une politique plus vigoureuse de santé publique par la prévention peut à moindre coût avoir un impact considérable. Il s'agit de renforcer les campagnes de vaccination, d'éducation à l'hygiène de vie, qui doit être systématique à tous âges et en tous lieux, de donner plus de place à la formation du personnel médical, à la médecine de prévention, de réduire les secteurs où l'eau est encore susceptible d'être contaminée par un investissement massif dans l'assainissement, et ... de faire baisser le prix des légumes et du poisson par une agriculture performante, sans oublier de taxer fortement les boissons sucrées.

Ajoutons qu'un peuple sain vit en harmonie avec sa terre. Valoriser les produits locaux, à la maison comme au restaurant, le mil, l'igname, le manioc, la patate douce, le gingembre, les légumes locaux, etc., est non seulement un moyen de soutenir l'agriculture du pays, mais aussi un gage de santé, car tous ces produits sont sources de fibres et de mille micronutriments qu'on ne retrouve sûrement pas dans la baguette de pain blanc gonflée au gluten, qui manifestement fait exploser l'arthrose.

Bref, l'éducation à l'hygiène physique et alimentaire ça ne coûte pas cher et ça peut rapporter gros. Ça se passe à l'école, à la télé, dans les quartiers, dans les familles, dans les postes de santé. Aujourd'hui, cette éducation à la santé par des comportements adéquats est faible, n'est pas du tout à la hauteur des enjeux.

Une politique de santé, c'est aussi lutter contre la pollution urbaine par les gaz d'échappement et les poussières de construction. Nous proposons de renforcer les compétences des mécaniciens quant au réglage des moteurs, d'être plus strict lors des contrôles techniques, ou encore d'exiger des constructeurs qu'ils utilisent des bétonnières pour mélanger sable et ciment au lieu de faire voler dans l'air des milliards de particules à coup de pelles. Bétonnière qu'il serait possible de fabriquer ici. Car contre les particules fines qui sortent des pots d'échappement et la poussière de ciment qui dégradent les poumons et les yeux, il n'y a pas de médicament. La santé, ce n'est pas que les médecins, mais toute la société.

4.2. Soigner, la médecine digitale

Le nombre de médecins dans le pays est faible pour sa population. Libéraux et hospitaliers confondus, le taux de couverture est de l'ordre d'un médecin pour 6000 habitants, soit 20 fois moins que dans les pays du nord, avec une répartition géographique très déséquilibrée puisque plus des ¾ exercent à Dakar. S'il bénéficie d'un volume de médecins insuffisant, le Sénégal dispose en revanche de deux atouts pour développer ce qu'on appelle l'e-médecine, ou la médecine digitale : une bonne couverture de son territoire par des postes et centres de santé et, côté numérique, à la fois un taux d'équipement des ménages en smartphone de 100 %, ainsi que d'un réseau Internet très développé, toutes choses qui permettent de mettre en place cette médecine à distance et mobile.

Comme il l'a fait pour le téléphone fixe, le pays a l'opportunité de sauter des étapes et prendre même de l'avance. Les postes de santé, animés par du personnel infirmier, et les centres de santé, sous la responsabilité d'un médecin, peuvent devenir des têtes de réseau d'une médecine qui, pour être à distance, n'en serait pas moins efficace pour les consultations de base.

L'usage désormais généralisé du portable permettra d'accompagner cette médecine en réseau d'un dialogue continu avec les patients, y compris la surveillance en temps réel pour les maladies chroniques, que les progrès dans les interfaces numériques rendent de plus en plus accessible et convivial.

Les infirmiers des postes de santé doivent être formés à devenir ces médiateurs professionnels entre leurs patients et les centres de médecine à distance implantés au niveau régional, dans les centres de santé, ou à Dakar. Cette médecin digitale, si elle doit en tout premier lieu concerner le secteur public, doit pouvoir également associer la médecine privée, surtout celle des spécialités, quasiment inexistante en dehors de Dakar.

Il y a là un vaste chantier de formation du personnel, médecins et infirmiers, de fabrication et de sélection des bons logiciels pour assurer la cohérence des dispositifs, de partenariats spécifiques avec les opérateurs de télécom et des opportunités en grand nombre pour des startups sénégalaises. Dans les chiffres sur l'état sanitaire de la population du Sénégal, deux domaines restent pas ou peu documentés : la dentition et la vue. Pour la vue, on connaît le taux de prévalence de la cécité (aveugles et mal voyants), de l'ordre de 600.000 personnes, mais pas les déficits visuels chez les plus jeunes, information pourtant décisive pour leur scolarité. Quant à la dentition, on sait le rôle qu'elle joue dans la santé globale.

Nous souhaitons que le ministère de la Santé avec le concours de l'ANSD avance sur ce chemin pour cerner beaucoup mieux les besoins.

4.3. La filière des médicaments

Les médicaments sont largement contrôlés dans le monde par « Big Pharma », le lobby des grands laboratoires, qui ont largement profité des systèmes de sécurité sociale des pays développés, faisant payer une surconsommation folle de médicaments par les cotisations sociales des citoyens. Concentration qui s'est accrue avec la mondialisation et la fabrication de certaines molécules de base dans quelques rares usines au Monde, comme on l'a découvert pendant l'épidémie de Covid. Ce système oligopolistique a une faille, la fin du brevet protecteur et l'arrivée des médicaments génériques, dont l'Inde a su tirer parti.

Pourquoi le Sénégal, s'appuyant sur les nombreuses compétences qu'il peut mobiliser ici ou à l'étranger, ne se lancerait-il pas dans la fabrication de ses premiers médicaments ? Autre sujet qu'il ne faut pas écarter d'un revers de main comme étant fantaisiste, celui de la pharmacopée traditionnelle, qui peut répondre à une demande en hausse d'une médecine plus douce, plus naturelle, moins chimique. Là aussi, les compétences existent.

5.

L'ÉNERGIE, DU « PEAK OIL » AU SOLAIRE

« L'eau chaude n'oublie pas qu'elle a été froide. »

S'il y a un domaine où le volontarisme du PSE a produit ses effets, à côté des infrastructures routières, c'est bien celui de la production d'électricité. En 10 ans, la production installée a été multipliée par trois, atteignant 1616,41 MW, et les coupures, jadis fréquentes, sont devenues rarissimes. Ce bond en avant a été possible par un renforcement des capacités des centrales thermiques, mais aussi par l'entrée dans le « mix énergétique », avec 3 centrales solaires reliées au réseau de la SENELEC et une première ferme éolienne.

Ces efforts restent encore loin de satisfaire pleinement les besoins actuels et de répondre surtout à ceux de développement. Or, c'est dans un contexte mondial nouveau, celui du « peak oil » et du réchauffement climatique, que la suite doit être envisagée.

5.1. Du bon usage du peak oil

Être pauvre, c'est avoir du mal à payer ses factures d'électricité ou de gaz, ne pas avoir de fourneau, de fer à repasser électrique, de lave-linge, de bon frigo. Dans combien de foyers voit-on encore la ménagère ou la bonne repasser le linge avec des fers à charbon de bois, car l'électricité est trop chère pour utiliser un fer électrique ? En 2022 ! Dans combien de rues et de cours voit-on les femmes courbées sur des bassines pour la lessive, un siècle après l'invention la plus libératrice pour la femme qui ait jamais été, le lave-linge ?

Grâce à son pétrole et à son gaz, le Sénégal va pouvoir faire tourner ses centrales thermiques et fournir de l'électricité à meilleurs prix à ses concitoyens, alors qu'il a aujourd'hui un prix du KWH parmi les plus élevés : le double du Ghana et du Vietnam, le triple de la Malaisie. Doit-il pour autant négliger les énergies renouvelables ? Sûrement pas. Non seulement parce que, réchauffement climatique oblige, il doit aussi se préoccuper de la planète, même si sa responsabilité historique en la matière est nulle, mais tout autant, car c'est son intérêt économique de s'y engager avec détermination.

Les prix du pétrole et du gaz sur le marché mondial ne baisseront plus désormais, même si la demande diminue progressivement pour combattre l'effet de serre, car il est, en effet, établi que la planète est sur le point de dépasser le « peak-oil », point à partir duquel sa production ne peut que décroître, même si de nouvelles réserves sont découvertes ici ou là. Compte tenu de la présence du pétrole partout dans les activités humaines, de l'énergie au plastic, son remplacement va s'avérer compliqué, et générera des tensions inévitables sur son prix de long terme.

L'affaire s'annonce difficile, car il s'agit de changer de mode de vie, et même de civilisation, changement qui touchera tous les secteurs de l'économie tels qu'ils se sont développés depuis deux siècles : l'agriculture devra consommer moins d'engrais qui sont énergétivores, les transports devront être beaucoup plus collectifs en lieu et place de la voiture individuelle, l'industrie plus économe, les logements mieux isolés, bref il va falloir devenir plus sobre.

Alors, pourquoi se priver d'exporter pendant cette longue période de transition les barils de pétrole et les m3 de gaz qu'on pourrait économiser à domicile grâce aux énergies renouvelables ? Renforcer la production d'électricité solaire, c'est aussi maintenir des recettes d'exportation nécessaires à l'émergence.

Baissera ou baissera pas ? New

L'humoriste Pierre Dac, disait avec beaucoup de pertinence : « *les prévisions sont difficiles surtout quand elles concernent l'avenir* ». Trait d'humour que les économistes devraient porter en bandoulière !

Les guerres en Ukraine et au Moyen orient, le développement des énergies renouvelables plus compliqué que prévu, font que la demande de pétrole et de gaz continue à progresser alors qu'elle était censée décroitre après les accords de Paris sur le climat de 2015.

Du coup, les prix du baril et du mètre cube de gaz se maintiennent à un haut niveau, entrainant le lancement d'un nombre élevé de nouveaux sites d'exploitation.

Bonne nouvelle pour le Sénégal qui peut ainsi engranger des royalties bien venues.

Les prévisions à moyen et long terme de ces prix du baril sont contradictoires. Il y a d'un côté, ceux qui prédisent une baisse inéluctable du fait des exigences de la lutte contre le dérèglement climatique, de la montée en puissance du nucléaire, des progrès des énergies renouvelables, et de la mise en exploitation de tous ces nouveaux puits et, de l'autre, ceux qui prédisent un maintien à haut niveau à cause du peak-oil que nous venons d'évoquer ; peak-oil dont la date est tout de même régulièrement reculée, au fur et à mesure des découvertes de nouvelles réserves.

Quelle que soit l'évolution future de ces prix, il serait prudent de profiter de cette période faste pour conduire à bien les réformes qui permettront à l'économie du pays de prendre le virage du déclin, qui finira par arriver, de l'économie carbonée.

Du temps de Jean de la Fontaine, il n'y avait pas encore de pétrole, pourtant sa fable *La cigale et la fourmi* semble avoir été écrite pour conjurer ce qu'on appelle la malédiction du pétrole, qui consiste à « flamber » quand l'or noir coule à flot au lieu de préparer l'avenir.

« La Cigale, ayant chanté tout l'été, se trouva fort dépourvue quand la bise fut venue.

Elle alla crier famine chez la Fourmi sa voisine, la priant de lui prêter quelque grain pour subsister

Que faisiez-vous au temps chaud ? dit-elle à cette emprunteuse.

Nuit et jour à tout venant je chantais, ne vous déplaise.

Vous chantiez ? J'en suis fort aise. Eh bien ! Dansez maintenant. »

Les royalties et le panafricanisme - New

Pour appréhender ce que rapporte le pétrole (ou le gaz), il faut prendre en compte trois éléments

Les sociétés qui exploitent le pétrole peuvent être nationales ou étrangères. Lorsqu'elles sont étrangères, elles peuvent néanmoins comporter un actionnariat national, privé ou public. Dans ce cas, cet actionnaire national touche des dividendes sur les profits de la société exploitante, conformément à sa part dans le capital social.

Puis, il y a la fiscalité sur les entreprises qui s'applique aux sociétés pétrolières comme aux autres.

Enfin et surtout, il y a les fameuses royalties, que prélèvent l'Etat concerné au nom de la propriété de ses ressources naturelles.

La formule la plus courante est celle du « partage de production », contrat par lequel l'Etat prélève atour de 10 % de cette production, en nature ou en valeur. Cette moyenne de 10 % peut varier de 5% à 25 % selon qu'on est en offshore ou en onshore, c'est-à-dire suivant les risques pris par l'exploitant, suivant les quantités prélevées (taux variable), et en fonction des circonstances historiques au moment de la signature des contrats, c'est-à-dire suivant le rapport de force entre les parties, tel que dessiné par les réalités du marché.

Quels que soient les arguments développés par les compagnies pétrolières quant au montant des investissements consentis et aux risques pris, il est clair que ce taux moyen de 10 % est faible et mérite d'être rehaussé. Les bons sentiments n'y suffiront pas. Les compagnies jouent sur la concurrence que se livrent les pays détenteurs de ressources. Ce n'est que de leur union, par exemple sur un taux minimum, que naitra un nouveau rapport de force. Voilà un domaine concret d'application du panafricanisme

L'exemple de Sangomar - New

La plateforme pétrolière de Sangomar a produit en un an, de mars 2024 à mars 2025, 16 millions de barils. A 70 dollars le baril, cela fait un chiffre d'affaires d'un milliard cent millions de dollars soit, au taux de 10%, cent dix millions de dollars de royalties pour le Sénégal, c'est-à-dire 70 milliards de Frans CFA.

Ce n'est pas beaucoup en effet et injuste.

5.2. L'enjeu technologique

Il est intéressant de noter que les pays du Golfe qui regorgent de pétrole et de gaz investissent beaucoup dans les énergies renouvelables, ce qui au premier abord est surprenant. Ils ne cachent pas la raison profonde de cet intérêt : ils ne veulent pas rater la révolution technologique qui se prépare. Ils ont été au cœur de la croissance du 20ème siècle avec le pétrole, ils veulent continuer à être leader dans le domaine de l'énergie produite avec le soleil, dont ils regorgent.

Il faut retenir de cette attitude que les énergies renouvelables sont avant tout un nouveau champ de technologies, et que les pays qui ne suivront pas seront dépendants de ceux qui les maîtriseront, même s'ils ont du soleil et du vent, comme ils l'ont été des majors pétrolières et minières faute de maîtriser les techniques d'extraction et de raffinage. Il ne s'agit donc pas seulement d'économiser la consommation de pétrole et de gaz pour sauver la planète et fournir de l'énergie à bon prix à ses concitoyens, mais aussi de pouvoir exploiter à son propre compte ce que la nature a légué au pays, en l'occurrence du soleil et du vent.

Or, le retard de l'Afrique dans les énergies renouvelables est déjà immense alors que son potentiel est considérable. L'Afrique n'accueille que 1,3 % des capacités mondiales, et les choses ne vont pas en s'améliorant puisqu'en 2021 l'investissement dans ces énergies a baissé de 35 %. Le peu qui existe est de plus concentré exclusivement sur 4 pays, Maroc, Égypte, Kenya et Afrique du Sud.

Quelle stratégie industrielle pour le Sénégal ? Nous aborderons la question comme nous l'avons fait jusqu'ici par une approche directement inclusive : la recherche de croissance par une réponse prioritaire aux besoins des plus démunis, angle d'attaque opérationnel et social en même temps.

5.3. Ma douche est chaude

Qui ne rêve pas de prendre tous les matins une douche chaude sans penser à sa facture d'électricité ? À condition bien sûr d'avoir déjà eu assez d'argent pour installer un chauffe-eau électrique. La réponse est simple, largement développée dans les pays de soleil, mais pas au Sénégal, c'est le chauffe-eau solaire. On trouve bien entendu des chauffe-eau solaires au Sénégal, mais beaucoup plus difficilement des installateurs compétents, car leur mise en place suppose des connaissances spécifiques en installation thermique.

Voici une première urgence, former en quantité des techniciens et des ouvriers installateurs compétents. Voilà ensuite un matériel, le chauffe-eau solaire, constitué essentiellement de chaudronnerie et d'un peu d'électronique dont la fabrication peut être envisagée sur place.

Chaudronnier un métier stratégique : dès qu'il y a du gaz ou des liquides, il faut des chaudronniers pour faire des citernes, des conduits, des réservoirs, des tuyaux. L'industrie du gaz et du pétrole, le transport routier, l'agroalimentaire, la cosmétique, l'énergie verte, toutes ces activités ont un besoin de chaudronnier. Combien en forme-t-on au Sénégal ? Vingt par an. Former des chaudronniers est un dossier de première importance pour toute l'industrie de tuyauterie et de cuves !

5.4. Ma clim coûte cher, ma maison est une passoire thermique

5.4.1 La demande de climatisation en forte hausse

Le Sénégal ne s'est pas beaucoup intéressé jusqu'ici à l'isolation thermique des bâtiments, et pour cause, les hivers y sont doux, et la climatisation en saison chaude était limitée aux hôtels, aux administrations, aux banques et à quelques privilégiés. La demande sociale de climatiseurs explose, d'autant que la température monte, alors que les bâtiments ne sont pas isolés. Comment répondre sans faire exploser ici aussi la facture de la SENELEC ? Le Sénégal devrait être couvert de panneaux photovoltaïques. Ils sont fabriqués massivement par la Chine qui a le silicium et les chaines de fabrication les moins onéreuses du monde.

Personne ne résiste à leur compétitivité. Construire des fermes solaires, ce qui a commencé, couvrir le toit des bâtiments de panneaux, raccorder tout cela, suppose des installateurs compétents à former d'urgence pour que les entreprises qui se lancent dans ce métier trouvent les collaborateurs dont elles ont besoin : installateurs/mainteneurs en systèmes solaires thermiques et photovoltaïques, monteurs en installations thermiques et climatiques, techniciens d'exploitation énergie.

Ajoutons-y les commerciaux qui vont avec : chargés d'affaires en génie thermique et climatique, technico-commercial thermicien/ économies d'énergie, chefs de projet innovation et transformation. Et bien sûr les ingénieurs indispensables. On le voit, une chaine de compétences vaste et complexe qui seule peut permettre au Sénégal d'exploiter son soleil, d'améliorer le sort de sa population est de créer des emplois.

5.4.2 Des bâtiments passoires à thermies

Lorsqu'on s'étonne auprès d'un hôtelier du prix des chambres au Sénégal alors que les salaires du personnel sont si bas, il rétorque que l'énergie lui coûte très cher, en particulier pour la climatisation. Rien d'étonnant puisque « ses clims » ne sont pas pilotées par un système informatique, la domotique, un tant soit peu élaboré, et que ses murs et ses vitrages sont des passoires à calories. Et que dire des immeubles d'habitation et d'administration où l'isolation thermique est le dernier des soucis ?

Pendant longtemps, on a associé isolation thermique et climat froid. Pourtant les anciens, qui n'avaient pas de clim, prêtaient une attention particulière au sujet, avec des matériaux isolants, de la terre plutôt que du ciment, des façades sud aux ouvertures étroites et, n'ayant pas de ventilateur, des circulations d'air naturelles. Tout cela a été oublié, et l'architecture d'aujourd'hui ne se mobilise plus beaucoup sur le sujet. Or, maintenant que la température monte et qu'il faut économiser les énergies fossiles, le sujet de l'isolation thermique redevient d'actualité.

Le Sénégal doit beaucoup construire pour accompagner sa croissance démographique. Il doit le faire en intégrant un nouveau critère, l'isolation thermique et la ventilation naturelle des bâtiments. Cela a-t-il été suffisamment fait à Diamniadio par exemple ? Pas sûr du tout.

Cela concerne les formations d'architectes, d'ingénieurs et de techniciens en bâtiment, notamment du secteur des matériaux, et bien entendu de nombreuses entreprises.

Quant au pilotage rationnel de la clim, il ne saurait se résumer à un simple thermostat, surtout dans les bâtiments de travail et les hôtels, mais relève d'une « approche domotique », encore un domaine où il faut former pour répondre aux besoins. Ce doit être aussi un domaine de recherche appliquée où les laboratoires spécialisés dans les matériaux ont un rôle important à jouer.

La climatisation et l'isolation des bâtiments sont à la fois des nécessités sociales et économiques et des opportunités en termes d'emploi et de progrès techniques. Chauffe-eau solaires, panneaux photovoltaïques, isolation des bâtiments, un filière énergie verte nécessaire et pour laquelle le Sénégal ne manque pas d'atouts.

5.5. De l'hydrogène vert ?

L'hydrogène est le combustible d'avenir, peut-être pas pour la voiture individuelle, mais sûrement pour les camions, les trains (Alstom a fait circuler le premier) et les avions. Pour la fabriquer, il faut de l'énergie puisqu'il n'existe pas à l'état naturel, (en tout cas le pensait-on jusqu'à une découverte récente d'hydrogène « blanc » en France, dans d'anciennes mines de fer, à 3000 m sous terre). Le plus simple est l'hydrolyse de l'eau. Il faut beaucoup d'énergie pour la mettre en œuvre et le processus de fabrication doit, par définition, être propre puisqu'on veut éviter les gaz à effet de serre.

C'est pourquoi se construisent des usines à hydrogène vert dont l'électricité est fournie par des éoliennes. Il s'agit d'investissements lourds, de haute technologie, qui appellent une maintenance soutenue, car ces appareils sont soumis à des efforts considérables.

Le Sénégal dans sa côte nord ne manque pas de vent. Pourquoi n'accueillerait-il pas une usine à hydrogène vert ? À lui de former la main-d'œuvre qui pourrait faire fonctionner et entretenir une telle installation. D'autres pays africains sont déjà sur les starting-blocks.

5.6. En finir avec les groupes électrogènes

Les groupes électrogènes sont une plaie : ils sont bruyants, polluants, onéreux et inesthétiques.

Pour en finir avec eux, la SENELEC doit gagner en fiabilité. Autant un groupe électrogène reste nécessaire dans des services particuliers, comme les hôpitaux ou les services de sécurité, autant ils devraient progressivement disparaître des hôtels, des immeubles d'habitation ou des ateliers. Ne pourrait-on pas imaginer des zones de « sécurisation contractuelle » dans lesquelles la SENELEC assurerait, étape par étape, une fourniture sans coupure ?

La fourniture à la SENELEC d'un pétrole désormais national, accompagnée d'un développement des énergies renouvelables, devrait permettre de planifier leur éviction progressive au fur et à mesure des progrès du réseau de distribution.

5.7. Le réseau de distribution

Le renforcement du réseau de distribution est une priorité du PSE, en particulier l'électrification des zones rurales, en partenariat étroit avec les bailleurs, comme en témoigne entre autres la boucle du Ferlo pour améliorer la desserte du nord du pays.

5.8. Le monde magique des batteries et la voiture

Les grands pays producteurs de voitures thermiques accélèrent le passage à la voiture électrique. On en connaît déjà deux difficultés : les besoins en métaux rares et en cuivre qui semblent dépasser les ressources mondiales disponibles, avec donc des risques de flambée des prix, et de nouvelles pollutions, pour extraire et traiter ces métaux puis pour recycler les batteries. Le Sénégal doit anticiper ce tournant. Viendra assez vite le temps où des voitures neuves électriques débarqueront au port de Dakar et il faudra bien recharger leurs batteries et donc prévoir les stations adéquates.

Cette mutation radicale offre cependant une opportunité : des millions de voitures thermiques d'occasion en très bon état vont être mises en vente en même temps dans le monde et vont donc voir leurs prix s'effondrer. Il y a peut-être là l'opportunité de renouveler le parc local le plus ancien avec des voitures certes thermiques, mais en bien meilleur état que celles qui circulent aujourd'hui. Des dispositifs fiscaux et douaniers pourraient être mis à l'étude pour faire bénéficier le pays de ce tournant historique.

Avec son pétrole, son gaz, son soleil et son vent, le Sénégal dispose des ressources énergétiques dont le PSE a besoin. Il faut y ajouter des investissements prioritaires en particulier pour le réseau de distribution, une politique de filière industrielle pour les chauffe-eaux solaires et les matériaux innovants dans le bâtiment, et des formations techniques variées et en nombre pour conduire à bien cette évolution.

Les coupures : un mauvais souvenir - New

Les coupures d'électricité et le bruit du déclenchement des groupes électrogènes faisaient partie du quotidien des Dakarois. Ce ne sont plus que de mauvais souvenirs. Dans les centrales électriques le gaz va remplacer le fuel, et comme c'est un gaz national, le prix du KWH va baisser. Excellente nouvelle pour les ménages et pour l'industrie, car que ce soit pour les data center ou pour la production d'engrais, le prix de l'énergie est devenu un élément déterminant de la compétitivité.

Le Sénégal, grâce à un mix, solaire, éolien et gaz est en marche vers les 10 giga d'ici 2035, soit une multiplication par 5 de la capacité actuelle.

Électricité : monopole et concurrence - New

En général, le réseau de distribution appartient à l'entreprise nationale historique, en l'occurrence la SENELEC. Mais pour éviter les abus de monopole, depuis quelques années, dans de nombreux pays, la production a été ouverte à la concurrence, qui doit naturellement payer un péage pour utiliser le réseau de distribution qui, lui, reste unique. Il en est d'ailleurs de même depuis un certain temps pour les télécoms : FREE par exemple paie un droit de passage pour utiliser le réseau de la SONATEL, et c'est même de plus en plus souvent le cas pour le rail.

Pour l'instant ici la SENELEC a toujours le monopole de la vente. En réalité pas de la production, puisque quasiment les ¾ de l'électricité produite l'est par des entreprises privées, mais qui doivent encore la céder à la SENELEC qui elle la vend ensuite au travers de son réseau. Viendra le temps où ces producteurs privés accéderont directement à leurs clients via les fils de la SENELC, et où alors la concurrence pourra jouer.

6

SE DÉPLACER, LES TRANSPORTS

6.1. Ça va beaucoup mieux !

Qui n'a pas connu le bac sur le fleuve Gambie, les trous dignes d'un bombardement de la route Fatick-Kaolack, la corniche à deux voies, la VDN sans les échangeurs de Keur Gorgui, de Ouest-Foire et de Nord-Foire, ou encore la route de l'aéroport sans l'échangeur de l'émergence et la Nationale 1 avant l'autoroute ne peut pas mesurer les progrès faits en 12 ans. Ces progrès autoroutiers qui se poursuivent vers Saint-Louis, avec la magnifique et côtière VDN3, et vers le Sud, ont changé la physionomie du Sénégal. Le TER et les voies de bus en site propre viennent compléter un dispositif de transport en pleine mutation. L'effort va se poursuivre, car le retard était considérable. L'économie et la vie quotidienne vont s'en trouver sensiblement améliorées.

6.2. Les pauvres circulent en bus ou à pied

> *« Savez-vous pourquoi il y a tant d'églises à Paris ? C'est pour permettre aux piétons d'entrer faire une prière avant de traverser la rue »,* écrivait le journaliste américain Art Buchwall.

Les automobilistes dakarois n'ont rien à envier aux automobilistes parisiens. Le respect des automobilistes à l'égard des piétons est sûrement un indice de civilisation.

6.2.1 Les bus

Sur l'agglomération dakaroise, le Sénégal a les instruments pour développer ses transports collectifs avec l'entreprise publique DDD et l'association AFTU et ses 1400 bus privés. Les travaux en cours vont faciliter grandement leur circulation. Le spectacle de ces « cars rapides » fatigués et bondés montre que des progrès qualitatifs de confort restent à réaliser. L'État est-il assez exigeant sur les délivrances des autorisations d'exploitation ?

Plaidoyer pour le beau - New

Marché aux poissons de Pikine. Les odeurs le disputent au bruit et à la bousculade. On est dans *Le Ventre de Paris* de Zola ou dans les mêmes Halles du *Parfum* de Patrick Süskind. Les poissons sont étalés sur des bancs en ciment sans glace.

A 300 mètres de là, la station Baux-Maraichers, du train express régional, le TER. On est dans le métro de Singapour. Tout n'est que technologie, calme et volupté. Bien que bondé, aucune bousculade, silence total, le TER glisse vers Dakar : 300m, un siècle de distance.

Le Bus rapide transit, le BRT, en site propre, aux stations édifiées dans un mobilier urbain raffiné et puissant. Les voyageurs regardent par la vitre passer sur la voie d'à côté les caisses rouillées des « cars rapides », et se demandent, dans leur bus 100% électrique, « mais quand donc va-t-on en finir avec ces vielles carcasses » ?

Le TER, le BRT ou encore l'AIBD, constituent des chocs de modernité et d'élégance qui donnent d'autres références au pays, qui font bondir le désir de progrès et d'exigence, comme dans d'autres domaines la monétique ou les grandes surfaces commerciales.

Toutes les infrastructures à venir, mériteraient aussi de s'inspirer de cette exigence de beauté. Par exemple, les ports de pêche à construire, grands ou petits, devraient, au-delà de leur fonctionnalité, être des bâtiments d'architecte où les pêcheurs et les mareyeurs seraient fier de se rendre, et que la population, comme les touristes, aimerait fréquenter, par le spectacle qu'ils offriront.

Même chose pour les coopératives agricoles qui ont vocation à devenir non seulement des lieux d'activité efficace, mais aussi des bâtiments qui marquent l'espace rural par leur esthétique.

Le Beau est-il trop cher ? Cinq fois que non ! New

Dakar s'enorgueillit à juste titre de compter de nombreux bâtiments et équipements dont il faut bien dire qu'ils sont beaux. Auraient-ils coûté trop cher ? Imagine-t-on aujourd'hui un stade Abdoulaye Wade banal, une Arena médiocre, un grand Théâtre laid, un Aéroport année 60, un BRT inesthétique, un TER du pauvre, un monument de la Renaissance riquiqui, un siège des Nations unis sans intérêt, un Musée disgracieux, un Centre de conférences vilain ? Que n'entendrait-on pas ! Oui, il faut prendre toujours le parti du beau, pour cinq raisons.

- Ces bâtiments et équipements embellissent la ville au profit de tous ;
- On sait bien qu'une tenue traditionnelle en Bazin Riche ou Getzner est plus chère qu'un bas de gamme, mais dure plus longtemps. C'est pareil pour les beaux bâtiments, plus cher mais mieux construits ;
- Un beau bâtiment fait appel à des techniques sophistiquées qui constituent un progrès dans les savoir-faire des entreprises ;
- On ne voit pas pourquoi les hauts dignitaires rouleraient en Toyota Land Cruiser, payées par les contribuables, peu écologiques de surcroit, et le peuple devrait se contenter de transports en commun de 2ième classe ;
- Enfin et surtout, les économies qui auraient été éventuellement faites n'auraient profité ni à la pêche, ni à l'agriculture, ni aux écoles, ni à l'assainissement car, comme on vient de le voir, il s'agit avant tout pour ces secteurs de problèmes d'organisation et de modèles économiques. S'il y a des économies à faire, c'est bien sur le fonctionnement de l'Etat, son train de vie, et pas sur les investissements publics.

Donc oui, vive le beau !

6.2.2 Danger, trottoir

Si les pauvres sont les principaux usagers des transports collectifs, ils se déplacent aussi beaucoup à pied. Et là, bonjour la galère. Les trottoirs du Sénégal ne font pas dans l'inclusion, occupés par des voitures quand ce n'est pas par des commerçants, sans parler des bouches d'égout ouvertes, extrêmement dangereuses, et des ruptures de niveau inattendues et permanentes !

En centre-ville, ce sont les voitures des puissants qui occupent les trottoirs, et les piétons, les petits, qui sont donc comme exclus de la ville. Dans les quartiers résidentiels, pas de trottoir, mais des voitures garées partout, obligeant le piéton à marcher au milieu de la rue. Bref, l'inclusion, c'est aussi s'occuper des piétons, ce qui est social et…moderne ! Social et humain, car les piétons renversés représentent près d'un quart des morts sur la route. Moderne, car le mouvement mondial est de réduire la place de l'automobile dans les centres-villes, pour des raisons de pollution, d'encombrement et de convivialité. Pourquoi Dakar ne commencerait-il pas à réfléchir au sujet ?

Un trottoir est un objet technique complexe : il accueille, des arbres, des feux de circulation, des sorties de garage, des bouches pour réseaux divers, etc. Construire un trottoir sous toutes ces contraintes, tout en faisant un lieu sûr pour la déambulation des piétons, nécessite des dessinateurs rigoureux, puis des ouvriers hautement qualifiés pour ajuster tous ces éléments hétéroclites, soit pour ces derniers deux ans de formation en CAP. On ne forme pas un maçon spécialiste des trottoirs en 15 jours, sinon on connaît le résultat. Danger, trottoir ! Refaire les trottoirs au Sénégal ? Des milliers d'emplois qualifiés et inclusifs à la clé !

6.2.3 Une pollution dangereuse

Dakar est une des villes les plus polluées du monde, ce qui est surprenant vu sa position, une presqu'ile dans l'océan bénéficiant de vents réguliers. Le parc automobile, voiture, bus et camions, est dans un tel état que la pollution par les tuyaux d'échappement est dantesque. Tout le monde sait que le contrôle technique est complaisant sur les critères de pollution, mais tout autant sur la tenue de route ou le freinage.

Les mécaniciens de rue font des miracles, et tout le monde salue leur habileté qui arrive à remettre en marche des véhicules plus que brinquebalants. Ce génie du système D, qui rend bien des services aux plus pauvres, et notamment aux taxis, à des conséquences graves en termes de pollution et d'accidents. Il y a là aussi deux Sénégal, celui des bancs de diagnostic sophistiqués de la « Sénégalaise de l'Automobile » pour les belles voitures et les garages à même le sol derrière la RTS. Inclus et exclus !

Nous préconisons deux mesures : un renforcement réel des exigences en matière de contrôle technique, pour pousser à l'amélioration progressive du parc, et un renforcement de la formation des mécaniciens dans le domaine de la sécurité et de la pollution, dans les centres de formation, mais aussi pour les mécaniciens de rue au travers des certificats de compétences ad hoc pour le secteur informel que nous présentons ci-après. Ils ne devraient être autorisés à exercer qu'après avoir obtenu ce certificat de compétences dans ces deux domaines de la sécurité et de la pollution. Faire rouler une voiture, c'est bien, faire en sorte qu'elle ne soit pas dangereuse et qu'elle pollue moins, c'est mieux.

Cette approche vaut naturellement pour les bus, les cars rapides en premier, et les camions. Un vaste chantier d'élévation des qualifications au service de la santé, car on connaît les dégâts de la pollution à Dakar sur les poumons, et au service de la sécurité. Il s'agit là aussi d'une mesure inclusive concrète, car ce sont les plus pauvres qui voyagent dans des voitures peu sûres et qui sont les plus exposés aux vapeurs d'essence et aux accidents.

Taxi : trop d'informel - New

Il y a les taxis jaunes, officiels, avec licence, et assurance. Et également les « clandos », en grand nombre. Récemment se sont ajoutées les motos-taxis, qui pullulent.

Désormais il y a aussi Yango, qui fonctionne avec une plateforme d'appel. C'est donc un plus, qui offre l'avantage d'un prix de la course fixée à l'avance et d'un chargement devant le domicile. Mais allez savoir pourquoi, les véhicules qui sont sur cette plateforme ne sont-ils ni n'agréés ni assurés : l'inscription y est libre. On est encore une fois de plus dans l'informel. Du coup, il est fréquent que ces chauffeurs Yango, bien qu'équipés d'un GPS, tournent un moment avant de trouver la destination demandée car ils ne sont manifestement pas tous expérimentés.

Les taxis jaunes historiques sont vent debout contre tous ces systèmes concurrents qui les mettent à mal. Ils s'appauvrissent à vue d'œil faute de clients et leurs voitures sont de plus en plus dans un bien piteux état.

Mais bon, ils doivent d'abord s'en prendre à eux-mêmes : pourquoi n'ont-ils pas mis en place à temps une formule du type « Allo taxi jaunes » ?

Et aussi qu'attend l'Etat pour certes laisser jouer la concurrence mais réglementer tout cela ? Car le résultat est une offre de transport en taxi certes abondante mais qualitativement bien peu satisfaisante.

6.3. La filière automobiles/cars/camions

6.3.1 La maintenance

Il y a les garages au top niveau pour les riches, CFAO, Sénégalaise de l'Automobile, et puis les garages de rues pour les autres. Ces derniers ont pour défaut de continuer à faire rouler des véhicules, voitures, cars et camions qui autrement devraient être envoyés à la casse, mais l'avantage d'offrir des véhicules qui avancent aux plus modestes. Cette activité de maintenance doit donc progresser par plus de sévérité notamment sur la distribution et le renouvellement des plaques de taxis et par des formations adaptées pour ces intervenants qui souvent n'ont fréquenté les bancs que brièvement. Nous proposons, ci-après, un dispositif original de certificats d'apprentissage adaptés à ces entreprises de l'informel.

6.3.2 La fabrication

Il nous semble prématuré d'envisager sérieusement des usines d'assemblage. Le risque de se casser le nez est grand, ne serait-ce que parce que l'acheteur potentiel sera exigeant et sans pitié. En revanche, il nous paraît raisonnable de se lancer plus énergiquement dans la fabrication de pièces détachées, sous licence ou pas. Le Sénégal peut acquérir rapidement les savoir-faire nécessaires en plasturgie, en usinage et en fonderie. En choisissant les bons créneaux de départ, en veillant comme on l'a indiqué plus haut à ce que tous les éléments de l'écosystème d'entreprise soient bien assurés (formation, clients, finance, entrepreneurs, douanes, et.), il y a là de quoi organiser un tour de table opérationnel et commencer ainsi pour le Sénégal à prendre sa place dans l'industrie automobile.

7

L'URBANISME

Améliorer par un urbanisme maîtrisé la qualité de vie des Dakarois passe par une approche globale de la ville : un aménagement du territoire qui repose sur le développement rural, un contrôle sérieux des coefficients d'occupation des sols pour éviter les surdensités, la subordination de la délivrance des permis de construire au calibrage préalable des réseaux d'eau, d'assainissement, et de collecte des eaux pluviales, un « plan trottoir », le développement des transports collectifs et le renouvellement des flottes de taxi et de « cars rapides », un traitement professionnel, avec son volet de tris, des ordures ménagères, le verdissement de la ville et enfin la construction de bâtiments « haute qualité environnementale » en lieu et place de ces tours offrant des façades de verre plein sud, qui vont générer des dépenses de climatisation insupportables.

L'or de Kédougou : une approche territoriale du développement - New

Dakar étouffe. Les immeubles de 15 étages et plus sont construits le long de rues non redessinées qui n'accueillaient avant que de petites maisons, les voitures sans parking envahissent la voirie et ce qu'il reste de trottoir, les arbres son rasés, les embouteillages sont massifs et quotidiens.

Sans inversion des flux, humains et financiers, Dakar risque d'entrer dans le cercle peu envieux de ces mégapoles ingouvernables et à bien des égards infernaux.

Il était donc temps de ne pas appréhender la croissance simplement au chiffre du PIB mais à sa bonne répartition sur le territoire national.

Dakar concentre en effet quasiment la moitié du PIB, sur 1,5 % de la superficie du Pays, et pour 60% dans le secteur tertiaire.

C'est-à-dire que se crée une économie doublement déséquilibrée, où : 1) les services, majoritairement du commerce, 50% du PIB au plan national, l'emportent sur la production industrielle et agricole, et où 2) ces services se concentrent sur Dakar, qui vit alors sur le dos des autres régions, car les deux déséquilibres s'auto-entretiennent.

Le pouvoir, les marges bénéficiaires, les revenus reviennent à Dakar, et la galère pour le reste du territoire. C'est ce cercle vicieux que veut rompre **la Vision Sénégal 2050**, qui fait de la répartition équilibrée des activités autour de **8 Pôles de développement**, harmonieusement distribués, l'axe central de la politique économique.

Nous le savons, la répartition des bénéfices entre les sociétés minières et pétrolières étrangères et les pays où sont exploitées ces ressources naturelles est injuste, car cette répartition se fait sur la base du rapport de force et non de la morale. C'est là le combat difficile de la plupart des pays d'Afrique.

Cependant, il y a aussi une forme d'injustice interne. Ainsi, la région de Kédougou, avec ses mines d'or, a-t-elle le PIB par habitant le plus élevé du Sénégal, avec 2 millions et demi de francs CFA, contre 2 millions pour Dakar, et contre 1 million sur le plan national, alors qu'en même temps, elle a le taux de pauvreté le plus élevé du pays, et pas que de peu : 65% pour Kédougou donc, contre 10 % à Dakar

Comment expliquer cette discordance entre PIB par habitant et taux de pauvreté ?

C'est tout simplement parce que ce n'est pas le mineur de fond, avec son pauvre salaire, qui prend la plus grosse part du gâteau, mais ceux qui, à la capitale, dans les banques, les sièges sociaux, les sociétés d'ingénierie, et aussi les ministères, les universités et les ambassades, directement ou indirectement, bénéficient du pouvoir de prélever l'essentiel de la valeur ajoutée.

Le PIB de Dakar n'est constitué que de 8% de produits manufacturés. Le PIB de Kédougou est quant à lui minier pour 75%, et tertiaire pour 10%, soit 6 fois moindre qu'à Dakar.

La région de Kédougou est donc doublement pénalisée : alors qu'elle est productrice de richesses réelles, elle est victime d'une prédation des compagnies minières, puis d'un deuxième prélèvement interne.

Et ceci est vrai pour toutes les régions qui produisent de vrais richesses, industrielles et agricoles, qui ne sont que peu dotées en économie de service et en lieux de pouvoir.

Le combat pour la meilleure organisation du territoire vient donc compléter utilement celui pour la souveraineté nationale.

8

LA FILIÈRE DU NUMÉRIQUE

Le numérique est une chance formidable pour le développement. Il permet aux pays émergents d'enjamber le 19èm^{e} et le 20e siècle et de rattraper leur retard. Il permet de mettre en relations opérationnelles tous les points du territoire, même s'il n'y a pas encore d'autoroute ou de voie ferrée. Il permet de compenser des déficits difficiles à combler du jour au lendemain, par exemple avec l'enseignement à distance ou la consultation télé-médicale.

Il permet à de jeunes pousses de se faire connaître immédiatement et en cela, il facilite grandement les créations d'entreprises. Il met les informations en tout genre à la disposition de chacun, contribuant ainsi à l'élévation du niveau de connaissance de la population et au renforcement de la démocratie. La preuve en est que l'Internet est coupé ou limité dans les régimes autoritaires. Il a, en outre, l'avantage de séduire les jeunes qui s'engagent pleinement dans tous les métiers qu'il offre, dynamisant globalement la société et son économie.

8.1. Le soft

Le Sénégal s'est engagé largement dans l'utilisation massive du numérique comme en témoigne, entre autres, le succès des paiements électroniques. Cet engouement peut servir de point d'appui au développement des startups. Les jeunes sénégalais friands d'informatique sont nombreux et doués, et prêts à développer une industrie nationale du logiciel. Le cadre d'accueil a été installé à Diamniadio. Reste à mettre en place les structures de financement pour faire naître des licornes sénégalaises.

Les programmeurs ne relèvent manifestement pas d'une tournure d'esprit classique, comme l'illustrent les hackers qui, souvent sans formation académique, cassent les systèmes de protection les plus sécurisés. C'est pourquoi se sont mises en place partout dans le monde des écoles de formation spécifiques, non conventionnelles, pour ces jeunes gens pour qui l'informatique est comme un prolongement naturel de leur cerveau. Ces écoles recrutent selon des modalités particulières, des tests spécifiques, visant à détecter ces qualités originales.

Le Sénégal ne devrait-ii pas réfléchir au sujet ? Le patron de Free, Xavier Niel, vient d'ouvrir ces écoles originales en France, appelées école 42. Free vient d'arriver au Sénégal. Pourquoi pas une école 42 à Diamniadio ?

8.2. Le hard

Les « débloqueurs » et réparateurs de téléphone et d'ordinateurs en tout genre à Dakar, souvent dans l'informel comme au Port, révèlent l'existence de compétences de base dans le domaine du hard, qui peuvent constituer la main-d'œuvre initiée dont aurait besoin un industriel qui se lancerait dans l'assemblage de mobiles ou d'ordinateurs. Pourquoi les téléphones de marque « Tecno » ne seraient-ils pas assemblés au Sénégal plutôt qu'au Nigeria ou au Kenya comme cela en prend le chemin, semble-t-il ? Pourquoi pas à Diamniadio avec le soutien des opérateurs de la place, notamment Orange ? Inclure, en passant de l'informel au formel, inclure en développant des filières industrielles, voilà le chemin d'un PSE abouti.

8.3. Les domaines de développement

8.3.1 L'enseignement à distance

L'ordinateur ne remplacera pas le professeur. Les expériences désormais nombreuses dans le monde montrent qu'il y a dans la relation maître/élève un rapport particulier qui exige un enseignement minimum en présentiel. Mais l'ordinateur et l'Internet peuvent beaucoup aider. Ils permettent d'accéder à des ressources documentaires quasi illimitées compensant l'absence de bibliothèque, ils permettent de communiquer des documents rapidement et de manière peu onéreuse, d'échanger entre élèves, etc.

Ils permettent aussi d'utiliser le cours renversé. Dans la pédagogie traditionnelle, on passe trop de temps avec le cours magistral, qui a comme défaut majeur d'imposer une vitesse d'assimilation unique à un groupe nécessairement hétérogène. Combien d'élèves et d'étudiants sont largués dans les cours magistraux, soit du temps et de l'argent perdus pour tout le monde ? Avec le cours inversé, l'élève reçoit ce qu'il a à apprendre sur son terminal, il peut en prendre connaissance à son rythme, et les heures en présence du professeur sont alors mises à profit pour des exercices et travaux dirigés, qui sont l'activité la plus efficace pour la compréhension.

L'Internet et l'ordinateur sont des outils formidables, mais qui supposent bien entendu des équipements et, tout aussi important, des maîtres manipulant correctement cette nouvelle pédagogie. Il ne faut pas attendre que tous les élèves, les écoles et les professeurs soient équipés pour former les maîtres à cette évolution qui est inéluctable.

Le système éducatif doit prendre langue avec les opérateurs téléphoniques pour faciliter cette mutation, par l'équipement des établissements et par des tarifs d'usage préférentiels pour les activités scolaires et universitaires.

8.3.2 Un appui pour la santé publique

Nous venons de voir que la rareté des médecins et en particulier des spécialistes, les difficultés de déplacement plaident pour le recours aux consultations à distance pour gérer les premiers diagnostics. Nous avons vu aussi que l'importante couverture du pays en postes et centre de santé permet d'envisager un système en réseau où le médecin dispose de points de consultation à distance, et dans lesquels le patient est accueilli proche de son domicile par un personnel qualifié de type infirmier.

C'est en pensant en termes de réseaux que la carte sanitaire du pays et la formation des personnels de santé doivent être conçues désormais. C'est là un champ d'activité considérable et particulièrement précieux pour les informaticiens du pays.

8.3.3 Un atout pour l'industrie comme pour les autres secteurs

On ne dessine plus des immeubles, des meubles, des vêtements ou des pièces mécaniques à la planche à dessin, mais grâce à des logiciels d'architecture ou de productique. Les formations des ingénieurs et techniciens aux métiers de l'industrie, de la mode ou du meuble doivent désormais reposer sur l'acquisition des compétences en matière de conception et fabrication par ordinateur.

Nous proposons que soient recherchés des accords de partenariat pédagogique avec les grandes entreprises de logiciel du secteur, comme l'on fait de nombreux systèmes éducatifs dans le monde, afin de développer sans tarder des sections de BTS et de licence professionnelle en productique mécanique, productique matériaux souples (textile/mode) et productique bois (meubles).

8.3.4 Et pour bien d'autres secteurs

L'agriculteur doit pouvoir, en ayant recours à un service mis en place par sa coopérative, rentrer des informations sur ses champs, les variétés utilisées, leur localisation, la date des semences, etc., et recevoir en retour des conseils sur les traitements à utiliser, à quelle date et en quelle quantité, pour une agriculture raisonnée. On a également évoqué la domotique pour le pilotage des systèmes de climatisation dans les hôtels, les entreprises et les administrations. Les chauffeurs de taxi doivent pouvoir disposer des informations sur la circulation pour choisir le meilleur itinéraire, etc.

Qu'il y ait recours à des logiciels sur le marché ou que le pays se dote d'un réseau de start-up du logiciel, il est important que la culture numérique se répande dans toutes les strates de la société. À cet égard, même s'il est irritant de voir des adolescents le nez sur leur écran du matin au soir, il faut voir le bon côté des choses : ils apprennent à naviguer dans le numérique.

Intelligence Artificielle : la Californie flambe, la terre est basse - New

L'intelligence artificielle, l'IA, va jouer un grand rôle dans plein de domaines, c'est sûr : la santé, les apprentissages, la recherche, la traduction, la sécurité ou la guerre. Mais faut-il en attendre des miracles ?

La Californie est la terre de prédilection de l'informatique et donc de l'IA. Or, elle vient de brûler comme Londres en.... 1666. Près de 40% de la population américaine est obèse ou en surpoids. Le déficit commercial des USA en 2024 a été de 1000 milliards de USD et le déficit budgétaire de 1800 milliards de USD. Pour éteindre les incendies il faut des pompiers, pour ne pas avoir des déficits produire des biens réels.

Par ailleurs, la température du globe ne cesse d'augmenter, les polluants permanents envahissent nos organismes, les inondations touchent toujours plus de régions, et nous manquons d'espace dans nos villes.

Bref, l'IA va nous aider à mieux résoudre plein de problèmes mais ne fera pas des miracles.

Elle va nous aider à prendre des décisions mieux fondées, mais il n'y a pas de rationalité absolue : la rationalité c'est mettre les moyens en adéquation avec les fins. Et les fins, les objectifs, cela relève du libre arbitre des hommes, de leurs communautés, de leurs valeurs, morales et philosophiques, de leurs décisions politiques.

Oui, l'IA peut aider les agriculteurs à conduire leur exploitation de façon plus efficace, mais « *la terre restera toujours aussi basse pour planter et récolter* ». Oui, l'IA peut aider à mieux informer les pêcheurs sur l'état de la ressource halieutique, mais la mer sera toujours aussi dangereuse. Oui, l'IA peut aider à affiner la stratégie touristique, mais la qualité du cuisinier et du serveur restera déterminante. Oui, l'IA donnera un coup de pouce au maitre pour individualiser son enseignement, mais le dialogue en présentiel entre le maitre et l'élève restera essentiel, comme le montre d'ailleurs, dès aujourd'hui, les limites de l'enseignement en ligne. Oui, l'IA donnera à un créateur d'entreprise beaucoup d'informations sur ses chances de succès, mais c'est lui qui devra décider de prendre des risques, etc.

Bref, le Sénégal doit s'approprier l'IA pour son économie, sa recherche, son système éducatif, il doit former des bataillons d'informaticiens afin d'en être plus qu'un usager mais aussi un producteur, et il doit développer la culture digitale dans toutes les strates de la société.

Surtout, continuer à mettre en œuvre toutes les réformes préconisées dans ce livre, notamment pour, par la fiscalité, orienter l'épargne vers les start-ups du numérique plutôt que vers la spéculation foncière, réformes pour lesquelles la capacité de dialogue avec tous les acteurs sera plus décisive que l'IA.

L'illusion d'un monde fait de soft -New

La vulgate nous disait que le monde de la production lourde, celle des mines, de l'acier et des machines, était derrière nous, et que désormais notre monde serait celui éthéré des logiciels et des énergies renouvelables, un mode léger comme des lignes de programme, comme le vent et le soleil.

Or que voit-on ? Que la fameuse intelligence artificielle exige des quantités d'énergie comme jamais, alors que les énergies non carbonées, éolienne, solaire, nucléaire et hydroélectrique relèvent de l'industrie lourde. Que les systèmes informatiques consomment toujours plus de minerais, de terres rares, du lithium, du zircon, du nickel, du cuivre, et que pour fabriquer toutes ces puces il faut des machines de plus en plus sophistiquées. Et aussi que pour faire fonctionner tous ces réseaux, il faut des câbles, des satellites, des fusées, et donc qu'au total jamais le monde n'a eu autant besoin de productions matérielles.

C'est d'ailleurs ce que découvrent avec sidération les Américains, que leurs fameuses GAFAM ne sont rien sans les productions matérielles chinoises.

Jamais la production matérielle n'a été autant nécessaire. Tout le défi n'est donc pas de cesser de produire, comme le disent les partisans de la décroissance, mais de produire sans abimer la planète.

Le Sénégal est en première ligne de ce défi avec le Zircon et la protection des Niayes.

9

LES MACHINES À DEVISES

9.1. Les mines et le pétrole

Le Sénégal entre à son tour dans la liste des pays grands producteurs de ressources naturelles. Après les phosphates, l'or et le zircon, voilà le pétrole et le gaz, qui vont lui donner des marges de manœuvre supplémentaires, avec leurs gisements au nord, près de Saint-Louis, et au sud de Dakar (Sangomar). Ces ressources appartiennent à la nation et doivent lui revenir pleinement. On évoque souvent la malédiction du pétrole en référence à ces coups d'État qui ponctuent la vie de pays producteurs.

Dans ces pays, le clan au pouvoir vit de la rente pétrolière, et lorsqu'un autre clan estime ne pas avoir sa part de la manne, il fomente un putsch. Rien de tout cela au Sénégal, démocratie solide, où l'État et son administration assurent un fonctionnement régulier de l'économie. Le code pétrolier de 2019 (loi n° 2019-03 du 1er février 2019 portant code pétrolier) offre le cadre d'une saine gestion de cette ressource, notamment par la transparence des contrats.

Certains trouvent que les redevances payées au pays par les sociétés concessionnaires sont trop faibles. Possible, mais foin de démagogie : n'oublions pas qu'aller chercher du pétrole à 3000 m sous la mer est un exploit technique remarquable et qu'il est normal que les entreprises concernées soient rémunérées à la hauteur de leurs savoir-faire, des investissements colossaux réalisés et des risques pris. Ces ressources, particulièrement bien venues, doivent, ça va de soi, servir à préparer l'avenir, infrastructures, formation, etc., et non pas à compenser des dépenses courantes non maîtrisées.

9.1.1 Raffiner

On sait qu'il est plus rémunérateur d'exporter un produit transformé ou raffiné que brut, pour les minerais comme pour l'arachide. Pour les minerais et le pétrole, il faut avoir conscience que le raffinage relève de l'industrie lourde, avec des équipements colossaux, des technologies de pointe. Ce n'est donc pas d'un claquement de doigts qu'on transforme du pétrole brut en essence ou qu'on extrait du zircon du sable.

Le Sénégal doit bien sûr s'emparer du sujet du raffinage de ses nouvelles ressources en sachant qu'une réponse s'inscrit nécessairement dans le long terme, ne serait-ce que pour former les compétences nécessaires au bon fonctionnement de ces installations. Les difficultés actuelles de la SAR, Société africaine de raffinage, qui importe du brut pour le raffiner, dont la production connait des hauts et des bas, montrent les exigences et les contraintes de cette industrie. La SAR peut-elle être cette tête de pont de l'industrie nationale du raffinage ?

9.1.2 Attention aux blessures

Ce livre ayant pour ambition d'articuler inclusion et développement industriel, nous devons évoquer la question des blessures que font à la terre les industries extractrices et les cicatrices qu'elles y laissent. Aucune de ces activités n'est indolore pour l'environnement. Des pollutions à l'arsenic pour l'or au bouleversement des Niayes par le zircon, en passant par les poussières de phosphates sur les champs de la région de Thiès, les échappements de l'industrie chimique (ICS), ou les inévitables fuites en mer des installations pétrolières, sans parler des gaz brûlés sur les champs pétrolifères et les retombées acides que cela génère, l'activité minière est à haut risque environnemental. Ce sont les plus pauvres qui en paient le plus lourd tribut, n'ayant pas toujours les moyens de s'éloigner des zones ainsi polluées.

C'est pourquoi nous appelons l'État à une vigilance de premier ordre en la matière, et à manifester clairement sa détermination à appliquer des sanctions sévères pour les contrevenants, comme le prévoit le Code minier. Et point de naïveté : même les grands groupes qui font assaut de déclarations éthiques à Davos et ailleurs, qui brandissent leurs chartes vertes, sont capables de la pire désinvolture quand ils sont chez les autres.

9.2. Le Tourisme

« Rien ne développe l'intelligence comme les voyages. »
Émile Zola

Le tourisme peut être une source de devises conséquentes. De plus, il est créateur d'emplois de tous niveaux et peut contribuer efficacement à l'aménagement du territoire en mettant en valeur des zones qui sont restées en dehors des activités économiques classiques. En cela, il est une activité particulièrement inclusive. Un milliard et demi de touristes dans le monde en 2019 : le tourisme est la première activité économique mondiale. Le Sénégal a été une destination touristique prisée dans les années 1980. Au moment où le tourisme est en plein essor, il ne l'est plus. Pourquoi ? Que faut-il faire pour qu'il retrouve toute son attractivité ?

9.2.1 Des chiffres à revoir

Commençons par les chiffres : ceux avancés par l'administration du secteur au Sénégal sont sujets à caution. C'est tellement vrai que l'ANSD, à qui « on ne la fait pas », écrit dans son rapport sur la situation économique et sociale de 2017/2018 (SES) :

« Le défi du secteur du tourisme reste le renforcement du système d'information statistique du tourisme qui permettrait de produire des données fiables afin de proposer des analyses plus poussées et de mieux appréhender le secteur. Cela passe par la mise en place d'un dispositif de collecte statistique permanent aussi bien sur l'offre que sur la demande touristique ».

Manifestement, ces données fiables n'ont pas été produites, puisque dans son rapport sur les données économiques et sociales de 2019, le chapitre tourisme a disparu. Nous ne sommes pas surpris. Ayant eu à travailler sur le sujet pour la Banque mondiale, nous avions déjà relevé un biais important. Étaient enregistrés comme touristes, via les entrées à l'aéroport, tous les Sénégalais et Africains de la diaspora venant voir leurs familles pour un court séjour. Or ces voyageurs-là ne sont pas des touristes.

Le touriste est quelqu'un qui quitte son domicile habituel pour un court séjour, pour un hébergement de type hôtelier, dans un but d'altérité, de loisir, de découverte ou de jeux. Quand on vient voir sa famille et qu'on réside dans la maison familiale, on n'est pas un touriste, même si on a un passeport étranger.

Cette réalité se mesure par l'écart entre les chiffres des entrées et les nuits hôtelières. Nos analyses nous conduisaient à estimer ce nombre de touristes à 390.000 en 2014, et non pas aux 700.000 affichés, loin des un million qui étaient visés pour 2010 lors des projections établies en 2000. Les chiffres d'aujourd'hui ne sont donc pas connus, mais gageons qu'avec l'épidémie de Covid, ils n'ont pas dû s'arranger.

Touristes : de bons chiffres pour partir d'un bon pied - New

Le touriste est à la recherche d'un dépaysement maitrisé, d'une altérité sécurisée. Le Sénégal devrait faire le plein tellement ses atouts sont nombreux, en matière de nature, de culture, d'hospitalité et de tranquillité publique. Mais il n'y a pas un touriste type. Il y a autant de variété de touriste, et donc de besoins, d'attentes, que de pays, de catégories sociales, de pouvoir d'achat, de génération ou de niveau culturel. Séduire des touristes relève d'un marketing sophistiqué et de réponses appropriées. C'est du cousu main.

Il y a désormais chaque année dans le Monde un milliard et demi de touristes. Avec ses environ 700.000 touristes annuels, y compris les voyages d'affaires, le Sénégal en capte 0,5 millième. C'est bien peu. Voici donc ci-après comment faire mieux.

Ce chiffre est bien entendu loin des 3 millions qu'avance parfois le ministère compétent, en se basant sur les passages aux frontières. La réalité est autre : 60% des visiteurs étrangers viennent de pays de la sous-région, au pouvoir d'achat sensiblement inférieur de 50% à celui du Sénégal. Ils viennent chercher du travail, faire du commerce ou voir leur famille.

Si on y ajoute que 20 % de ces franchissements de frontière sont le fait de nationaux revenant, pour plus de 80% d'entre eux, pour une visite familiale, on comprend pourquoi les passages aux postes de police des frontières ne sont pas synonymes de touristes. Ce chiffre est d'ailleurs confirmé par les données sur les nuitées.

Ajoutons, pour relever les marges de progrès, qu'il n'y a quasiment aucun asiatique, continent premier émetteur mondial, ni d'allemand, premier dépensier per tête.

L'économétrie confirme que ce secteur est à la peine (voir annexe académique), puisque l'indicateur ICOR, qui mesure l'efficacité marginale de l'investissement est particulièrement médiocre, avec un ratio de 7.2 : il faut investir 7.2 milliards dans le secteur pour voir la production du secteur progresser d'un milliard. Chiffre corroboré par la durée moyenne du séjour qui est passé en quelques années de 6,1 nuitées à 5,2 (2023).

Bref, des résultats aussi peu convaincants exigeraient que soit dressé un bilan sérieux, sans complaisance, des politiques publiques mises en œuvre depuis 20 ans, y compris des structures qui en étaient le bras armé. Car cette dégringolade du tourisme sénégalais n'est pas une fatalité, mais le résultat d'insuffisances en tout genre.

9.2.2 Le déclin du sea and sun

Dans les années 80 donc, le Sénégal était réputé pour ses prestations de mer et de soleil sur ses deux sites phares, Saly et le Cap Skiring. Puis sa réputation s'est ternie pour des raisons internes et externes. Pour ce qui relève de la responsabilité du Sénégal, on citera la cherté de la destination eu égard aux tarifs de la concurrence, la Tunisie ou la Turquie pour les mêmes prestations étant sensiblement moins chères, le vieillissement des installations faute d'investissement de maintenance, un service hôtelier et de restauration ne répondant pas pleinement aux attentes d'une clientèle devenue plus exigeante, et bien entendu les problèmes de sécurité en Casamance.

Cette insatisfaction de la prestation se mesure par un chiffre simple, le taux de retour, qui est faible, de l'ordre de 5 %. Les clients qui sont venus ne reviennent quasiment pas. Surtout, le Sénégal n'a pas vu venir les mutations importantes du tourisme mondial où le soleil n'est plus un atout suffisant.

D'abord, parce qu'il y a eu une prise de conscience sur les dangers dudit soleil, élément non négligeable. On sait maintenant avec la fréquence des cancers de la peau que s'exposer des heures au soleil n'est pas raisonnable. Ensuite, parce que la demande a changé. Elle porte de plus en plus sur un tourisme vert, un tourisme de découverte, un tourisme patrimonial, historique, un tourisme culturel, un tourisme qui offre des activités variées, un tourisme de remise en forme et pas seulement le bain de soleil et de mer.

Ce changement a été d'autant plus marqué que la population européenne vieillissante a changé d'attente, et surtout parce que les touristes asiatiques, japonais et chinois, qui représentent aujourd'hui le premier flux touristique mondial, ne voyagent pas pour aller à la plage et sont très sensibles à l'insécurité, fût-elle exagérée, et sont sévères lorsque les prestations sont approximatives.

Cette crise du tourisme sénégalais n'a rien à voir avec la Covid, car elle lui est bien antérieure. Les difficultés sérieuses du secteur sont constatées dès le début des années 2000, alors que le tourisme mondial était en plein boom. Le tourisme sénégalais doit donc se réinventer. Il ne manque pas d'atout, mais doit savoir que la concurrence est vive.

9.2.3 Une nouvelle demande

Le sujet est complexe. Les responsables se sont fixés par exemple comme objectif de capter une partie de la clientèle asiatique. Qu'attend-elle ? Elle est curieuse de découvertes historique, sociale, culturelle, naturelle, artistique, gastronomique, et cela dans un environnement très professionnel. Ces attentes sont aussi de plus en plus celles de la clientèle historique du Sénégal, venue d'Europe.

Le Sénégal est-il prêt à répondre à ces nouvelles demandes ? Le tourisme mémoriel est en plein développement. Il suffit pour s'en convaincre de regarder les chiffres de fréquentation des lieux de mémoire en Europe de la Première ou de Seconde Guerre mondiale par exemple. Les musées, les parcs naturels, les circuits nature, les parcs d'attractions font le plein de visiteurs partout dans le monde. Parmi les grandes villes touristiques du monde, on trouve de nombreux sites religieux : Rome, Lourdes, La Mecque, Jérusalem, Saint-Jacques-de-Compostelle.

Le Sénégal peut répondre à cette nouvelle donne, le potentiel est là. Le Fleuve Sénégal n'est pas le Nil, mais offre des plaisirs de découverte et de voyage formidable. Le bateau Bou el Mogdad est-il à la hauteur d'un touriste un peu fortuné ? Non ! Les parcs de Niokolo-Koba et de Djoudj offrent-ils un accueil correspondant à leur richesse ornithologique et animalière objective ? Non ! Gorée ou le musée des tirailleurs sont-ils à la mesure de ces deux événements gigantesques qu'ont été la traite transatlantique et la Première Guerre mondiale ? Non.

Touba et Tivaouane sont des centres religieux importants d'un Islam de confrérie. Peuvent-ils accueillir des touristes non musulmans curieux de découvrir ces lieux de pèlerinage ? Non. La découverte des paysages fantastiques des mangroves, en Casamance ou dans le Sine Saloum, se fait-elle dans un cadre suffisamment confortable pour des publics non-aventuriers ? Non.

Le magnifique bâtiment du musée des arts africains a-t-il des collections permanentes et des expositions temporaires attractives pour des visiteurs venus de loin ? Insuffisamment. Toutes ces activités ne s'opposent pas à la mer et au soleil, mais viennent les enrichir. Que faut-il faire pour leur donner toute l'envergure aujourd'hui nécessaire ?

D'abord, penser le tourisme. Déplacer des touristes sur des milliers de km n'est pas un sujet simple : le tourisme est une activité complexe, sophistiquée, qui doit être pensée. Tous les pays qui réussissent développent désormais des activités de recherche universitaire qui mobilisent des sociologues, des géographes, des historiens, des économistes afin de construire une offre en phase avec les potentialités du pays et qui correspondent aux attentes de la cible visée.

Par exemple, développer au Sénégal le tourisme mémoriel à destination d'un public asiatique ne relève pas que de la technique hôtelière, mais d'une approche croisée de ce que peut être l'offre sénégalaise, c'est-à-dire de ce qu'est son histoire, et de ce que peuvent attendre des Asiatiques curieux de l'histoire africaine.

9.2.4 Le tourisme, un domaine à fort contenu universitaire

Concevoir pour des Asiatiques les parcours et la muséographie de l'esclavage, du colonialisme, des deux guerres mondiales (tirailleurs), de ce que sont l'art et la culture sénégalaise, relève d'une dialectique complexe qui va au-delà des questions techniques et qui appelle le développement d'une recherche universitaire, véritable élément constitutif d'une politique touristique durable, pérenne, car le tourisme, c'est, au travers de pratiques spécifiques et professionnelles, mettre en rapport des civilisations différentes.

Relancer la filière du tourisme passe par une appropriation intellectuelle du sujet par les universitaires du pays. Or, le regard que portent les enseignants-chercheurs locaux sur ce secteur d'activité, légèrement condescendant, comme étant un domaine bien trop prosaïque pour mériter des recherches et des formations universitaires, retarde l'élaboration des réponses attendues.

C'est grâce à la recherche universitaire qu'on a pu comprendre pourquoi des sites, créés ex nihilo, sont devenus des références mondiales du tourisme tels *les Baléares*, *Arcachon*, *Megève*, *Saint-Tropez* ou *Acapulco*. Elle a forgé ce concept essentiel de **« moments de lieu »** pour caractériser cette rencontre entre une offre, une demande, un lieu, une période : à un moment donné, ces lieux ont su répondre par des pratiques appropriées à l'esprit du temps puis durer grâce à un renouvellement continu de leur offre.

Les travaux théoriques ou descriptifs sur la naissance de ces lieux sont nombreux et permettent de comprendre pourquoi la mayonnaise a pris à certains endroits et pas à d'autres : du regard nouveau porté par des artistes ou des savants sur la montagne, à l'action d'acteurs privés locaux ou de l'État, on apprend que la naissance des grands lieux touristiques, si elle relève de quelques données similaires, notamment en matière d'aménagements, repose sur des ingrédients de base différents d'un lieu à l'autre.

À *Arcachon,* ce sera l'initiative privée qui sera à l'origine du développement, l'État venant relayer cette initiative ; sur *la Côte du Languedoc* au contraire, ce sera l'État qui lancera l'impulsion décisive. Les stations mythiques nées au 19ème siècle sont certes nées sans le secours de la **recherche universitaire** qui n'a joué aucun rôle dans le développement du tourisme puisque celui-ci est séculaire alors que le tourisme n'est devenu une discipline de l'université que depuis quelques décennies.

Mais, c'était un tourisme élitiste à une époque où ce secteur était marginal et ne concernait qu'une fraction infime de la population. Aujourd'hui, où il est devenu majeur et concerne une fraction significative de la population mondiale, les choses ont radicalement changé et il est devenu un domaine de recherche considérable, comme en témoigne le nombre des équipes et des travaux qui s'y intéresse.

Notre conviction est donc que la relance du tourisme au Sénégal passe bien entendu par le jeu des acteurs classiques, entrepreneurs et État, mais le nombre et **la complexité des questions** à traiter simultanément et de manière cohérente, qui touchent à l'économie, à la sociologie, à la formation, etc., ne sauraient se passer d'un travail théorique de type universitaire, qui doit éclairer les acteurs sur cette complexité du « moment de lieu Sénégal ». Cela est d'autant plus vrai que le public accueilli jusqu'ici a été européen avec une forte présence française, les 2/3, le 1/3 restant se répartissant entre Américains (6 %), Espagnols (4 %), Belges (4 %), Italiens (3,5 %), autres Européens (6 %) et enfin Reste du monde (8,5 %).

Attirer des clients venus d'autres horizons suppose bien une réflexion approfondie sur leurs attentes qui n'est pas nécessairement celle du public historique. La recherche ne fera bien entendu pas tout, il faut du personnel et des équipements.

9.2.5 L'exigence d'un personnel formé

> *« Les pourboires ne se donnent qu'au personnel insuffisamment payé, celui des cafés, des restaurants et des hôtels. »*

Nous ne le ferons qu'une fois dans ce livre, nous allons montrer en détail toutes les compétences nécessaires à une filière aux standards internationaux. Nous allons le faire pour le tourisme pour deux raisons. La première est que le tourisme, recevant essentiellement des étrangers, doit être plus que tout autre et par définition au niveau international. La deuxième étant que ce secteur est l'objet de préjugé et de sous-estimation des exigences de haut niveau qui sont les siennes.

Il est pourtant essentiel à l'économie sénégalaise et à sa balance des paiements. En effet, tout le monde perçoit intuitivement qu'un électromécanicien a besoin de compétences pointues. Mais les mêmes n'ont pas idée des compétences tout aussi pointues qu'un bon serveur doit acquérir. Sauf peut-être quand ils ont été eux-mêmes mal servis. Mais là, il est trop tard, le mal est fait.

Ce développement détaillé montre aux employeurs la liste des compétences nécessaires sans lesquelles leurs prestations seront bancales. Au ministère de l'Éducation nationale, à celui de l'Enseignement supérieur, à celui de la Formation professionnelle, il indique leur feuille de route pour répondre aux besoins de la profession.

Nous sommes ici au cœur du débat sur le ruissellement par un juste partage de la valeur ajoutée et donc de la croissance inclusive. Les tâches d'une femme de chambre s'inscrivent dans un tourisme de qualité. On ne la forme pas en 15 jours. Elle est un personnel clé de la prestation hôtelière. Est-elle payée comme ce devrait être ? À 60.000 frs CFA par mois (moins de 100 euros), sûrement pas.

Dans cette économie touristique en crise, les entreprises souffrent et il paraît inapproprié, en l'état actuel de leur trésorerie, de leur demander de faire un effort sur les salaires. Pourtant, c'est là la condition pour recruter du personnel qualifié. Peut-être faut-il regarder de près les autres charges des entreprises du secteur pour rechercher des économies sur d'autres postes de dépenses. L'énergie coûte cher à l'hôtellerie sénégalaise. On peut espérer que la production d'électricité en progression constante dans le pays permette de baisser leur facture pour un transfert vers les salaires.

9.2.5.1 Au niveau du Master, on a besoin

De managers des organisations touristiques, aptes à gérer de grands hôtels, des parcs, des sites qui aient à la fois une bonne connaissance du management général et du secteur du tourisme lui-même. ***De managers du développement touristique*** capables d'élaborer les stratégies du développement touristique sur un territoire, c'est-à-dire qui savent concevoir des produits touristiques en adéquation avec les potentialités du pays et les publics visés, et articuler ces spécificités des activités touristiques avec les contraintes financières et juridiques du contexte.

Formés en économie, gestion et marketing, ils ont de solides connaissances en géographie et en histoire et connaissent les productions touristiques. Au fait des dernières recherches sur le secteur, ils savent en tirer les informations nécessaires à l'élaboration d'une stratégie pertinente.

9.2.5.2 Pour le middle management, niveau BTS et/ou licences professionnelles

On a besoin de collaborateurs qui ont reçu une solide formation dans leur spécialité ainsi qu'en gestion des processus de production : client, approvisionnement, GRH, sécurité, etc.

9.2.5.2.1 On va ainsi trouver, le Responsable du pôle Restauration ou Hébergement

Il pilote la production (fabrication des repas, gestion des étages), gère les achats, les ventes, les stocks, les consommations d'énergie, le personnel, la maintenance, organise les espaces, choisit les équipements, assure la sécurité, contribue à la promotion de ses prestations, participe à la gestion par la maîtrise des coûts, suit la clientèle, évalue les prestations, etc.

Il a reçu une formation en économie générale, économie du tourisme, gestion d'entreprise, marketing, communication, langues vivantes, génie hôtelier (accueil, réservations, blanchisserie, etc.) et culinaire (sciences des aliments, psychologie alimentaire, connaissance des boissons, etc.), ergonomie, microbiologie, techniques de la maintenance, droit commercial, du travail, de la consommation, sécurité alimentaire et de l'hébergement, génie énergétique, microbiologie, hygiène des locaux, informatique, etc.

9.2.5.2.2 Le responsable Tourisme : voyagistes ; animation des territoires

Son métier consiste à informer et conseiller les clients nationaux et étrangers sur des prestations relevant du domaine du tourisme, à finaliser la vente de ces prestations touristiques et à assurer le suivi commercial, à créer et promouvoir des produits touristiques, à accueillir et accompagner des touristes, à collecter, traiter et diffuser l'information en lien avec le secteur du tourisme.

Il a acquis une solide culture générale (monde contemporain, société, éthique, politique, esthétique) et est formé à la communication orale et écrite, aux langues étrangères (interculturalité), à la gestion de la relation client, à la relation entre tourisme et territoire, au cadre organisationnel et juridique des activités touristiques, à la mercatique et à la conception de la prestation touristique, à la gestion de l'information touristique (logiciels, bases de données, etc.)

9.2.5.2.3 Il y a aussi le professionnel de l'événementiel : foire, congrès, festival

Titulaire d'un des diplômes précédents en hôtellerie/restauration ou en tourisme, il peut concevoir, vendre et animer colloques, séminaires, foires, expositions, festivals et tout événement du monde des affaires ou de la culture. Aux formations ci-dessus, il ajoute des connaissances lui permettant de gérer la documentation, la traduction, la sonorisation, l'animation, la billetterie, la logistique et le marketing événementiel, etc. :

9.2.5.2.4 Remise en forme

Les modes de vie urbains, les mauvaises pratiques alimentaires font que de plus en plus de touristes souhaitent profiter de leurs vacances pour se remettre en forme. Cette prestation est non seulement un plus incontournable de tout hôtel de qualité, mais est même devenu le but même du séjour touristique. La remise en forme est une composante très ancienne du tourisme, dès le 19e siècle, avec les stations thermales. Elle a pris désormais un tour nouveau et devient un élément décisif de la chaine de valeur du tourisme.

Une formation de niveau licence professionnelle peut parfaitement répondre à ce besoin. Le diplômé est formé au suivi individualisé en activités physiques de développement et d'entretien dans un but de santé, de bien-être. Les principales missions de ce métier sont l'évaluation de la personne, le conseil en matière d'activités physiques, la proposition des techniques et/ou l'orientation vers des pratiques adaptées et le suivi.

9.2.5.2.5 Guide interprète

Ce métier est exercé aujourd'hui au Sénégal pour l'essentiel par des guides très au-dessous des standards internationaux. La formation en L3 peut être ouverte à des étudiants ayant validé leurs L1 et L2 en Langues, Littératures et Civilisations Etrangères, Langues Etrangères Appliquées, Lettres, Culture et Médias, Histoire de l'Art, Histoire, Archéologie, Communication, titulaires d'un BTS Tourisme, BTS Animation et Gestion Touristiques Locales.

9.2.5.2.6 Les métiers de l'exposition

Le temps du tourisme est celui des expositions. Les villes touristiques en regorgent. Le Sénégal doit construire son système muséographique et son dispositif d'exposition. Il a la matière historique et esthétique. Mais les professionnels manquent. Une Licence professionnelle Métiers de l'exposition et technologies de l'information répondrait à ce besoin.

9.2.5.2.7 Développement local.

Il s'agit de former au niveau L3 des spécialistes du tourisme et du développement local apte à articuler stratégie nationale et territoires. Le titulaire de ce diplôme est en capacité d'identifier et d'analyser les ressources du milieu local, de maîtriser des outils permettant d'analyser les besoins, les comportements et les motivations de la clientèle aux regards des attentes locales, de maîtriser les principaux outils informatiques permettant d'appréhender le territoire, de maîtriser les connaissances et les savoir-faire juridiques des collectivités territoriales dans le tourisme, en capacité d'appréhender la gestion des ressources financières et le contrôle budgétaire, de maîtriser les outils fonciers et les outils opérationnels.

9.2.5.3 Le niveau technicien : BT, Bac professionnel

À ce niveau, on va rencontrer :

9.2.5.3.1 Responsable cuisine : chef cuisinier

Le titulaire du baccalauréat professionnel/BT cuisine est un professionnel qualifié, opérationnel dans les activités de cuisine.

9.2.5.3.2 Les métiers connexes, mais essentiels

De nombreux autres métiers concernent directement l'hôtellerie-restauration et contribuent à sa qualité, même s'ils ne relèvent pas directement des métiers du tourisme. Citons à ce niveau IV :

9.2.5.3.3 La Maintenance hôtelière : ascenseurs, équipements techniques des cuisines, électricité bâtiment, etc.

9.2.5.3.4 Le Génie thermique : climatisation et chaine du froid pour la restauration,

9.2.5.3.5 Les Pisciniers et paysagistes, etc.

9.2.5.4 Le niveau CAP, ouvrier qualifié

Ici, on va trouver :

9.2.5.4.1 Serveur en restauration

Son métier : Le titulaire du CAP Restaurant est apte à remplir immédiatement la fonction de commis de restaurant dans le secteur de la restauration commerciale. Dans le **respect des consignes et des règles d'hygiène et de sécurité,** il assure l'accueil, la commercialisation et le service des mets et des boissons sous l'autorité d'un responsable. Il participe aux tâches d'entretien, d'encaissement et intervient sur l'élaboration et/ou la finition de préparations simples. C'est lui l'interface essentielle entre le client et le restaurant, dont dépend en grande partie l'image que le client gardera de son séjour. C'est un métier bien trop négligé au Sénégal. Un bon serveur, c'est deux années de formation dense après le collège.

9.2.5.4.2 L'ouvrier qualifié en Cuisine

Le titulaire du certificat d'aptitude professionnelle cuisine est apte à remplir immédiatement la fonction de commis de cuisine dans le secteur de la restauration traditionnelle, commerciale et collective. Il assure, sous l'autorité d'un responsable, la production culinaire (préparations préliminaires, cuissons, appareils, préparations de base, fonds, sauces, pâtisseries) et sa distribution. Il participera également à l'approvisionnement, au stockage, à l'organisation et à la gestion de son travail.

9.2.5.4.3 Le CAP en Services hôteliers : la femme de chambre

S'il y a un métier qui est sous-estimé, c'est bien celui de femme-homme de chambre ! Et pourtant son rôle est décisif dans le bon fonctionnement d'un hôtel. Sa place est essentielle dans la chaine de qualité des prestations d'un site hôtelier. Le titulaire du CAP services hôteliers assure la remise en état des chambres, des lieux d'hébergement et des parties communes de l'établissement. Il participe à la gestion du linge et peut être amené à en effectuer l'entretien. Il prend en charge le petit déjeuner à l'étage et/ou en salle. Il contribue à l'accueil et au bien-être d'une clientèle nationale et étrangère.

9.2.5.4.4 Les métiers qui participent à l'environnement touristique

Bien d'autres métiers participent à la qualité de l'offre touristique d'un pays sans relever directement de ce secteur. Citons tout d'abord le ***Transport des personnes*** (taxis, bus) si important et si négligé au Sénégal, tous les métiers de ***l'artisanat d'art*** (du cuir aux bijoux) ou encore les métiers du commerce, notamment de bouche.

9.2.6 Une réponse pas encore raccord avec les ambitions

Où en est-on aujourd'hui au Sénégal pour répondre à tous ces besoins de formation qui, comme on vient de le voir, sont vastes en quantité et en spécialités ? Au niveau du CAP/BEP, qui couvre donc tous les métiers de base de la restauration, cuisiniers et serveurs, et de l'hôtellerie, femmes de chambre, pisciniers, jardiniers, etc., on diplôme bon an mal an 200 jeunes, ce qui est notoirement insuffisant. Dans une étude prospective réalisée pour la Banque mondiale en 2010 sur les besoins en 2019, notre estimation était de l'ordre de 550 CAP/BEP par an pour répondre aux nombreuses spécialités du secteur.

Pour le niveau BT, qui répond à des besoins de qualification positionnés au-dessus de l'ouvrier titulaire d'un CAP, par exemple chef cuisinier, responsable de maintenance, responsable d'étage, le progrès est sensible avec quelque 400 diplômés, dont il faudrait vérifier si les contenus de formation correspondent à la diversité des métiers.

Enfin, si on diplôme bien 200 jeunes au niveau du bac + 2 en gestion hôtelière, il n'y a toujours pas de licence professionnelle et de master qui sont pourtant les diplômes nécessaires pour penser l'offre touristique, gérer les prestations selon les standards internationaux et répondre à une demande de plus en plus complexe et sophistiquée.

Quant à l'université, elle doit s'emparer sérieusement du sujet au niveau de la recherche. Bref, en progrès, le pays n'a pas encore mis pleinement en place le système de formation correspondant aux objectifs affichés. C'est d'autant plus urgent que la compétition mondiale est rude et que le Sénégal est mal placé sur la compétitivité prix : il est une destination mer/soleil beaucoup plus chère que la Tunisie ou la Turquie. Il doit à la fois améliorer la productivité de ses équipements et surtout enrichir son offre.

9.2.7 Les équipements

Le Sénégal ne manque pas d'équipements. Il a les grandes capacités hôtelières construites sous l'égide de la SAPCO sur la Petite Côte, dans les années 80, qui mériteraient parfois d'être rafraîchies, mais qui constituent un patrimoine productif exceptionnel.

9.2.8 Tourisme de congrès et d'affaires

Cet équipement vient d'être grandement renforcé par les développements récents : parc hôtelier haut de gamme de Dakar et Diamniadio, l'Aéroport International Blaise Diagne (AIBD), les autoroutes, le Centre International de Conférences Abdou Diouf (CICAD), le Grand Théâtre Doudou Ndiaye Coumba Rose qui positionne Dakar comme la grande ville africaine du tourisme d'Affaires et de Congrès. Inutile de préciser que ce tourisme-là est particulièrement exigeant sur la qualité des prestations et donc sur la **compétence du personnel.**

9.2.9 L'érosion, le trait de côte

Le trait de côte bouge dans le monde entier et donne bien des soucis. Cette érosion résulte manifestement des effets du réchauffement climatique et de la montée corrélative des mers. Mais pas seulement. Partout, l'aménagement de ports de plaisance ou de marchandises, avec leurs moles et digues, a modifié les courants marins qui déposaient régulièrement du sable sur les côtes. Faute de cet apport régulier, les plages disparaissent.

Pendant un temps, de grands projets pharaoniques anti-érosion ont eu le vent en poupe. On s'est vite aperçu que les milliards dépensés n'offraient aucune garantie de résultat et qu'il valait mieux faire preuve de plus de finesse que d'ajouter du béton pour corriger les effets du béton. On réfléchit donc aujourd'hui à la façon d'accompagner le retrait du trait de côte plutôt que d'essayer de l'enrayer totalement.

C'est un dossier économique – quid de Saly si ses plages disparaissent ? – et aussi social, comme on le constate avec les pauvres habitants de la Langue de barbarie à Saint-Louis, en voie de disparition accélérée du fait de la montée des eaux, aggravée par l'ouverture de la brèche sur l'océan en aval de l'Ile, qui a fini par tout emporter.

Un dossier vital qui requiert une approche modeste et de long terme, qui peut conduire à des décisions douloureuses, qui le seront d'autant moins qu'elles seront anticipées. Et en premier lieu ne pas commettre les mêmes erreurs à Pointe Sarène, à Joal ou à Mbodiène en construisant trop près de la mer, mais en laissant en place, voire en renforçant les défenses naturelles, comme les mangroves et les espaces lagunaires.

9.2.10 La Pointe Sarène

La nouvelle zone touristique de la Pointe Sarène, au sud de Saly, s'inscrit dans un vaste plan qui comporte plusieurs nouveaux sites ; Mbodiène, Joal-Fadiouth, le Delta du Saloum. L'objectif affiché est d'accueillir au Sénégal trois millions de touristes. On a vu qu'on était encore très loin du million visé pour 2010.

Pour la Pointe Sarène, premier projet, dont les travaux d'aménagement ont commencé, il est prévu plusieurs hôtels 4 étoiles et des villas de luxe. Le promoteur, la SAPCO, qui a mandat de l'État, déclare ne pas vouloir faire les mêmes erreurs qu'à Saly, notamment en matière d'environnement, de bétonnage, d'érosion côtière et de privatisation des plages. Incha Allah ! Nous nous autorisons plusieurs remarques.

Le motif avancé pour la création de cette nouvelle zone est celui de l'insuffisance du nombre de lits pour répondre aux ambitions touristiques du Sénégal. Les taux d'occupation de l'hôtellerie montrent qu'on est bien loin de la saturation et que la capacité hôtelière n'est pas le goulot d'étranglement. Mais soit, développer le tourisme dans d'autres régions que l'historique Petite Côte ne peut qu'être approuvé. Il nous semble ensuite que ce projet Pointe Sarène se positionne toujours sur le créneau mer et soleil, avec des équipements hôteliers classiques dont on vient de voir qu'ils n'étaient plus pleinement porteurs.

Il serait donc utile de réfléchir à une offre diversifiée pour ces futurs touristes, culturelle, de découverte, historique, de mise en forme, de nature, etc., comme nous l'avons développé précédemment. Il nous semble aussi, et ce pourrait être une règle générale, qu'il faut être attentif à la bonne gestion du patrimoine national en assurant d'abord la maintenance, la requalification de l'existant avant de projeter de nouveaux investissements.

Enfin, nous suggérons qu'on donne à Saint-Louis et au fleuve l'opportunité d'un développement touristique que mérite cette zone, qui dispose d'un patrimoine naturel et historique exceptionnel, et qui pourrait devenir une des portes d'entrée du « tourisme de désert » comme a su le devenir la Mauritanie, ce qui constituerait une vraie diversification de l'offre sénégalaise.

Saint-Louis, une marque touristique – New

Comment faire de Saint-Louis une marque touristique au même titre que Marrakech ? Le fleuve Sénégal est majestueux. Un port de nautisme fluvial à Saint-Louis le mettra en valeur en invitant les touristes à le remonter jusqu'à Podor.

Le parc de Djoudj, au nord de la ville, dans le delta du fleuve, inscrit au patrimoine de l'UNESCO, comme le centre-ville, est une des plus riches et spectaculaires réserves ornithologiques au Monde, notamment avec ses milliers de pélicans. Il doit être restauré, géré désormais de manière plus rigoureuse, et surtout « mis en tourisme » pour attirer les dizaines de milliers de visiteurs qu'il mérite, en lieu et place de ces actuels maigres 3000 visiteurs annuels.

Son important « port de pêche », avec ses 40.000 tonnes de poissons annuels, confiné hélas en réalité sur une trop étroite plage, doit être équipé de vrais quais, pour en faire non seulement un point de débarquement moderne, mais aussi un lieu d'attraction touristique comme le sont tous les ports de pêche à travers le Monde. La gastronomie locale, riche de produits de la mer et de la toute proche zone maraichère des Niayes, ne sera pas un des moindres attraits de la ville.

Saint-Louis a été le point d'entrée de la colonisation en Afrique de l'Ouest. Elle est donc toute désignée pour accueillir un grand musée du Sénégal dans les « tourments du Monde », qui compléterait utilement celui des Civilisations noires de Dakar.

Il mettrait en scène, pour les Africains et les visiteurs venus d'ailleurs, les événements considérables que furent l'esclavage, la colonisation[4], les tirailleurs sénégalais[5] dans les deux guerres mondiales, et aussi l'immigration[6]. Et nous n'oublions pas toutes les initiatives à prendre autour des débuts de l'aviation, de l'aéropostale en particulier, car Saint Louis fût, dans les années 20, l'étape obligée des vols européens vers le Brésil.

Ville d'histoire, de nature, de gastronomie, de nautisme, à quoi on ajoutera le développement d'une riche programmation festivalière, ainsi que de l'artisanat d'art, Saint-Louis a bien le potentiel d'une future grande marque touristique.

Le dossier du Port reste complexe, puisqu'en attente depuis...trois siècles ! Un port à l'intérieur du fleuve suppose qu'une solution soit trouvée pour offrir aux pêcheurs un accès sécurisé lorsqu'ils viennent de la mer, passage aujourd'hui mortifère au travers de cette fameuse et triste **brèche**, à laquelle ils ont déjà payé un lourd tribut, avec plus de 600 morts en 15 ans. Cette hypothèse supposerait en réalité une véritable canalisation du fleuve, soit des travaux pharaoniques. La solution la plus réaliste semble bien un port sur l'océan, même s'il pose d'importants problèmes de génie civil, face à la houle puissante et au soubassement de sable de la langue de barbarie.

On pourrait imaginer un port en trois parties : (i) un vrai port de débarquement sur l'océan adossé à la vaste zone dite du port polonais, qui pourra accueillir les parkings et tous les équipements nécessaires (frigos, usine à glace, etc.) ; (ii) un port parking une fois que les pirogues, et les chalutiers à venir, ont déchargé leur cargaison, au nord de *Guet Ndar* sur *Goxu Mbathie*, et côte fleuve,

---

[4] Il y a quelques 12.000 musées en France. Aucun sur la colonisation……

[5] Sujet particulièrement sensible, notamment à cause du drame, du crime, de Thiaroye sur mer, où la France, le 1er décembre 1944, en « guise de remerciements », fusilla un nombre élevé de tirailleurs, qui ne faisaient que réclamer le paiement de leurs soldes

[6] Le beau musée de l'Immigration de la Porte Dorée à Paris présente *l'immigration*, vue du pays d'arrivée. Il sera intéressant d'avoir son pendant, *l'émigration,* vue alors du côté du pays de départ.

sur le port polonais lui-même, et (iii) un port de nautisme fluvial pour promouvoir le tourisme jusqu'à Podor. La ville de Saint Louis mérite d'avoir enfin un vrai port de pêche, elle qui fait face à une des mers les plus poissonneuses au Monde. Cette fois il ne faut plus tergiverser.

Une offre hôtelière très déséquilibrée - New

Catégorie des structures d'hébergement	Poids dans les recettes totales des structures d'hébergement (en %)	Chiffre d'affaires annuel moyen (en FCFA)
Une étoile	3,0	32 259 827
Deux étoiles	3,0	69 448 633
Trois étoiles	10,0	178 690 149
Quatre étoiles	29,0	706 663 035
Cinq étoiles	47,0	5 166 094 055
Non classé	9,0	21 439 511
Ensemble	**100,0**	**153 190 924**

Catégories	Nbre en % du total d'établissements	Nombre moyen de chambre	% dans les recettes totales	Personnel permanent
Non classés	68 %	10	9 %	6
Une étoile	11 %	16	3 %	8
Deux étoiles	8 %	17	3 %	10
Trois étoiles	7 %	32	9 %	28
Quatre étoiles	5 %	75	29 %	46
Cinq étoiles	1 %	183	47 %	225

Comme on peut le lire, le Sénégal dispose d'un parc hôtelier composé d'un grand nombre d'établissements très modestes, à la situation financière fragile, aux prestations insuffisantes, peu adaptés au tourisme international rémunérateur, qui plus est dont la répartition territoriale est déséquilibrée : Dakar concentre 97 % des 5 étoiles, et se partage avec Saly la quasi-totalité des 4 étoiles, respectivement 66 % et 31 %. La plupart des autres régions, Nord et Sud notamment, sont dépourvues d'hôtels haut de gamme.

10

L'ARGENT, NERF DE LA GUERRE

« Comment hésiterions-nous à confier notre argent à des banques qui mettent des petites chaines à leurs stylos à bille. »
Louise de Vilmorin

Les banques critiquées, les investissements étrangers

10.1. Les banques et le financement de l'économie

À quoi sert une banque ? À transformer l'argent. Elle recueille l'argent des déposants, des épargnants, en général déposé pour une période courte, c'est-à-dire qui peut être retiré rapidement, pour le prêter aux entreprises ou aux particuliers cette fois sur le long terme. La banque doit par les écarts entre le taux d'intérêt qu'elle paie aux épargnants et celui qu'elle réclame aux emprunteurs, payer ses frais de gestion, rémunérer ses actionnaires et couvrir ses risques. Car elle prend des risques.

Le premier, exceptionnel, serait celui de trop prêter par rapport à l'épargne qu'elle a collectée (car elle le fait avec un coefficient multiplicateur, créant ainsi de la monnaie), et de ne pas pouvoir répondre aux déposants qui viendraient retirer brutalement leur épargne. Normalement, ce risque est limité aux situations de crises aigües, car elles sont soumises à des règles prudentielles et au respect de certains ratios, imposés par les banques centrales, à la fois pour éviter la faillite et pour ne pas mettre trop de liquidités, de crédits, en circulation, source d'inflation.

Le deuxième risque est lui quotidien, c'est le cas de l'emprunteur qui ne peut rembourser son prêt, ce qui constitue une perte sèche pour la banque. Elle se prémunit contre ce risque de deux manières, en étant exigeante sur l'accord des prêts, en clair en ne prêtant que pour des dossiers solides, en prenant des garanties, des hypothèques, et en faisant payer un taux d'intérêt élevé à l'emprunteur, ce taux d'intérêt étant une prime d'assurance pour la banque. D'où leur mise au pilori.

On les accuse non pas d'être prudentes, mais d'être frileuses, et de pratiquer des taux d'intérêt excessifs, insupportables pour l'emprunteur, bref de ne pas faire leur boulot qui est de financer l'économie, et en premier lieu les PME et les startups. Ces critiques sont d'autant plus virulentes au Sénégal que les banques sont « très liquides », c'est-à-dire que le ratio entre l'argent déposé et les prêts leur permettrait sans problème d'en accorder davantage.

Nous ne rallierons pas ce concert de critiques. Chat échaudé craint l'eau froide. Les banques ont été confrontées à tellement de prêts non remboursés qu'elles sont en effet devenues extrêmement prudentes. Comment ne le serait-elle pas dans une économie aussi fragile que celle du Sénégal, où de nombreux mécanismes de marché qui assurent le bon fonctionnement de l'économie sont souvent enrayés ?

Ne renversons pas l'ordre des responsabilités. Il est aisé de rédiger un business plan séduisant sur le papier. La réalité, c'est autre chose. Un bon plan de récolte de sésame qu'on va vendre à bon prix à la Chine ? Et si les graines de la bonne variété ne sont pas là à temps, en début d'hivernage ? Et si la machine à dépoussiérer est en panne et du coup la cargaison refusée ? Les aléas dans une économie non mature sont tellement nombreux qu'en effet, les banques deviennent frileuses.

Un bon dossier d'entreprise est celui où l'entrepreneur a vérifié la qualité, la solidité, la certitude de tous les maillons de la chaine de production et de commercialisation. C'est là le point clé pour déverrouiller les crédits aux PME.

Il y a enfin la question du taux d'intérêt. Les banques se prémunissent là contre le risque, et plus le risque est grand, plus le taux est élevé, comme dans une prime d'assurance.

C'est ici que l'État doit jouer pleinement son rôle en bonifiant les prêts. Ainsi, il fluidifie le marché sans se substituer aux acteurs économiques. Ajoutons que les banques sont d'autant moins enclines à prendre des risques calculés qu'elles sont majoritairement à capitaux étrangers (67 %) et donc que le coup de pouce patriotique qui permet souvent de débloquer un dossier ne joue pas suffisamment. D'où l'importance d'avoir un réseau bancaire national. Saluons à ce titre le changement de propriétaire de la BICIS, ex-filiale de la BNP, passant sous pavillon national.

Comment progresser ? Nous proposons de mettre en place des **« Tours de table » permanents, un par filière, des T2F** (voir ci-après), regroupant tous les acteurs, dont les banques, pour les associer en amont à la politique de développement industriel et agricole de chaque filière, de telle façon qu'ayant alors une parfaite connaissance de l'environnement et des risques, elles s'engagent plus volontiers sur les dossiers individuels.

Le financement problématique du secteur informel et des toutes petites entreprises - New

Les SFD, les sociétés financières décentralisées, sont ces sociétés de microfinance qui prêtent de petites sommes aux toutes petites entreprises (TPE), en particulier du secteur informel. Elles accordent environ 600 milliards de crédits par an à 485.000 bénéficiaires, d'un montant moyen d'un million deux cent mille francs. Les principaux bénéficiaires sont le commerce, les hôtels et les restaurants, avec 54% du total des crédits, alors que l'agriculture, la pêche n'en bénéficient qu'à hauteur de 13%.

Plus de 900 guichets couvrent le territoire, dont 80% appartiennent à quatre grands réseaux.

Elles sont très utiles pour les petites affaires qui n'ont pas accès aux prêts bancaires, car ces TPE, massivement dans le secteur informel, sont dans l'incapacité de monter un dossier et d'offrir à la banque prêteuse la moindre garantie réelle.

Le problème c'est qu'elles ne peuvent prêter que bien peu par rapport aux besoins, et qui plus est à des taux exorbitants. Les SFD ne sont pas en effet des banques et ne peuvent prêter que l'argent dont elles disposent, contrairement aux banques qui créent de la monnaie chaque fois qu'elles ouvrent un crédit (et qui en détruisent au moment de son remboursement).

Or, en 2023, elles disposaient de peu de fonds propres (109 milliards), et de peu de dépôt (497 milliards). Du coup, pour compléter leur capacité de prêt, elles empruntent elles-mêmes aux banques (124 milliards).

Les dépôts dans les SFD ne représentaient que 8,9% des dépôts du secteur financier alors qu'elles ont de facto en charge 90% des actifs du pays. Les dépôts à terme dans ces SFD ne contribuant qu'à 0,6% du PIB, les dépôts à vue à 1,3% du PIB.

Tout cela fait qu'elles prêtent à des taux beaucoup trop élevés, de l'ordre de 15%, sur des périodes de remboursement trop courtes, seuls 25% des prêts sont de longue durée, et essentiellement pour de la trésorerie (65%) et peu pour de l'investissement (17%).

Le secteur informel ne dispose pas du système financier qui lui permettrait de monter en gamme. Des solutions existent. On pourrait faire progresse les dépôts par des bonifications d'intérêts pour les particuliers, par une incitation, voire une obligation, faites à des sociétés nationales et à des sociétés bénéficiaires de marchés publics ou de concessions de déposer une partie de leur trésorerie dans des SFD.

On pourrait alléger la charge des emprunts contractés auprès des banques par des bonifications et/ou des avantages fiscaux. On pourrait augmenter les fonds propres (capital et fonds de dotation) en stimulant les entrées de capitaux privés, publics et des bailleurs.

Concernant ces derniers, les bailleurs, pourquoi ne pas leur demander, plutôt que d'intervenir directement dans des actions de le faire au travers d'une augmentation des ressources des SFD, via des banques d'appui, partenaires, auxquelles les SFD seraient adossées ? En contrepartie, l'Etat fixerait des objectifs aux SFD bénéficiaires, en termes de secteurs (moins de commerce et plus d'agriculture par exemple), de problématiques (environnement) et de type de crédits (plus pour l'investissement).

Bref il faut donner à ces institutions financières les moyens de soutenir un secteur important et aux besoins considérables, aujourd'hui largement non satisfaits.

10.2. Les investissements directs étrangers, les IDE

10.2.1 Construire l'attractivité

Quand une entreprise étrangère investit dans un autre pays, c'est tout bon pour ce dernier. Il reçoit des devises, une implantation industrielle (ou commerciale) est financée sans qu'il ait à emprunter, et donc sans accroître son endettement, des emplois sont créés, il peut même y avoir des transferts de technologies ou en tout cas de savoir-faire, les produits fabriqués peuvent améliorer le sort des citoyens qui ont accès à des produits locaux, donc normalement moins cher qu'importés, soit être exportés, améliorant ainsi la balance commerciale.

Voilà. Mais pour que des investissements étrangers deviennent réalité, il faut être attractif. Stabilité politique d'abord. L'investisseur a horreur de l'instabilité constitutionnelle. Rien de plus dissuasif que des coups d'État. La situation sociale est un autre élément important : les grèves, les manifestations n'encouragent pas à s'engager.

Les considérations économiques sont bien entendu primordiales : stabilité de la monnaie, sinon l'investissement se déprécie, main-d'œuvre de qualité, tribunaux de commerce impartiaux en cas de conflit, présence de la logistique nécessaire, port, routes, aéroports, etc., respect constitutionnel de la propriété privée, etc.

Tous ces éléments environnementaux pris en compte, l'entrepreneur mesurera alors l'opportunité de son investissement en termes de rentabilité : niveaux des salaires et des impôts, importance du marché intérieur, productivité, etc. Attirer la manne de l'investissement étranger n'est pas, on le voit, donné à tous les pays. Il faut être performant dans tous les éléments constitutifs de ce qu'on appelle le climat et l'environnement des affaires.

Le Sénégal a de nombreux atouts, car il coche de nombreuses cases : politique, avec sa stabilité constitutionnelle, monétaire, avec une absence d'inflation, logistique, avec ses nouveaux équipements, juridique, avec son état de droit, judiciaire, avec une justice indépendante, fiscale, avec des impôts raisonnables, administrative, avec des organismes, comme l'APIX, efficaces en matière de formalités, et aussi dans le domaine de l'accueil avec ses équipements hôteliers et son parc de logements, et enfin très important, la sécurité pour les biens et les personnes.

C'est pourquoi il a bénéficié, ces dernières années, d'investissements étrangers assez considérables, non seulement dans les activités d'extraction gazières et pétrolières, mais aussi dans les infrastructures portuaires, avec la construction d'un port en eau profonde d'un coût de 1 milliard d'USD au sud de Dakar. Au total, un flux de 1,5 milliard d'USD d'IDE en 2020, 1,8 milliard en 2021, 2 milliards en 2022. Le stock de capital des sociétés étrangères atteint du coup les 10 milliards d'USD, beau résultat, mais qui concerne essentiellement encore les infrastructures.

En effet, il n'y a toujours pas ou peu d'IDE dans l'industrie manufacturière du fait d'une faible productivité du travail, faiblesse liée en bonne partie aux carences en main-d'œuvre qualifiée. C'est là un des déficits à corriger, qui justifie que nous parlions de la formation comme un élément décisif de la chaine de valeur. Le Sénégal doit donc progresser dans trois domaines, comme le souligne « Doing Business » de la Banque mondiale.

La qualité globale de son économie de marché, mesurée par son tissu d'entreprises offrant à l'investisseur les fournisseurs, les sous-traitants et les clients dont il a besoin, est encore insuffisante. La disponibilité d'une main-d'œuvre de tous niveaux formée. L'information opérationnelle, transparente, réelle sur les opportunités du marché, ses contraintes et ses risques. Les plaquettes bien faites ne trompent personne.

C'est pourquoi les « Tours de table par filière » que nous avons déjà évoqués auront aussi pour mission, avant d'accompagner un investisseur étranger, de l'informer de manière convaincante sur le choix du Sénégal. Compte tenu de l'énorme taille du marché africain et de ses avantages comparatifs sur les autres pays de la sous-région, le Sénégal a vocation à devenir une plateforme de référence pour ces IDE.

10.2.2 Rapatriement des bénéfices ou réinvestissement sur place

Les grandes entreprises étrangères qui investissent au Sénégal contribuent fortement à son PIB : 11 %, et représentent 59 % de la valeur ajoutée des grandes entreprises (plus d'un milliard de frs CFA de chiffre d'affaires). Elles créent de l'emploi, plus de 500 milliards de salaires et cotisations sociales sont payés, et versent plus de 200 milliards dans les caisses de l'État. Reste une question complexe.

Pour les faire venir, il faut leur garantir la liberté de rapatriement de leurs bénéfices. Abusent-elles de cette possibilité ? Font-elles sortir trop d'argent du pays au lieu d'investir sur place et de payer les impôts espérés ?

Cette question agite depuis longtemps le monde entier, avec les pratiques des multinationales, qui ne datent pas d'hier, en matière d'optimisation fiscale, de facturations internes arrangées, ou encore du poids des dividendes dans la valeur ajoutée qu'il faut verser aux actionnaires, souvent étrangers au pays où la société a fait ses bénéfices.

Au Sénégal, il y a manifestement des progrès à faire en matière d'équilibre entre l'argent que ces sociétés étrangères transfèrent chaque année à l'étranger, 218 milliards, somme rondelette, et celui qu'elles investissent sur place. En disant cela, nous n'oublions pas ce que nous venons d'écrire plus haut, à savoir leur contribution en salaires et en impôts, mais qu'il faudrait agir pour que l'investissement sur place soit plus important. Comment ?

Sûrement pas par des mesures administratives, coercitives, qui seraient contre-productives, mais plutôt en renforçant notre attractivité. Il faut que ces entreprises trouvent un intérêt majeur à investir et produire plus ici grâce à la productivité du pays et à la taille des marchés auxquels il donne accès.

En sus, bien entendu, en développant le capital national. La souveraineté, en l'occurrence le contrôle de l'affectation de la valeur ajoutée créée par le travail du pays, c'est aussi la maîtrise du capital et donc le volume et le placement, dans les sociétés de production, de l'épargne nationale.

10.3. Un marché financier

Faute de pouvoir obtenir le prêt bancaire souhaité, par refus de la banque d'accompagner l'entreprise ou parce que le coût de l'emprunt est trop élevé, l'entreprise qui a besoin de capitaux pour se développer peut se tourner vers la bourse ou vers le capital-investissement.

10.3.1 La BRVM, la bourse régionale de l'UEMOA

« C'est toujours l'impatience de gagner qui fait perdre. »

Louis XIV

Le financement de la croissance de l'entreprise par la bourse suppose tout un écosystème complexe. Des professionnels de la finance qui vont faire l'ingénierie, des entreprises qui acceptent les règles de la bourse et des épargnants qui décident de placer leur argent en achetant des actions.

Pour l'épargnant qui investit en action, et qui en prend le risque, il faut que ce risque soit calculé, en l'occurrence que des informations totalement fiables soient données sur les sociétés cotées par l'entreprise financière qui gère la bourse. Il faut ensuite qu'il puisse en sortir rapidement, c'est-à-dire vendre, s'il veut récupérer son capital, et pour cela, que le marché soit fluide, liquide, c'est-à-dire qu'il y ait beaucoup d'acheteurs, de vendeurs, de sociétés cotées, pour qu'il trouve immédiatement un acheteur. C'est le problème de la taille de la bourse.

Enfin, il faut que l'économie soit prospère, que les entreprises fassent des bénéfices pour que l'actionnaire touche des dividendes et ne voie pas la valeur de son capital s'éroder. Bref, il faut un système d'information qui donne confiance, un marché boursier qui ait une taille critique et une économie qui tourne.

10.3.1.1. L'entreprise

Pour l'entreprise à la recherche de capitaux, il faut qu'elle trouve à proximité des sociétés-conseils fiables qui l'aident à établir sa stratégie et à monter son dossier. Il faut aussi que le ticket d'entrée en bourse et le coût de la gestion de sa cotation ne soient pas excessifs. Il faut ensuite qu'elle accepte une totale transparence de ses comptes qui seront publiés, et enfin et surtout qu'elle admette qu'une partie du capital appartienne à des tiers qui auront naturellement un droit de regard sur son fonctionnement, ce qui n'est pas évident pour une entreprise d'origine familiale. Tout cela est la contrepartie naturelle de l'avantage du capital obtenu en bourse, qui lui n'est pas à rembourser, s'il s'agit d'actions, ou à long terme s'il s'agit d'obligations.

10.3.1.2. L'ingénierie financière

La mise en relation de ces épargnants et des entreprises suppose donc une ingénierie financière complète.

On le voit, un écosystème avec de nombreux présupposés. Bien entendu, toutes ces problématiques ne sont pas les mêmes pour les grandes sociétés, expérimentées, qui ont la taille requise pour répondre à tous les critères et l'entreprise moyenne qui débute et qui nous intéresse particulièrement, car c'est elle qui doit créer le tissu industriel que nous visons.

Qu'en est-il à Dakar ?

Pour répondre à l'exigence de fluidité et de réduction des frais de gestion, les États africains de l'Ouest ont créé une bourse régionale. Son activité indiscutable reste encore modeste, et elle ne concerne que les entreprises importantes, puisque le marché des PME, dit « 3ème compartiment », où on peut aller avec un capital minimum de 100 millions de frs CFA, est bien peu actif. Il faut surtout relever que les entreprises sénégalaises sont, au total, sur les trois compartiments, bien peu nombreuses.

Manifestement, la bourse n'est pas pour l'instant l'outil suffisant pour financer ces grosses PME industrielles dont le Sénégal a besoin.

10.3.2 Le capital-investissement

Il s'agit d'opérateurs publics ou privés qui investissent directement dans une entreprise, soit pour soutenir l'économie nationale, c'est le cas des organismes publics créés à cet effet, soit, et c'est alors le cas des sociétés de fonds privées, pour réaliser une opération financière juteuse en tablant sur une start-up par exemple.

Au Sénégal, les fonds d'investissement privés étant récents et peu nombreux, l'État a créé un fonds public souverain, le FONSIS, qui vient en appui du PSE et qui a conduit à bien plusieurs opérations stratégiques en phase avec ce que nous écrivons.

Dans le domaine agricole, il soutient une action de production de fourrage de sorgho pour l'élevage avec BIOSOY, car, comme on l'a vu, l'une des conditions d'un élevage non nomade est la production d'une alimentation de qualité pour gros bétail. Il finance DB-FOODS qui traite le riz paddy visant à valoriser le riz national, et avec SECAS, il appuie une entreprise qui promeut le mil pour le substituer en partie au blé.

Dans le domaine de la santé, il est en partenariat avec des investisseurs privés, notamment les 400 pharmaciens de DUOPHARMA pour l'unité de production de perfusions implantée à Diender (Thiès). C'est bien, mais c'est peu. De belles initiatives en effet, en ligne avec la souveraineté économique et les priorités du PSE, mais tellement loin des objectifs quantitatifs qui permettaient au Sénégal de se doter d'un tissu d'entreprises varié et conséquent.

Des sociétés de capital-investissement ont été donc mises en place depuis quelques années et appuient, avec l'aide de bailleurs internationaux, un certain nombre de PME au moment de leur création ou de leur développement. Ces initiatives, à tous égards positives, sont néanmoins marquées d'une part par la relative modestie des capitaux investis, mais peut-être plus encore par le fait qu'elles ne s'inscrivent pas dans une stratégie de filières, mais par « du coup par coup » en fonction des opérations qui se présentent.

Ainsi voit-on des portefeuilles plus que diversifiés, saupoudrés, qu'il faudrait réorganiser en faisceau stratégique.

L'initiative de l'AFD avec sa filiale PROPARCO

PROPARCO, société financière filiale de l'AFD, Agence française de Développement, chargée de la « *Promotion et de la participation pour la coopération économique* », se propose avec son plan « *Choose Africa* » et avec des crédits de la coopération française, de soutenir les PME et TEP qui se lancent dans les secteurs d'avenir (numérique, solaire) ou qui répondent aux besoins de base (eau, éducation), soit en apportant des fonds propres, soit en garantissant les prêts accordés par les banques (jusqu'à 80 %). Cet infléchissement de la coopération vers le soutien au développement du tissu industriel privé nous paraît être une orientation d'avenir qui mérite d'être fortement exploitée.

L'Empire du Milieu

Compte tenu de l'importance des importations chinoises au Sénégal, et de la capacité de l'industrie chinoise de fabriquer des produits de base, il nous semble que la coopération avec ce pays, après les stades, les ports et les routes, devrait s'orienter désormais aussi vers l'aide à l'implantation d'industriels de l'Empire du Milieu ici, pour remplacer notamment des produits importés par des productions locales. La période s'y prête, car la Chine est désormais en surcapacité, et disponible pour investir dans le secteur manufacturier à l'étranger, notamment en Afrique, après avoir été l'atelier du Monde.

10.4. Un dispositif de financement cohérent et complet

Des banques frileuses donc, une bourse atone et peu concernée jusqu'ici par les PME, un fonds souverain aux moyens insuffisants, du capital-investissement privé lui aussi rare et éclaté, bref se financer pour une entreprise sénégalaise n'est pas chose facile. Que faire ? D'abord, ne pas oublier que pour financer des entreprises, il faut qu'il y ait des entreprises, c'est-à-dire des entrepreneurs avec l'écosystème qu'on a maintes fois évoqué pour que le projet soit crédible : fournisseurs, clients, main-d'œuvre, etc.

Puis, concomitamment, qu'un financement soit disponible. Ces financements doivent être suffisamment importants pour que puisse être soutenu un vrai tissu créant des synergies, des réseaux d'entreprises, car une entreprise isolée a du mal à durer, et que ces financements soient suffisamment pérennes pour accompagner naissance et développement. C'est pourquoi le dispositif de financement a besoin de tous les outils : les sociétés d'investissement publiques et privées pour le lancement et le développement, la bourse pour la pérennité à long terme, les banques pour la trésorerie, sans oublier les business Angels, ... et la coopération.

Tous ces outils doivent être non pas concurrentiels, mais complémentaires et non pas opportunistes, mais appuyés par des stratégies cohérentes, cohérence dont on a d'autant plus besoin pour construire des filières industrielles que le niveau de départ est bas et fragile. Nous avons suggéré de mettre en place au ministère de l'Économie des « Tours de table filières », des T2F, qui regroupent tous les acteurs du secteur afin de susciter et soutenir des projets d'entreprises s'inscrivant dans des stratégies industrielles sectorielles clairement déterminées.

Il faudra donc que les représentants des trois sources de financement possibles en fassent partie : la profession bancaire, les fonds d'investissement, FONSIS et sociétés privées, la bourse. Ainsi, directement informé, en amont, des stratégies et des besoins des entreprises, on peut espérer un financement mieux ciblé et plus rapide.

10.4.1 Améliorer les ressources

Le FONSIS doit manifestement trouver des ressources supplémentaires. Il peut notamment les trouver en faisant circuler son capital, en se dégageant des entreprises qui sont bien lancées pour l'investir dans de nouvelles opérations. C'est là le rôle de la bourse que de prendre le relai, en organisant le transfert du capital-investissement fourni par un fonds vers le marché des capitaux. Cela demande une bonne coordination et de l'ingénierie financière que la présence des acteurs dans les T2F mettra à disposition naturellement.

10.4.2 L'épargne des Sénégalais

> *« L'épargne nous accompagne dans l'entrepreneuriat pour atteindre la liberté financière. »*
>
> Patrick Lubanda, entrepreneur, Kinshasa

Le gouvernement veut mieux orienter l'épargne des Sénégalais vers l'industrie, en particulier les transferts de la diaspora. Il va falloir communiquer, convaincre et mettre en place les outils adéquats. Le plus classique est le Fonds commun de placement en actions (FCP), géré par une société financière ou une banque, où l'épargnant achète des parts, mais n'a pas de lien direct avec les sociétés dont le FCP a acquis des actions via la bourse.

Cet outil, indispensable, n'est efficace que si le gestionnaire du fonds peut arbitrer entre risques et rendements de manière opportune, ce qui suppose un marché boursier conséquent que n'offre pas encore la bourse régionale. D'autant moins qu'en son sein, les entreprises sénégalaises sont très minoritaires, et le but du jeu n'est pas de placer l'argent sénégalais dans des sociétés ivoiriennes.

Ajoutant qu'en coupant la relation charnelle entre l'épargnant et l'entreprise, le FCP fait disparaître cette motivation essentielle des citoyens de la diaspora, qui est de s'investir dans un projet, un secteur, une région, une entreprise avec laquelle ils ont des attaches ou des motifs d'agir.

D'où l'intérêt de ne pas négliger la formule du « business angel », où des investisseurs privés s'engagent dans des projets précis qui leur tiennent à cœur. Ce sont ces dispositifs qui mobilisent déjà la diaspora quand des citoyens de la même communauté se regroupent pour financer telle ou telle action dans leur village. Il faut offrir à cette motivation un cadre plus structuré afin de lui donner toute son ampleur.

Le capital-investissement et le « business angel » comme les FCP sont tous nécessaires pour donner une impulsion, mais ne sauraient remplacer la bourse qui peut seule assurer les financements à long terme dans des proportions significatives, dont les FCP ont besoin pour jouer pleinement leur rôle et le capital-investissement pour faire tourner ses ressources.

C'est à cet objectif stratégique de développement de la bourse régionale avec une forte proportion d'entreprises sénégalaises que doivent s'atteler en priorité les acteurs économiques sénégalais, y compris pour les PME auxquelles le 3e compartiment est destiné. C'est pourquoi nous proposons que le système de financement dans son ensemble soit partie prenante du dispositif T2F qui permettra :

– De donner une visibilité aux besoins de financement en les inscrivant dans une stratégie concrète, précise et nationale,

– De donner des garanties sur le long terme aux investisseurs quant à la cohérence des projets,

– D'assurer une promotion de tous les outils de financement, bourse, FCP, Sociétés de capital-investissement, « business angels », auprès tant des particuliers que des financeurs institutionnels que des bailleurs grâce à ce pilotage stratégique par le ministère de l'Économie.

Aujourd'hui, les investissements les plus rentables sont le foncier et l'immobilier tellement la spéculation est forte. En 20 ans, un terrain peut voir son prix multiplier par 10, 20, ou 50 ! Pour que cette épargne se détourne de « placements » aussi juteux au profit de l'industrie, il faudrait mettre en place une fiscalité sur le foncier sérieusement dissuasive, d'abord en faisant la chasse aux dessous-de-table quasi systématiques lors des transactions, qui visent notamment à se soustraire aux taxes sur les plus-values, plus-values foncières qui sont par leur extravagance une source d'enrichissement sans cause, et le premier facteur de stérilisation de l'épargne.

Les capitaux qui font gonfler la bulle immobilière manquent à l'industrie et à l'agriculture. Quand la rente foncière rapporte 10 fois plus que la bourse, l'investissement industriel ne peut être que bloqué.

11

LA DIASPORA

Si tu ne sais pas où tu vas, souviens-toi d'où tu viens.

La diaspora, en envoyant à la famille restée au Sénégal tous les mois une bonne partie de ce qu'elle gagne durement en Europe ou en Amérique, fait preuve d'un altruisme qui ne peut que susciter l'admiration. Qu'ils soient ingénieurs ou ouvriers, femmes de ménage ou avocates, les immigrés qui travaillent au Nord ont acquis de solides compétences qui seraient bien utiles au pays. Mais l'immigré ne revient pas facilement.

Pour qu'il fasse le saut, avant la retraite, il faut qu'il trouve une opportunité lui assurant à la fois la valorisation de son expérience et un revenu de remplacement proche au moins de celui qu'il quitte. Il revient à l'État de l'aider à un retour gagnant. D'abord, en recensant les professions exercées et les compétences acquises par les membres de la diaspora, qu'ils aient la double nationalité ou pas, ou même si d'origine sénégalaise, ils n'en ont plus la nationalité.

Ces ressources extérieures, en termes de compétences, recensées, bien entendu avec la participation explicite des intéressés, seraient communiqués aux « Tours de Table Filière » que nous explicitons ci-après, pour que soient signalés à ces citoyens de l'extérieur les opportunités créées par l'économie sénégalaise, les rémunérations correspondantes et les avantages fiscaux mis en place par l'État comme aide au retour. Bref, il s'agit de gérer de manière proactive les ressources humaines potentielles du pays, y compris celles résidant à l'étranger.

11.1. Un Appel à première installation d'entrepreneurs issus de la diaspora

Le gouvernement a fait de l'industrialisation de ses territoires un axe central du Plan Sénégal Émergent. De nombreux Sénégalais de la diaspora, techniciens, ingénieurs, scientifiques, managers, chefs d'entreprise, ont acquis des compétences et une expérience professionnelle qui les rendent aptes à créer avec succès une entreprise au Sénégal. Forts de ces savoir-faire, beaucoup d'entre eux souhaitent s'installer au Sénégal et contribuer à son développement en y créant leur propre entreprise. C'est pourquoi le ministère de l'Économie lance un appel à projets de création d'une première entreprise au pays pour lesquels il met en place d'importants moyens d'accompagnement financiers et extra financiers.

Secteurs concernés

Sont concernés les secteurs prioritaires de la stratégie d'industrialisation, à savoir :

– La modernisation de l'agriculture et de l'agroalimentaire : semences, matériels agricoles et aquacoles, valorisation des productions agricoles du Sénégal (mangue, arachide, bissap, etc.) ;

– La création d'une filière cosmétique aux standards internationaux avec valorisation des produits locaux : karité, sésame, bouye ;

– La filière du meuble ;

– Les matériaux pour la construction, le génie civil, l'adduction d'eau et l'assainissement ;

– L'Industrie du Logiciel : logiciels de gestion, éducatifs, de Conception Assistée par Ordinateurs-CAO, domotique, productique, etc. ;

– La fabrication ou le montage de matériels électroniques et d'équipements électroménagers ;

– La chaudronnerie, la construction métallique ;

– Les médicaments génériques de base et petits équipements médicaux ;

– Etc.

Type d'entreprise

Les projets attendus consistent en des implantations de production industrielle destinées à commercialiser des produits pour le marché national ou à l'export. Les projets candidats doivent présenter une assiette de dépenses totales d'un montant supérieur à 650 millions de francs CFA, pour une durée de 12 à 60 mois, comportant une phase de prototypage, puis de ligne pilote avant l'unité de production industrielle. Les dépenses éligibles doivent consister en des investissements corporels et incorporels en lien direct avec le projet : financement d'infrastructures, de foncier, d'immobilier, de brevets ou licences le cas échéant, achat d'équipements et de machines, dépenses d'industrialisation.

Les futures dépenses de fonctionnement ne sont pas éligibles, à l'exception d'un éventuel loyer sur les deux premières années. Il revient, en effet, au chef d'entreprise, après avoir bénéficié de cette aide substantielle de lancement, d'assurer la couverture de ses frais de gestion par son activité. Le projet pourra être entièrement indépendant ou s'appuyer sur une industrie ou une plateforme commerciale existante en relation directe avec le projet dans le cadre d'une relation de sous-traitance, de fournisseur ou de client.

Candidat éligible

Le porteur de projet devra justifier d'une expérience de 5 ans minimum à l'étranger dans une activité de production, de gestion ou de recherche du domaine concerné, à un niveau de responsabilité (chef d'atelier, de production, bureau d'études, commercial, etc.) assurant qu'il a une connaissance suffisante des techniques et des contraintes de fabrication et une connaissance de l'écosystème dudit domaine : fournitures, clients, équipements. Le porteur du projet devra conduire lui-même son entreprise sur place au Sénégal et en aucun cas procéder par délégation.

Moyens mobilisés

Financiers

Le FONSIS apportera 70 % du total de l'investissement et aidera à la finalisation du tour de table pour les 30 % complémentaires avec des crédits bancaires aux taux d'intérêt préférentiels. L'apport du FONSIS sera de 80 % en subvention et 20 % en avance remboursable. La société sera exonérée d'impôts sur les bénéfices au cours des 5 premières années.

Extra financiers

Le ministère de l'Économie en relation avec l'APIX aidera au montage rapide du dossier administratif de création et d'implantation de l'entreprise.

Critères de sélection

Seront privilégiés les projets qui s'inscriront dans les priorités sectorielles du pays, qui viseront une implantation sur les territoires, qui seront porteurs d'une avancée technologique et créateurs d'emplois.

11.2. Retour à la terre

Nombreux sont les Sénégalais qui, après de longues années à l'étranger comme ouvriers du bâtiment, de l'industrie et des services, souhaitent retourner au pays pour exploiter une surface agricole que leur communauté villageoise d'origine peut mettre à leur disposition. Ils pensent souvent, à tort, qu'il est facile de se lancer dans la production agricole ou l'élevage, alors qu'il s'agit d'activités qui requièrent de solides compétences si on veut les exercer avec un tant soit peu d'efficacité.

La France dispose au travers de ses lycées agricoles et ses Centres de Formation par l'Apprentissage (CFA) d'un vaste système de formation au niveau du CAP et du bac professionnel, largement sous-utilisé aujourd'hui. On pourrait imaginer que dans le cadre d'une stratégie d'aide au retour, ces Sénégalais puissent bénéficier d'une formation aux métiers de la conduite d'exploitation.

L'année de formation (ou les deux années suivant le degré de maîtrise des prérequis) pourrait être financée au titre d'un programme de coopération, de niveau national ou régional. Au moment de leur installation, qui pourrait être formalisée par un bail d'usage de la terre et la création en bonne et due forme d'une société d'exploitation agricole, il pourrait bénéficier d'une petite subvention d'exploitation, associée si nécessaire à un (petit) prêt bancaire. La procédure pourrait être celle de l'appel à candidatures, le candidat présentant son projet, son titre de qualification professionnelle, son droit d'usage de superficie agricole en s'engageant à exploiter lui-même et directement ladite exploitation.

12

LA FORMATION, MÈRE DES BATAILLES

« Si vous pensez que l'éducation coûte cher, essayer l'ignorance. »

Derek Bok

La mère de toutes les batailles : elle est la clé de la croissance, d'une agriculture performante, la condition de filières industrielles efficaces et de l'inclusion.

12.1. École élémentaire : un sur deux en échec

Le taux de scolarisation au premier niveau de l'école primaire, au cours d'initiation, le CI, qui précède le CP, est bon, puisque 95 % d'une génération y entre. Mais les choses se détériorent rapidement par la suite : 44 % des jeunes sénégalais entrés au CI n'achèvent pas l'école primaire. Les filles s'en tirent un peu mieux que les garçons, puisque 61 % d'entre elles contre 52 % des garçons terminent leur scolarité élémentaire.

Tous les ans, du CI au CM2, c'est en moyenne 12 % des élèves qui s'évaporent. Si on y ajoute que parmi ceux qui terminent leur scolarité 20 % ont redoublé, et que seuls 75 % d'entre eux obtiennent le certificat de fin d'études élémentaires, c'est au total moins d'un jeune sur deux qui atteint le niveau de connaissance visé à l'issue du CM2.

On mesure à ce chiffre à quel point la mauvaise performance de l'école primaire constitue un lourd handicap pour le pays. Le taux de passage du CM2 à la sixième ayant fortement diminué avec la réforme de 2013, il est de 75 % aujourd'hui, cela signifie que seuls 40 % des garçons atteignent la 6e pour 45 % des filles.

Les formules de rattrapage, comme les dispositifs d'alphabétisation des adultes, nécessaires, mais tellement difficiles à conduire avec succès, pourraient être évitées si cet objectif simple d'amener la totalité de chaque génération à la fin du CM2 avec la maîtrise des savoirs de base, lire, écrire, compter était pris à bras-le-corps. Pour remédier à ces pertes en ligne très importantes dès la scolarité de base, qui pèsent lourd dans les difficultés économiques et sociales du pays, nous préconisons les mesures suivantes.

12.1.1 Des instituteurs mieux formés et mieux payés

Ce n'est pas parce qu'on sait lire qu'on sait apprendre à lire à des enfants. Aussi distingue-t-on les enseignants qui ont le niveau de formation académique requis, on les appelle qualifiés, de ceux qui ont en plus les compétences professionnelles nécessaires à l'enseignement, on les appelle certifiés.

À l'école élémentaire, niveau décisif s'il en est, la situation est loin d'être satisfaisante. Si, en effet, la totalité des enseignants répond aux exigences des savoirs académiques (qualifiés), on est loin du compte pour les enseignants certifiés professionnellement, puisqu'au plan national, 28 % ne le sont pas. Plus grave, les inégalités territoriales sont marquées, avec notamment la situation de la zone sensible de l'agglomération dakaroise. Dans la capitale, Dakar, 42 % ne sont pas certifiés. Pour les banlieues de Pikine et de Guédiawaye, seuls 38 % sont certifiés, soit 62 % d'entre eux qui n'ont pas les compétences vérifiées pour une pédagogie professionnelle.

Ce sont les écoles privées qui plombent les comptes, puisque sur Pikine/Guédiawaye, où elles représentent 67 % du corps enseignant, seuls 14 % sont certifiés. Ce n'est pas beaucoup mieux pour Dakar, où le privé représente 65 % des enseignants, dont seulement 37 % sont certifiés. Il y a là un sérieux sujet. Les parents qui paient pour aller dans le privé sont-ils informés ? Pourquoi l'État a-t-il laissé prospérer un système marchand sans en contrepartie exiger un niveau de compétences vérifiées identique à celui du Public ?

Manifestement, des corrections doivent être apportées, car il y va de l'instruction de dizaines de milliers d'enfants. Si on fait un focus sur le CI, CP, CE1, là où on apprend à lire et à compter, le nombre d'enseignants qui ont le certificat d'aptitude professionnelle, le CAP, est de 59 % au plan national. Avec ici aussi une situation très critique en agglomération dakaroise.

À Dakar, seuls 40 % ont le CAP, avec toujours un taux très bas de CAP dans le privé, 16 %. Situation encore plus dramatique sur Pikine et Guédiawaye, où 27 % du total des enseignants de CI/CP/CE1 ont le CAP, dont 4 % dans le privé qui représente pourtant 68 % des enseignants.

Conscient du problème, le Ministère a mis en place un dispositif de formation continue conséquent. Mais outre que la formation continue est toujours plus efficace quand la formation initiale a été solide, elle ne concerne par exemple que 14 % des enseignants du privé en lecture/calcul, et 8 % d'entre eux en pédagogie différenciée.

S'il y a, à notre avis, une priorité absolue, c'est bien celle de la formation des enseignants de ce niveau CI/CP/CE1, si déterminant pour la suite.

La lourdeur des effectifs est un handicap supplémentaire pour ces zones de banlieue puisque, alors que la moyenne nationale des élèves à l'école élémentaire publique est, en zone urbaine, de **52** par classe, elle est de **64** en CP et CI sur Pikine/Guédiawaye. Il faut avoir une sacrée formation et un sacré talent pour offrir à ces jeunes toutes leurs chances de promotion par l'école dans de telles conditions !

Enfin, la paie ! Autour de 500.000 frs (760 euros) par mois au milieu de la carrière, est-ce le bon montant pour un métier aussi décisif ? Il y a des marges de progrès !

12.1.2 Mieux scolariser au préélémentaire

Les sciences cognitives font des progrès et indiquent les chemins à prendre pour de meilleurs apprentissages. On sait désormais qu'à la naissance, toute une série de zones du cerveau sont prédéterminées pour accueillir les fonctions essentielles : la vue, l'ouïe, la parole, la mobilité, l'odorat, etc. Mais une activité humaine n'a pas de zone réservée et doit se faire sa place : la lecture et l'écriture. Elle se fera cette place d'autant plus facilement que la lecture et l'écriture seront pratiquées tôt, quand le cerveau est encore malléable. Inversement quand tout est structuré, que toutes les cases sont prises, cela devient plus compliqué, même si rien n'est irrémédiable.

S'initier dès le préélémentaire à la lecture et l'écriture, au dessin, à la musique, à l'art du récit est donc un gage de réussite scolaire plus aisée par la suite. De grands progrès sont à réaliser puisque seuls 20 % des élèves bénéficient d'une scolarisation à ce niveau des tous petits, avant le CI. Qui plus est, le personnel qui accueille les enfants dans ces classes de préélémentaire n'est pas du tout en capacité de le faire aussi professionnellement que toutes ces activités d'éveil l'exigent, puisque 62 % n'ont aucun diplôme. Alors qu'à cet âge décisif de formation de l'esprit, il s'agit d'un vrai métier qui requiert des compétences pointues.

12.1.3 Diminuer les effectifs

Il n'y a pas de miracle, un maître ne peut être efficace qu'avec des effectifs raisonnables.

12.1.4 Revoir la pédagogie à l'école, l'enseignement des sciences, « La Main à la Pâte »

Il y a des pédagogies qui marchent et d'autres moins bien. Les enseignants doivent être formés à la curiosité pédagogique, ne pas s'en tenir aux méthodes apprises à un moment donné, ou à celles imposées par l'administration de tutelle. Un enseignant digne de ce nom doit innover, être attentif aux résultats de sa pédagogie et chercher en permanence le meilleur chemin pour ses élèves, qui ne sont pas exactement ceux de l'école d'à côté.

On sait désormais que Singapour a mis au point une méthode originale pour les maths qui classe les élèves de cette ville-État premiers au Monde. Ou encore que la méthode de la « main à la pâte » des prix Nobel français Charpak et Pierre-Gilles de Gennes développe le goût des sciences chez les jeunes.

On sait aussi qu'un enseignement inductif est souvent plus efficace qu'une pédagogie déductive. Bref, la pédagogie n'est pas un supplément d'âme de l'enseignement, mais le cœur du métier d'enseignant.

Le ministère de l'Éducation nationale doit faciliter un bouillonnement des recherches et des pratiques pédagogiques.

Un enjeu essentiel pour l'économie, développer le goût pour les sciences au plus jeune âge : La Main à la Pâte

Au Sénégal, les classes scientifiques n'attirent pas suffisamment de jeunes, ce qui impacte directement l'économie, car toutes les filières de production exigent un haut niveau de technologie, c'est-à-dire de science appliquée. Ce désamour pour les sciences qui se constate au moment du choix de la classe de Seconde au lycée, puis à l'université vient de loin.

C'est dès l'école primaire qu'un enfant va se passionner pour les choses de la science ou au contraire va les rejeter. C'est à l'école primaire qu'on doit agir pour remplir les futurs amphis des écoles d'ingénieurs et de l'université.

Ce qui compte à l'école, ce ne sont pas les programmes, mais la pédagogie. Les bons programmes sont vains si les élèves n'en retiennent pas grand-chose ou pire, les rejettent au point de quitter l'école.

L'apprentissage des sciences, donner le goût des sciences aux enfants est chose subtile. Les instituteurs puis les professeurs de collège ont cette lourde responsabilité de développer la curiosité scientifique chez les enfants.

On pourrait même dire, sans vraiment provoquer, qu'un instituteur est pour le développement scientifique du pays plus important qu'un professeur de la fac de sciences. À cet égard, les écarts de salaire entre un universitaire et un instituteur ne se justifient pas au regard de l'importance du rôle de chacun dans la construction de la nation.

L'enseignement des sciences reste trop souvent didactique : le maître fait la leçon que l'élève copie et doit retenir.

Même quand le maître ne se contente pas du tableau noir et conduit une expérience devant la classe, sur son pupitre, les élèves restent passifs, regardant l'expérience de loin et notent les conclusions que le maître leur dicte.

Au temps où l'enseignement des sciences s'appelait « La leçon de choses », il s'agissait d'observer des objets et d'en tirer quelques leçons au tableau, dont le résumé était dicté par le maître et scrupuleusement recopié sur le cahier.

Ainsi, on regardait une image du chameau, on examinait sa bosse, la forme de ses sabots, pour en tirer une leçon sur son adaptation au désert.

C'est le maître qui dit au tableau par des dessins clairs et des textes précis ce qu'il faut avoir vu et ce qu'il faut retenir.

Ce n'est donc pas une initiation à la science, mais plutôt l'éveil à une certaine mise en ordre du monde par une incitation à porter un regard un peu plus curieux sur son environnement immédiat, ou, à défaut, sur des images suspendues aux murs de la classe.

Puis, l'enseignement a utilisé davantage le recours à l'expérience devant les élèves : le maître conduisait l'expérience, en tirait les leçons, mais l'élève restait toujours passif.

Le labo, où l'élève expérimente lui-même, était réservé au lycée et plus particulièrement aux classes scientifiques, c'est-à-dire bien tard pour développer largement le goût des sciences.

Cette méthode que des générations ont subie n'est pas la bonne, car pour bien apprendre, il faut pratiquer, être actif, s'impliquer, surtout en sciences et à cet âge des premiers apprentissages. Cette crise des vocations scientifiques a touché de nombreux pays depuis longtemps, notamment les USA et la France.

C'est pourquoi les premiers ont mis au point une nouvelle méthode que la France a reprise, à l'initiative de deux de ses prix Nobel, Gilles de Gènnes et Georges Charpak, en l'appelant « La Main à la Pâte ».

Il s'agit d'une véritable révolution dans la formation des jeunes à la science et à la technologie, conduite de façon rigoureuse par de grands savants amoureux de l'école, révolution que la Chine a adoptée massivement !

Soyons concrets comme l'est « La Main à la Pâte ».

Comment voir l'air en classe maternelle ?

On coince un mouchoir au fond d'un gobelet en plastique transparent, qu'on renverse sur une bassine dans laquelle on le descend doucement. On remonte, le mouchoir est sec. Ça alors ! Que de questions, que d'hypothèses, comme c'est bizarre ! Inclinez légèrement le verre. Des bulles d'air en sortent. C'est l'air qui l'a empêché de le mouiller ! L'eau monte maintenant ! Le mouchoir mouillé tombe au fond de la bassine.

On met une bougie flottante sur la bassine ; on recouvre d'un bocal en verre, et on descend ; magie, la bougie reste allumée sous l'eau ! Puis, au bout d'un certain temps, elle s'éteint. Que de leçons à tirer !

Lorsqu'on fait découper aux enfants sur une carte en papier l'Afrique et l'Amérique du Sud, et qu'on leur laisse chercher l'emboîtement originel ; lorsqu'on leur fait réaliser un radeau à réaction propulsé par le jet de vapeur d'une boîte à eau percée latéralement et chauffée par une bougie ; lorsqu'on les invite à fermer un circuit électrique (pile, fil et ampoule) avec divers objets, cailloux, craie, clou, goutte d'eau salée, pour distinguer les matériaux conducteurs ou non ; lorsqu'avec une mappemonde, et en observant le mouvement apparent du soleil, on leur fait trouver le sens de rotation de la Terre, on fait une science simple, mais qui ouvre aux grands thèmes de la recherche d'aujourd'hui

« La Main à la Pâte », ce n'est pas seulement cela, mettre au point des expériences simples qui ne requiert que des outils du quotidien pour comprendre les lois de la nature. C'est bien plus.

Elle mobilise d'abord les cinq sens, pour développer le contact à la fois sensitif et poétique avec le monde environnant. Elle concerne aussi bien les sciences de la nature que la technologie. Elle repose sur une découverte guidée. Elle adopte surtout une démarche expérimentale pleine et entière de l'élève. L'enfant manipule pour sentir les phénomènes, pour les vivre. Il expérimente lui-même pour comprendre. Il observe, formule des hypothèses, les vérifie, tâtonne, pour rédiger lui-même ses conclusions.

Le savoir, c'est-à-dire la conclusion en termes de connaissance, ne lui arrive pas par magie, mais résulte de sa démarche, de son action ; il le conquiert lui-même. Bien entendu, l'enfant n'est pas livré à lui-même : les situations sont soigneusement sélectionnées par des équipes comprenant des savants et des pédagogues qui prennent en compte toutes les données : facilité de réalisation de l'expérience, capacité de compréhension aux différents âges, et surtout, rigueur scientifique des conclusions auxquelles on doit aboutir.

La conclusion peut être partielle, mais elle ne saurait être erronée.

Le maître, par un jeu de questions simples, aide l'élève à cheminer : qu'est-ce que tu veux faire avec ça ? Comment tu t'es débrouillé ? Explique-nous ce que tu as fait. Fais-moi comprendre avec un dessin. À ton avis, qu'est-ce qui va se passer ? Êtes-vous tous d'accord ?

On se souvient tous d'une de nos plus fameuses leçons de choses, écrite au tableau : l'eau bout à 100 degrés. Avions-nous vraiment réfléchi dans notre tête d'enfant à la signification de cette conclusion ?

La démarche de « La Main à la Pâte » va consister à faire bouillir en classe une casserole d'eau et faire constater aux élèves qu'il n'y a vraiment rien à faire : on a beau chauffer longtemps, gaz à fond, avec un thermomètre qui va jusqu'à 200 degrés, quand on le plonge dans la casserole, il reste bloqué à 100. Les élèves prennent alors conscience qu'ils assistent à un changement d'état de la matière, qui permet d'engager une vraie réflexion.

Ou encore, pour en rester à l'eau, qu'elle n'est pas la surprise des enfants, qui sont convaincus qu'un glaçon fondra plus vite au soleil enveloppé dans la laine que dans de l'eau froide, de constater que le glaçon enveloppé, au chaud, dans la laine, tient plus longtemps que celui immergé dans l'eau froide.

Exercice simplissime, mais éclairant sur les échanges thermiques. Et on sait combien le problème de l'isolement thermique des bâtiments est important au Sénégal pour se protéger de la chaleur et économiser la clim.

Les savants de « La Main à la Pâte » et les pédagogues ont mis au point des centaines de protocoles expérimentaux permettant aux élèves d'accéder à la connaissance et à la démarche scientifiques par leur propre action.

C'est cela la première vertu de « La Main à la Pâte », cette appropriation profonde, presque définitive, des savoirs par son propre cheminement.

Ce n'est pas la seule, elle en a bien d'autres. Elle dédramatise l'erreur, la faute qui est vite stigmatisée, au profit du tâtonnement, qui devient naturel, positif, qui est même l'apanage du chercheur. Elle repose sur la manipulation et donc sur l'utilisation d'instruments et d'outils qui montrent que la science, ce ne sont pas des résultats dans des livres, mais des laboratoires, des technologies qu'il faut apprendre à maîtriser.

Elle enseigne le travail en équipe, car l'expérience se fait à plusieurs, inutile donc de cacher son devoir de l'œil curieux du voisin ! On découvre qu'on est plus intelligent avec les autres. Quelle nouvelle ! Elle apprend l'art de discuter avec précision, à partir d'une argumentation. Elle apprend aux élèves à communiquer précisément pour décrire l'expérience à ceux qui n'y ont pas participé. Elle apprend la patience, le cheminement, car l'expérience prend du temps, un excellent antidote au zapping.

Elle se concrétise surtout dans un cahier d'expériences sur lequel l'enfant consigne jour après jour ses découvertes, ses résultats et leurs interprétations. C'est donc en même temps un formidable exercice de communication écrite, de grammaire, de vocabulaire, de représentation graphique.

Le Sénégal doit s'emparer de cette pédagogie. La formation des maîtres à l'enseignement des sciences selon une pédagogie, employons le mot « inclusive », où l'élève est inclus dans son apprentissage, doit être une priorité des centres de formation tant pour ceux du collège que de l'école primaire.

Il y va du développement des filières scientifiques et techniques, c'est-à-dire de l'économie et de l'indépendance du pays.

Allez sur le site de la main à la pâte, c'est génial, ça donne envie de retourner sur les bancs ! *(fondation-lamap.org)*

12.2. Le Collège : 20 %, c'est peu

Le Collège, ce qu'on appelle l'enseignement moyen est un niveau d'enseignement difficile qui partout dans le monde se cherche. Niveau complexe du fait de ses élèves, préadolescents et adolescents, et parce qu'il est un premier niveau d'orientation vers la voie longue au lycée ou vers les filières professionnelles.

Que doit faire le collège, consolider l'école primaire, préparer au CAP ou au lycée, et donc à l'enseignement supérieur ? Cette pluralité d'objectifs selon les élèves rend la tâche ardue, entre ceux pour qui les programmes sont trop lourds et ceux pour qui les classes hétérogènes freinent la progression. Du coup, beaucoup n'y trouvent pas leur compte et s'arrêtent en cours de route ; les déperditions en ligne ou à son terme sont importantes. Sur 100 élèves qui rentrent en 6e, seuls 67 % terminent leur scolarité moyenne, alors que 40 % auront redoublé.

En moyenne, 10 % d'abandon chaque année de la 6e à la 3e soit 40 % d'abandon en cours de route, moins en 5e, 5 %, mais plus en 3e, 20 %. Les effectifs élevés, 73 élèves en classe de 6e sur Pikine-Guédiawaye, 56 en moyenne nationale, n'arrangent pas les choses. In fine, sur 100 élèves scolarisés en CI, moins de 30 % achèvent le cycle moyen, dont seuls 70 % obtiennent le diplôme de fin d'études, le BEFM.

Si le BEFM est le niveau de formation qu'on considère comme nécessaire pour accéder à un emploi du 21e siècle ou à une formation professionnelle solide, ce sont à peine plus de **20 %** des jeunes de chaque génération qui l'atteignent. Proportion beaucoup trop faible pour réussir l'émergence.

Le PSE qui à juste titre a mobilisé le pays pour le doter des infrastructures nécessaires a-t-il pris la pleine mesure de ce handicap ? Que faire ? Pas de formule miracle, mais une série de mesures pour progresser.

12.2.1 Développer la lecture, des bibliothèques rurales et de quartier

Comment vivre dans le monde moderne sans savoir lire ? On apprend à lire en classe, mais surtout en lisant. Pour les enfants, ce sont les livres de contes et d'aventures qui valent. Les enfants sénégalais en ont-ils suffisamment à leur disposition ? Dans le cadre d'un « plan national lecture », il faut que les jeunes sénégalais aient accès à ces livres, qui au-delà de la lecture développent l'art du récit et l'imaginaire.

Si on ne lit pas jeune, on ne devient pas un adolescent ou un adulte lecteur. Nous soutenons l'idée de créer d'urgence un vaste réseau de livres pour enfant comme moyen efficace de prévenir l'illettrisme.

Rappelons qu'un analphabète n'est pas allé à l'école et n'a donc pas fréquenté l'alphabet. Un illettré est allé à l'école, mais peu, et en réalité ne sait pas lire, soit qu'il n'a pas vraiment appris sur les bancs, soit qu'il a oublié. Du coup, la différence entre les deux est souvent ténue, d'autant plus au Sénégal où la langue d'apprentissage de la lecture se fait majoritairement dans une langue qui n'est pas la langue maternelle et qui souvent n'est plus jamais utilisée.

Cet illettrisme-analphabétisme oblige l'État à mettre en place des structures d'alphabétisation pour adultes, appelées classes d'alphabétisation fonctionnelle, destinées aux personnes analphabètes de plus de 15 ans. À peine 155.000 personnes les fréquentent, dont 95 % de femmes ! Alors que si les hommes sont mieux alphabétisés que les femmes, ils sont tout de même près de 50 % à ne pas l'être, **47 %** précisément chez les plus de 10 ans.

En matière d'analphabétisme, il est manifestement plus efficace et rationnel de prévenir que de guérir !

12.2.2 La Parité : objectif atteint.

Le Sénégal est à ce titre un pays moderne. Une économie qui se veut performante ne saurait se passer de « *la moitié du ciel* » (Mao). Au Sénégal, les femmes sont les égales des hommes et sont très présentes dans la vie économique dans tous les secteurs et à tous les niveaux. Le préambule de la constitution reprend à son compte les deux grands textes fondateurs de l'égalité et de la liberté, de 1789 et de 1948. *« Le Peuple du Sénégal proclame solennellement son indépendance et son attachement aux droits fondamentaux tels qu'ils sont définis dans* la Déclaration des droits de l'homme et du citoyen *de 1789 et dans la* **Déclaration universelle** *du 10 décembre 1948.*

Son article premier proclame l'égalité entre les sexes. *La République du Sénégal est laïque, démocratique et sociale. Elle assure l'égalité devant la loi de tous les citoyens, sans distinction d'origine, de race, de sexe, de religion. Elle respecte toutes les croyances.* Proclamation reprise formellement dans l'article 7 : « *Tous les êtres humains sont égaux devant la loi. Les hommes et les femmes sont égaux en droit* ». Comme partout dans le monde, le devenir professionnel des filles se joue en bonne partie à l'école, où doivent être combattus les préjugés millénaires sur la division du travail entre les hommes et les femmes. À cet égard, le Sénégal fait figure de bon élève puisque la parité hommes/femmes est largement respectée aux différents niveaux du cursus scolaire. Dans l'enseignement préélémentaire, à l'école primaire et au collège les filles font jeu égal avec les garçons, c'est du 50/50.

Lorsqu'on passe au lycée, la situation d'égalité perdure puisque les filles représentent 51 % des inscrits en seconde, avec une bonne répartition sur le territoire puisque dans une seule région le taux des filles en seconde est inférieur à 40 %. Il faut y ajouter une donnée tout à fait remarquable. Dans de très nombreux pays, la part des filles en filière scientifique est sensiblement inférieure à celle des garçons, ce qui n'est pas le cas au Sénégal puisque les filles représentent 48 % de la classe de seconde scientifique.

Le taux d'achèvement du lycée pour les filles et les garçons est le même, là aussi joli résultat, même si on constate un taux de réussite au bac légèrement supérieur pour les garçons, 37 % contre un peu plus de **33 %** pour les filles. S'il y a bien égalité fille/garçon face à l'école, c'est tout de même, ne l'oublions pas, dans le cadre d'un taux de scolarisation global très insuffisant, avec des flux de déscolarisation précoces au collège puis au lycée, bien trop importants pour nourrir convenablement l'économie en compétences. Ces retards, ces difficultés sont à corriger naturellement, mais il est très positif qu'ils ne reposent pas sur une discrimination sexuée.

Cette parité est le résultat d'une politique volontariste conduite avec succès par les autorités depuis plusieurs années, et cette idée, que l'école est faite aussi bien pour les filles que pour les garçons, est désormais inscrite dans la culture même de la société.

12.2.3 L'ennui, ce poison

Voilà un mot, l'ennui, qu'on ne trouve ni dans les rapports sur l'éducation nationale ni dans les livres d'économie. Et pourtant, il est un facteur de première importance. Quand on s'ennuie en classe, on décroche et on finit par échouer et abandonner. Le coût budgétaire, économique et social de l'ennui en classe, jamais mesuré, est sans nul doute gigantesque. C'est pourtant un des mots les plus entendus dans la bouche des jeunes : je m'emm….

Et ce n'est pas d'aujourd'hui. Un des plus grands écrivains français, Flaubert, l'auteur du célébrissime *Madame Bovary* écrit au 19e siècle :

« Me voilà chié en classe à 6 h du matin ne sachant que faire... je m'ennuie, je m'emmerde ».

Qui ne sait pas que dans la classe, trop d'élèves subissent les leçons comme une corvée monotone ? Comment ignorer ces mots recueillis auprès de Thierno : *« C'est incroyable, il y a des cours tellement mornes, qu'on trouve plus passionnant de regarder les secondes s'écouler 3600 fois sur son portable que d'écouter la litanie du professeur qui ne se soucie pas de savoir s'il s'est fait comprendre ou pas. Et toute l'année. Le pire, c'est qu'on l'accepte ».*

Ou ceux de Fatima *: « Le collège a été pour moi source d'un ennui indescriptible et profond. J'ai eu ce sentiment de vivre dans un monde ou la passion de ce qui est enseigné n'existe pas. On nous offrait, comme seul intérêt, la possibilité de passer en classe supérieure. Le travail ? C'était pour les notes. On avançait que par la peur de la sanction ».*

Tous les élèves, bons ou cancres, sont peu ou prou affectés par cet ennui à l'école que tout le monde a connu. Qui ne se souvient pas d'avoir, comme Thierno, regardé sa montre toutes les 20 secondes et attendu avec impatience la délivrance de la sonnerie, et cela pendant un nombre incalculable d'heures de cours ?

Remédier à l'ennui, c'est remettre les élèves en situation d'apprendre, car bien entendu sans passion, sans soif de connaissances, rien ne rentre et rien ne reste.

La réussite scolaire se joue dans la classe tous les matins. Les clés de cette réussite sont la pertinence des programmes, la pédagogie, le talent des professeurs, les perspectives qu'entrevoient les élèves.

12.2.4 La Pédagogie, un art nécessaire

La pédagogie est le maître-mot de l'école. On vient de voir avec « La main à la pâte » qu'on peut enseigner les sciences de manière vivante et pertinente. La pédagogie doit avant tout chercher à rencontrer l'intérêt de l'élève par des activités qui donnent du sens aux savoirs, des exercices d'application très concrets qui permettent de comprendre la théorie et l'abstrait : on apprend, par exemple, l'arithmétique en dessinant le cadastre et la géométrie, le plan de la maison. On monte des pièces de théâtre, qui font des élèves des producteurs et des acteurs, plutôt que des rabâcheurs passifs de textes littéraires. On construit des maquettes, on fabrique des journaux scolaires.

Cette approche dite des pédagogies actives donne une grande place aux activités collectives, au travail en équipe, bref tout ce qui suscite un esprit de coopération entre élèves. Esprit coopératif qui sera précieux lorsqu'on travaillera dans l'entreprise.

Il faut bien entendu compléter cette approche par tous les exercices qui développent la concentration, la maîtrise de soi, l'ingratitude de l'effort.

Tel est le savoir-faire du métier d'enseignant, manier habilement la pédagogie du sens et de l'exercice, sans jamais espérer une satisfaction parfaite, mais sans y renoncer, articuler au feeling, « l'intérêt » et « l'exercice », et aussi susciter la part de rêve que chaque discipline comporte comme chemin du savoir.

Pour combattre ces taux d'abandon extravagant, l'école et le collège doivent redevenir ces lieux d'un double émerveillement, à l'égard de la nature par une fréquentation plus ludique, et de l'histoire des hommes au travers de ses héros. L'ennui s'en trouverait sinon vaincu du moins réduit. Tout cela repose sur le talent du professeur, car enseigner est un métier de contenus, de technique et de talent.

Comment ne pas relever à cet égard qu'une des matières la plus souvent désignée comme ennuyeuse, dans tous les pays, est la géographie, alors qu'elle devrait être la discipline du voyage, de la découverte et du rêve ? Manifestement, la pédagogie n'est pas au rendez-vous.

12.2.5 De l'enseignant

Quoi de pire qu'un prof à la voix qui ne porte pas, qui prépare mal son cours ou ne maîtrise pas son sujet ? L'enseignant est en effet le facteur capital : son charisme, sa motivation, son envie de transmettre aux élèves, son intérêt pour son cours, pour son métier, pour ses élèves, son humour, sa pédagogie, ses choix de tonalité et de puissance sonore de voix, son autorité, sa politesse, sa parfaite maîtrise du sujet, font la différence ; un prof sent la classe, sait quand s'il faut s'arrêter, revenir sur un point ; il est indulgent ou dur parfois, quand il le faut ; et surtout, surtout, il n'est pas paresseux.

Il n'est pas nécessaire de réunir tous ces facteurs pour éviter l'ennui des élèves ; cela dépend des enseignants, mais il en faut au moins quelques-uns ! Il revient aux établissements de formation des maîtres de se préoccuper aussi de cet **art d'enseigner**, et pas seulement de ses connaissances disciplinaires.

12.2.6 Un Programme, ce n'est pas du gavage

Un seul mot ici sur les programmes ; le gavage, avec des programmes trop ambitieux, est contre-productif ; en la matière, le plus est l'ennemi du bien ; moins, mais mieux, mieux enseigné et mieux compris. Vilain défaut des professionnels de l'éducation, inspecteurs et professeurs en premier, que de trop surcharger leur discipline au point de faire couler la barque.

12.2.7 Installer très vite des apprentissages professionnels

Beaucoup d'élèves ont du mal à suivre un enseignement académique qui ne les motive guère. Faute d'alternative, ils quittent l'école sans savoir lire, écrire et compter suffisamment pour s'insérer dans le travail ou suivre un enseignement professionnel selon un cursus normal. C'est pourquoi nous pensons qu'il faut pour tous ces jeunes mettre en place très tôt une scolarité par l'apprentissage ou l'acquisition d'une formation professionnelle qui aide à acquérir simultanément les connaissances élémentaires, ce que l'école seule, la classe et le tableau noir n'arrivent pas manifestement à faire. On a vu que les départs précoces du collège étaient élevés surtout en 4e et 3e.

Aussi faut-il mettre un palier d'orientation efficace à la fin de la 5e pour permettre à tous les jeunes qui manifestement ne vont pas continuer sur les bancs du collège de rejoindre une voie professionnelle.

On peut apprendre plein de vocabulaire et pas mal de maths sur un chantier ou dans un champ. Encore faut-il que des aller-retour Atelier/école le permettent et soient pédagogiquement organisés. C'est le tandem maître d'apprentissage et professeur, le couple école/vie pratique qui peut stopper l'hémorragie des élèves au primaire et au collège. Ce dispositif ne doit naturellement pas se limiter à la cuisine et à la couture et ne concerner que les filles. Il doit être ouvert à toutes les professions et à tous les jeunes. On va y revenir.

12.3. Le lycée

12.3.1 Le lycée d'enseignement général

Rappelons que ses élèves ont vocation à poursuivre des études dans l'enseignement supérieur, car par lui-même le cursus du secondaire général ne donne pas de qualification professionnelle. Le lycée accueille en seconde environ 1/4 d'une classe d'âge avec des écarts considérables sur le territoire : 75 % des jeunes de 15 à 18 ans y sont scolarisés à Ziguinchor contre 15 % à Diourbel et Kaffrine et 18 % à Tambacounda.

Le taux d'achèvement des études au lycée est faible, moins de 30 %. Si on y ajoute que seul 1/3 des candidats sont reçus au bac, on obtient ce chiffre de 55.000 jeunes autorisés à entamer des études supérieures, soit un peu moins de 13 % d'une classe d'âge, dont seule la moitié obtient in fine un diplôme universitaire, soit 6,5 % par génération. Quand on sait que la moyenne des diplômés de l'enseignement supérieur de l'OCDE est de 50 % par tranche d'âge, on mesure le chemin que doit faire le pays pour prendre sa place dans la modernité.

Surtout, on constate une surreprésentation du bac littéraire, 42.500 sur les 55.000 bacheliers de l'année, contre seulement 12.500 en sciences et technologie. Presque 4 fois plus de littéraires que de scientifiques, manifestement la proportion n'est pas bonne. Ce désamour pour les sciences s'incruste sans aucun doute très tôt, et il convient donc d'attacher la plus grande importance au développement du goût des sciences dès le plus jeune âge. Ces chiffres expliquent la place que nous avons donnée à « La Main à la Pâte ».

12.3.2 Le lycée technique, parent pauvre

Le bac technologique est la voie de prédilection de ceux qui très tôt, dès la seconde, vont se former à la technologie. Il est un maillon essentiel du système de formation d'un pays qui veut s'industrialiser. On y apprend les technologies de l'industrie et de l'énergie, celles de l'agronomie et du vivant, celles du laboratoire de biologie, celles de la santé, du design, de l'hôtellerie-restauration et de la gestion. Les titulaires du bac techno ont vocation à continuer en BTS, ISEP ou licence pro pour devenir des techniciens supérieurs, maillons clé de toute entreprise, et pour les meilleurs, devenir des ingénieurs de production, car un bon système scolaire n'est jamais fermé et comporte toujours des passerelles vers le niveau supérieur.

Ce sont eux qui seront électromécaniciens, techniciens en chaudronnerie, thermiciens, spécialiste en automatisme dans les entreprises industrielles, techniciens en hydraulique rurale, en machinisme agricole ou en semences dans l'agriculture, qui conduiront des analyses en labo, qui dessineront des meubles prisés des clients, qui géreront des sites hôteliers et touristiques, ou qui, infirmiers, feront fonctionner un réseau de santé.

Maillons décisifs entre l'ingénieur et l'ouvrier qualifié, ils sont les pivots de l'économie.

Or, la couverture du Sénégal en lycée technique est dramatiquement faible. Ainsi, les académies de Kaffrine, Louga, Matam, Rufisque, Sédhiou n'en ont aucun. Si on veut une bonne répartition du développement sur le territoire, si on veut que les jeunes étudient puis travaillent sur place, éviter la désertification rurale, le lycée technique serait l'outil à privilégier.

Les académies qui ont la chance d'en accueillir restent tout de même sous-dotées : deux seuls pour tout Dakar, un pour l'immense zone Pikine/Guédiawaye, un seul pour Thiès. De plus et peut être surtout, la répartition entre le bac gestion et les bacs scientifiques et industriels n'est pas satisfaisante puisque sur 7500 élèves préparant un bac techno, 6000 sont en G, en technique de gestion, soit 80 % des effectifs.

C'est important la gestion, la comptabilité et le droit des sociétés. Il faut partout des gestionnaires, dans les PME comme dans les banques, mais là le déséquilibre est flagrant, car pour mettre des jus en bouteille, il faut d'abord des automaticiens et des techniciens de laboratoire, pour faire marcher des stations d'épuration des techniciens en métiers de l'eau. Ceci nous renvoie encore une fois à l'initiation aux sciences dès l'école primaire et à « La Main à La Pâte ».

Au total, tous les ans et en moyenne, 1500 jeunes obtiennent le bac technique G, et 400 un bac technique des autres sections industrielles et de labo. On relèvera en particulier des chiffres très faibles pour les bacs S4 et S5, agriculture et agroalimentaire, une vingtaine de reçus par section, alors qu'on affiche des objectifs ambitieux pour ces deux secteurs de l'économie. Et que dire du bac F6, chimie, avec moins de dix reçus ? Quatre cents bacs techno au total, un chiffre notoirement insuffisant pour réussir le PSE.

12.4. La Formation professionnelle, ouvriers et techniciens

Les auteurs de ce livre ont rédigé il y a dix ans un rapport sur la formation professionnelle au Sénégal pour la Banque mondiale qui montrait à quel point la formation professionnelle des ouvriers et des techniciens était très insuffisante, en décalage complet par rapport aux ambitions du pays, et en tout cas un obstacle sérieux à l'atteinte des objectifs affichés. La situation s'est-elle améliorée ? Oui pour partie.

12.4.1 Les CAP et les BEP, diplômes des ouvriers qualifiés, un déficit toujours important

Le CAP et le BEP sont les diplômes des ouvriers qualifiés. La place qu'ils tiennent dans le système de formation, dans l'économie et dans la société en dit long sur leur organisation. Au Nord, la révolution industrielle a donné à l'ouvrier qualifié un statut privilégié à double titre : technique, car c'est lui qui a fait marcher les fraiseuses, les tours et les fonderies dans l'industrie mécanique de la révolution industrielle, politique puisque le mouvement socialiste et le marxisme en ont fait la figure de proue de la lutte contre le capitalisme et de la nouvelle société à bâtir.

L'ouvrier a été vénéré, mythifié. Il en reste encore quelque chose. Point de cette histoire en Afrique où le travail industriel n'a jamais structuré la société et où les mouvements révolutionnaires n'ont jamais eu de base vraiment ouvrière, mais plutôt paysanne et intellectuelle.

Faute d'un système économique exigeant des ouvriers qualifiés, et faute d'un système éducatif formant suffisamment de CAP et de BEP, avec peu de domaines couverts, des effectifs réduits, et un niveau loin d'être satisfaisant, la distinction entre d'une part l'ouvrier non professionnel, on disait avant manouvrier ou OS, et d'autre part l'OP, ouvrier professionnel, qualifié, titulaire d'un CAP ou d'un BEP, n'est vraiment pas faite, le second étant souvent ramené au niveau du premier. Inutile de préciser que du coup l'ouvrier qualifié n'est pas un personnage de référence, mais placé bas dans l'échelle sociale.

Pourtant, l'industrialisation, l'amélioration des performances de l'agriculture ou les progrès qualitatifs de l'offre touristique passent par un développement prioritaire de ces formations qui, rappelons-le, sont, doivent être, de deux années solides après la fin du collège, pour un boulanger comme pour un titulaire du CAP métallurgiste ou un constructeur de routes.

Quelques brèves indications chiffrées permettent d'appréhender précisément le chemin à parcourir. Dans le bâtiment, les entreprises modernes utilisent moins de 30 % d'ouvriers d'exécution, c'est-à-dire sans qualification certifiée ; au Sénégal, ils sont 67 %. Toujours dans le bâtiment, les ouvriers qualifiés avec CAP, les employés et les techniciens représentent la moitié de l'effectif des entreprises modernes contre à peine 20 % au Sénégal. Dans l'hôtellerie/restauration moderne, près de 50 % de l'effectif est titulaire du CAP contre 5 % au Sénégal.

Inutile de préciser que les prestations et la productivité s'en ressentent. On le voit, le CAP et le BEP de l'ouvrier qualifié sont des formations de première importance pour l'émergence. Dans ce rapport pour la Banque mondiale de 2010, nous alertions les autorités sur les très nombreuses lacunes dans les formations de niveau CAP/BEP, dit niveau V. Y a-t-il donc eu des progrès ?

Oui en volume : entre 2012 et 2022, le nombre de diplômés annuels est passé pour les CAP de 2.000 à presque 5.000, et pour les BEP, de 600 à 2.600. Ces progrès en volume sont très louables, mais relevons le chemin qui reste à parcourir puisque ces 7.600 qualifiés à ce niveau V ne représentent que 3 % de la masse des 270.000 jeunes qui sortent précocement de l'école de base, c'est-à-dire sans qualification professionnelle.

Ajoutons que les 300 centres de formation professionnelle, dont 110 publics, accueillent quelque chose comme 80.000 jeunes et ne délivre donc que 7.600 CAP et BEP par an, soit 10 % des effectifs inscrits. Longueur des études ? Redoublements ? Abandons ? Échecs à l'examen ? De plus, ces progrès en volume n'ont pas été accompagnés d'une diversification suffisante des filières.

En effet, si avec près de 1.400 diplômés en électricité et plus de 1.000 en mécanique auto, ces deux métiers sont bien servis, des domaines stratégiques entiers continuent avec des effectifs trop réduits voire sans aucune formation à leur disposition. Ainsi, les ouvriers du froid, clim et frigo, n'ont été qu'une **centaine** à obtenir un diplôme, alors que les besoins domestiques (clim) et professionnels (chaine du froid et clim) sont considérables.

Dans le bâtiment, on ne forme toujours pas de carreleur, pas plus que de peintre et tellement peu de plombier/installateur sanitaire, **20** au total. Inutile de préciser que la qualité des prestations s'en ressent ici aussi. Aucune formation dans les métiers de bouche : poissonnier, boucher, boulanger, qui sont pourtant un moyen de valoriser les filières agricoles locales.

Pour les métiers de l'agriculture (horticulture, conduite d'exploitation, élevage), on est très loin du compte avec à peine **200** diplômés dans un secteur plombé comme on l'a vu par une sous-qualification massive. Ce sont des milliers de formations par an qui sont nécessaires pour remettre le secteur d'aplomb.

Nous avons évoqué la valorisation du cuir local. Outre qu'il n'y a pas de formation pour le tannage, au total, seuls **10** ouvriers sont formés au niveau du CAP/BEP, aussi bien pour les chaussures que pour la maroquinerie. La bijouterie, alors que le pays a de l'or, n'est pas mieux lotie avec **6** diplômés.

L'industrie, pour se développer, a besoin d'ouvriers qualifiés en fabrication mécanique, tourneurs, fraiseurs, etc., de fondeurs et d'ouvriers compétents en électrotechnique et électromécanique pour faire fonctionner des chaines de production et des équipements divers. Avec moins de **500** diplômés toutes spécialités comprises, il y a encore un gap à combler pour répondre aux ambitions du pays en matière d'industrialisation. Que dire pour les métiers du bois, avec **une douzaine** de diplômés, alors que le secteur est en grande difficulté face à la concurrence chinoise, par déficit dans le design, mais aussi dans la fabrication ?

Voilà un pays désormais producteur de gaz et de pétrole, industrie de tuyaux et de réservoirs, qui a également un besoin urgent de tuyaux et de réservoirs pour l'eau, le lait, l'agroalimentaire, l'industrie de la cosmétique ou de la chimie et qui ne forme que **40** ouvriers chaudronniers par an ! Qui de surcroît peuvent immigrer facilement tellement ces métiers sont en tension dans le monde.

Il nous semble qu'il est plus que jamais temps, alors que le pays affiche ses ambitions d'émergence, que la carte des formations des ouvriers qualifiés soit plus étroitement rattachée aux besoins sectoriels prioritaires de l'économie, sous peine de voir ces projets de développement se heurter au goulot d'étranglement le plus difficile à faire sauter, car relevant du temps long, celui des ressources humaines : avant de former un élève, il faut former un professeur !

12.4.2 Les certificats d'apprentissage

Le Sénégal est confronté à un problème spécifique, la masse de jeunes quittant l'école très tôt, bien avant la fin du collège et n'ayant pas les prérequis pour suivre dans de bonnes conditions une formation de niveau CAP, pour lesquels il faut bien trouver néanmoins une solution d'insertion dans le marché du travail.

L'État sénégalais, au travers du ministère du Travail et de la Formation professionnelle, conduit de nombreuses actions pour redonner une qualification professionnelle de base à toutes ces personnes sorties trop tôt de l'école, sans qualification et souvent illettrées. C'est difficile, onéreux et les résultats pas toujours à la hauteur des espérances.

Ici comme ailleurs, il est plus facile de prévenir que de guérir. En matière de formation comme de diabète, « rattraper le coup » n'est pas aisé.

Il vaut mieux réduire sa consommation de sucre avant de tomber malade et devenir dépendant de l'insuline, comme il vaut mieux réussir sa scolarité de base qu'être obligé de revenir à l'âge adulte sur les bancs pour acquérir difficilement quelques savoir-faire.

C'est pourquoi nous proposons une formule de formation qualifiante, qu'on appelle le « certificat d'apprentissage » qui vise à permettre à ces jeunes d'acquérir un certain nombre de compétences professionnelles, hors école, dans leur langue maternelle, selon un système d'items progressifs validés dans un livret garanti par l'État.

Il s'agit d'un processus d'intégration et de qualification non scolaire, moins exigeant que le CAP, mais offrant malgré tout un chemin vers le métier. Ce dispositif d'insertion est exposé en détail dans le chapitre réservé à la lutte contre le chômage (chap. 19.8), et pour le secteur informel (chap.19/10).

12.4.3 Les BT, le niveau 4, celui de technicien

Ce niveau, celui du brevet de technicien, classé IV, souvent mal appréhendé, est pourtant important dans un processus de production, évitant à un ouvrier professionnel d'aller sur des tâches pour lesquelles il n'a pas été précisément formé, et au technicien supérieur d'être accaparé par des tâches le détournant de ses fonctions de supervision et d'encadrement. C'est le niveau du BT. Depuis 2012, les effectifs de BT ont été multipliés par 3, passant de **700 à plus de 2000.** Ici aussi, le bloc électrotechnique, électromécanique, avec près de **800** diplômés, est bien doté.

En revanche, les spécialités de froid/clim avec **80** diplômés, et de la chaudronnerie, avec **7** diplômés, restent les parents pauvres, ici comme aux autres niveaux de compétences. Relevons enfin l'absence totale des métiers de l'agriculture et de l'agroalimentaire.

12.5. L'enseignement supérieur

12.5.1 Un enseignement supérieur toujours insuffisamment professionnalisé

55.000 étudiants rentrent tous les ans bon an mal an dans l'enseignement supérieur, dont presque 30 % dans le privé. Lorsqu'on regarde la répartition des inscrits entre les disciplines dans le privé, on est tout de même surpris par la proportion d'étudiants en économie-gestion, **48.000 sur les 70.000**, presque **70 %.** C'est beaucoup. D'autant que le

Public n'est pas en reste puisque, même si la proportion est moindre, il en accueille encore **17.000** de plus. Ce qui fait qu'au total, sur quelque **200.000** étudiants, public et privé, **65.000**, soit **1/3** sont en éco/gestion. À comparer aux **33.000** qui sont inscrits en sciences et technologie, privé et public additionnés (hors santé). Du simple au double. Là aussi, la proportion a vocation à être rééquilibrée.

Ces inscriptions massives en éco-gestion sont d'autant plus surprenantes que, on vient de le voir, les bacheliers plutôt préparés à ces études, les titulaires du bac G ne sont que **1.500**. Ce qui signifie que la grande masse des inscrits vient du bac littéraire et n'est pas nécessairement préparée à des études de gestion de bon niveau qui requièrent de solides bases sinon en économie générale du moins en mathématiques et en techniques quantitatives de gestion. Or, c'est en G et non pas en L qu'on s'initie à la comptabilité, à la gestion des stocks ou au droit des sociétés. C'est là manifestement une orientation par défaut de la part des bacs littéraires. Le risque, comme toujours en cas de mauvaise orientation, est celui d'un enseignement insuffisamment technique pour absorber ces littéraires.

En revanche, on voit que les quelque 12.000 bacs scientifiques et les 400 bacs technos s'inscrivent bien en première année de sciences et de technologies où on compte chaque année un peu plus de 12.000 nouveaux arrivants. Signalons également les 30.000 inscrits en lettres, les plus de 20.000 en droit, les 20.000 en sciences de l'homme (sociologie, etc.) à comparer aux 2.300 en agronomie/agriculture. Il y aura plus de sociologues du monde rural que de techniciens en hydraulique rurale et en semences !

Relevons enfin que sur les 38.500 nouveaux inscrits en première année (L1) dans le public, seuls 7.000 obtiennent la licence chaque année. Un taux de succès de 25 %. Comment expliquer un chiffre aussi bas ? On ne peut pas l'imputer au niveau objectif des étudiants, car le bac sénégalais est sévère. Mauvaise orientation ? Difficultés financières ? Effectifs trop lourds. Encadrement insuffisant ? Il faut espérer que le développement des petites universités de province permettra d'améliorer ce score. Ces orientations contrariées, ces flux déséquilibrés, ces taux d'échec ont un coût économique et social considérable alors que les ressources sont rares. Comment y remédier ?

Nous suggérons deux mesures : améliorer l'orientation en fin de collège vers le lycée, augmenter l'offre de formation professionnelle dans le supérieur. Pour que davantage de collégiens choisissent les filières scientifiques et techniques au lycée, il faut prendre le problème à la racine, développer le goût des sciences et des techniques très tôt, nous n'y revenons pas plus longuement, cela vient d'être fait, car l'éducation est comme un fleuve dont le débit final dépend de la source et des affluents. Et en toute logique, augmenter parallèlement les BTS, les formations en ISEP et les licences pros pour accueillir ces nouveaux bacheliers.

Dans notre rapport pour la Banque mondiale de 2012, nous déplorions l'absence de licence professionnelle en relation avec les besoins du pays, manque d'autant plus urgent à combler qu'un déficit parallèle existait côté BTS. En 10 ans, de substantiels progrès ont été enregistrés puisque pas moins de 12 licences pros de type industriel ont été créées à l'UCAD, mais on va le lire avec encore des effectifs éthiques.

12.5.2 Les techniciens supérieurs

Les techniciens supérieurs sont la cheville ouvrière des processus de production. Ce sont eux qui font tourner et supervisent les activités de production, à l'atelier, au laboratoire ou sur le chantier. À la fin des années 80, quand la Chine a décidé de devenir l'atelier du Monde, elle a compris qu'il lui fallait former des dizaines de milliers de techniciens supérieurs, ce qu'elle ne savait pas faire. Elle formait des docteurs, des ingénieurs, mais pas des Tech Sup. Elle avait le choix entre deux modèles : l'Allemand et le Français.

L'Allemand, c'est le système dit « dual » où on apprend la théorie à l'école et la pratique à l'usine. Ça ne marche qu'en Allemagne (et en Suisse) parce que son industrie, très sophistiquée, pratique depuis toujours le compagnonnage, dispositif dans lequel des tuteurs expérimentés transmettent leurs savoir-faire professionnels aux élèves-apprentis, et aussi parce que son industrie est à la pointe de l'innovation.

Ce système ne pouvait pas lui convenir, car elle n'avait ni l'industrie ni les tuteurs nécessaires. Le système français a quant à lui implanté des ateliers et des laboratoires professionnels dans l'établissement de formation même, où sont enseignées théorie et pratique par des professeurs de l'Éducation nationale, mais où les référentiels de compétences et d'évaluation sont établis en lien étroit avec la profession. C'est parce qu'elle a pris ce dossier des techniciens supérieurs à bras-le-corps que la Chine a pu devenir cet atelier du Monde.

Où en est-on au Sénégal ? C'est le modèle français qui a été retenu, de par l'histoire et du fait d'une industrie ne pouvant pas assurer ce rôle de formation, avec deux difficultés majeures : un déficit en enseignants des spécialités techniques et des équipements d'atelier et de laboratoire insuffisants et souvent mal entretenus. En 10 ans donc, depuis notre rapport pour la Banque mondiale, des progrès substantiels ont été accomplis puisqu'on est passé de 1.200 à 2.800 BTS.

Si les effectifs en génie civil semblent pouvoir répondre aux besoins du pays, routes, ports, assainissements, urbanisme, génie rural, avec 600 diplômés, diplômés qui ont pu accompagner les nombreuses réalisations du Plan Sénégal Emergent, on est encore loin du compte pour des secteurs tout aussi importants, avec seulement 24 BTS en industrie agroalimentaire, 26 dans le domaine de la climatisation et du froid (tellement cruciaux pour le poisson et la viande !), ou encore pour la gestion d'exploitations agricoles, avec moins de 100 diplômés, alors que ce sont des milliers d'exploitations qui sont en déshérence.

En revanche, les diplômés du bloc de compétences, électromécaniques, électrotechnique, mécatronique, automatisme, clé de voute de l'industrie, sont en nette progression avec **730** diplômés et constituent un premier socle certain pour l'industrie manufacturière à construire. Ces BTS en électrotechniques et électromécaniques ont accompagné jusqu'ici le développement du secteur minier et celui des télécoms, en fort développement tous les deux. On voit avec ces deux exemples, du génie civil d'une part, des mines et des télécoms d'autre part, le lien direct entre forte croissance et formation de techniciens supérieurs.

Nous ne citerons que quelques-unes des spécialités de BTS qui font encore défaut pour asseoir l'émergence : en agroéquipement pour mécaniser rationnellement l'agriculture, en Tourisme/Hôtellerie pour assurer un management à la hauteur des standards, en chimie et plasturgie, en construction navale pour renouveler les bateaux de pêche, en conception de produit industriel, en design de produit, en design de mode, en domotique pour mieux gérer notamment la consommation d'énergie, en optique lunetterie, dans un pays où la vue est un angle mort, dans les métiers de l'eau pour assurer son traitement et sa distribution si déficiente, en traitement des surfaces pour résister aux importations de meubles et promouvoir les savoir-faire locaux, en production textile pour commencer une filière locale, etc.

12.5.3 Les licences professionnelles

Pendant longtemps les techniciens supérieurs étaient formés dans des BTS ou d'autres formules à bac+2, type IUT ou ISEP, diplômes qu'on vient d'évoquer. Puis sous l'influence du système LMD (licence/master/doctorat), aussi parce que les universités voulaient prendre leur place dans l'enseignement professionnel, ont été créées les licences professionnelles qui forment donc des techniciens supérieurs dans un cadre universitaire.

Le Sénégal a depuis 10 ans un peu progressé, mais il reste du chemin à faire. Pour l'instant, seule l'UCAD en forme avec les effectifs suivants : 43 en électromécanique, 17 en biomédical, 35 en hygiène/ environnement, 12 en bio technologie, 20 en conducteur de travaux, 36 en télécom et 73 en génie électrique.

Manque à l'appel pour les besoins du pays des licences en Gestion hôtelière, en Agroécologie, en Technologie des semences, en Production animale, en Plasturgie, en Aquaculture, en Maintenance industrielle, en Conception/Fabrication par ordinateur, en Energies renouvelables, en Energie-bâtiment, en Système de production. Ces licences sont dans les projets de l'UCAD, il faut espérer qu'elles prendront forme, car il ne faut jamais oublier que c'est la formation qui crée l'emploi et non l'inverse.

Pour l'instant, il y a bien peu de monde dans ces licences professionnelles.

Est-ce vraiment une bonne idée que d'en avoir fait des formations payantes ? Ne serait-ce pas là une des causes du faible nombre d'inscrits ?

12.5.4 Les chaines de compétences des processus de production

Au total, quand on examine les formations du CAP au BTS et à la licence professionnelle, celles directement affectées aux processus de production, on note des progrès, mais encore des trous rédhibitoires dans certaines activités, à combler sans attendre. La formation professionnelle est une infrastructure de base au même titre que les autoroutes ! Ces progrès sur les flux restent d'autant plus insuffisants que le stock des salariés en place n'a pas lui atteint ces niveaux de qualifications.

Ainsi, dans sa dernière enquête « emploi », l'ANSD est amenée à constater par exemple que dans l'agroalimentaire, sur 1.100 personnes interrogées, il n'y a aucun titulaire de CAP/BEP, c'est-à-dire pas d'ouvrier qualifié, pas plus que de BTS ou de licence professionnelle, c'est-à-dire de technicien supérieur, les entreprises du secteur devant donc fonctionner en tout et pour tout avec 200 BT (techniciens) et 40 cadres de niveau master. Les secteurs de la menuiserie et du cuir fonctionnent avec zéro diplômé, du CAP au Master.

Dans l'agriculture, sur 6.700 personnes interrogées, aucun CAP/BEP, 320 techniciens avec un BT, puis 600 diplômes d'ingénieur. Pas un seul technicien supérieur (BTS). Manifestement, et comme on l'a vu, beaucoup d'experts au ministère, moins dans les champs. Une chaine de compétences agricoles à trous, qui au-delà même des autres difficultés (foncier), hypothèque sérieusement la possibilité d'une production de qualité.

12.5.5 La formation des ingénieurs, une affaire d'importance

Le Sénégal vient de créer, sur le modèle français, ses propres classes préparatoires aux grandes écoles, dites CPGE, à Thiès, pour former des ingénieurs. Excellente initiative. Regardons ce dossier de la formation des ingénieurs de près, il est important et complexe. Il y a dans le système français, largement reproduit en Afrique francophone, deux types de formation d'ingénieurs. La première vise à former des ingénieurs-managers qui auront vocation à gérer de grandes entreprises ou de grands projets. Il leur faut une solide formation scientifique générale, à base de maths et de physique, mais aussi des compétences en gestion stratégique, gestion des ressources humaines et gestion financière.

On comprend bien que pour diriger Airbus, premier groupe aéronautique du monde, il ne faut pas simplement savoir concevoir des moteurs d'avion, mais être apte à appréhender les mutations du transport aérien que vont engendrer les progrès techniques et les règles environnementales, ou encore l'impact de l'arrivée sur le marché de nouveaux concurrents.

Son PDG devra savoir gérer des ressources humaines nombreuses et de haut niveau, savoir nouer des partenariats internationaux, conclure des contrats commerciaux âprement disputés, etc., bref, disposer d'une solide formation scientifique générale permettant de comprendre les multiples technologies d'un avion sans être soi-même un expert en matériaux, en balistique ou en moteur à propulsion.

Le PDG de Total, quant à lui, doit gérer l'activité d'un groupe mondial, de l'extraction du pétrole aux énergies renouvelables, faisant travailler des milliers de salariés, au milieu de contraintes de tous ordres, financières, techniques, environnementales et politiques qui exigent de savoir embrasser et maîtriser une large variété de problématiques, ce que seule une imposante formation générale permet de faire.

Ces responsables de grandes entreprises doivent gérer des conseils d'administration, des actionnaires, des fonds d'investissement, des cours en bourse, c'est-à-dire être autant ingénieur financier qu'ingénieur industriel.

Ces ingénieurs-managers se forment en France dans quelques grandes écoles comme Polytechnique ou Centrale-Supelec, Mines, Ponts et Chaussées, pour les plus connues. Les diplômés de ces écoles deviennent sinon tous PDG du moins des dirigeants du plus haut niveau dans les groupes du transport, de l'énergie, de l'électronique, mais aussi à la tête des grandes banques et assurances qui ont besoin de penser les mutations du monde pour fonder leur politique.

Quand ils sont au service de l'État, ils pilotent au travers des grandes directions des ministères les grands projets d'équipement ou d'industrialisation du pays.

Et puis il y a les ingénieurs qui vont s'impliquer directement dans la conception de machines et dans la production. Qui, dans une entreprise automobile, seront à la conception puis à la fabrication des moteurs, de l'électronique embarquée, de la tenue de route ou de la sécurité, qui chez Total ou Technip monteront des plateformes pétrolières et des raffineries, qui chez Eiffage traceront les routes et conduiront les grands chantiers.

Ces ingénieurs de conception et de production seront beaucoup plus spécialisés que les premiers, qui justement ne le sont pas : ils seront spécialisés en chimie, en matériaux, en thermique, en informatique, en génie civil, en géologie, en fabrication mécanique, etc. Ils sont diplômés d'écoles qui s'appellent école de chimie, école de géologie, école des industries agroalimentaires, école de mécanique, ou INSA, institut national de sciences appliquées qui organise en son sein différentes spécialités d'ingénieur de terrain.

Pour développer un pays, il faut les deux. Les premiers, généralistes, passent par des classes préparatoires aux grandes écoles, deux années à fort contenu de maths et de physique après le bac, pour ensuite passer les concours des (très) grandes écoles où la scolarité dure 3 ans. Les seconds, spécialisés, rentrent en école d'ingénieurs dès après le bac pour une scolarité de 5 ans. Bien que plus tournées vers la production, ces écoles donnent également à ces ingénieurs une formation de management des hommes et de gestion, car un ingénieur, même spécialisé, c'est aussi celui qui ne gère pas simplement les process, mais aussi les ressources humaines et les coûts.

Ces formations d'ingénieurs « à la Française » en 5 ans, spécialisées ou généralistes, dans des écoles autonomes et non dans les filières universitaires classiques, présentent quelques qualités, notamment celle d'un rapport étroit à l'entreprise, à l'industrie, qui imprègnent toute la culture de ces établissements, par des partenariats nombreux et privilégiés avec le monde de la production.

Mais elle a aussi des inconvénients. Nous en relèverons trois. Dans le système anglo-saxon, le diplôme suprême est le PHD, le doctorat scientifique, ce qui fait que le haut du pavé vient de la recherche. Ce qui n'est pas le cas avec les écoles d'ingénieurs, qui font de la recherche bien sûr, puisqu'il y a dans ces écoles des professeurs-chercheurs et des labos, mais dont les diplômés, eux, n'ont pas fait de recherche, et n'en éprouvent pas le besoin, bardés qu'ils sont de leur prestigieux diplôme d'ingénieur qui leur suffit pour leur carrière.

C'est un gros inconvénient, car aujourd'hui plus que jamais, l'avenir se construit par et dans la recherche.

Le deuxième inconvénient, conséquence du premier, c'est que l'industrie, du fait de ces rapports privilégiés avec les écoles d'ingénieurs, a tendance à négliger l'université alors que c'est bien là que se fait la recherche fondamentale qui aujourd'hui passe très vite dans des applications industrielles.

Le troisième inconvénient est que ces grandes écoles viennent du 19ème siècle, celui des maths, de la physique et de la mécanique. Or, aujourd'hui, le monde de la biologie, du vivant, devient tout aussi stratégique, on le voit depuis déjà pas mal de temps dans l'agriculture avec la génétique des plantes et on vient de le voir encore plus fortement avec la Covid et les vaccins à ARN.

Nous concluons ce tour d'horizon rapide en suggérant trois choses. Le Président, pour développer à juste titre ces classes prépas de Thiès, vient de supprimer les bourses d'excellence pour des prépas en France. Ces élèves de classes prépas, des forts en maths, qui ont vocation à intégrer les écoles d'ingénieurs généralistes peuvent bien faire en effet ces deux premières années à Thiès.

Il faut surtout maintenir les bourses d'excellence pour ceux qui vont faire des études dans les écoles d'ingénieurs spécialisées dont le Sénégal a autant besoin que les premiers pour son agriculture, son agroalimentaire ou son industrie mécanique.

Pour ces classes prépas qui doivent se développer, passant de 80 à 300 étudiants, il est impératif d'ouvrir des sections de biologie et pas seulement de physique et mécanique. Aujourd'hui, la biologie a recours aux outils mathématiques comme les autres sciences et est donc également destinée aux matheux. Enfin, de ne pas négliger les formations de docteuringénieur de type universitaire où s'élaborent les savoirs de demain. Reste l'épineux problème du retour au pays qui ne concerne pas que les ingénieurs, mais tous ceux qui partent faire des études à l'étranger. Nous l'abordons plus loin.

12.5.6 Les formations d'ingénieurs au Sénégal : des chiffres trop faibles

Certes, beaucoup de Sénégalais fréquentent les écoles d'ingénieurs étrangères, mais leur taux de retour au pays est faible. Du coup, la « production locale » est insuffisante : moins de 60 à l'école polytechnique de Thiès, un peu plus de 200 à l'UCAD, moins de 300 au total, un petit chiffre, avec de plus une répartition qui interroge : beaucoup de génie civil, plus de 100, c'est bien, il a beaucoup de travaux à conduire au Sénégal, mais à peine 16 en agroalimentaire, où il y a tout autant à faire.

Le Sénégal diplôme donc tous les ans un ingénieur pour 56.000 habitants. En France, c'est un ingénieur diplômé par an pour 1.500 habitants, en Chine et en Inde, un ingénieur pour 3.000 habitants avec 450.000/500.000 diplômés par an. On comprend mieux pourquoi ces deux géants ont rattrapé leur retard sur l'occident.

12.5.7 Les études à l'étranger. En faire meilleur usage

Le Sénégal tire-t-il le meilleur profit des études à l'étranger ? Il pourrait faire beaucoup mieux._Aller étudier à l'étranger fait partie des libertés individuelles. Il suffit de trouver une place dans une université étrangère et d'obtenir un visa, ce qui suppose en général d'offrir des garanties de ressources._Le flux spontané de ces étudiants qui partent à l'étranger est-il en phase avec les besoins en compétences du Sénégal ? Loin s'en faut.

Pour ceux dont les compétences acquises seraient bien utiles au pays, tout est-il fait pour qu'ils y reviennent ? Pas davantage._Juste quelques chiffres : sur les 12.000 étudiants sénégalais qui sont en France, seuls 34 % sont en sciences, et 2 % en médecine, 31 % sont en lettres, les autres en droit et gestion. Est-ce vraiment une bonne répartition ? Par comparaison, le Maroc c'est 48 % en sciences, 7 % en médecine, 12 % en lettres. Pour l'Algérie, c'est 50 % en sciences, 10 % en médecine, et pour la Tunisie, c'est 41 % en sciences, 20 % en médecine.

12.5.7.1 Des départs peu ou pas pilotés

Que chacun gère son destin comme il l'entend, rien de plus normal dans un pays de liberté. Mais le pays doit aussi gérer ses intérêts collectifs. Qu'un étudiant aille faire en France ou ailleurs des études de droit constitutionnel ou administratif, qu'il pourrait très bien faire à l'UCAD, et qui de toute façon ne déboucheront que rarement sur un emploi correspondant aux études, tellement cette spécialité est saturée, ne peut tenir lieu d'une politique d'État.

L'État sénégalais doit établir ses besoins en formations supérieures selon sa stratégie de développement, apprécier les cursus qui peuvent se dérouler sur place, et faire en sorte qu'un maximum de ses ressortissants puisse faire celles qui ne peuvent être assurées ici dans des universités étrangères et dans de bonnes conditions.

Cela suppose une politique de sélection de ces jeunes candidats au départ, des partenariats avec des établissements d'accueil, et une politique de bourses ciblée et consistante sur ces priorités nationales. On pourrait même imaginer que le Sénégal, sur quelques priorités stratégiques, procède par appel à candidatures. Après tout, sa voix compte aux Nations Unies, à l'UNESCO, au CIO ou à la FIFA. De plus, il est une plateforme économique et commerciale pour toute l'Afrique.

Pourquoi ne valoriserait-il pas cet atout diplomatique et économique, par exemple en appelant les pays tiers à répondre à des besoins en formation en ingénieurs, chercheurs, enseignants, selon un dispositif d'appel à candidatures, à charge partagée entre le pays d'accueil et le Sénégal ?

Au lieu de chercher des places pour ses jeunes, d'être demandeur, il change de paradigme et devient offreur. « Nous devons former 20 ingénieurs en automatisme, que les pays et les établissements qui sont intéressés fassent une offre ». Qui ne serait pas intéressé par la formation de 20 ingénieurs sénégalais dans cette spécialité ? Et on retient la meilleure offre, créant une émulation entre ces pays à la recherche d'influence.

12.5.7.2 La question du retour

Nous l'avons évoqué dans notre chapitre sur la diaspora. Ici, il faut y ajouter une dimension supplémentaire : tout bénéficiaire d'une bourse d'État, ou étrangère dans le cadre d'une convention de partenariat, devrait à nos yeux, après x années, revenir travailler au pays quelque temps sous peine de devoir rembourser l'effort que la nation a consenti pour lui payer ses études à l'étranger.

12.6 Schéma de Synthèse sur la formation : La chaine des compétences, première chaine de valeur

Comme on peut le lire avec les flèches rouges, il y a beaucoup trop de fuites dans le circuit de la chaine de valeur.

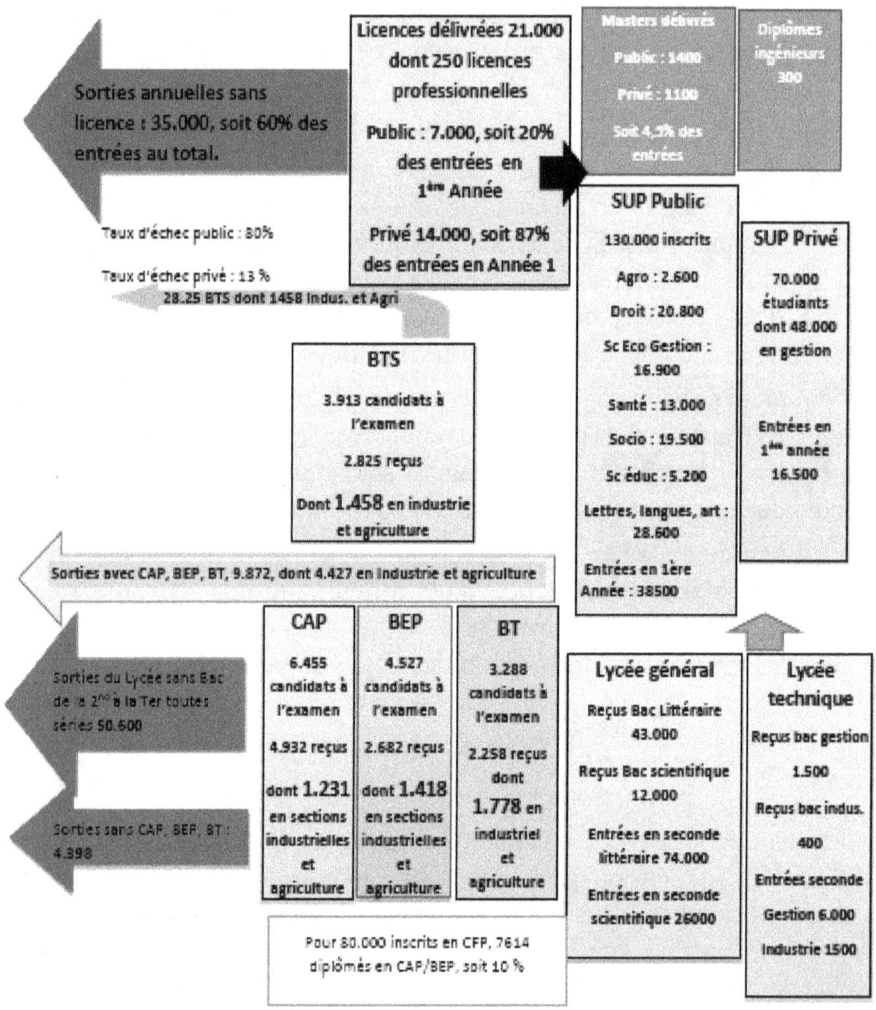

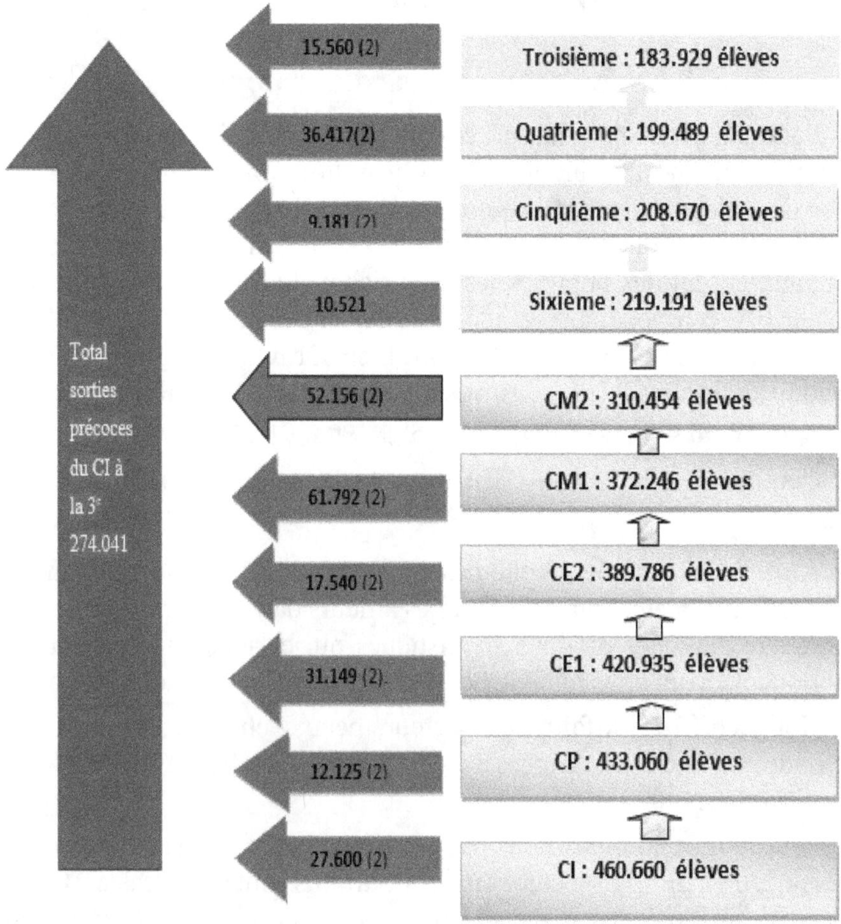

(1) Avertissement. Il ne s'agit pas ici d'un suivi de cohorte, mais d'une photographie, ce qui introduit nécessairement des biais : tranches démographiques différentes, taux de passage et comportement en matière d'orientation changeants. Néanmoins, après avoir comparé les données disponibles sur la période couverte par ce tableau, on peut considérer que les chiffres décrivent assez fidèlement la réalité.

(2) Sorties pendant la scolarité de la classe correspondante ou à son issue.

12.7 Innovation et production

12.7.1 En attendant Bernard Arnaud

Pourquoi avons-nous intitulé ce paragraphe La chaine des compétences première chaine de valeur ? Une illustration vaut mieux qu'un long discours. Nous savons tous qu'une des premières valeurs boursières de Paris est celle du groupe de luxe LVMH dont le patron, Bernard Arnaud, est un des hommes les plus riches du monde. En voilà de la valeur ! Avec quoi Louis Vuitton gagne-t-il beaucoup d'argent ? Entre autres avec les sacs à main ! En cuir, bien sûr. Or, si le groupe LVMH produit de beaux objets, c'est non seulement parce qu'il a des ateliers de fabrication de haut vol, mais aussi parce qu'il innove.

Comment prendre notre part dans la filière du cuir à haute valeur ajoutée ?

Au Sénégal, on tue **13.000** bêtes à peau par jour. Après un tannage primaire, ces peaux vont être anoblies ailleurs dans le monde, puis mises en œuvre dans des produits sophistiqués qui enrichissent ceux qui les fabriquent, et qui nous ruinent, nous Africains qui en achetons beaucoup.

Notre chiffre d'affaires du secteur, peaux, chaussures, sacs, s'est effondré en quelques années de 15 milliards de frs CFA en 2018, à 5 milliards en 2022.

Pourquoi ne sommes-nous pas performants dans cette filière du cuir alors qu'il s'agit d'un secteur où nos traditions sont ancestrales ? Car un sac à main, ce n'est tout de même pas un Airbus ! Il y a deux explications. Nous ne disposons d'aucune filière de recherche et de formation au design alors que notre richesse esthétique nous donnerait les bases pour la nourrir de créations originales. À supposer que nous ayons ces créateurs, encore faudrait-il pour qu'ils travaillent ici, qu'il existe toute la chaine de valeur qui va jusqu'au consommateur final.

Car une innovation qui ne prend pas forme dans un produit bien fabriqué et vendu reste lettre morte ou bénéficie à des tiers. Or, un sac de luxe ou une chaussure haut de gamme sont réalisés par des ouvriers hautement spécialisés, titulaires d'un CAP ou d'un bac professionnel, capables entre autres d'utiliser des outils numériques, car aujourd'hui, contrairement aux idées reçues, les secteurs les plus traditionnels sont imprégnés des technologies les plus modernes.

Et bien, nous ne formons pas davantage d'ouvriers et de techniciens du cuir que nous ne formons de designers. Comment peut-on imaginer valoriser nos ressources sans ces chaines de compétences, qui, nous insistons, doivent être cohérentes du CAP à la recherche ?

Nous pourrions faire la même démonstration pour la confection, massivement importée, ici aussi faute d'une chaine de compétences qui va de l'innovation, du design de mode à la fabrication.

Autre activité économique en plein boom au plan mondial, source d'innovation continue, dont le Sénégal ne recueille que des miettes, le tourisme.

La France, première destination touristique mondiale, vient de lancer un plan d'innovation, car ici comme ailleurs, rien n'est jamais acquis. Il repose, comme nous l'avons vu, en bonne partie sur les résultats de la recherche universitaire qui croise l'économie, la géographie, l'histoire, la sociologie, pour fabriquer de nouveaux produits touristiques dans le domaine tant du patrimoine que des activités. Où s'organise la recherche sur le tourisme dans nos régions ? Nulle part !

Résultat, nos produits ont vieilli et nous ne savons pas les renouveler pour répondre à la nouvelle demande mondiale, notamment asiatique ; du coup, nos chiffres de fréquentation, au-delà des contingences sécuritaires ou sanitaires, s'effondrent. Ici aussi, à supposer que nous inventions, encore faut-il décliner parfaitement les prestations.

Le Sénégal emploie **70.000** salariés dans le secteur. Combien de diplômés en 2013, tous métiers confondus, du CAP au BT ? Moins de **50** ! Autant dire que les prestations ne sont pas mises en œuvre avec la qualité requise comme nous l'avons déjà souligné.

Pendant des années, nos professionnels et les administrations compétentes ont donc fonctionné à l'aveugle, sans recherche, et avec des ressources humaines insuffisantes. Voilà la source du déclin. C'est pourquoi nous saluons la création récente, à l'Institut de Recherche en Économie et Statistique et à la Dakar School of Economics, d'un laboratoire de recherche sur le tourisme au Sénégal.

Autre chaine de valeur décisive, le bâtiment. Les politiques dites de transition énergétique, qui sont au centre de la nouvelle croissance, concernent en tout premier l'innovation dans la construction avec notamment le concept de bâtiment à énergie positive. Le soleil dont nous sommes le pays est comme Janus : il produit de l'énergie, mais aussi de la chaleur dont nous devons nous protéger.

Comment ne pas être étonné de voir nos villes grossir de manière exponentielle avec des immeubles et des maisons exposant des façades de verre plein sud, utilisant des matériaux inappropriés, et donc gourmands en climatisation dans un pays où l'électricité est chère ?

Comment ne pas s'étonner de ne voir quasiment aucun panneau solaire ni aucune éolienne sur les toits de nos villes, alors que les villes chinoises en sont couvertes et que les éco-quartiers sont légion aux Pays-Bas ?

Voilà un immense secteur où l'impact des innovations est considérable, mais où ces innovations doivent répondre à deux exigences pour être pertinentes : être fondées sur les réalités locales et associer étroitement toutes les entreprises qui y participent.

Qu'en est-il chez nous, au moment où l'explosion démographique appelle la construction de millions de logements ? C'est le vide.

On pourrait multiplier les exemples et bien entendu en premier lieu dans le secteur primordial de l'agriculture : quelle est l'efficacité de la recherche sur de nouvelles semences ou de nouvelles techniques culturales si toute la chaine de production, du champ à la transformation et à la commercialisation, ne suit pas ?

De ces quelques exemples, on peut tirer trois enseignements :

1) L'innovation ne peut pas être détachée de toute la chaine de production de biens et de service qui la met en valeur, ne serait-ce que parce que sans cette efficacité dans la mise en valeur de ses résultats, elle ne trouvera pas ici les ressources nécessaires à son financement.

2) L'innovation ne concerne pas comme on l'entend trop souvent les seules sciences dures et les secteurs industriels de pointe, mais toutes les activités. Notons que depuis le début de ses grandes réformes, à la fin des années 70, la Chine n'a obtenu qu'un seul prix Nobel scientifique (en médecine), ce qui ne l'a pas empêché de devenir le premier exportateur au monde, y compris désormais dans des biens industriels sophistiqués.

3) Il revient donc au Sénégal de déterminer quels sont les secteurs où l'innovation sera pour lui la plus productive, c'est-à-dire là où il pourra faire fonctionner efficacement ses chaines de valeur. Il ne s'agit pas d'abandonner définitivement nos ambitions dans les secteurs où le rôle de notre pays est aujourd'hui marginal, et de priver ainsi notre jeunesse de possibilité de recherche dans ces domaines de pointe, mais

de donner la priorité aux domaines où nous pouvons créer de la valeur et de l'emploi, en nous appuyant sur nos véritables points de levier.

Donc, nous aimerions bien que Bernard Arnaud incite une des tanneries dont LVMH est le client à venir s'installer au Sénégal pour traiter les peaux locales, puis qu'il ouvre un atelier de fabrication de sacs haut de gamme en profitant du talent des designers locaux et de l'habileté de notre main-d'œuvre, et que le Sénégal devienne ainsi une base de l'industrie du luxe pour l'Afrique. Et nous l'applaudirons encore plus fort pour sa réussite !

13

LA COOPÉRATION AU SERVICE DU DÉVELOPPEMENT

« La seule voie qui offre quelque espoir d'un avenir meilleur pour toute l'humanité est celle de la coopération et du partenariat. »

Koffi Annan

13.1 État des lieux

Le Sénégal est respecté et écouté au plan international, comme en témoigne son activité effective dans le concert des nations, qu'illustre l'accueil réservé partout à ses chefs d'État successifs. Cela tient bien entendu à la qualité de sa vie interne, mais aussi à son approche des relations internationales.

De par son histoire, le Sénégal attache la plus grande importance à son indépendance, à la liberté de ses choix d'organisation et applique le même principe dans ses relations avec les autres nations : il parle à tous les pays sans exclusive, coopère avec tous ceux qui le souhaitent sur des bases de strict respect mutuel et participe activement à toutes les instances multilatérales qui le concernent.

Sa diplomatie est fondée sur la primauté du dialogue, la recherche du compromis et de la paix. Il agit pour que les échanges économiques et financiers soient justes, équilibrés et œuvrent plus efficacement au développement des zones les plus fragiles. Il se nourrit de la culture du monde à laquelle il participe généreusement par ses propres créations.

Voilà des acquis solides, de principe et historiques, qui permettent de fonder des coopérations fructueuses. Le français étant sa langue officielle, il appartient au monde de la francophonie et développe des partenariats privilégiés avec tous les pays de cet espace francophone, notamment dans le domaine universitaire, tant avec le Canada que la Suisse ou la Belgique et le Luxembourg, que la France bien entendu.

Le Sénégal a à l'égard de la langue française une attitude décomplexée. S'il ne va pas jusqu'à dire comme l'écrivain algérien

Kateb Yacine que c'est « un butin de guerre », il le considère comme un fait de l'histoire, qui a entre autres avantages de servir de langue véhiculaire avec une grande partie de ses pays frères africains et de faciliter l'accès à un vaste pan de la culture universelle. Ses rapports à la France se situent évidemment au-delà des relations classiques entre États, fussent-ils étroits, et relèvent plus du métissage que de la coopération comme l'illustrent des personnages historiques tels que Blaise Diagne et Léopold Sédar Senghor.

Pays laïque, mais principalement de religion et de culture musulmanes, il tient toute sa place dans les organismes qui fédèrent les pays d'obédience musulmane et entretient avec chacun d'entre eux des relations fraternelles. On relèvera en particulier ses liens étroits avec son voisin marocain.

Ouvert depuis toujours à l'Europe, il coopère avec quasiment tous ses pays, et développe des partenariats particulièrement fructueux avec l'Espagne, l'Italie, la Suisse, l'Allemagne, la Belgique et le Luxembourg.

Proche des États-Unis d'Amérique, il a noué avec ce grand pays des relations de confiance dans tous les domaines. Le Sénégal admire le développement des pays asiatiques et bien entendu d'abord la Chine, qui est devenue un partenaire de tout premier plan en termes à la fois culturel, avec l'Institut Confucius notamment, et économique avec de nombreuses réalisations en génie civil, en bâtiments ou dans le commerce bilatéral. La Turquie est devenue un de ses partenaires les plus actifs. Et bien entendu, le Sénégal est un acteur décisif de toutes les institutions et coopérations économique, politique et culturelle du continent africain qu'il est inutile de citer ici. C'est sur ces bases qu'il développe ses coopérations concrètes au service de son émergence.

13.2 Une coopération au service de l'émergence

Les apports des pays amis ou des bailleurs internationaux ne sauraient en aucun cas être une facilité, se substituer aux efforts internes. Ils permettent juste de gagner du temps en apportant des savoir-faire, des techniques, des capitaux qui autrement seraient longs à acquérir par soi-même. Ces apports externes viennent booster la dynamique interne.

Le Sénégal entend maîtriser pleinement sa coopération bilatérale et multilatérale en établissant ses objectifs, ses priorités, en les faisant connaître et en sollicitant les offres de ses divers partenaires potentiels.

Un critère d'appréciation de la qualité de la coopération doit être le transfert effectif des compétences, l'autonomie croissante du pays, l'émancipation progressive du domaine bénéficiant de cette coopération, afin d'éviter une addiction réciproque et préjudiciable.

Le Sénégal sait que les moyens que lui fournit la coopération sont nécessaires pour accélérer son émergence, mais sait également qu'elle n'est jamais innocente. Chaque pays donateur a, tout naturellement, une stratégie, ses propres buts, économiques, par exemple de soutien à ses entreprises, et d'influence politique et culturelle. C'est pourquoi le Sénégal, viscéralement attaché à son indépendance, a multiplié ses partenariats et poursuit avec obstination l'objectif de sa pleine indépendance économique.

13.3 Un apport important

L'aide publique au développement (APD) apportée au Sénégal par les pays tiers et les organismes internationaux approche, ces dernières années, les 3 milliards d'euros annuels, soit un peu plus de 10 % de son PIB. Par rapport au budget de l'État, on arrondit les chiffres, qui affichent 7 milliards d'euros de dépenses et 5 milliards de recettes, les 3 milliards de l'APD font plus que combler le déficit. Ces apports prennent la forme de prêts ou de subventions (de dons). Ces premiers représentent 60¨% du total, les dons 40 %. Répartition « normale » qui appelle tout de même à une surveillance de la dette.

Relevons que l'activisme du président Macky Sall et la crédibilité du Sénégal ont permis à ces financements de faire un bond considérable en 2018, + 40 %, et en 2019, + 59 %, et donner ainsi un coup de fouet à des investissements dont les Sénégalais voient les résultats sur le terrain.

Notons enfin que l'aide bilatérale (y compris Union européenne) représente 55 %, contre 45 % pour l'aide multilatérale (Banque mondiale, etc.), et que la France apporte presque 1/4 de cette aide bilatérale.

13.4 Amour et preuve d'amour, qui finance ?

On ne sait plus qui a dit « il n'y a pas d'amour, il n'y a que des preuves d'amour ». Nous pencherions plutôt pour une formule du type, « l'amour c'est bien, les preuves d'amour c'est encore mieux ». Quelles sont les preuves d'amour en direction du Sénégal ? La France à elle seule apporte 15 % de l'aide totale bilatérale et multilatérale, l'Allemagne moitié moins avec 7,5 %. Le Japon 6 %.

Les USA avec 5 % représentent 1/3 de l'apport français et la Chine 1/6e de cet apport. L'Espagne et la Grande-Bretagne 1/15e de cet apport français, l'Arabie Saoudite 1/20e et la Suisse… 1/5000e. La Banque mondiale apporte 16 % du total bilatéral et multilatéral, l'Union européenne 12 %, la Banque africaine de Développement, comme la Banque ouest-africaine de Développement chacune 11 %, la Banque islamiste de Développement, 5 %.

Au total, plus de 30 pays et bailleurs internationaux contribuent au développement du Sénégal, marquant son poids géopolitique.

13.5. Comment ça marche

13.5.1 Une coopération par projets…

L'essentiel du financement, 76 %, est destiné à des projets concrets ; l'aide budgétaire indifférenciée est minoritaire avec 16 %, le reste étant de l'assistance technique. Cette méthode de coopération par projets a l'avantage d'être concrète et de responsabiliser les donateurs à l'égard de l'aboutissement desdits projets.

13.5.2 …qui comporte trois inconvénients

Le premier. Chaque donateur a ses spécialités, ses préférences, ses intérêts et va donc inévitablement être conduit à intervenir là où il le souhaite. La plupart du temps et bien heureusement, les initiatives du donateur rencontrent les priorités du Sénégal, puisque les deux se connaissent, se parlent et coopèrent. Mais pas toujours suffisamment.

Deux exemples. La coopération dans le domaine de l'éducation est substantielle et ancienne. Or, une des grosses lacunes du Sénégal, que la coopération aurait pu et n'a pas compensée, c'est celle de la faiblesse du réseau de ses lycées techniques, à l'exception du « lycée Sénégal-Japon » tout à fait remarquable, de haut niveau, qui devraient essaimer, et de la rénovation du lycée Maurice Delafosse, sur crédits de la Banque mondiale.

Autre exemple. Alors que les bailleurs sont nombreux pour la plupart des secteurs, pour la pêche, deux seuls bailleurs, le Japon (60 %) et l'Union européenne (40 %). Est-on sûr que cette aide soit en faveur de la pêche vivrière, artisanale, pour la préservation de la ressource halieutique des eaux sénégalaises, alors que ces deux entités sont très influencées par les lobbies de la pêche industrielle ?

Comment ne pas mettre cette donnée sur la pêche, secteur qui plus que d'autre doit être géré de manière durable, avec le fait que la ligne des dépenses qui s'intitule *« Conserver et exploiter de manière durable les océans et les mers et les ressources marines »* ne mobilise que 0,04 %, de l'APD ?

Le deuxième inconvénient est que chacun, comme dans un 100 m, court dans son couloir. En effet, chaque donateur, comportement très humain, est fier de montrer ses réalisations et a du mal à les partager avec d'autres. Les auteurs, qui ont travaillé pour la Banque mondiale, ont pu voir de près qu'il y avait même du « patriotisme maison » chez les organismes internationaux, les conduisant à rechigner à conduire des projets partagés. C'est dire ce qu'il en est pour les pays eux-mêmes. Du coup, cette aide, bienvenue, n'a pas toujours l'efficacité requise que permettrait d'atteindre une mise en commun plus déterminée.

Les auteurs ayant été à l'initiative de la mise en place d'une des premières coopérations entre la Banque mondiale et l'Agence française de Développement dans le domaine de la formation professionnelle savent que cette compétition entre bailleurs n'est pas que de caprice, et qu'elle peut reposer sur des divergences d'approche, voire des antagonismes profonds, par exemple entre la France et le monde anglo-saxon.

Les pays bénéficiaires ont parfois joué de cette concurrence avec ce qu'on a appelé dans le jargon de la coopération, la « politique des guichets », qui n'offre en réalité que des avantages de court terme. Pour y remédier, un groupe de travail de tous les donateurs, dit des 50, vient d'être mis en place auprès du ministère de l'Économie. Une bonne initiative qui doit monter en puissance et devenir même centrale.

Le troisième défaut. Le proverbe chinois dit que quand quelqu'un a faim, il vaut mieux lui apprendre à pêcher que lui donner du poisson. Disons plutôt lui donner du poisson le temps qu'il apprenne à pêcher. Le critère d'évaluation de ces coopérations est pour l'essentiel le bon achèvement du projet. C'est le moins. Il nous semble qu'il faudrait y en ajouter un supplémentaire, celui de la progression du pays vers l'autonomie. Notons par exemple que ces années de coopération n'ont pas beaucoup favorisé la création d'entreprises dans le secteur industriel. On va y revenir.

13.6. Prendre la main

Pour améliorer les choses, une attitude simple, prendre la main. C'est au Sénégal d'arrêter encore plus complètement qu'aujourd'hui ses projets et d'inviter tous les bailleurs, pays ou organisation, à rejoindre sa table pour contribuer à leur financement. Au regard de cette prérogative de l'initiative nationale, nous formulons ci-après quelques propositions en ligne avec ce qui précède et le PSE. Mais avant, une suggestion sur la coopération privée.

Tout ce que nous avons exposé ici concerne la coopération publique. Le secteur privé est, en effet, dans une autre logique, le business, ce qui est sa vocation. Et en cela, il contribue au développement du pays. Les entreprises qui investissent au Sénégal, qui vont chercher du pétrole à 3000 m sous la mer, qui construisent des autoroutes, qui câblent Dakar le font pour faire marcher leurs affaires, mais qui peut contester tout ce qu'elles apportent de ce fait au pays en emplois et infrastructures ?

Peut-être pourraient-elles en effet, à titre complémentaire, en sus, comme du boni, conduire certaines actions de coopération. Elles le font un peu avec le mécénat culturel, c'est bien, elles pourraient le faire aussi en contribuant à la formation de la jeunesse, en accueillant plus d'apprentis ou en installant des ateliers dans des lycées, ou encore en passant des contrats de recherche avec les labos universitaires.

13.7. L'impact de l'aide au développement

Pour avoir une idée exacte de l'impact de l'aide au développement, il faut la mettre en relation avec l'action de l'État lui-même. Les 3 milliards d'euros de l'aide au développement constituent 60 % du budget d'investissements de l'État. Comment se répartit ce total par grands domaines ?

Le total des interventions de l'État et de l'aide au développement donne la priorité au développement des ressources humaines, 60 %, puis aux infrastructures, 16 %, puis à l'agriculture, 13 % et enfin à l'industrie, 9 %, dont le privé à la mission de s'occuper en premier. Cela paraît une répartition satisfaisante, sous réserve que : 1) le secteur privé assure pleinement son rôle pour l'industrie, ce qui suppose, on l'a vu, des entrepreneurs et des financements privés, 2) que l'effort pour les ressources humaines soit efficace en termes de résultats, notamment et justement pour développer l'industrie, et là, on va le voir, il y a de grandes marges de progrès.

13.8. Quelques domaines pour lesquels un infléchissement de l'APD nous semblerait bienvenu

Dans le droit fil de ce qui précède, nous suggérons, de manière non exhaustive, quelques initiatives qui pourraient être prises pour encore mieux articuler aide au développement et émergence.

13.8.1 Dans le domaine de l'éducation de base et de la formation professionnelle

C'est un domaine ancien de coopération bilatérale ou multilatérale dont les acquis sont nombreux. Il nous semblerait souhaitable à l'avenir de mettre l'accent sur tout ce qui touche, d'une part, aux sciences et à la technologie et, d'autre part, à la lecture. Pour la lecture, nous proposons d'organiser un tour de table (un T2F), regroupant les bailleurs, la francophonie, les pays déjà partenaires dans le monde scolaire, la coopération décentralisée, pour construire le réseau de lecture, de bibliothèques, d'établissements ou municipal, toutes structures indispensables au développement de la lecture chez les enfants et les adolescents, sans lesquelles la lutte contre l'illettrisme sera difficilement gagnée.

Un tour à la librairie Clairafrique montre que la littéraire africaine pour la jeunesse ne manque pas et qu'il y a là les moyens d'enrichir fortement la littérature universelle et de soutenir de surcroît les créateurs du continent.

Pour la promotion des sciences et de la technologie, il nous semble qu'il serait opportun d'afficher deux priorités, la formation des instituteurs et des professeurs de collège à la pédagogie de ces disciplines et le renforcement des lycées techniques, industriels et agricoles. Nous avons déjà évoqué la méthode, établir préalablement des plans de coopération et de les soumettre à nos partenaires, soit par les « Tours de table » permanents, soit par appel à candidatures sur projet. Il serait également souhaitable de favoriser dans les modalités de mise en œuvre des formules de jumelage entre établissements d'enseignement renforçant les aspects institutionnels de la coopération par des engagements personnels, dont l'expérience montre qu'ils sont les plus solides et fructueux.

13.8.2 Dans le domaine de l'enseignement supérieur

13.8.2.1 Les étudiants sénégalais à l'étranger

Le Sénégal doit former davantage d'ingénieurs, de scientifiques et de techniciens. Comme nous l'avons indiqué, il nous semble qu'il serait de bonne méthode que les études à l'étranger des jeunes Sénégalais soient organisées dans des contrats entre États et pas simplement de l'ordre des choix individuels. Avec naturellement les priorités du PSE en tête du dispositif : métiers de l'agronomie et du génie rural, du machinisme agricole, des process industriels, de l'énergie et des mines, de l'eau, de la pharmacie, du tourisme.

13.8.2.2 Les partenariats universitaires

Les universités sénégalaises n'ont pas la densité de partenariats dont a besoin le Sénégal et qu'elles méritent. Le ministère de l'Économie et de la Coopération pourrait, avec l'aide de ses bailleurs étrangers, les accompagner utilement pour développer leurs partenariats en matière d'ingénierie pédagogique, de double cursus et de double diplomation, d'échanges d'enseignants et d'étudiants, comme toujours dans les domaines prioritaires du PSE. Ici aussi, nous prônons de partir de nos propres cahiers des charges, de nos propres besoins pour solliciter les partenaires universitaires et les bailleurs.

13.8.2.3 Les écoles d'ingénieurs

Le Sénégal a un besoin urgent d'ingénieurs de production. Son offre actuelle est insuffisante. La formation à l'étranger, nécessaire, est une solution qui comporte le risque majeur de non-retour au pays. C'est pourquoi il nous semble stratégique d'implanter au Sénégal un ou plusieurs écoles d'ingénieurs de production, multi-spécialités, qui pourraient comporter tous les départements dont le Sénégal a besoin.

13.8.3 Le domaine de la recherche

Le Sénégal doit participer à la recherche qui se fait. Nous suggérons la mise en place d'une formule de séjour long, selon un schéma proche de ce qu'on appelle dans l'univers de la culture un « pensionnaire en résidence » permettant à de jeunes chercheurs sénégalais d'être présents dans des labos du monde entier pour bâtir librement notre avenir, ici aussi par des contrats de coopération entre États ou avec des bailleurs. On connaît nos priorités : l'agronomie, la santé, l'énergie, les médicaments.

13.8.4 Pour l'agriculture durable

Indubitablement, les moyens obtenus de la coopération pour la mutation de l'agriculture, plus durable, plus saine et anticipant le changement climatique méritent d'être augmentés puisqu'ils ne constituent aujourd'hui que… 1,5 % de l'intervention totale APD + État !

13.8.5 L'industrie, ici

Aujourd'hui, le Sénégal importe une part beaucoup trop importante de produits manufacturés, la quasi-totalité, au détriment de ses emplois et de sa balance commerciale. Nous souhaitons progressivement l'industrialiser. Comment la coopération peut-elle y contribuer ?

Les pays prêteurs ont mis en place des systèmes qui, c'est naturel, favorisent leurs entreprises. Par exemple des prêts liés, par lesquels le prêt, pour construire une route, est soumis, de droit ou de fait, à la condition de passer commande à une entreprise du pays prêteur, ou encore des systèmes de garantie à l'export, par lesquels une entreprise qui veut exporter voit son risque commercial couvert par une garantie de ses emprunts bancaires par un organisme parapublic.

Dans tous les cas, ces aides ne favorisent pas l'implantation d'entreprises au Sénégal. Certes, le Sénégal aurait pu comme la Chine ou le Vietnam bénéficier d'implantations directes et spontanées d'entreprises étrangères du fait de l'attractivité globale du pays, en termes de qualité et de prix de la main-d'œuvre ou de logistique.

Reconnaissons que ça n'a pas été le cas pendant l'explosion de la mondialisation et le Sénégal, comme les autres pays dans le même cas, doit faire son mea-culpa à l'égard de cette faible attractivité sans chercher des fautifs ailleurs. Mais les choses doivent et vont changer : tout est fait pour rendre le pays attractif.

Pour ce qui est de la coopération, il nous semble souhaitable de mettre en place des **« contrats implantations »** par lesquels des entreprises étrangères, soutenues donc par la coopération de leur pays, dans le cadre d'accords bilatéraux, par exemple sous forme de garantie des prêts bancaires, s'implantent ici, visant le marché local et sous-régional, car le Sénégal est indubitablement une bonne plateforme pour les marchés de l'Afrique de l'Ouest.

13.8.6 La santé, aussi ici

Il s'agit d'un des plus anciens et importants domaines de coopération avec des pays tiers et les organismes internationaux, avec comme établissement phare l'Institut Pasteur. La coopération nous semble pouvoir être renforcée dans deux directions. La participation plus affirmée des chercheurs sénégalais à la vie des laboratoires de recherche des pays amis, avec des contrats de pensionnaire en résidence ou de type universitaire, et surtout par des dispositifs de soutien à des partenariats industriels permettant le développement de l'industrie du médicament au Sénégal.

13.8.7 Génie civil, gagner en compétences

Le Sénégal est en train de rattraper son retard en infrastructures, trains, routes, ports, aéroports, etc. Il bénéficie pour ce faire de prêts avantageux de pays amis et s'endette donc légitiment pour préparer son avenir. Il le fait en diversifiant ses partenariats et en veillant à ce que son endettement global reste maîtrisé afin de ne pas aliéner son indépendance économique et politique. Le Sénégal devra être attentif à ce que les majors qui interviennent au Sénégal favorisent comme sous-traitants des entreprises sénégalaises, et si ces entreprises n'existent pas encore, que ce soit l'occasion de soutenir leur création.

Tous les chantiers conduits par des entreprises étrangères au Sénégal doivent être l'occasion d'un transfert de compétences. Les contrats devraient comporter des clauses faisant de chaque chantier un chantier-école, associant des établissements de formation sénégalais. On pourrait aussi encourager des dépôts d'équipements dans les établissements de formation.

13.8.8 Le secteur extractif

Au même titre que pour le génie civil, les activités extractives, au-delà de leur aspect commercial, doivent être appréhendées à nos yeux dans une perspective de coopération via un transfert de compétences et de soutien à la naissance d'une industrie de sous-traitance. Le Sénégal devrait, par exemple, profiter de son entrée dans le club des pays pétroliers pour devenir une plateforme sous-régionale pour tous les métiers de la chaudronnerie. Ses laboratoires universitaires, notamment de chimie, devraient aussi profiter directement et substantiellement de la présence de majors pétrolières par des contrats de recherche.

13.8.9 La communication, le numérique

Le réseau de communication est un des facteurs déterminants de l'aménagement du territoire au même titre que les routes. En contrepartie de leurs activités commerciales rentables, les opérateurs de la téléphonie pourraient être sollicités, appuyés par des bailleurs, pour contribuer à équiper en réseau moderne toutes les parties du territoire y compris les plus reculées, ces équipements étant nécessaires au rééquilibrage de notre géographie économique.

Les grands groupes de télécommunication qui opèrent au Sénégal devraient participer plus fortement à la formation des jeunes sénégalais. Il serait notamment opportun de solliciter Free pour la création d'une école 42 à Dakar comme nous l'avons déjà suggéré.

13.8.10 La mode et les métiers de la beauté

13.8.10.1 La mode

La mode est un secteur d'activité important au travers duquel s'exprime la culture d'un pays. Mais c'est un domaine complexe, très concurrentiel, qui du design à l'industrie et au marketing mobilise énormément de compétences liées. Le Sénégal a des atouts, des créateurs, une demande forte qui pourrait donner lieu à une activité plus intense. C'est pourquoi nous préconisons un partenariat avec l'Institut français de la mode, référence internationale, qui peut utilement aider le Sénégal à se doter d'une stratégie cohérente dans le secteur. Un beau sujet pour l'AFD.

> Le vendredi, la rue sénégalaise est une fête pour les yeux : les femmes et les hommes se parent de tenues traditionnelles plus flamboyantes les unes que les autres. Un spectacle qui repose des tristes jeans et tee-shirts universels, qui manifeste une résistance culturelle bien venue à l'uniformisation du monde, et qui a vocation à servir de point d'appui à une dynamique et inventive filière de confection nationale.

13.8.10.2 La beauté

C'est un secteur au chiffre d'affaires mondial considérable, qui pose par ailleurs des problèmes de santé publique en dermatologie, notamment par l'utilisation de produits dangereux, secteur pour lequel le Sénégal dispose de ressources intéressantes pas suffisamment valorisées, le karité, le sésame, l'huile de baobab.

En partenariat avec de grands groupes du secteur et le soutien de la coopération, il doit former les compétences nécessaires pour franchir un palier dans la valorisation de ses ressources, en développant des entreprises aptes à exporter.

13.8.11 Le tourisme mémoriel et la coopération décentralisée

Le Sénégal dispose d'un potentiel important en matière de tourisme. Nous avons vu qu'il est sous-exploité notamment du fait d'un retard dans la prise en compte des changements de la demande mondiale, tournée de plus en plus vers le tourisme mémoriel, culturel et de nature. Il convient de prendre langue avec les partenaires étrangers, français et américains notamment, pour offrir aux touristes des expositions à la hauteur des événements qu'ont été la traite transatlantique, la Première et la Seconde Guerre mondiale, la colonisation et l'indépendance, événements dans lesquels le Sénégal a été particulièrement impliqué.

À ce titre, des relations de coopération ont vocation à être nouées avec le mémorial de Caen, celui de Verdun, les villes de Nantes et de Bordeaux et de nombreuses institutions américaines.

La coopération décentralisée en général, avec les villes et les régions, mérite d'être relancée dans de nombreux domaines, car il fut un temps où elle était plus dynamique.

14

LES GRANDS AGRÉGATS ÉCONOMIQUES

« Le refus de compter fait rarement le jeu des plus pauvres. »
Thomas Piketty

14.1 Le budget de l'État et la dette publique

14.1.1 L'argent public où comment naissent les révolutions

La plupart des révoltes populaires ont trois origines : le refus de la misère, la soif de liberté et la contestation de l'usage des deniers publics. Très tôt, la façon dont les impôts étaient fixés, prélevés et surtout utilisés par les Pouvoirs, ont été au centre de la vie politique et sociale de tous les pays, et le point de départ de nombreuses révolutions.

Car, s'il y a quelque chose que le peuple supporte mal, c'est bien ce sentiment que ceux qui sont censés gérer les deniers publics dans l'intérêt de la collectivité ne le fassent pas, soit en prenant des décisions peu pertinentes, soit surtout en prenant quelques libertés avec l'éthique.

Les décisions peu pertinentes sont légion : des ouvrages sous ou surdimensionnés, des dépenses à l'utilité contestable ou non prioritaires, etc. Elles peuvent résulter de dossiers mal étudiés, mais aussi des difficultés à établir des prévisions, et des ruses de l'histoire.

Le château de Versailles a bien entendu été fortement contesté en son temps : tant d'argent dépensé pour la cour du Roi alors que le peuple n'avait pas à manger ! Pure folie ! De l'argent public bien mal utilisé ! Et pourtant, aujourd'hui, il est une source de revenus et de prestige gigantesque pour le pays et la dépense initiale est largement amortie au bénéfice de toute la Nation. Mais au 17e siècle, le tourisme n'existait pas…

Préparer l'avenir n'est pas si facile. Le peuple le sait et il est en la matière patient et raisonnable. Nous allons y revenir dans le chapitre sur le budget de l'État. Non, le sujet de son courroux est ailleurs. C'est quand l'éthique n'est plus respectée. L'Éthique. Un mot pudique, mais tout le monde sait de quoi on parle.

Un marché attribué de manière complaisante, en demandant en retour à l'entreprise bénéficiaire un dessous-de-table. Ou un marché attribué à un proche, ce qu'on appelle la prise illégale d'intérêt. Ou carrément de l'argent détourné de sa destination. Ou encore des terrains du domaine dit national attribués en remerciement dont on ne sait quels services au détriment des agriculteurs du cru.

Au-delà même du trouble à l'ordre public que ces pratiques constituent, on entend par là l'atteinte portée au fonctionnement moral et démocratique de la société, il y a chaque fois des conséquences concrètes lourdes. Une entreprise de travaux publics « taxée » en contrepartie de l'attribution d'un marché va se rattraper, par exemple en mettant des soubassements insuffisants sous le goudron. On connaît le résultat : très vite une route pleine de nids de poule.

Ou des agriculteurs qui n'auront finalement pas les semences attendues, ou un centre de santé les tests si nécessaires. Il s'agit là, le détournement des fonds publics, d'une maladie universelle et millénaire. Ce qui distingue les pays, ce sont les dispositifs de prévention, de contrôle et de sanctions. Prévenir, c'est sûrement d'abord une question d'éducation. Il serait utile que dès l'école primaire on apprenne aux enfants le caractère sacré de l'argent public, car c'est non seulement l'argent du peuple, mais plus encore l'argent de la démocratie, votée par les représentants du peuple au travers du budget.

Prévenir, c'est aussi la peur de la réprobation publique. Il faut installer une culture de « la honte » à l'égard de ceux qui détournent des fonds publics, et là, une presse libre a un rôle important à jouer pour disqualifier ceux qui auront mis le doigt dans le pot de confiture, qu'ils soient politiques ou hauts fonctionnaires, les deux étant souvent et nécessairement de mèche.

Aujourd'hui, de par le monde, les indélicatesses à l'égard des deniers publics sont traquées avec les Zorro des temps modernes, les lanceurs d'alerte, ces salariés, du privé ou du public qui, témoins de pratiques irrégulières, en informent la société via les réseaux sociaux ou la presse. Désormais, dans de nombreux pays, les lanceurs d'alerte sont protégés par la loi, de la même façon que sont protégées par la loi les sources des journalistes.

Pourquoi le Sénégal ne serait-il pas une fois de plus à l'avant-garde de la démocratie en se dotant lui aussi de dispositifs de ce type ?

Et puis, il y a les contrôles. Les outils existent. Les inspections générales, la Cour des comptes et les parlementaires. Au Sénégal, le contrôle de la bonne exécution du budget par le parlement peut être manifestement renforcé, d'où l'intérêt, toujours, d'une solide opposition à l'Assemblée nationale.

Il y a enfin les sanctions qui relèvent de la rigueur de l'administration elle-même à l'égard de ses membres défaillants, et bien entendu d'une justice indépendante. Le peuple n'est pas témoin direct de ces « gros dossiers » même s'il en est la victime indéniable. En revanche, il est confronté quotidiennement aux petits rackets qui rendent la vie insupportable et qui portent non seulement atteinte gravement au fonctionnement démocratique du pays en discréditant les agents dépositaires d'une parcelle d'autorité publique, mais ont des conséquences concrètes gravissimes.

Combien de Sénégalais se voient refuser des visas par les consulats étrangers au motif que le certificat d'état civil est suspect, ou que le relevé bancaire attestant du crédit sur le compte est de complaisance ? Car la fourniture de documents « arrangés » porte atteinte du coup à tous les documents, y compris ceux qui sont authentiques. On le voit, ces dysfonctionnements ne sont pas simplement des enrichissements illicites ou des irritations du quotidien, ils sapent la démocratie. Plus encore, ils sapent l'économie. Car pourquoi travailler honnêtement si on peut s'enrichir plus vite par des indélicatesses ? Or, il n'y a de véritable enrichissement de toute la société que par son travail. Le décourager est pure folie.

14.1.2 Les prédateurs d'hier et d'aujourd'hui

« La fraude est à l'impôt ce que l'ombre est à l'homme. »

Georges Pompidou

L'Afrique a connu les pires des prédations, l'esclavage et la colonisation. Il y en a eu hélas bien d'autres dans le monde, la Shoah et le travail forcé dans les camps nazis, le Goulag, l'expropriation génocidaire des Indiens d'Amérique, sans oublier le travail des enfants dans les mines dès l'âge de 8 ans pendant la révolution industrielle en Europe. Quoi qu'on pense des maux du Monde actuel, ces prédations hallucinantes sont tout de même terminées. L'humanité n'en a pas pour autant fini avec la prédation. La réduire sinon l'éliminer est un travail de Sisyphe.

La prédation dans le travail, c'est-à-dire le fait de ne pas donner au salarié sa part légitime de la valeur créée, continue. On sait comment la combattre : réduire la pauvreté globale, car celui qui a faim est une proie facile pour l'employeur sans scrupule, des lois sociales, des syndicats libres et puissants.

Il y a la prédation des deniers publics, notamment par des marchés publics de complaisance avec dessous-de-table. Là aussi, les solutions existent : la publicité intégrale de toutes les pièces des marchés, la justification de sa fortune pour tous les détenteurs d'emplois publics, la protection des lanceurs d'alerte, une presse libre, la mise à l'index des fautifs, l'éducation à la sacralisation de l'argent public, des corps de contrôle et une justice incorruptible, la sanction du corrupteur autant que du corrompu, etc.

Il y a les prédateurs des ressources naturelles, ceux qui vont se partager des exploitations minières, pétrolières, halieutiques dans des conditions défavorables pour le pays, mais favorables pour leurs comptes en banque. Ce n'est naturellement pas parce qu'il y a une concession minière qu'il y a automatiquement prédation. Il est normal, en effet, que dans ces activités lourdes d'investissements et de risques chacun y trouve son compte.

Ce qui ne va pas, c'est quand la concession a été faite à vil prix au détriment de la collectivité nationale et au bénéfice d'une combine entre la puissance publique du moment et une entreprise. Là aussi, les remèdes sont connus, ce sont les mêmes que pour les marchés publics : transparence, presse libre, justification de patrimoine, etc.

Et puis, il y a une prédation plus complexe, plus subtile, souvent légale, mais la plus gigantesque en milliards, celle de l'optimisation fiscale, qui consiste par une série de mécanismes, comme des arrangements sur les facturations internes à la société, ou encore comme le montage d'une pyramide de sociétés rendant toute enquête judiciaire impossible, dont le but final est donc d'échapper à l'impôt avec l'aide des paradis fiscaux.

Ces prédations défraient régulièrement la chronique comme avec les fameux « Panama Papers ». Dossiers complexes parce que chaque État jure la main sur le cœur sa volonté de combattre ces pratiques, alors que par-derrière il est bien content d'accueillir lesdits holdings. Et il n'y a pas que les Iles Caïman. Le Luxembourg, Monaco, l'Irlande, les Pays-Bas s'y adonnent aussi.

Les trois types de prédation sont liés. Par exemple, une concession portuaire acquise avec un dessous-de-table sera maquillée par le réseau des pyramides de société et les paradis fiscaux.

Pour être moins brutales que les prédations moyenâgeuses que nous avons évoquées en introduction, ces dernières n'en sont pas moins lourdes de conséquences, à la fois par les masses d'argent ainsi détournées et par leurs effets délétères sur le travail et l'économie de marché. Si, parce que « charité bien ordonnée commence par soi-même », chaque État doit commencer à faire le ménage chez lui, beaucoup de ces dossiers ne peuvent trouver des réponses qu'à l'échelle internationale.

On vient de le voir en Europe qui, pour mettre fin aux pratiques d'optimisation d'Amazon, Microsoft et compagnie, essaie de créer, avec beaucoup de difficultés, un impôt minimum de 15 % sur leurs bénéfices.

Le Sénégal, pays démocratique, à la crédibilité internationale certaine, a ici un rôle majeur à jouer, d'une part en faisant preuve d'exemplarité, mais également, fort de cette exemplarité, en portant ces dossiers au niveau des instances multilatérales africaines.

En ligne avec tout ce que nous disons dans ce livre, il faut remettre toujours l'ouvrage sur le métier pour aller vers une économie de marché plus efficace et plus vertueuse.

14.1.3 Le défi du budget de l'État et le consentement à l'impôt

Gérer le budget de l'État du Sénégal n'est pas une mince affaire, encore plus difficile que les défis d'une ménagère ayant peu de sous et une grande famille à nourrir. Les besoins sont immenses et les ressources limitées. Une grande partie de l'économie du Sénégal est dans l'informel, c'est-à-dire hors du champ de l'impôt. Prélever l'impôt dans le secteur formel est un exercice délicat. Taxer les riches, il n'y en a pas tant que ça, est nécessaire, mais sans aller trop loin pour ne pas les encourager à fuir sur des terres plus accueillantes et pour ne pas décourager les initiatives et pénaliser les réussites.

Taxer les entreprises, c'est la même chose. Si on exagère, on ne les attirera pas alors que c'est ce qu'on veut faire. Et en tout état de cause, c'est leur développement, leur capacité d'épargne et d'investissement qu'il faut surtout encourager. Taxer les importations, bien sûr, mais là aussi avec des limites, car il ne faut pas rendre onéreux des biens dont le pays a besoin pour son développement, sa modernisation, son alimentation, et qu'on ne sait pas jusque-là produire. Augmenter la TVA sur la consommation, c'est amputer un pouvoir d'achat déjà en berne.

En revanche, insistons fortement à nouveau, on voit bien qu'il serait possible de taxer plus fortement et sans aucun dommage pour l'économie les plus-values foncières, qui échappent trop souvent à l'impôt, chaque fois par exemple que les transactions déclarées sont sous-estimées. Et la spéculation foncière n'est pas une bonne chose, c'est un véritable enrichissement sans cause qui fait flamber les loyers ! Bref, remplir les caisses de l'État, un sacré défi que nous allons examiner.

L'État, à son plus haut niveau, a conscience que la question première, avant de mettre en place telle ou telle mesure technique, est celle du consentement citoyen à l'impôt, de son acceptabilité. Or, quand on demande à un citoyen sénégalais qui devrait et pourrait payer l'impôt pourquoi il ne s'y soumet pas, la réponse fuse : « Avec ce qu'ils font de mon argent là-haut, je n'ai pas envie de payer ». La libre contribution aux charges communes de la nation n'est pas chose la plus répandue dans la population.

Aussi, dans le rapport sur la stratégie fiscale pour le Plan Sénégal Emergent, où sont égrenées toute une série de mesures techniques nécessaires, il est mis le doigt sur le point crucial de ce consentement à l'impôt par les citoyens : *« le développement d'une relation de confiance avec les contribuables en promouvant un mode d'administration plus neutre, plus éthique et en confirmant les progrès de la lutte contre la corruption ».* Le mot est lâché.

Et il est précisé que le gouvernement recherchera à renforcer la perception des citoyens en matière d'efficacité de l'action publique, en gérant les administrations par la performance, en renforçant les règles pour la commande publique, en réduisant le train de vie de l'État et l'éthique de ses serviteurs. C'est dit.

14.1.4 Trois types de mesures simples contre la corruption

14.1.4.1 Le foncier

Il ne faut pas se tromper sur la loi de 1964 qui fait de l'État le propriétaire du foncier. Le pays appartient au peuple, l'État n'en est que le mandataire. Pour que ce mandat s'exerce dans la transparence, il suffit que tous les terrains soient cadastrés, et que toutes les opérations, affectation, mutations, titres et opérations diverses sur le foncier soient l'objet d'un enregistrement immédiat au cadastre, le cadastre étant un document public accessible à tous.

14.1.4.2 Les marchés publics et les concessions

Les contrats de marchés publics et les concessions d'exploitation (mines, pêches, services publics) **ainsi que leurs rapports d'exécution** ont vocation à être systématiquement et sans délai transmis au parlement.

14.1.4.3 Les Organismes de contrôle

Les moyens des Inspections générales et de la Cour des comptes doivent être renforcés et les rapports de la Cour des comptes publics. Il faut faciliter le déclenchement des commissions d'enquête parlementaires et créer un parquet financier.

14.1.5 Un budget audacieux axé sur l'investissement

Des esprits chagrins, pusillanimes, pourraient s'inquiéter du niveau « des charges de la dette » (le coût du remboursement des emprunts), dans le budget de 2023, plus de 567,9 milliards de francs, soit 15,34 % des recettes. Nous ne partageons pas ces craintes, car les emprunts contractés ces derniers temps ont pour destination les investissements absolument nécessaires pour lancer l'émergence. Le gouvernement a choisi ce choc d'investissement pour booster la croissance, et nous pensons qu'il a raison.

Après les années de somnolence d'Abdou Diouf, un réveil un peu brouillon sous Abdoulaye Wade, le PSE malgré ses lacunes et ses angles morts, que nous avons largement soulignés dans les pages précédentes, présente une stratégie cohérente dans le domaine des investissements de base, en mettant en place les infrastructures sans lesquelles rien ne serait possible.

Nous l'avons suffisamment rappelé pour ne pas y insister, ces investissements en infrastructures sont nécessaires, mais pas suffisants. Il va falloir aussi s'attaquer aux nombreux problèmes agricoles, industriels, de formation, touristique en suspens, car des aéroports sans touriste, des ports sans container, des autoroutes sans camion ou des parcs industriels sans entrepreneur ne seraient que décor de théâtre. Mais tous ces ponts, autoroutes, ports, aéroports, palais de congrès, réseaux d'électrification, etc., étaient indispensables et de manière urgente.

Au total, l'investissement annuel, avec 1600 milliards, représente 32 % des dépenses et 41 % des recettes du budget, ce qui est le signe d'une politique audacieuse.

Mécaniquement, du coup, dans un pays qui reste pauvre, les autres postes de dépenses sont fortement contraints. Il est clair que par exemple les dépenses de formation pourraient être utilement augmentées. Faute de pouvoir le faire, il est alors important de raisonner en qualitatif plutôt qu'en quantitatif.

Nous avons montré dans le chapitre sur l'éducation qu'avec les mêmes sous on pouvait faire beaucoup mieux en matière d'efficacité pédagogique, d'orientation, de formation professionnelle, en enseignant autrement. De la même façon que le budget de l'agriculture pouvait être mieux utilisé qu'il ne l'est aujourd'hui, avec des subventions aux intrants très discutables, pourvu qu'on conduise les réformes sur l'organisation du monde agricole. Etc.

Le prix de ce volontarisme est un déficit conséquent, de 1000 milliards (3900 milliards de recettes pour 4900 milliards de dépenses), donc une augmentation à venir de la dette et mécaniquement de la charge des intérêts à payer, mais qui pourra être supportée grâce aux revenus pétroliers et gaziers légitimement anticipés, dont un tiers est versé dans le fonds intergénérationnel et le fonds de stabilisation.

14.1.6 La dette publique

« Le ramadan est court pour celui qui a une dette
à payer pour la Korité. »
Proverbe marocain

Rédaction de la première édition

Le Sénégal devait nécessairement s'endetter pour réaliser les infrastructures indispensables à l'émergence. Mais Il doit le faire de manière maîtrisée. Son taux d'endettement est de 75,04% du PIB soit 14.084,4 milliards à fin mars 2023 (intégrant au-delà de l'administration centrale, la dette des entités du secteur parapublic). Ce total de 14.084 milliards se décomposant donc en dette du secteur parapublic pour 1453,1 milliards et en dette de l'administration centrale pour 12631,3 milliards.

Endettement important certes, mais qui a bien été utilisé à des investissements stratégiques et non pas à couvrir les déficits du fonctionnement courants, comme ce fut le cas dans les années70/80. Le coût de la dette est supportable grâce à des emprunts favorables puisque 41 % sont dits concessionnels, c'est-à-dire avec des durées et des taux favorables et 6 % en semi-concessionnels. Les risques sont quant à eux doublement limités. Le risque sur les taux est faible puisque seuls 11 % sont à taux variable et 89 % à taux fixe.

Rédaction pour la deuxième édition (après le rapport de la cour des comptes sur les finances publiques)

Le Sénégal devait nécessairement s'endetter pour réaliser les infrastructures indispensables à l'émergence. Mais il doit le faire de manière maîtrisée. **Son taux d'endettement (dette de l'administration centrale) s'élève à 99,67% du PIB soit 18 558,91 milliards de Francs CFA en fin mars 2024. Ce total de 18 558,91 milliards de Francs CFA se décomposant en dette extérieure, pour 11 864,20 milliards de Francs CFA (59%) et en dette intérieure pour 6 694,71 milliards de Francs CFA (31%). Il faut y ajouter la dette du secteur parapublic qui est estimée à 1 517,25 milliards de Francs CFA.**

Endettement important, dont 2 096,46 milliards de dette bancaire locale hors cadrage et qui a été dissimulé d'après le dernier rapport d'audit de la Cour des comptes sur les finances publiques. Le besoin de financement annuel est passé entre 2019 et 2023 de 1 227,68 milliards de Francs CFA à 2 642,70 milliards de Francs CFA, soit un taux de croissance de 13,8% par an en moyenne.

Ce besoin a été essentiellement couvert par emprunt sur les marchés financiers, dont la progression annuelle a été de 35,80% en moyenne sur la période.

Contracté en devises étrangères (41 % en $ et 35 % en euros), l'ancrage du francs CFA sur l'euro rend quasi nul le risque de dépréciation monétaire et d'envolée de la dette. Il n'en serait bien entendu pas de même si, quittant cette parité fixe à l'euro, le Sénégal s'engageait sur les chemins périlleux de la dévaluation, et de l'explosion corrélative et inévitable de cette dette. Qui plus est, une telle situation dégraderait la signature du pays et entraînerait inéluctablement le coût de son refinancement.

Rédaction pour la première édition,

Ainsi, l'agence Moody's confirme-t-elle la note stable du Sénégal et affiche-t-elle sa confiance dans les perspectives macro-économiques du pays, tant du fait de ses fondamentaux économiques que de par sa stabilité institutionnelle. Il suffit de regarder ce qui se passe en Turquie ou au Ghana dont les monnaies s'effondrent. Et ne parlons pas de la Guinée.

Sur les 14084,4 milliards de FCFA de dettes, 75 % du PIB donc, les 2/3 sont de l'endettement extérieur, et 1/3 intérieur (33%). Il y a là manifestement une marge de progression, en faisant en sorte que la dette publique soit davantage achetée par les nationaux, ce qui nous renvoie à la question de l'épargne des Sénégalais, trop orientée vers l'immobilier et le foncier et pas assez vers la bourse ou l'achat des obligations d'État.

Rédaction pour la deuxième édition

Ainsi, l'agence Moody's a-t-elle revu à la baisse la note jusqu'ici stable du Sénégal à la suite de la publication du rapport d'audit de la cour des comptes. Il suffit de regarder ce qui se passe en Turquie ou au Ghana, dont les monnaies s'effondrent, pour mesurer les conséquences d'une gestion laxiste de la dépense publique. Et ne parlons pas de la Guinée.

La marge de manœuvre est désormais faible. Aussi doit-on faire en sorte que la dette publique soit davantage achetée par les nationaux, ce qui nous renvoie à la question de l'épargne des Sénégalais, trop orientée vers l'immobilier et le foncier et pas assez vers la bourse ou l'achat des obligations d'État.

Félicitons-nous du vif succès de l'emprunt obligataire de 150 milliards de frs que le gouvernement vient de placer sur le marché intérieur, et qui a recueilli in fine 3 fois les montant visé.

Rappelons que l'énorme dette japonaise, deux fois le PIB du pays, est détenue à 90 % par des Japonais, dont la moitié par les ménages eux-mêmes. Manifestement, les dispositifs fiscaux doivent être pris pour modifier ces flux. Agriculture autocentrée, industrie nationale, financement interne, voilà les gages de l'indépendance.

Dette publique : des chiffres bien trompeurs - New

Quand le non spécialiste entend des cris alarmistes à l'égard d'un déficit du budget de l'Etat s'élevant à 10 % du PIB, il ne comprend pas très bien, car il se dit que 10 % ce n'est quand même pas si terrible, lui-même ayant souvent un découvert personnel de 10 %.

En réalité, il n'a pas fait attention à ce que ce ne sont pas 10 % du budget lui-même, mais 10 % du PIB.

Supposons un pays où le budget de l'Etat est de 1000 et son PIB, toute la valeur de sa production, de 3000. Alors, 10 % du PIB font 300. Et cette fois, 300 rapportés à 1000, ça fait 30 %.

Ce qui veut dire que le 15 septembre, quand 70 % des jours de l'année sont écoulés, les caisses de l'Etat sont vides, toutes les recettes ont été consommées, et qu'il faut donc emprunter pour arriver jusqu'à la fin décembre, et payer entre autres les fonctionnaires. Oui, encore une distance de plus de 3 mois à couvrir, et cette fois-ci par l'emprunt.

Quand on a un déficit simplement de 3% (du PIB), objectif de référence de la CEDEAO, cela conduit à un besoin de financement de 90 dans notre exemple, soit à peine un peu plus d'un mois d'impasse sur l'année, contre 3 mois et demi avec les 10 % précédents. Ça change tout quant à l'impact sur la dette.

Pierre qui roule n'amasse pas mousse - New

Une pierre immobile offre une face au sud, qui est nue. Au nord, sa face sans soleil se couvre de mousse. Si cette pierre roule, dans un éboulis, ses faces étant alors successivement au sud, elle n'accueillera aucune mousse.

On entend souvent l'expression « faire rouler la dette ». Cela signifie que le débiteur, au lieu de rembourser le capital à l'échéance prévue, reconduit sa dette pour une nouvelle période, avec bien entendu l'accord du prêteur qui va continuer à toucher les intérêts.

Ainsi des Etats, dans l'incapacité de rembourser le capital emprunté, renouvellent régulièrement leur dette, et se ruinent à payer des intérêts indéfiniment, comme un simple consommateur avec le crédit-révolving. Il y a pire, ce sont ceux qui non seulement ne peuvent pas rembourser le capital initial, mais augmentent régulièrement leur endettement, les intérêts à payer augmentant bien entendu parallèlement.

C'est pourquoi il ne faut jamais se réjouir trop bruyamment du placement d'un nouvel emprunt, car il accroit la dette, et il faudra en payer les intérêts et finir par le rembourser.

Celui qui fait rouler la dette n'amasse pas mousse !

Les USA sont les rois de l'exercice. La France figure désormais sur le podium. Le déficit annuel du budget américain flirte avec les 2.000 milliards USD et la dette publique cumulée des Etats Unis est de l'ordre de 36.000 milliards d'USD. Ils pouvaient se le permettre jusqu'ici puisque tout le monde achetait sans sourciller leur obligations d'Etat qui finançaient ces déficits budgétaires (désormais le remboursement annuel des intérêts de cette dette, 950 milliards de USD, est supérieur au budget de la défense, 850 milliards USD).

Ces derniers temps certains investisseurs se sont interrogés sur la fiabilité de ce très gros débiteur, et ils ont tiré deux coups de semonce, obligeant le Président Trump à faire fissa machine arrière.

Première alerte, les anciennes obligations, celles qui sont déjà sur le marché boursier, où elles se négocient, ont été frappées d'une sérieuse décote. Elles ont vu leur valeur d'échange être inférieure à leur valeur faciale, celle de la date d'émission.

Deuxième alerte, les nouvelles obligations émises par le trésor américain, ont eu du mal à se placer sauf à des taux d'intérêt élevés, faisant courir le risque d'une charge de la dette explosive.

Si on y ajoute une troisième alerte, les signes de faiblesse du dollar, on comprend mieux toutes ces tergiversations à la Maison Blanche. Car, au déficit budgétaire, les USA ajoutent un gigantesque déficit commercial de plus de 900 milliards de USD (le déficit commercial américain représente à lui seul 60% de la somme de tous les déficits commerciaux du monde). Normalement, un tel déficit est sanctionné par une dévaluation de la monnaie du pays, l'obligeant alors à moins importer pour rétablir sa balance des paiements. Sauf avec le dollar qui, parce qu'encore monnaie de paiement du monde entier, permet à l'Amérique de vivre au-dessus de ses moyens et de payer le monde avec la planche à billets. Là non plus, ça ne peut pas durer éternellement.

Les journalistes et l'économie - New

Il est difficile, voire impossible, d'être objectif en économie. Aussi traiter l'information économique de manière impartiale n'est pas chose aisée pour les journalistes.

Mais il y a tout de même des données de base qui échappent à l'emprise des idéologies.

Par exemple, quand un Etat réussi le lancement d'un emprunt, avec une souscription rapide et des taux d'intérêts convenables, on peut sans aucun doute dire que c'est un succès et la preuve de la confiance que les marchés lui accordent.

Mais il ne faudrait tout de même pas en faire un triomphe, car cet emprunt c'est toujours une nouvelle dette qui devra être remboursée. Il serait donc utile, pour la bonne information de l'opinion, que les propos laudatifs sur l'agilité financière du gouvernement soient accompagnés de chiffres sur ce que seront les échéances de remboursement à venir, et à combien s'élève désormais le total de l'endettement public.

Endettement national ou international ? New

Pourquoi vaut-il mieux que la dette publique d'un pays appartienne plutôt à ses concitoyens qu'à des étrangers ?

Le Japon est plus endetté que les Etats-Unis, mais sa dette est placée massivement auprès de ses ressortissants. Du coup, lorsqu'il y a des soubresauts économiques, ces détenteurs nationaux des obligations de leur Etat ne se précipitent pour les vendre, à la fois par réflexe patriotique et aussi parce qu'ils non pas objectivement intérêt à créer des difficultés à leur propre pays.

On a vu récemment en revanche la fragilité de la dette américaine. En réaction aux inquiétudes qu'à fait naitre la hausse brutale des droits de douanes, tel le risque d'inflation, qui fait tomber le rendement net de ce type placement, et pire, le risque de défaut, beaucoup de détenteurs de ces créances sur l'Etat américain se sont précipités pour vendre.

Les obligations américaines se sont alors négociées à la baisse sur les marchés, avec un prix de vente inférieur à la valeur d'émission, faisant monter mécaniquement et sensiblement le taux des nouveaux emprunts que l'Amérique a voulu placer, ce qui aurait alourdi le coût de leur dette. Donald Trump a dû faire machine arrière en catastrophe.

La situation est encore plus sérieuse pour les actions. Quand elles appartiennent à des étrangers, outre les risques de mouvements spéculatifs comme pour les obligations, cela constitue surtout une perte considérable de souveraineté, puisque ces actionnaires sont alors propriétaires du capital productif du pays, et se comportent fréquemment en prédateurs : licenciements, transferts des activités, vente à la découpe, captation des brevets, etc. , Les fonds de pension, « les fonds vautour », s'adonnent sans scrupule à ces jeux, leur seul boussole étant la rentabilité des placements de leurs clients.....étrangers.

Les capitaux étrangers sont nécessaires, mais il faut parallèlement mobiliser l'épargne nationale pour garder le contrôle de la situation. Ouvert mais pas extraverti !

Cette règle d'équilibre doit être néanmoins mise en œuvre à la lumière d'un critère évidant : il ne faut pas que le recours au marché national coûte beaucoup plus cher que les emprunts sur le marché international, ce qui serait le cas si les taux d'intérêts du premier étaient sensiblement supérieurs à ceux du second, car alors on perdrait d'un côté, le cout du remboursement, ce qu'on pourrait gagner de l'autre, une moindre instabilité.

A quoi il faut ajouter que l'épargne mobilisée pour payer les obligations de l'Etat risque de manquer à ceux dont le métier est de financer les entreprises privées, les banques, les sociétés financières décentralisées et la bourse des valeurs mobilières.

14.1.7 L'addiction au cordon portuaire

Relevons, en introduction au paragraphe ci-après sur le commerce extérieur et les transactions internationales, que les recettes douanières, 1382 milliards de FCFA en 2022, sont supérieures à l'impôt total sur les revenus, les bénéfices des sociétés et les gains en capital, soit 1011 milliards.

Si on y ajoute que l'impôt sur les sociétés, de 376 milliards, ne représente que 12% des recettes fiscales totales (impôts et taxes), et seulement 2,67% du PIB, on a là le signe d'un pays où la production est faible, où les bénéfices imposables des dites sociétés sont encore plus faibles, du fait notamment de la place du secteur informel et, où, accessoirement, la fraude fiscale est élevée.

Nous suggérons de gérer ce « cordon douanier » de manière proactive, en transformant méthodiquement certaines importations en productions locales, en améliorant la qualité des productions susceptibles d'être exportées vers les marchés porteurs, par exemple l'arachide vers la Chine, et en relançant le tourisme, source de devises.

14.2 Le commerce extérieur

Pour équilibrer son budget, une famille peut jouer sur deux leviers, gagner plus et réduire ses dépenses. Pour équilibrer son commerce extérieur, un pays pourrait faire de même, augmenter ses exportations, réduire ses importations. Ce n'est pas si simple pour un pays. Augmenter ses exportations peut, par exemple, l'amener à sacrifier des cultures vivrières au profit des cultures d'exportation, au détriment alors de son autonomie alimentaire. Diminuer ses importations peut l'amener à empêcher ses entreprises de se doter des machines dont elles ont besoin pour produire.

Brève leçon d'économie internationale : une dette à effacer - New

L'esclavage au-delà des souffrances sociales et psychologiques, ce fut d'abord une exploitation économique massive.
On estime que la traite transatlantique a concerné 10 millions de personnes. Si on considère qu'elles ont travaillé gratuitement pour leur propriétaire environ 30 ans, cela fait 300 millions d'année de travail, indubitablement dues.
Au prix d'un million de francs CFA, salaire annuel de l'ouvrier agricole aujourd'hui, nous arrivons à une extorsion de fond de l'ordre de 300.000 milliards de francs CFA, soit 458 milliards d'euros.
La dette actuelle des 26 pays de l'Afrique de l'Ouest et Centrale, membres de la CEDEAO et de la CEEAC, s'élève environ à 660 milliards d'Euros. Les ¾ peuvent donc être légitiment effacés par les nombreux bénéficiaires du système, en Europe et en Amérique.
Tout travail méritant salaire, et les crimes contre l'humanité étant imprescriptibles, cet argent est bien dû. Cette dette-ci réglée, tout le monde repartira sur de bonnes bases.

14.2.1 Du commerce extérieur à l'emploi ici

Le commerce extérieur, la balance des paiements, reflètent les forces et les faiblesses d'une économie. Les pays du Golfe ont une balance des paiements très excédentaire : ils exportent beaucoup de pétrole et de gaz, investissent certes chez eux, mais ne cherchent pas vraiment à y créer des emplois, car leur population est faible. Ils placent l'argent gagné dans les bourses du monde et vivent ainsi de la rente pétrolière.

L'Allemagne exporte beaucoup, des voitures, des machines-outils, de la chimie, des médicaments, ce qui lui permet de créer sur place beaucoup d'emplois. Tellement que les Allemands n'y suffisent plus et qu'ils ont fait venir récemment un million de Syriens pour travailler dans leurs usines.

La Chine aussi exporte beaucoup, elle est devenue l'atelier du monde, ce qui lui permet de donner du travail à son milliard et demi d'habitants, et d'acheter les machines-outils allemandes dont elle a besoin pour monter en gamme.

Quid du commerce extérieur du Sénégal et de ses effets sur l'emploi ? *(Les chiffres du commerce extérieur bougeant beaucoup d'une année sur l'autre, et ayant été fortement bousculés par l'épidémie de Covid et la guerre en Ukraine, nous utiliserons des chiffres arrondis, moyens sur les dernières années, pour fixer les ordres de gradeurs et établir les problématiques).*

14.2.2 Commençons par les marchandises

Le commerce extérieur du Sénégal est significativement déficitaire : les exportations de marchandises en 2022, 3077,48 milliards, ne représentent que 55 % des importations (de marchandises), 6741,39 milliards, soit un déficit de 3663,91 milliards. C'est non seulement un problème financier, mais d'emploi, car ce déficit de 3663,91 milliards, ce sont autant d'emplois créés là où ces produits sont fabriqués.

14.2.2.1 Qu'exporte-t-il ?

Essentiellement des matières premières, zircon, titane, phosphate, or, sel, auxquels il faut ajouter les produits pétroliers après raffinage, l'acide phosphorique et le ciment, produits qui représentent à eux seuls plus de 40 % du total de ces exportations, soit 1000 milliards. Dans le domaine agricole, il y a bien sûr l'arachide, mais exporté en quasi-totalité brute, en graines (120 milliards), alors que dans la chaine de valeur, qui va du champ chez Auchan, les plus gros bénéfices se font ailleurs, là où il est raffiné et distribué.

Il y a aussi la pêche (300 milliards), ce qui n'est pas sans poser question. Le poisson est devenu rare sur la planète. Tout le monde en veut et il y en a de moins en moins, du coup les prix montent. Les exportations du Sénégal profitent de ces cours mondiaux élevés, mais ça devient problématique pour les Sénégalais eux-mêmes qui voient leurs poissons devenir rares et chers, car quand on exporte, les prix locaux s'alignent sur les prix mondiaux. Sans parler de l'épuisement des ressources halieutiques, sujet que nous avons déjà abordé.

Et les produits manufacturés ? Seulement 90 milliards, soit moins de 4 % du total des exportations, et 10 % de produits miniers, pétroliers et phosphatés. C'est vraiment très peu, d'où la nécessité de faire de l'industrie la priorité de la décennie à venir.

14.2.2.2 Qu'importe-t-il ?

Du pétrole pour 900 milliards, pour faite tourner camions, voitures et centrales thermiques, chiffre qui va baisser avec la mise en exploitation des gisements de gaz et de pétrole locaux. Notons qu'à ce jour, les produits pétroliers importés sont essentiellement raffinés (650 milliards), contre 250 pour les produits bruts. Le Sénégal doit donc améliorer sa capacité de raffinage pour exporter lui aussi des produits raffinés à partir de sa nouvelle ressource.

De l'alimentation, pour 990 milliards, dont encore 200 milliards pour le riz, 100 pour le blé et 50 pour le sucre. Les importations de riz et de sucre devraient pouvoir être réduites avec la montée en puissance des productions locales. Pour le blé, il faudra penser à promouvoir le mil ! Quant aux biens d'équipements, pour 900 milliards achetés à l'étranger, ils sont constitués pour les 2/3 de véhicules, et seulement de1/3 de machines et moteurs, ce dernier chiffre reflétant la faiblesse de l'industrie manufacturière.

Terminons avec les 800 milliards de biens intermédiaires, métaux, bois, plastiques, électronique, etc., qui sont consommés dans des fabrications, dont l'examen attentif de la liste montre que certains pourraient être produits localement, notamment en chimie et métallurgie.

14.2.3 Les services

Le déficit dans le commerce des marchandises peut être compensé par l'exportation de services, en ingénierie, en prestations bancaires, en services d'assurances, en informatique, télécoms, transports, ainsi que par le tourisme. Ce n'est pas vraiment le cas pour deux raisons. Le Sénégal a dû importer beaucoup de services pour développer son industrie d'extraction de gaz et de pétrole, au moment même où son tourisme déclinait comme on l'a vu et alors que ses sociétés de transport, fret et passagers, n'étaient pas assez dynamiques. Au total, le poste Services ajoute à la balance des paiements un déficit de 1000 milliards.

14.2.4 Exemplaire Diaspora

Ces soldes négatifs dans la circulation des devises entre le Sénégal et l'extérieur sont compensés par les plus de 1000 milliards de l'argent envoyé au Sénégal par les immigrés à leurs familles. Il faut relever que ce flux n'a pas été touché par la pandémie. Les immigrés ont assuré !

14.2.5 Un déséquilibre géographique

Le Sénégal exporte 4 fois plus vers l'Afrique que vers l'Europe. Il y a donc des marges de progression vers l'Union européenne, ce qui suppose de monter en gamme, notamment dans l'agroalimentaire.

14.2.6 Un équilibre accessible

Le Sénégal peut équilibrer son commerce extérieur. L'arrivée du pétrole et du gaz national va alléger sa facture énergétique. La relance de son agriculture va réduire ses importations alimentaires. La refondation de son tourisme va refaire venir les étrangers. Les infrastructures mises en place, le climat des affaires en amélioration constante, la priorité donnée à la formation, constituent le cadre dans lequel doivent pouvoir se développer l'industrie manufacturière, les investissements étrangers, augmenter donc l'exportation des produits manufacturés et réduire l'importation des biens intermédiaires.

Il doit aussi s'atteler à la compétitivité de son secteur tertiaire, banques, assurances, transports, ingénierie pour pouvoir l'exporter notamment sur le continent. Et répétons-le, il ne s'agit pas là seulement d'équilibre financier, le premier enjeu d'un commerce rééquilibré, c'est l'emploi. Le Sénégal tient le bon bout, il ne faut pas le lâcher.

14.2.7 Transformer les importations en usines

Pratiquement, comment s'y prend-on pour industrialiser le pays ? Mettre en place des écosystèmes favorables (compétences, fiscalité, etc.) dans les domaines prioritaires ? Bien sûr. Mais est-ce suffisant ? Nous ne le pensons pas. Nous pensons qu'il faut être proactif. Aussi suggérons-nous une méthode en trois points. D'abord, en établissant un diagnostic lucide sur ce que nous importons et que nous pourrions fabriquer.

Nous savons que nous ne sommes pas en état de fabriquer des tracteurs, mais que nous pourrions fabriquer du petit outillage agricole, si précieux pour nos paysans. Que nous ne pouvons pas fabriquer des camions, mais sûrement les citernes qu'on installe sur les semi-remorques pour transporter du lait ou de l'essence. Qu'on ne saurait pas fabriquer des scanners, mais en revanche qu'il serait possible de fabriquer tout un appareillage médical plus modeste, mais combien nécessaire. Qu'on ne peut peut-être pas fabriquer des voitures, mais certaines pièces de rechange, etc.

Ensuite, une fois cette liste établie, et conformément à notre stratégie de croissance inclusive, retenir en priorité les biens qui viennent soutenir nos filières prioritaires : agriculture et agro-alimentaire, bâtiment, santé, etc. Enfin, partir à la chasse aux entrepreneurs et aux investisseurs concernés par ces productions. Nous avons traité à plusieurs endroits du livre cette question du développement de l'entrepreneuriat, nous n'y revenons pas ici, sauf sur un point non encore traité, celui des sociétés étrangères qui exportent au Sénégal.

Nous suggérons de les démarcher en leur proposant de ne plus seulement se contenter de vendre, mais de fabriquer désormais sur place. Nous rentrerons en relations opérationnelles avec elles en leur faisant notamment valoir que le Sénégal a vocation à devenir une plateforme d'exportation vers la sous-région, pour examiner à quelles conditions ces implantations seraient envisageables, en faisant savoir à la cantonade que ces démarches s'adressent sans exclusive à de nombreuses entreprises, et que bien entendu, le jour où l'une d'entre elles fabriquera sur place, nous entendons la protéger par tous les moyens adaptés.

Ce sera là au passage l'occasion d'enrichir nos ambassades d'une mission de prospection économique, non pas à l'aveugle, mais sur la base du plan des priorités sectorielles établies par le ministère de l'Économie comme indiqué ci-dessus. Dans le même état d'esprit, nous proposerons à nos partenaires de la coopération d'ajouter à la panoplie des actions existantes des aides à l'implantation pour leurs entreprises, comme par exemple les dispositifs d'assurances risques qui existent pour l'exportation, une « assurance-risque implantation ».

Samir Amin, la bourgeoisie comprador et les réalités du Sénégal

Le brillant économiste Samir Amin, qui a terminé sa carrière à l'UCAD, a mis à jour les transferts de valeur entre les pays dominés et les pays « impérialistes », et a relevé en particulier que les écarts de salaires entre la classe ouvrière des pays du Nord et celle du Sud ne correspondaient pas aux écarts de productivité entre les deux zones, bref que non seulement les capitalistes, mais aussi les classes populaires du Nord vivaient en partie, grâce à ces transferts de valeur, sur le dos des pauvres du Sud. Il y a là du vrai, sauf que.

Nul doute que le niveau de vie de l'Occident a tenu en partie (et tient encore), à l'accès à des produits agricoles ou miniers achetés en dessous de ce qu'ils auraient dû coûter si les ouvriers de ces secteurs avaient été payés correctement. De la même façon, le Nord a profité de « l'atelier chinois », où « indien », à la fois au travers des profits des firmes qui y ont délocalisé leurs productions et de produits de consommation à bas coûts. Mais ce système ne dure que tant que le pays dominé se prête au jeu. Lorsqu'il décide de reprendre son destin en main, les déséquilibres sont rectifiés. Les deux meilleurs exemples en sont les producteurs de pétrole et de gaz du Golfe et la Chine qui sont passés de dominés à dominants, parce qu'ils ont su mettre en place, patiemment, les éléments de leur autonomie.

La bourgeoisie comprador

Telle n'est pas du tout la situation du Sénégal, qui aurait bien besoin au contraire que des firmes du Nord ou d'ailleurs s'y implantent pour offrir des emplois, des revenus et des occasions d'acquérir des savoir-faire industriels.

Au Sénégal, aucune entreprise manufacturière du Nord ou chinoise ou turque ne fait travailler une main-d'œuvre locale, même mal payée ! C'est tout le problème.

Au contraire s'est mise en place une « bourgeoisie comprador », cette classe qui vit de ce qu'on appelle l'économie portuaire, c'est-à-dire du commerce d'import-export et des taxes afférentes.

La bourgeoisie comprador, dénoncée tant par Mao que par les marxistes sud-américains aux siècles précédents, du temps des comptoirs, vit en effet du commerce avec l'extérieur et de ses taxes et ne cherche pas à développer l'économie de production locale, car sa « rente portuaire » tient justement à son absence.

Ainsi, au Sénégal, tout le monde sait que c'est « au Port qu'on s'enrichit », que s'enrichissent importateurs et transitaires, mais ce qu'on ne sait peut-être pas assez, c'est que l'État lui-même vit des taxes portuaires qui représentent plus de la moitié des impôts indirects, lesquels constituent la majorité des rentrées fiscales.

Cette dépendance culturelle à l'égard « du Port » est telle que, dans un document gouvernemental, on met en garde sur le fait que l'arrivée du pétrole national pour alimenter les centrales thermiques du pays va entraîner un arrêt des importations actuelles de pétrole et donc se traduire par la chute des rentrées fiscales qui y sont attachées, une baisse des taxes encaissées par ce qu'on appelle le cordon douanier. (À condition bien entendu que ce pétrole national soit d'abord raffiné sur place.)

Mais ce cordon douanier soutient l'État et le pays comme la corde le pendu ! On s'enrichit en produisant, pas en important !

14.3 La monnaie : franc CFA, finissons-en !

« Une monnaie efficace est la condition de la liberté humaine. Croyez-moi, aujourd'hui comme hier, le sort de l'homme se joue sur la monnaie. »

Jacques Rueff, conseiller du général De Gaulle.

Il faut en terminer avec le franc CFA, la cause est entendue. Mais au fait, pourquoi ce n'est pas encore fait ? Parce qu'il faut savoir par quoi le remplacer. Et là, comme toujours, si défaire est facile, faire est plus compliqué, car si on sait ce qu'on perd, on n'est jamais sûr de ce qu'on va gagner.

14.3.1 Quelques canards

Commençons, pour partir sur de bonnes bases, par tordre le cou à quelques canards, en sachant par avance que c'est un exercice vain, aussi vain que d'essayer de persuader un Trumpiste que son candidat a bien perdu les élections en 2019.

Le plus joli bobard est celui qui est asséné à longueur de tweets selon lequel la France gagnerait de l'argent avec les réserves de devises déposées par les États membres de la zone sur un compte du Trésor français. Il est facile de vérifier que c'est l'inverse : ces dépôts sont rémunérés et c'est au contraire la France qui a versé les intérêts de ces placements aux dits États, pour 63 milliards de francs CFA en 2019. Mieux, au cas où l'euro se dévaluerait, les pertes de change sur ces réserves seraient compensées comme prévu dans les accords entre les États.

Deuxième canard, les sommes déposées seraient bloquées. Il n'en est rien, elles sont libres d'accès. La preuve en est d'ailleurs que les États africains déposent plus sur ces comptes que les 50 % prévus par les textes des accords.

Pourquoi ces dépôts ? C'est la contrepartie du fait qu'en échange, la France garantit un droit de tirage en euros illimités aux États africains, une garantie de convertibilité illimitée et inconditionnelle des francs CFA en euros. Ça veut dire concrètement qu'en cas d'épuisement de leurs réserves de change, les trois banques centrales impliquées dans le franc CFA (Afrique de l'Ouest, du Centre et Comores) peuvent se procurer des euros auprès de la Banque de France.

Autre canard, cet argent déposé sur ce compte en France empêcherait d'acheter les machines dont les pays africains ont besoin pour s'industrialiser. En Afrique, l'argent disponible pour le crédit aux entreprises ne manque pas, car les banques africaines sont, comme on dit, très liquides. Si elles ne prêtent pas, c'est parce qu'elles n'ont pas confiance dans les dossiers qu'on leur présente, comme on a pu le lire dans notre chapitre 8. Et on ne saurait leur reprocher cette prudence compte tenu des déboires qu'elles ont connus.

Nous montrons dans ce livre que ce qui manque, ce n'est pas l'argent, mais les entrepreneurs, des investisseurs ayant confiance dans le pays, de la main-d'œuvre qualifiée, etc.

On laisse entendre aussi que les États seraient comme prisonniers dans la zone du franc CFA. Il n'en est bien sûr rien, chacun peut en sortir librement sans aucune pénalité de quelque sorte que ce soit. Le Mali l'a quitté puis y est revenu. La Mauritanie l'a quitté, la Guinée-Bissau y est entrée.

Dernier canard, la France se servirait du frs CFA pour faire prospérer son business dans la zone. La preuve que non est que ses parts de marché reculent au profit de la Chine, de la Turquie ou de l'Inde qui n'ont pourtant rien à voir avec le frs CFA. Ce qui montre bien que ce qui fait le succès d'un pays sur un marché ouvert comme l'est l'Afrique aujourd'hui, c'est la qualité de son offre, le dynamisme de ses entreprises et pas le nom de la monnaie.

Enfin un caneton. Les 3 banques de la zone du franc CFA peuvent faire fabriquer les billets où elles veulent. S'ils sont fabriqués en France, c'est un choix purement commercial et non on ne sait quelle main mise.

14.3.2 La monnaie pour les nuls

Avant d'en venir aux hypothèses de l'après-franc CFA, rappelons que la monnaie est une marchandise spéciale certes, mais une marchandise tout de même. Si elle est très demandée, sa valeur va progresser, et inversement. Quand un pays a un commerce extérieur très déficitaire, personne n'a besoin de sa monnaie pour acheter ce qu'il ne produit pas, sa monnaie s'effondre, les exemples ne manquent pas.

Et si sa monnaie s'effondre, toutes ses importations, elles, se renchérissent, sa dette libellée en devises étrangères explose, et même sa monnaie est rejetée, le peuple courant après d'autres billets, des dollars, des euros ou….. des francs CFA, ce qui est le cas fréquemment dans les pays de la sous-région qui ne l'ont pas : en Guinée Conakry, dès qu'un commerçant comprend que vous n'êtes pas du coin, il vous demande si vous pouvez payer en francs CFA.

De la même façon, si un État en faillite ne pouvant plus payer ses fonctionnaires fabrique des billets, il y aura plus de billets en circulation que nécessaire au bon fonctionnement de l'économie, les prix vont flamber, la monnaie se déprécier, chacun n'ayant alors plus qu'un but, sauver les meubles. C'est ainsi que chez nos voisins de Conakry une pizza coûte 140.000 frs guinéens. La planche à billets a tourné !

Tout l'art de la banque centrale d'un pays, c'est de mettre en circulation, via les crédits accordés par les banques commerciales, la monnaie juste nécessaire aux échanges et à l'investissement. Pas assez de monnaie et l'économie est bloquée, elle déprime, trop c'est l'inflation. La situation au Nigeria est éloquente. Après avoir, par laxisme, mis en circulation trop de « billets », de crédits, et fabriquer une forte inflation, la Banque centrale a brusquement coupé le robinet, déclenchant des bagarres pour… retirer des billets !

Accordons au franc CFA au moins ce mérite, l'inflation a été jugulée, et ce, malgré des difficultés économiques et des crises politiques nombreuses. Et ce n'est pas là qu'une satisfaction macroéconomique.

Quand un chauffeur de taxi guinéen qui exerce à Dakar a gagné dans sa journée, 10.000 frs CFA, il en connaît la valeur : il a en main une monnaie stable et échangeable. Quand son frère de Conakry à gagner 140.000 frs guinéens, l'équivalent de nos 10.000 frs sénégalais, il sait que s'il les garde 48 H en main avant d'acheter un bien ou un service quelconque, leur valeur aura fondu comme neige au soleil, et que bien entendu il ne peut les échanger contre aucune autre monnaie. Qui veut des francs guinéens ?

Entre 2005 et 2020, les prix en Guinée ont été multipliés par 10, soit 1000 %. Ce qui valait 100 frs en coûte 1000.

14.3.3 La transition

Inutile d'épiloguer donc sur le fait que la France doit sortir de la gestion actuelle du francs CFA, ce qu'elle aurait dû faire depuis longtemps, revenant à des relations avec les pays de la zone ne laissant place à aucune ambiguïté.

En attendant que les États concernés reprennent totalement la main, via une nouvelle monnaie africaine, la moindre des choses est : 1) Que le nom soit enfin changé ; 2) Que les dépôts ne soient plus positionnés à Paris, mais à la BCEAO à Dakar et à la BEAC à Yaoundé ; 3) que les accords organisant la parité avec l'euro et la garantie de tirage en euros soient transférés de la France à l'Union européenne ; 4) qu'en contrepartie de la garantie de change, ce soient des fonctionnaires de la Banque centrale européenne qui soient les interlocuteurs des Banques africaines et plus des techniciens français.

14.3.4 La suite

Les polémiques inutiles étant purgées, il reste à construire l'avenir, regardons les questions qui se posent désormais. Il y a deux questions de fond.

14.3.4.1 Quelle valeur ?

Sa valeur, son niveau, c'est-à-dire son taux de change par rapport aux autres monnaies. Le fait de le calculer par rapport à un « panier de monnaie », comme on l'entend répéter, et non plus par rapport à un taux fixe ancré sur l'euro, veut dire en réalité que cette monnaie va flotter, qu'elle ne bénéficiera plus de la stabilité de l'euro qui lui ne flotte que bien peu.

Ledit panier, qui est brandi comme le nouveau mantra, ne servira en effet que le jour du lancement de la monnaie. Dès le lendemain, c'est cette nouvelle monnaie et elle seule qui devra faire ses preuves de crédibilité, crédibilité qui dépendra des fondamentaux de l'économie : PIB, balance des paiements, déficits budgétaires, dettes, climat social, politique, sécuritaire, etc., car ledit panier n'offrira aucune garantie puisqu'il n'existe pas de banque centrale qui gère un panier de monnaies avec qui il serait possible de contracter un accord de type

FCFA/euros. Ce sera la loi du seul marché. La nouvelle monnaie ne sera appréciée ou dépréciée qu'en fonction des réalités économiques de la nouvelle zone et de la confiance qu'elle suscite.

Il sera certes possible à la future banque centrale qui gérera l'éco de le défendre, de maintenir son taux de change par rapport au panier, mais défendre cela veut dire acheter les Ecos « en trop » sur le marché pour maintenir sa parité. Avec quoi les acheter ? Avec ses propres réserves de devises. On connaît les débats dans toutes les banques centrales entre ceux qui veulent défendre leur monnaie au prix d'un assèchement de leurs propres réserves de devises et ceux qui veulent la laisser filer. Comment trancher si la gouvernance n'est pas homogène ?

14.3.4.2 La gouvernance

Il y faudra donc une gouvernance rigoureuse et cohérente. Qui doit participer au tour de table ? Jusqu'ici, le Nigeria, géant africain, et le Ghana, membres éminents de la CEDEOA, communauté économique de l'Afrique de l'Ouest, ne font pas partie de la zone franc CFA. La mise en place d'une nouvelle monnaie unique peut difficilement s'imaginer sans ces deux pays dont on voit bien l'ambition, notamment du colosse nigérian qui, au nom de son PIB, qui est le double de la somme de tous ceux des autres pays de la zone, veut piloter l'affaire. Les autres pays sont-ils d'accord ? Sûrement pas.

Lorsque l'euro a été mis en place, les Allemands qui avaient une confiance limitée dans les pays du sud de l'Europe, qu'ils appellent « pays-club-Med », car spécialistes des déficits et des dévaluations régulières de leurs monnaies nationales, ont exigé, avant de sacrifier le puissant Deutch Mark, puissant de leur travail, que la banque centrale européenne soit indépendante, que sa mission première soit la lutte contre l'inflation, c'est-à-dire contre la facilité monétaire, et que le niveau de départ soit élevé, calé sur l'ex-Deutch Mark. Voilà pourquoi malgré quelques soucis, l'euro a été globalement une réussite.

Rappelons-le, c'est le fil rouge du livre, si la France n'exporte pas autant de voitures que les Allemands, ce n'est pas la faute à l'euro comme les mêmes démagogues le disent dans l'hexagone, mais parce que les Mercedes, les Audi et les BMW sont fabriquées par les Allemands.

De même, si la Guinée Conakry n'exporte pas ses ananas de Cindya, c'est parce qu'elle n'a pas la logistique pour le faire, et inversement si la Côte d'Ivoire exporte les siens dans le monde entier, c'est parce qu'elle a mis en place cette logistique, et que manifestement le franc

CFA ne l'a pas pénalisée. Croyez-vous une seconde que la SONACOS exportera un litre d'huile d'arachide de plus avec une monnaie dévaluée si par ailleurs rien n'est changé comme vous venez de le lire ?

La nouvelle banque centrale devra donc conduire et mettre en œuvre la politique monétaire et la politique de change, gérer les réserves officielles de change des États membres, superviser les établissements de crédit, veiller à la stabilité des systèmes bancaire et financier, disposer du privilège exclusif d'émettre de la monnaie sur le territoire des États parties.

Sans une entente politique de haut niveau, remplir convenablement ces tâches est mission impossible, surtout si les bases économiques et donc les intérêts objectifs des pays divergent.

Non seulement ce n'est pas la monnaie qui fait l'économie, mais l'inverse, mais de plus les questions politiques et culturelles jouent un rôle de premier plan dans sa valeur. Sa valeur sur les marchés est la mesure de la crédibilité d'un pays ou d'un groupe de pays aux yeux du monde. À manier donc avec précaution, gare aux faux prophètes ! Demandez aux Vénézuéliens : 240 % d'inflation par an, pays qui a les plus grandes réserves de pétrole et de gaz du Monde !

Les pourfendeurs du frs CFA, qui ont raison quant au nom et au mode de gouvernance, devraient peut-être, pour réfléchir aux qualités auxquelles devrait répondre son remplaçant, commencer par interroger le peuple sénégalais, celui qui gagne difficilement chacun de ces francs. Ils seraient alors surpris de voir à quel point cette détestation n'est pas vraiment partagée. C'est bon, une monnaie solide, quand on n'en a pas beaucoup dans son portefeuille.

Adieu au franc CFA donc (et merci à lui tout de même) et vive l'éco !

Une occasion ratée

Au milieu des années 90, quand le passage à l'euro se préparait, il aurait été malin d'organiser la sortie du franc CFA vers l'euro, en passant du Trésor français à l'Union européenne. C'était l'occasion d'en finir avec ces relents de monnaie coloniale, et en tout état de cause de mettre un terme à cette incongruité consistant à maintenir le rattachement nominal à une monnaie, le franc, qui disparaissait. Cela n'a pas été fait. Pusillanimité côté africain ? Stratégie d'influence surannée côté français ? Le problème reste entier.

Bis repetita

Monsieur Nubukpo a comme leitmotiv les « biens communs », on l'a vu, et comme idée fixe, le Franc CFA, qu'il voue aux gémonies. Selon lui, il favoriserait, du fait de son accrochage à l'Euro, de sa convertibilité totale, par une sorte « d'incitation perverse », une économie tournée vers l'extérieur, « extravertie » dit-il, au détriment de flux tournés vers l'intérieur. Et de citer le ratio crédits/PIB, de 30% dans la zone CFA, de 100% dans la zone euro, et de 300% aux USA.

Pourtant s'il y a une monnaie extravertie, c'est bien le Dollar, ce qui n'empêche pas les capitaux d'inonder l'Amérique. Pourquoi ? Si la bourse de New-York flambe, c'est parce que les opportunités d'investissements aux États-Unis sont gigantesques et en renouvellement permanent, grâce à toutes les suretés du pays et surtout grâce à ses entreprises parmi les plus performantes au monde, dans l'industrie comme dans les services. On mesure cette capacité de renouvellement, et l'engouement qu'il suscite du côté des capitaux, avec la nouvelle frontière de l'Intelligence artificielle, après celle de l'Internet.

A contrario, c'est le manque d'opportunités d'investissements rentables en Afrique, hors secteurs miniers, qui fait que les bourses africaines sont atones et les banques peu sollicitées.

Le jour où les pays de la CDEAO comporteront des milliers d'entrepreneurs à la recherche de capitaux pour des activités rémunératrices, nul doute que ces capitaux afflueront dans les bourses du continent et que les banques seront plus prêtreuses. Il ne faut pas confondre la cause, le manque d'entrepreneurs, et l'effet, le peu d'engouement des capitaux pour l'Afrique, en inversant les rôles.

Le franc CFA, qu'il faut changer, répétons-le, n'est vraiment pour rien dans la faible émission d'actions et d'obligation d'entreprises attractives sur les marchés financiers de la zone UEMOA.

La monnaie : un maniement précautionneux - New

L'année 2024 aura vu deux monnaies des pays de la CEDEAO s'effondrer : le Naira Nigérian, moins 40% en un an, et le Cedi ghanéen, moins 30%. De quoi faire réfléchir. La monnaie doit se manier avec autant de délicatesse qu'une caisse de bâtons de dynamite, sous peine de tout faire sauter. C'est bien ce qu'a retenu le gouvernement, qui sans abandonner l'objectif indiscutable d'en finir le plus rapidement possible avec le Frs CFA, aborde le sujet avec beaucoup de retenue.

Ainsi le Premier Ministre déclare-il devant l'Assemblée Nationale le 27 décembre 2024 : « Notre gouvernement a eu des échanges avec la BCEAO sur l'état et les perspectives de mise en œuvre de la réforme du francs CFA ».

Machiavel disait : « Un homme d'Etat doit avoir deux qualités, la prudence et l'imprudence ». Disons l'audace et la prudence.

Approche stratégique confirmée lors d'une interview à la télévision burkinabaise, le 18 mai 2025, au cours de laquelle le PM déclare vouloir mettre l'instrument qu'est la politique monétaire au service d'une double ambition, d'une part renforcer l'intégration des économies de l'Afrique de l'Ouest dans un vaste marché unifié, et d'autre part, conforter l'économie réelle, grâce à un niveau de change avec les autres monnaies plus adéquat que l'actuel alignement sur l'euro, qui permettrait de promouvoir les exportations et de contenir les importations.

La monnaie est en effet un instrument, qui ne craie aucune richesse par elle-même, qui sert à mesurer la valeur des biens et des services produits par le travail au travers de leurs prix, à faciliter leur circulation au travers des marchés, à conserver ses économies au travers de l'épargne et, qui joue en effet un rôle important dans le commerce extérieur d'un pays au travers de son taux de change.

On sait de surcroit, comme l'a montré l'économiste Robert Mundell, que lorsqu'une zone monétaire, qui pratique la libre circulation des capitaux, baisse ses taux d'intérêt pour stimuler son économie, elle prend le risque de faire fuir lesdits capitaux vers des places plus rémunératrice et voir alors sa monnaie se déprécier. Inversement si elle maintien des taux élevés pour attirer ces capitaux elle risque de gêner la dynamique de son économie.

La monnaie, Achille et le triangle des Bermudes...... New

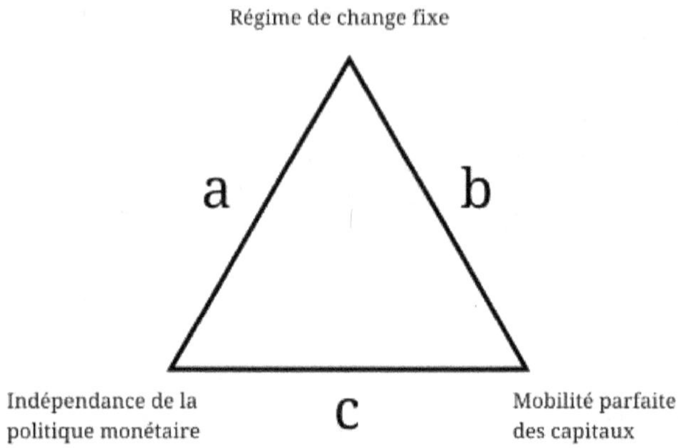

Robert Mundell a résumé l'affaire dans un triangle : on ne peut pas avoir les 3 pointes en même temps. Si un pays veut l'indépendance de sa politique monétaire, c'est-à-dire fixer le taux d'intérêt directeur (pour gérer l'économie réelle), et laisser les capitaux circuler librement (pour attirer les capitaux étrangers), il doit accepter que sa monnaie flotte. Ce flottement, devenu universel depuis la suppression de l'étalon or, sera le cas de la future monnaie. Il faudra donc une économie réelle solide, notamment une balance commerciale équilibrée, pour que ces fluctuations ne la tirent pas trop vers le bas.

L'entrelacs monétaire

Bref, en sus des donnés de l'économie réelle, que mesure la balance commerciale, dont les excédents ou les déficits éventuels valorisent ou dévalorisent sa propre devise, s'ajoutent des mécanismes proprement financiers. La monnaie est un instrument avec lequel on est loin de faire ce qu'on veut, tellement elle est prise dans un entrelac de facteurs économiques et financiers complexes.

Comme tout instrument, il faut donc en effet l'adapter aux objectifs qu'on poursuit, étant entendu que la première vertu de la

monnaie doit être in fine sa stabilité dans la durée, pour éviter l'inflation, protéger les épargnants et rassurer les investisseurs, ce qui passe toujours, au-delà de la nécessaire solidité des fondamentaux de son économie, par l'indépendance de l'organisme en charge de l'émettre. Comme le dit notre préfacier Jean-Marc Daniel, politique budgétaire + politique monétaire = politique de change.

On le voit, naviguer au milieu tous les écueils qui se dressent autour de la monnaie n'est pas affaire facile. Si on ne fait pas preuve de la même agilité qu'Achille, le pays peut aller de Charybde en Scylla, monstres marins du détroit de Messine, et sa monnaie finir au fond des abysses du triangle……. des Bermudes.

15

LA DÉMOGRAPHIE ET LE CASSE-TÊTE DES RETRAITES

« Le prince ne doit pas craindre de n'avoir pas une population nombreuse, mais de ne pas avoir une juste répartition des biens. »

Confucius

15.1 Atouts et handicaps

Pendant longtemps, les économistes ont considéré qu'il y avait une corrélation entre vitalité démographique et vitalité économique. La jeunesse d'un pays était synonyme de consommation, de productivité, d'inventivité et donc de croissance. Ce fut vrai. Les réalités contemporaines pourraient nous conduire à nuancer ce jugement. Voici deux pays vieillissants, l'Allemagne et le Japon, qui n'ont toujours rien perdu de leur capacité d'innovation et de leur prospérité. Alors que combien d'autres à la démographie galopante ne s'en sortent pas ?

Une jeunesse formée est sans aucun doute un gage de prospérité pour l'avenir. Mais quel avenir pour un pays qui n'arrivant à former sa jeunesse produit des cohortes de jeunes gens sans formation et chômeurs éternels ? 45 % des Sénégalais ont moins de 15 ans, c'est une chance si on les forme, un handicap si ce n'est pas le cas.

La population du Sénégal va inéluctablement doubler dans les 20 ans qui viennent, avec un taux de fécondité qui ne baisse que lentement puisqu'il encore de 4,65 enfants par femme en 2018.

En 2021, la génération de 50 ans compte 100.000 citoyens. Celle qui à 30 ans, 245.000, celle qui a 20 ans, 327.000, et celle qui vient de naître, plus de…500.000.

C'est un sacré défi pour le pays en termes d'alimentation, d'éducation, de logements et d'emploi.

Pour le logement, on voit bien que l'enjeu n'est pas seulement de construire des logements sur la presqu'île du Cap-Vert, qui est saturée, mais de mieux répartir la population sur le territoire par le développement de toutes les régions.

Pour l'emploi, développer l'industrie manufacturière, qui a besoin de main-d'œuvre, et aussi une agriculture de qualité, consommant moins de produits chimiques, mais plus de travail manuel, pour freiner l'exode rural et fixer dans la ruralité une population qui doit pouvoir y trouver confort et raison d'y vivre.

Le challenge alimentaire est lui aussi considérable compte tenu des difficultés chroniques de l'agriculture. Face à cette croissance exponentielle des bouches à nourrir, il faut sans aucun doute débloquer sans attendre ce secteur par les réformes structurelles que nous avons suggérées.

Le défi le plus grand est bien sûr celui de l'éducation, éducation de base et formation professionnelle.

À notre sens, la principale destination de la manne pétrolière devrait être consacrée à l'absorption du choc éducatif qui arrive afin de ne pas sacrifier plusieurs générations et d'hypothéquer lourdement l'avenir du pays.

L'émergence peut s'appuyer sur le dynamisme de la jeunesse du pays pour réussir, à condition de l'inclure dans les progrès du pays par l'éducation, le logement et le travail. Une masse de jeunes marginalisés, en « carafe », constituerait une aubaine pour les démagogues, les populistes et pourraient mettre en danger la démocratie même. Le monde en regorge d'exemples.

Démographie et démocratie ont été souvent liées dans l'histoire. Quand la première n'est pas maîtrisée, la deuxième est menacée.

15.2 Le Sénégal, pays d'immigration, confronté à son attractivité

Les néandertaliens et homo sapiens arrivés en Europe étaient des migrants qui se sont mélangés pour faire des Européens des métis originels.

Edgar Morin

Les migrations sont l'histoire même de l'humanité. Comme Janus, elles ont une double face. Ayant presque toujours un drame pour origine, elles offrent souvent des perspectives plus heureuses à ceux qui prennent le chemin de l'exil, et elles bénéficient le plus fréquemment au pays d'accueil. Mais pas toujours, loin s'en faut.

Les Européens pauvres et opprimés, voire pourchassés comme les Arméniens et les juifs, qui ont peuplé l'Amérique du 18ème au 20ème siècle, ont trouvé de l'autre côté de l'Atlantique les moyens de refaire leur vie de manière satisfaisante, et ont offert à l'Amérique sa puissance d'aujourd'hui. Mais ce fut hélas au détriment de ces pauvres Amérindiens, spoliés et décimés.

Les Afro-Américains, dont les parents ont été déplacés de force dans la traite transatlantique, ont fini par y trouver leur place, mais après combien de siècles de souffrance et de luttes ?

L'immigration intra-européenne a permis aux Espagnols, aux Italiens, aux Portugais fuyant les dictatures de Franco, de Mussolini et de Salazar de trouver un pays d'accueil où vivre en liberté. L'immigration vers l'Europe a permis aux Kurdes, et avant eux aux Arméniens, de trouver un asile, et à de nombreux Turcs ou Africains de trouver du travail, de s'y installer avec leur famille et de commencer une nouvelle vie sous l'égide d'une double culture.

Les pays d'accueil ont largement bénéficié et continuent de bénéficier de cet apport de force de travail et de sang neuf. L'industrie, le bâtiment, les travaux publics l'agriculture de la quasi-totalité des pays européens ont fonctionné depuis un siècle et continuent de fonctionner largement avec une immigration récente. Ce sont même de plus en plus souvent des emplois hautement qualifiés qui sont exercés par des immigrés de fraîche date, comme en médecine, avec des médecins d'origine africaine, au détriment alors de leur pays d'origine.

Et puis, il y a bien sûr des difficultés lorsqu'arrivent des flux qui sont sources de tensions politiques, sociologiques et économiques, flux qui alors non désirés, repoussés, donnent lieu à des drames, comme ceux des noyades en mer.

Un phénomène au double visage, qui comporte de nombreux aspects positifs, mais aussi beaucoup de souffrances.

Si le Sénégal est connu pour être un pays d'émigration, on ne sait pas assez qu'il est en même temps un pays d'immigration. Comment s'en étonner ?

Il est un pays de paix, de liberté, à la croissance régulière, avec des services de santé qui fonctionnent, des universités réputées et, qui plus est, dont le slogan national, la Teranga, est celui de l'accueil, alors qu'il est entouré de pays en crise économique, rongés par des conflits intracommunautaires ou carrément en guerre, ou dirigés par des militaires peu préoccupés des libertés publiques.

Alors, si des pays riches peuvent connaître des tensions face à l'immigration, comment n'en serait-il pas de même au Sénégal dont les difficultés sont nombreuses même s'il va bien mieux que la plupart de ses voisins ?

Petit pays dans un vaste continent, il y a manifestement une disproportion entre les populations africaines à la recherche d'une terre d'asile et ses capacités physiques et économiques d'accueil.

La Guinée Conakry, voisine, en crise économique et politique permanente, fournit à elle seule près de la moitié de l'immigration. Guinéens, plus de deux millions au Sénégal, qu'on retrouve massivement dans le commerce où les taxis. Viennent ensuite les Maliens, les Gambiens et les citoyens de Guinée-Bissau. Soyons lucides, cette pression externe n'en est qu'à ses débuts avec l'explosion démographique du Nigeria et ses bientôt 300 millions d'habitants, les conflits qui se multiplient dans le voisinage ou encore la crise climatique.

Cette immigration est problématique à plus d'un titre. D'abord, il est clair qu'elle est définitive comme le déclare plus des 2/3 d'entre eux et qu'elle va donc accélérer la croissance démographique du pays déjà forte.

Elle est composée principalement de gens peu qualifiés qui vont s'installer dans l'informel pour les ¾ et pour moitié dans le commerce. Or, si l'Europe a besoin de sang neuf face à une démographie en berne et des emplois à pourvoir, il n'en est pas de même au Sénégal, pays ultra jeune et au chômage massif. Du coup, une compétition entre locaux et immigrés est inévitable, ce qui tire mécaniquement les salaires et les revenus vers le bas.

De plus, ces immigrés s'installent massivement à Dakar, car c'est dans les mégapoles qu'on a souvent de la famille déjà en place, qu'on trouve les petits boulots et qu'on se fond dans la masse. Notons que c'est là un phénomène universel, les immigrés n'aiment pas aller à la campagne qui, moins cosmopolite par définition, est moins accueillante.

De ce fait, Dakar, qui n'en peut mais déjà de sa migration intérieure, voit la surpopulation de son étroit territoire aggravée par l'immigration étrangère.

La Teranga n'est pas un vain mot et jusqu'ici, les Sénégalais, et les Dakarois en particulier, ont fait preuve de beaucoup de générosité à l'égard de leurs frères africains. Mais on commence à entendre une petite musique moins chaleureuse à l'égard de ces étrangers désormais visibles, y compris sur les trottoirs, et qu'on accuse de nombreux maux, d'être source d'insécurité et de prendre le travail aux nationaux. Bref, c'est désormais un sujet, complexe, délicat où se mêlent les accords de libre circulation, la culture panafricaine et les réalités de la vie quotidienne.

C'était un non-sujet, cela le devient.

15.3 Le casse-tête des Retraites, la leçon africaine

> *« Le jour où l'on ouvrira la première maison de retraite au Maroc, notre société sera en voie de disparition ».*
>
> Hassan II

La retraite comporte deux phases distinctes aux problématiques sensiblement différentes. Il y a la première phase, de pleine autonomie, puis celle inéluctable du grand âge et de ses dépendances, de plus en plus longue, complexe et onéreuse.

Il faut avoir visité un EHPAD, Établissement d'hébergement pour personnes âgées dépendantes, en France ou ailleurs, pour prendre conscience que le dossier des retraites n'est pas d'abord une question d'équilibre budgétaire d'une caisse, mais une problématique de civilisation.

Il fut un temps où les maisons de retraite, qu'on appelait hospices, ne concernaient que les personnes âgées qui étaient esseulées, en général des indigents, puis ce fut le tour de celles dont on se débarrassait avec mauvaise conscience, comme le montre si cruellement Ettore Scola dans un des sketchs du célèbre film les « Nouveaux monstres ».

En effet, il n'y a pas si longtemps, le sort commun et millénaire était de vieillir et de mourir à la maison, pris en charge par la famille et le médecin du village ou du quartier.

En peu de temps, une césure culturelle peut-être sans précédent s'est produite, rejetant la vieillesse hors des murs, comme dans les fossés qui bordaient les fortifications des villes, dans un véritable no man's land institutionnalisé.

Tous les motifs factuels évoqués, urbanisation, rétrécissement des logements, travail des deux adultes du couple, ne sont, tout le monde le sait, que des arguties. Car, que ce soit dans des EHPAD mouroirs ou dans les résidences luxueuses de Floride, le principe est le même, celui de la ségrégation, de l'éloignement du grand âge, de la mort, niés au nom d'un culte pathétique d'une éternelle jeunesse.

Le tour de force, c'est celui du véritable blanchiment de cette relégation, via un habituel tour de passe-passe sémantique, par l'utilisation d'un euphémisme, celui du « cinquième risque » ou de la « prestation autonomie ». Ce qui était négatif, voire indigne, devient positif par la magie des mots et par son inscription dans ce qui constitue l'alpha et l'oméga de la solidarité moderne, de la civilisation humaine contemporaine, la sécurité sociale.

La sécurité sociale lave plus blanc, transformant un acte peu glorieux en progrès social.

L'Afrique, où les vieux sont « gardés à la maison », non pas parce que les « établissements d'accueil » n'existent pas, mais au titre d'une approche de la vie qui ne stigmatise aucune étape, n'est pas ici en retard sur l'Occident, mais au contraire en avance, son attitude étant comme une critique vivante et humaniste de la façon dont la question est traitée dans les « sociétés avancées ».

Au Sénégal, la famille n'est pas une catégorie de prestations composée d'ayants droit, mais une solidarité vivante et exigeante.

Comment sont alors traitées les questions de retraite, du revenu de remplacement, qui bien entendu se posent même si ce n'est pas avec la même acuité compte tenu de la force, de la résistance de ce cadre familial ?

Il y a deux cas de figure, étrangers l'un à l'autre. Pour les salariés du secteur formel, on retrouve comme partout les mêmes questions : capitalisation et/ou répartition, taux de remplacement, ouverture des droits, âge de départ, montant des cotisations, etc., et in fine l'équilibre du système.

Cette situation concerne les 6 % de salariés qui sont dans le formel pour lesquels l'État sénégalais a mis en place une structure ad hoc, l'IPRES, qui remplit cette mission de caisse de retraite. Puis, il y a les 94 % qui sont hors-jeu institutionnel et collectif, sans bulletin de salaire, sans immatriculation, sans sécurité sociale, sans compte bancaire, etc., et bien entendu avec des revenus très faibles.

Pour eux, l'État ne devrait-il pas créer un fonds par capitalisation spécial, tel que ces populations, tout en restant prises en charge pour l'essentiel par la famille, c'est là le principe de base, puissent tout de même bénéficier d'un système de remplacement de leurs revenus d'activité ?

Sans mesure spécifique, la viabilité d'un tel fonds se heurterait à une épargne disponible faible, au fait que le gain par rapport à une épargne de précaution personnelle ne serait pas suffisamment perceptible, auquel il faudrait ajouter la défiance à l'égard de l'État et de sa gestion des deniers collectifs.

C'est pourquoi il faudrait, à notre avis, que ce dispositif pour le secteur informel, qui ne peut être qu'un fonds par capitalisation, car il ne saurait y avoir ici un système par répartition, présente deux caractéristiques fortes, en plus naturellement de la rigueur et de la transparence de sa gestion.

1) Que les placements de ce fonds contribuent effectivement à des actions de développement du Sénégal identifiables aux yeux des cotisants, qui auraient alors le sentiment d'épargner non seulement pour une pension de retraite, mais aussi de contribuer à l'émergence, et ainsi de faire preuve de solidarité à l'égard des générations futures. Une amorce de fonds de pension national.

2) Que la rente ou le capital versé comporte une bonification significative par rapport à une épargne individuelle, qui pourrait être financée par quelques fractions de points de TVA, là aussi clairement identifiés et orientés, faisant ainsi contribuer les plus gros consommateurs à la retraite des plus faibles, en sus naturellement des revenus que ces fonds de pension tireraient de leurs placements judicieux.

Nous ne saurions trop insister sur la transparence, condition sine qua non de son éventuel succès, qui suppose en tout été de cause un mode de gestion paritaire.

16

LA FOIRE AUX INDICES ET AUX GÉNÉRALITÉS

« Dans toute statistique, l'inexactitude du nombre est compensée par la précision des décimales. »
Alfred Sauvy

16.1. Des classements inutiles

C'est la mode, il faut classer, et comme il est difficile d'additionner les choux et les navets, la solution, ce sont les indices synthétiques. Le principe même d'un indice synthétique est-il pertinent ? Les compétitions de sports de combat sont organisées par catégorie selon le poids. On ne compare pas un poids lourd et un poids léger, il n'y a pas d'indice synthétique comprenant le style, la combativité ou l'esprit sportif qui permettrait de classer dans le même tableau les plus de 100 kg et les moins de 50. Pourtant, ils participent aux mêmes épreuves organisées pour tous selon les mêmes règles.

Ce qui veut dire qu'on peut participer à la mondialisation sans nécessairement passer sous une toise qui n'est pas la nôtre. C'est là notre première source de perplexité. Faut-il enfermer notre pays dans un concept qui ne nous dit rien d'utile sinon ce que nous savons déjà, à savoir que nous avons beaucoup de retard ?

Car s'il y a indice unique, c'est qu'il y a un référentiel universel. Or, est-il sensé de prendre les mêmes références que celles des pays qui ont cent ans de découvertes scientifiques et d'innovations pour comprendre ce qui fait défaut chez nous ? N'est-ce pas faire preuve d'anachronisme ? Soyons pour une fois un peu excessif, une sorte de dictature de la pensée unique via un indice unique.

Notre pays est confronté à deux difficultés majeures étroitement liées : des balances commerciales structurellement déficitaires (où dépendantes d'une seule ressource naturelle) et un chômage explosif. Comment améliorer les choses ? Ce livre vient de donner des pistes concrètes. On voit bien qu'un indice unique nous éclaire bien peu et sur la situation et sur les solutions.

Et puis, il y a cette idée de classement. Au-delà même du fait qu'on classe des pays relevant de catégories différentes, qu'on fait preuve d'anachronisme en ne tenant pas compte de l'histoire, quel est l'intérêt de savoir que d'une année sur l'autre on a gagné deux places dans le classement ?

N'est-ce pas un peu scolaire, une satisfaction un peu infantile ? Les vraies données, on les connaît, ce sont le nombre de diplômés par niveau et spécialité, la production de riz, le revenu par tête, indice déjà synthétique qui doit être immédiatement accompagné d'une mesure de la répartition de ce revenu moyen entre les catégories sociales, et encore l'espérance de vie ou les taux de prévalence de telle ou telle maladie.

Or, trois grands organismes, la BAD, l'Union africaine et ONU-D se sont réunis pour produire un indice synthétique d'industrialisation. On cite :

« Le cadre méthodologique de l'IIA adopte une approche adaptée à la vision de la Banque africaine de développement relative au développement industriel du continent, selon laquelle les pays africains doivent s'engager dans un programme audacieux induit par des investissements du secteur privé dans la transformation industrielle. Par conséquent, l'industrialisation est multisectorielle, avec une synergie entre les acteurs publics et privés. »

On mesure la teneur scientifique de la notion « *de programme audacieux* » !

Et on se doute *« que l'industrialisation est multisectorielle avec une synergie entre les acteurs publics et privés. »*

Ainsi, pour prendre en compte cette évidence que l'industrialisation est multifactorielle, retient-on 19 items, qu'on pondère du même poids, ce qui est tout aussi arbitraire que de leur attribuer des poids différents, on touille, et le Sénégal sort avec un indice de 0,6247 devant le Nigeria qui doit se contenter de 0,6046, mais derrière l'Ile Maurice, qui elle obtient 0,6685 !

Ou encore que le Sénégal est passé de la 14e place en 2010 à la 7e aujourd'hui. Qu'est-ce que cela mesure réellement ? On veut bien qu'un tel classement serve dans une campagne électorale pour flatter ses électeurs, « le Sénégal est devant le Nigeria », mais franchement quel rapport avec la réalité ?

Et même du simple point de vue de la pertinence de la statistique, quel crédit accordé à un indice de 4 chiffres après la virgule pour classer un pays ? Alfred Sauvy, économiste et démographe, dont nous reprenons une citation, parlait d'or.

Ces exercices sont d'autant plus vains que plusieurs des 19 items sont souvent eux-mêmes déjà des indices synthétiques par exemple ceux sur le climat des affaires, la sécurité, l'État de droit ou la perception de la corruption.

Et quelles sont les conclusions de ces travaux sur l'indice de l'industrialisation de l'Afrique ? Il faut : « *Favoriser des politiques industrielles réussies, Catalyser le financement de projets d'infrastructure et d'industrie, Développer des marchés de capitaux liquides et efficaces, Promouvoir et stimuler la création d'entreprises, Promouvoir des partenariats stratégiques en Afrique, Développer des grappes industrielles efficaces.*

Et de recommander encore aux *« pays africains d'adopter des politiques industrielles complètes et proactives, afin de lancer et d'accélérer une industrialisation transformatrice. Ces politiques doivent être adaptées aux contextes locaux spécifiques et alignées sur les objectifs de développement nationaux. »*

Et de conclure que les pays africains *« doivent analyser les opportunités qui s'offrent à leurs industries et les contraintes auxquelles elles sont confrontées, avec une ventilation détaillée des données par secteur et par zone géographique. Par ailleurs, ils doivent élaborer des hypothèses éclairées sur les industries qui offrent le meilleur potentiel de développement et travailler avec les producteurs privés pour façonner ces industries de manière durable. »*

C'est ce que nous venons d'essayer de faire, mais sans indice synthétique et sans classement !

16.2. Le développement c'est du micro, pas du macro

Connaître ses grands agrégats est bien entendu nécessaire : taux de croissance du PIB, part des grands secteurs dans de ce PIB, taux global de prélèvement, son déficit budgétaire, sa dette, sa balance des paiements, toutes choses qui sont en effet indispensables au pilotage de l'économie d'un pays.

Comme quand de retour du laboratoire on prend connaissance de son taux de diabète, de cholestérol et de sa tension.

Ce n'est pas parce qu'on est passé au laboratoire qu'on est guéri. Il va falloir jour après jour, plat après plat, combattre ses addictions, sa gourmandise et les mauvaises habitudes alimentaires. Nous le savons tous, c'est là une autre paire de manches, dans laquelle les livres et articles de magasine sur « comment maigrir et vieillir en bonne santé » sont de peu de secours.

Les rapports des organismes habilités, internationaux ou nationaux, nous éclairent sur l'état du patient, « attention à l'inflation, attention à vos dépenses, etc. », mais maintenant chef, on fait comment pour corriger le tir, concrètement ?

On quitte alors le domaine du « macro » pour celui du « micro ». Pas le « micro » du comportement du consommateur mis en équation, mais le « micro » de l'usine, du champ, du peuple. On a vu tout au long de ce livre de quoi il est fait - de l'engagement d'acteurs compétents et motivés - pour qu'il soit inutile d'y revenir. Et on ne peut que constater qu'il y a plus de livres en librairie, plus d'articles de revues théoriques, plus de professeurs, plus de masters et de thèses en économie savante que de courageux qui se jettent dans le bain des affaires.

Il est tout à fait remarquable que la France voie ses écoles de commerce et leurs MBA en haut des classements internationaux, HEC, ENSAE, ESSEC, ESCP, Dauphine, CentraleSupélec, Sciences Po Paris, etc., et qu'il y ait si peu d'entrepreneurs dans un pays qui a une balance commerciale industrielle sérieusement et structurellement déficitaire.

Sans parler de tous ceux qui en plus des diplômes de ces écoles sont allés chercher une onction supplémentaire de généralités à l'École Nationale d'Administration.

Le contraste avec l'Italie, à l'excédent commercial industriel confortable, qui n'a pas pourtant d'école de commerce en vue, fait bien évidemment réfléchir. Heureuse Italie qui n'a pas d'ENA, mais des familles d'industriels et de banquiers lombards.

Et doit faire réfléchir le Sénégal. Où forme-t-on les futurs entrepreneurs ? À l'UCAD, à l'ENA, hum…

17

LES SERVICES, L'INDUSTRIE, L'AGRICULTURE, UNE ÉCONOMIE À TROIS PIEDS

« L'histoire de l'industrie est le livre ouvert des facultés humaines. » Karl Marx

17.1. Industrie, il n'est pas trop tard

Les services, ce qu'on appelle aussi les activités tertiaires, constituent une part importante de notre PIB et sont le symbole même de l'économie mature. Nous en avons parlé à plusieurs reprises à l'occasion des chapitres sur la formation, la santé, les transports et le tourisme, mais nous ne leur avons pas accordé une place spécifique, pourquoi ?

Nous pensons d'abord que cette idée que la société irait vers la modernité en réduisant la place du secteur primaire, l'agriculture, et du secteur secondaire, l'industrie, au profit de ce qui serait l'alpha et l'oméga du développement, le tertiaire, est une idée erronée. Une économie équilibrée a autant besoin de l'agriculture, de l'industrie que des services.

La deuxième raison est que ce qu'on appelle les services, les banques, la santé, la formation, etc., ont une base matérielle considérable. L'ordinateur avant d'être des logiciels, c'est de l'industrie lourde : des mines pour les métaux rares et des fonderies pour les puces.

Qu'est la santé sans l'industrie des médicaments et sans scanners ? Que sont les transports sans bus et voitures ? Les banques sans ordinateurs ? La communication sans téléphone ? Développer des services de communication, c'est bien, fabriquer les téléphones portables aussi, c'est mieux. Mettre en place des voies de bus en site propre c'est bien, fabriquer aussi les bus c'est mieux.

L'Afrique pour de nombreuses raisons n'a pas participé directement à la révolution industrielle. Nous disons directement, car elle a fourni pendant cette période, avant, pendant et après la colonisation beaucoup de main-d'œuvre et de matières premières. Mais elle ne s'est pas elle-même industrialisée.

Du coup s'est installée l'idée qu'elle pouvait sauter une étape, passer directement de l'économie agricole à l'économie de service, faisant l'impasse sur l'industrie, erreur d'analyse funeste.

La preuve ? En 1960, la Chine et la Corée pouvaient en termes de PIB/tête se comparer à l'Afrique. Soixante ans plus tard, ces deux ont pris le large, parce qu'ils sont devenus les ateliers du monde, tout en développant… leur agriculture. Il n'y a pas d'économie solide sans industrie et agriculture, à l'exception de quelques paradis fiscaux sans population, comme le Luxembourg (mais qui a été un grand pays de la sidérurgie !).

Même la Suisse, pays des banques, est un grand pays agricole et industriel.

C'est clair, le Sénégal doit s'industrialiser, c'est nécessaire et il n'est pas trop tard.

Aux difficultés classiques auxquelles doit s'affronter une politique industrielle, marchés, compétences, financement, logistique, s'en ajoute une, plus souterraine, mais décisive, le facteur culturel. Si la jeunesse fuit l'industrie, et en particulier les formations industrielles, il n'y aura pas d'industrie.

L'industrie comme la ruralité est chez nous trop entachée d'archaïsme, de pénibilité, chacun ne rêvant que d'urbanité et de bureau climatisé dans une banque ou un ministère.

On n'attrape pas les mouches avec du vinaigre. Il nous faut organiser de véritables campagnes de promotion de l'agriculture et de l'industrie, montrant que ce sont des métiers modernes, d'avenir, pleins de technologies, rémunérateurs, utiles et passionnants.

Cela passe aussi par des images où l'ingénieur, un casque sur la tête, le technicien devant sa chaine de production sont plus mis en valeur que le costume cravate du technocrate ou du banquier dans un fauteuil en cuir.

17.2. « Y a qu'à, faut qu'on » : l'exemple de la chaudronnerie

Les livres d'économie où sont donnés mille conseils aux uns et aux autres ne manquent pas. Alors, pour ne pas faire partie de cette liste des conseilleurs qui déroulent des processus allant de soi, mais en réalité bien abstraits, examinons de près l'exercice de création d'entreprise pour une activité, celle de la chaudronnerie.

17.2.1 Comment créer une filière industrielle ex nihilo ? L'exemple de la chaudronnerie, tuyauterie, soudure

Le chaudronnier transforme le métal en feuilles, tubes ou profilés, qu'il soit en acier, inox, cuivre ou aluminium, pour des secteurs très divers : cuve inox pour l'agroalimentaire, citerne agricole et de camion, énergies renouvelables, cosmétique, pharmacie, industrie chimique ou pétrolière, la chaudronnerie est partout où il y a des liquides et des gaz.

Il doit savoir lire des plans, tracer des formes sur le métal, découper les éléments, les déformer par pliage, cintrage ou emboutissage, puis monter et assembler par soudage ou rivetage.

Habile, le chaudronnier utilise de plus en plus des machines-outils modernes : poinçonneuses ou plieuses à commande numérique, soudure laser, scanners…

Le tuyauteur, qui appartient à la famille de la chaudronnerie, est spécialisé dans l'assemblage des tuyaux comme son nom l'indique et intervient partout où circulent des gaz et des liquides à des températures et des pressions variées.

Quant au soudeur, son importance se mesure au simple fait que des soudures mal réalisées sont au cœur des difficultés de l'industrie nucléaire.

17.2 .1.1 Les besoins

Au Sénégal et en Afrique, les besoins sont gigantesques. Le Sénégal s'il veut se doter d'une industrie agroalimentaire, de cosmétique, pharmaceutique, chimique, de transport (l'Afrique est le continent des camions-citernes !), etc., a besoin d'une industrie de la chaudronnerie sauf à tout importer au prix fort !

17.2.1.2 les compétences

Comme dans toute filière, il faut des ouvriers qualifiés, des techniciens et des ingénieurs et donc des écoles pour les former.

Pour les ouvriers, il y a une base.

Le Sénégal compte de nombreux métalliers/ferronniers/soudeurs qui bien que formés sur le tas et mal équipés font preuve d'habileté et pourrait constituer après formation complémentaire la main-d'œuvre ouvrière adéquate.

Ce qui n'empêche pas le ministère de la Formation professionnelle d'ouvrir sans tarder des sections de CAP chaudronnerie.

Pour les techniciens, il faut ouvrir vite une formation bac professionnel technicien en chaudronnerie, dont les meilleurs pourront poursuivre en BTS, à l'étranger dans un premier temps, BTS ou licence pro en conception et réalisation industrielle.

Et bien entendu former quelques ingénieurs de la spécialité.

Il faudra aussi former des spécialistes capables de faire fonctionner des ateliers industriels, de type licence pro en fabrication industrielle.

Puis, ultérieurement, pourront venir se greffer des spécialités et des activités de traitement de surface et de décolletage.

17.2.1.3 Comment les former ?

Il faut des professeurs, des équipements et des partenaires industriels.

C'est là qu'intervient notre approche de la coopération et des études à l'étranger que nous avons exposée. Places réservées en BTS, en licence pro ou en école d'ingénieurs, avec bourses préférentielles, partenariat avec les professionnels pour l'accueil en stage ou formation en alternance, détachement de profs étrangers au Sénégal, politique de retour ferme, avec remboursement en cas de défection, bref, mise en place d'un plan de formation complet mobilisant les ressources locales, la coopération, mais un plan managé de A à Z.

17.2.1.4 Les entrepreneurs

C'est le plus compliqué. Ce n'est pas l'État qui va fabriquer des cuves ! On peut s'appuyer sur un industriel local déjà dans la mécanique ou la tôlerie, solliciter une entreprise étrangère qui créerait une filiale, ou un professionnel du secteur, ingénieur ou technicien, ayant de l'expérience, issu ou pas de la diaspora, qui se lancerait, avec le système d'appel d'offres que nous avons exposé.

17.2.1.5 Le financement

Dans tous les cas, il faudra du financement. Si le dossier est solide, il ne sera pas difficile à notre avis de boucler un tour de table avec les banques, l'État (FONSIS), la coopération, des entreprises étrangères intéressées par le marché africain (IDE).

Nous insistons en particulier sur l'opportunité, déjà évoquée, de solliciter nos partenaires de la coopération pour la création d'un outil « assurance implantation » visant à inciter des entreprises étrangères non pas à exporter, mais à fabriquer sur place.

17.2.1.6 Un travail de fourmi

Cela demande un suivi minutieux pour que toute la chaine des exigences soit réellement mise en place. Du travail d'orfèvre, de couturière, point par point, ou de fourmi qui sait faire preuve de patience.

C'est ce que nous proposons avec nos « Tours de Table par Filière ». Car il faudra en outre s'assurer de pouvoir importer la matière d'œuvre (les différentes feuilles de métal), les machines à former et souder, etc.

Bref, l'État intervient avec détermination, fait son boulot de formation et d'ingénierie financière, mais pour lancer des entrepreneurs…

Il y a loin de la coupe aux lèvres : du travail, de la méthode, de la volonté, de la lucidité, de la patience.

17.2.2 La catastrophe Serge Tchuruk

Quand il en prend la tête en 1995, Alcatel est un leader mondial des équipements de téléphonie et de la fibre optique, 120 sites industriels et 150.000 salariés.

Voilà que ce polytechnicien, qui se croyait très intelligent, se fait fort d'en faire « une société sans usines », car, disait-il, la valeur ajoutée se crée dans les centres de recherche et pas dans les usines. Et il se mit à liquider les usines. Il tua Alcatel en quelques années.

Deux idées étaient à la mode à la fin du siècle dernier, cette première donc, de sociétés sans usines, et une deuxième, la délocalisation des usines qui restaient dans des pays moins développés, la Chine en particulier.

Notons d'abord qu'au-delà même de l'incompétence, il y avait de l'arrogance, une double arrogance. À l'égard de la Chine d'abord, « à nous la matière grise, à eux le tournevis », comme si les Chinois qui ont été pendant des siècles en avance sur le monde entier n'avaient pas de matière grise. Et une deuxième forme d'arrogance à l'égard « du faire », comme si concevoir, inventer et bâtir une stratégie pouvaient se passer de la fabrication. Comme si fabriquer était moins noble, moins intelligent, moins complexe que concevoir.

Mépris du polytechnicien pour les producteurs, les ouvriers, les techniciens et même les ingénieurs de production, mépris de celui qui pense pour celui qui fait, comme si faire n'était pas tout aussi noble et complexe, comme si concevoir sans faire avait même du sens.

Il ne fallait pas pourtant être grand clerc pour savoir que tout n'est qu'industrie. Que les communications ce sont des tuyaux en fibre optique qui relève de l'industrie lourde, que l'informatique ce sont des ordinateurs, donc des métaux et des terres rares, des mines et des installations de raffinage, et des usines gigantesques pour fabriquer les « puces » et les écrans, que les énergies vertes c'est également de l'industrie lourde, pour fabriquer des éoliennes, des batteries, de l'hydrogène vert, que la médecine c'est aussi de l'industrie avec les scanners ou les géants de la pharmacie, bref jamais le monde n'a eu besoin d'autant de matières premières et d'usines. On ne parle plus désormais que d'industrialisation et de relocalisation.

Exit cette idée d'un monde éthéré, fait d'intelligence vaporeuse, de cabinets d'avocats, de conseils, d'audit, de services. Elle a fait long feu. Les batailles qui s'annoncent sont très matérielles, agricoles et industrielles. Il y faut certes beaucoup du soft, mais pour produire. Intelligemment, efficacement et vert naturellement.

17.3 Sous les chiffres des réalités bien différentes

Au Sénégal, l'agriculture intervient pour 15 % du PIB, l'industrie pour 23 %, le tertiaire pour 52 %, le reste, 10 %, revient aux administrations.

Associer la baisse de la part de l'agriculture dans le PIB au cours de la décennie passée, de 30 % à 15 %, et la hausse corrélative de celle des services, à un signe de maturité serait un contresens. Certes, un des pays les plus riches du monde, la Suisse, voit son agriculture, pourtant performante, ne contribuer que pour 1 % à son PIB, et le service financier d'abord, pour 75 %.

On pourrait en conclure que le Sénégal a une économie plus mature que la celle de la Côte d'Ivoire puisque l'agriculture de cette dernière représente encore 24 % de son PIB, comme d'ailleurs la part de son industrie.

Il n'en est bien évidemment rien, car ces 24 % signent une agriculture ivoirienne puissante, et son industrie comporte certes majoritairement des entreprises extractives, mais aussi un fort secteur agroalimentaire.

Déduire de ces chiffres que le Sénégal serait en marche vers la maturité constituerait une grossière erreur. L'agriculture y est peu performante, le secteur industriel, à part l'extraction, est constitué de TPE souvent informelles et aux techniques archaïques, et surtout le tertiaire, est constitué massivement de commerces pléthoriques et informels.

Rappelons quelques chiffres pour fixer les idées : 91 % des emplois sont dans l'informel. Seuls 1/10 de ces emplois informels relèvent de « l'industrie » et seul 1,5 % de ces entreprises ont plus de 5 salariés.

Ce qui veut dire que sur un total de 7 % d'emplois industriels que compte le pays, en forte baisse depuis 10 ans, une fois déduites les mines, les raffineries et les quelques grosses sociétés de l'agroalimentaire, il ne reste pour l'essentiel que des TPE, c'est-à-dire de tous petits ateliers de quartier ou de village.

La maturité du Sénégal passe par la modernisation de l'agriculture et de l'industrie d'abord.

Cette modernisation agricole ne signifie pas nécessairement moins de main-d'œuvre et plus d'intrants et de machinisme, comme le recommandent de nombreux organismes au nom de « la productivité des facteurs ». Comme nous l'avons souligné, répétons-le, une agriculture paysanne peut être moderne, qualitative, rentable avec une forte intensité de main-d'œuvre (qualifiée).

Quant au développement de l'industrie, il doit passer concomitamment par le secteur formel privé, mais qui ne représente aujourd'hui que 4 % de l'emploi, par les investissements directs étrangers, et par l'élévation progressive du niveau et de la taille des entreprises les plus dynamiques de l'informel, nous allons y revenir plus précisément.

Industrie : le Sénégal saura-t-il profiter du moment, de la guerre commerciale et de ses relations avec la Chine (province de Shandong) ? - New

La guerre commerciale entre les Etats-Unis et la Chine fait ressortir les immenses surcapacités de production de la Chine. C'est pour le Sénégal une opportunité.
Le Sénégal ne produit quasiment aucun objet manufacturé. Ni une brouette ni une tringle à rideau. Or, il est impératif que son secteur industriel se développe, non seulement pour l'emploi et sa balance commerciale, mais tout autant parce qu'il y a dans l'acte de

produire des compétences sans lesquelles un pays n'est jamais vraiment souverain.
Pour démarrer, il doit accueillir des investisseurs étrangers qui ont les savoir-faire nécessaires, ceux de fabriquer des objets de qualité à un coût compétitif. Cela ne s'improvise pas, on ne peut pas partir de zéro.
Il faut attirer ici des entreprises chinoises. La Chine est présente au Sénégal, dans les travaux publics comme dans la distribution. Mais il n'y a pas de manufacture. Quel en est la raison ?
La réponse est évidente. Pourquoi prendre le risque d'implanter une usine au Sénégal, où l'électricité est chère, où rien ne nous dit que nous trouverons une main d'œuvre qualifiée et productive, où la logistique comporte des lacunes, où il n'y a aucun sous-traitant pour les éléments dont nous aurons besoin, et que nous devrons donc importer, tant les machines que les pièces détachées, alors qu'aujourd'hui on peut, à Canton ou Shangaï, fabriquer dans les meilleurs conditions de productivité du monde, et exporter sans difficulté ?
On voit bien que ce n'est pas avec des plaquettes en quadrichromie, des salons et quelques mesures fiscales qu'on peut attirer de vrais industriels. L'affaire est bien plus compliquée et suppose qu'on passe du domaine des généralités à celui des réponses opérationnelles. Qu'est-ce à dire ?
Dès lors qu'on a choisi les secteurs qu'on veut privilégier, outillages agricoles ou pour le bâtiment, équipement de la maison, matériels pour l'irrigation, pièces de voiture, groupes froids, etc., il s'agira de s'emparer techniquement du sujet, c'est-à-dire d'appréhender la complexité du process pour en mesurer toutes les exigences, en particulier sur le plan des compétences nécessaires.
Ce travail fait, une fois qu'on sait de quoi on parle, entrer en relation opérationnelle non pas avec des diplomates ou des généralistes, mais avec des industriels en chair et en os pour leur faire valoir tout l'intérêt qu'il y a à venir fabriquer ici. Et là, il ne suffira pas de leur faire simplement miroiter le vaste marché de la CEDEAO avec les chiffres de la démographie. Il faudra leur apporter des informations précises et fiables sur les réalités concrètes du

marché pour un produit donné, c'est-à-dire fournir des études de marketing solides pour chaque fabrication visée.
De la même façon il faudra apporter la preuve que toute la chaine des compétences nécessaires sera disponible, parce que les formations correspondantes ont déjà été lancées. Si on indique en effet à un industriel qui aura besoin de chaudronniers (tous ceux qui travaillent le métal), et de soudeurs, qu'on a pris bonne note de ses demandes et qu'on va se mettre à les former, il ne viendra pas, car il connait le temps qu'il faut pour monter des filières de formation et en sortir les premiers élèves.
Il sait, lui, que la Chine est devenue l'atelier du Monde parce que justement elle a anticipé sur les besoins de formation professionnelle pour accompagner la montée en gamme de son industrie, comme nous le racontons dans le livre.
Le Sénégal a signé un accord cadre avec la puissante province du Shandong, qui ouvre de vraies perspectives de partenariat industriel, pour peu qu'on n'en reste pas là, aux généralités, mais qu'on passe au travail concret, avec la méthode des tours de table sectoriels et opérationnels, comme nous le proposons plus loin : des groupes de travail techniques, permanents, responsables, interministériels, composés de gens compétents dans le secteur, en sus des fiscalistes et autres administrateurs, afin de relever tous les défis de chaque marché, de chaque process, et d'apporter à chacun d'entre eux des réponses convaincantes pour un industriel de Shandong, qui est à 15.000 km, et qui ne connait pas l'Afrique. Sinon cet accord, comme tant d'autres, restera lettre morte.
Le Sénégal a dans le domaine de la fabrication des atouts, notamment d'excellentes filières de formation dans les domaines de l'électrotechnique et de l'électromécanique. C'est là un premier bon point d'appui pour promouvoir son industrialisation et saisir les opportunités du moment.

18

LE COMMERCE DE DÉTAIL, LIBANAIS, GUINÉEN, AUCHAN

« Dans le commerce alimentaire, celui de la boutique de quartier, tant que le secteur informel domine celui du formel, la cherté sera toujours le quotidien des consommateurs. Et pourtant la cherté ne fait jamais quelqu'un millionnaire ».

Boubacar Bouaré

18.1 Grandes surfaces et boutiquiers

18.1.1 Auchan et compagnie

La boutique, une affaire importante, car le commerce de détail est l'interface entre la production et le consommateur. La boutique et l'hypermarché sont les deuxièmes lieux de vie importants après la maison. C'est là qu'on choisit le riz local ou importé, les oignons de Gandiol tout bosselés ou les Hollandais, bien ronds, c'est là que se cristallise souvent le mécontentement social.

Le commerce de détail a été pendant longtemps constitué exclusivement de petites boutiques, souvent tenues par des commerçants d'origine étrangère, libanais, mauritaniens, guinéens.

Ces boutiques, qui ont l'avantage de la proximité, offrent un choix de produits restreint, parfois aux dates de péremption limites, et font souvent fi des subventions accordées par l'État aux produits de base (huile, oignons, riz...), qui devraient être répercutées dans les prix de vente, contribuant ainsi à l'inflation, ce qui ne les empêche pas d'être malgré tout fréquentées, car elles pratiquent le petit crédit du quotidien.

Pour ces boutiques traditionnelles de l'alimentaire, épiceries auxquelles il faut ajouter les bouchers et les boulangers, il nous semblerait important de faire des progrès en matière d'hygiène, en demandant à leurs tenanciers de suivre une formation de type « certificat d'apprentissage », que nous explicitons plus loin, afin que le consommateur sache si leur boutiquier a été initié ou non aux règles d'hygiène et de conservation des aliments : dates limites de consommation, règles de stockage, lutte contre les insectes, etc.

Certificat qui serait affiché à l'entrée du magasin. Une fois un nombre de certificats délivrés importants, il faudrait envisager de faire basculer tout le réseau de ces commerces de bouche dans une procédure d'agrément, le certificat d'apprentissage étant alors exigé pour l'installation.

Ces boutiques, parfois approximatives avec les règles sanitaires, n'en sont pas moins très « branchées ». On peut y payer par téléphone ses factures d'eau et d'électricité ou encore y recharger son porte-monnaie électronique. Comme elles sont donc connectées, ne serait-il pas opportun d'envisager, puisque les adresses physiques font défaut et qu'elles sont dans l'informel, c'est-à-dire non déclarées, de mettre en place un système de géolocalisation qui permettait aux services compétents, services de l'immatriculation et fiscaux, mais également services sanitaires et de formation, de gérer rationnellement ce réseau ?

L'arrivée des grandes surfaces bouleverse le secteur. Ces grandes surfaces ont comme toutes choses des avantages et des inconvénients.

Elles présentent l'avantage d'offrir au consommateur un choix de produits sans précédent, dont la qualité est sérieusement contrôlée, et de s'inscrire dans une logique de prix compétitifs.

Elles font appel pour leurs rayons frais, viandes, poissons, légumes, ou pour les produits transformés, fromages, traiteur, boulangerie à du personnel qualifié qui valorise les denrées ainsi distribuées. Le filet de bœuf y est présenté dans les règles de l'art du boucher, le thiof sur lit de glace. Le produit, l'éleveur, le pêcheur, le client y sont respectés.

18.2 Des machines à importer

Ces grandes surfaces, qui sont donc incontestablement un élément de confort, sont des machines à importer. Elles ont des centrales d'achat mondiales qui se procurent les marchandises au meilleur prix n'importe où dans le monde, imposant aux producteurs locaux une concurrence qu'ils ne peuvent supporter. Et quand ils se fournissent localement, leur force économique leur permet d'imposer des prix qui étranglent les producteurs.

C'est pourquoi nous pensons que l'autorité publique doit, d'une part, imposer en contrepartie d'une autorisation d'ouverture un quota d'achat local substantiel et, d'autre part, obliger à des accords avec ces producteurs locaux leur assurant une rémunération correcte. C'est bien le rôle de l'État régulateur de s'assurer que les négociations entre les grandes surfaces et les producteurs ne soient pas iniques.

Il revient naturellement aux producteurs locaux de savoir répondre aux spécifications portées dans ces contrats : qualité, sécurité, délais de livraison, etc.

18.2.1 Mon quincailler est chinois

Après l'Inde, la Chine vient d'ouvrir à Dakar une grande surface où l'on trouve tout pour la maison, meubles, vaisselle, électroménager, pour le bricolage, les enfants ou encore le maquillage, à des prix défiant toute concurrence, selon la formule chinoise (et indienne) « petit prix, grand marché ».

Les réactions sont partagées. Satisfaction du côté du consommateur qui a accès à l'abondance de ces rayons interminables à des tarifs compatibles avec son porte-monnaie, et qui donc se réjouit de voir arriver un dispositif de plus de « lutte contre la vie chère ».

Grimaces du côté de la multitude des quincaillers qui jusqu'ici distribuaient une bonne partie de ces produits, et qui désormais ne sont plus compétitifs.

Disons tout de suite que les magasins « Exclusive » (Indiens) et China Mall n'auront pas d'effet sur la balance commerciale du pays, car les produits des petits quincaillers sont eux aussi massivement importés... de Chine ou d'Inde.

Si ces magasins sont une bonne nouvelle pour le pouvoir d'achat et la variété du choix, elle n'en est pas nécessairement une pour l'emploi, car ces grandes surfaces, de par leur organisation, ont un ratio Employés/Chiffre d'affaires très inférieur au petit commerce. C'est d'ailleurs une des explications de la différence de prix : les petites boutiques font vivre davantage de monde. La deuxième raison de l'écart de prix tient à ce que ces grandes surfaces n'ont pas besoin d'intermédiaire, de grossiste, puisqu'elles ont elles-mêmes leurs centrales d'achat et se fournissent directement aux usines.

Question prix et choix, le petit boutiquier ne peut pas résister. Ce qui pose deux problèmes : l'emploi comme on vient de le voir, mais aussi le type de ville et de quartiers que l'on souhaite. La France est un des pays les plus dotés en grandes surfaces, dont le résultat est la déshérence des centres-villes, notamment des villes moyennes et des bourgs, dans lesquels il n'y a plus de commerce, notamment plus de quincaillerie, éliminées par quelques China Mall français, qui s'appellent Leroy Merlin ou Castorama, favorisant au passage l'usage de la voiture, car ces grandes surfaces ont inventé le parking gratuit, là où les parkings de centre-ville sont payants.

Imagine-t-on nos quartiers sans boutique ? Vraie question qui nous laisse perplexe. Autre problématique, qui est celle de ce livre, comment imaginer le développement des productions locales avec des prix de vente aussi bas ? Car de nombreux articles vendus à China Mall ou « Exclusive » pourraient être techniquement fabriqués ici. Au même prix de sortie ? Très compliqué. On le voit, l'intérêt du consommateur, de l'emploi, de l'industrialisation ne se recoupe pas nécessairement. C'est toute la problématique de l'économie, à laquelle nous essayons ici d'apporter notre pierre.

19

L'EMPLOI

« Je n'ai jamais vu un homme de l'opposition mettre plus d'une minute pour juguler la pauvreté et réduire le chômage. »

Jean Amadou, chansonnier

19.1. Un chômage de masse

Au Sénégal, près de 40 % de la main-d'œuvre disponible, c'est-à-dire en âge de travailler, ne participe pas directement à l'activité économique. Si on mesure la part de la population qui a une activité plus formelle, c'est-à-dire rémunérée, ce chiffre s'alourdit puisque seuls 42 % de la population en âge de travailler participent à une activité de production de biens et de services **en étant rémunérés**.

Inutile d'insister sur le caractère délétère du chômage. Il mine les individus et une société.

Le paradoxe de l'économie est que dans une société pauvre il y a beaucoup de chômage et c'est justement ce chômage de masse qui crée de la pauvreté, car seul le travail crée de la valeur. La question séculaire de l'économie est comment mettre tout cela en mouvement, comment intégrer les chômeurs dans « la machine économique » pour qu'elle prospère. Car, deuxième paradoxe, ce ne sont pas les choses à faire qui manquent, il faut construire, produire, fabriquer, rénover, et on manque de bras (et de cerveau) pour satisfaire tous ces besoins.

Comment donc inclure les chômeurs dans le circuit économique pour booster l'économie ?

Combien de poissons à l'hectare ? La dynamique de l'emploi - New

Nous avons vu, dans un exercice d'économie amusante (mais instructif), qu'un touriste pesait 600 kg de poissons, ou encore que 6 touristes passant une semaine ici finançaient un emploi annuel d'ouvrier.

Dans un exercice tout aussi amusant répondons à la question, « *Combien de poissons à l'hectare ?* ».

Dans les Niayes, un hectare permet de « générer » une valeur ajoutée (VA) de l'ordre de 19 millions de frs CFA. Une petite pirogue « génère » environ 23 millions de VA. On peut donc avancer que 1 hectare vaut 0,80 pirogue, ou dit autrement qu'un hectare équivaut à 7 tonnes de poissons pêchés par une petite pirogue (poissons nobles, à 2800 frs le kg).

Dans l'autre sens, une pirogue équivaut à un hectare un quart.

On voit alors le dilemme d'un père de famille qui doit trouver du travail à son dernier garçon : soit ajouter une pirogue supplémentaire aux 5000 (cf. note) qui débarquent régulièrement leurs poissons sur les côtes sénégalaises, et qui ont de plus en plus du mal à remonter des poissons qui ne soient pas des juvéniles, soit trouver un hectare un quart.

La deuxième solution est sûrement la plus rationnelle, car le Sénégal a mis à ce jour en exploitation quelques 4 millions d'hectares, alors que le double pourrait l'être si les aménagements adéquats, routes et irrigations, étaient réalisés.

Voici donc comment les Niayes, et l'horticulture en général, contribuent à la préservation de la ressource halieutique (et à alimenter le pays en vitamines de légumes).

Si en plus, ce poisson et ces légumes sont servis à un touriste dans un thiéboudiène au prix d'un 4 étoiles, 12.000 frs par personne, (250 gr de poisson vendus alors au même prix que presque 5Kg sortis de la pirogue), on voit comment la Pêche, les Niayes et le Tourisme forment une économie solidaire et que les deux derniers contribuent à préserver la ressource de la première.

Note : sur environ 17000 pirogues immatriculées, 12.000 fonctionnent réellement. 5000 pêchent et débarquent dans d'autres pays, notamment en Mauritanie, dans le cadre d'accords, les Sénégalais étant les pêcheurs historiques de ce pays d'éleveurs.

19.2. Les entrepreneurs individuels

Beaucoup se prennent en main et créent leur entreprise individuelle, en électricité, peinture, plomberie ou services informatiques, ou vont se lancer dans la production de légumes sur un arpent de terre loué bon marché.

Ces entrepreneurs individuels représentent une activité non négligeable en termes d'emplois et de services rendus. Le progrès ici consiste à passer du non déclaré au déclaré afin de permettre à ces entrepreneurs individuels un jour d'embaucher un compagnon, de bénéficier d'un petit crédit bancaire, bref de devenir un vrai petit entrepreneur et de prospérer.

À cet égard, le Sénégal possède avec l'APIX une administration hautement performante pour ce qui est des formalités d'aide à la création des petites entreprises. Peut-être faudrait-il être plus proactif pour faire basculer ces entrepreneurs individuels souterrains vers la surface. C'est ce que nous allons examiner ci-après dans le chapitre sur le secteur informel.

D'autres vont dépasser l'action individuelle et vont s'organiser en association ou coopérative pour valoriser qui du bissap, qui du beurre de karité.

Cette économie de base, « spontanée », importante, atteint tout de même vite ses limites. Car si on veut aller plus loin, produire des quantités importantes, intervenir sur de grands chantiers, répondre à des clients exigeants, il faut des machines, des crédits, des collaborateurs qualifiés, bref de vraies entreprises. Il faut donc un chef d'entreprise qui connaisse son domaine et qui est prêt à prendre des risques, il faut de la main-d'œuvre compétente et disponible, une stratégie, un banquier qui accompagne dans la durée, des clients fidélisés, des fournisseurs, etc.

19.3. Les incubateurs

C'est pourquoi ont été mis en place un peu partout des incubateurs, permettant à des jeunes, en général sortis il y a peu d'écoles d'ingénieur, de l'université ou de BTS, de se lancer dans la création d'entreprises en s'initiant au métier si difficile de chef d'entreprise.

Les réussites ont été mitigées, à notre avis, pour deux raisons. En premier lieu, l'accompagnement était de trop courte durée et l'accident de trésorerie est vite arrivé. Mais surtout, ces créations ne s'inscrivaient pas suffisamment dans la stratégie de développement du pays et se heurtaient du coup très vite à une difficulté infranchissable.

Produire du sésame pour le marché chinois, quelle bonne idée pour un ingénieur agronome ! Mais que se passe-t-il s'il ne trouve pas au bon moment les semoirs ou les variétés de semences ad hoc ? Monter une chaine automatique d'embouteillage de jus locaux, excellente initiative, mais que se passe-t-il s'il n'y a pas les techniciens capables de réparer sur le champ cette chaine un jour de panne ? Ou s'il ne trouve pas les pièces détachées nécessaires ? Ils perdent des clients et doivent mettre la clé sous la porte.

C'est pourquoi pour ce qui est de la création d'entreprises et des incubateurs, nous proposons de les inclure dans une stratégie de filière qui leur assure de trouver l'écosystème et un soutien de moyen terme sans lequel l'échec est probable.

19.4. Un plan zones rurales

Un dispositif vigoureux, volontariste et original doit être mis en place en particulier pour les zones rurales. C'est une double nécessité : augmenter la production agricole et agroalimentaire, éviter l'exode rural. À l'intérieur de ce qu'on appelle les « Tours de Table par Filière », nous proposons un volet « jeunes entrepreneurs ruraux » spécifiques.

19.5. Les grandes entreprises au service de l'apprentissage

Les grandes entreprises des télécoms, des travaux publics, de l'agroalimentaire, du bâtiment, des mines, des banques, de la distribution, du tourisme gèrent leurs embauches en fonction du développement ou du rétrécissement de leurs affaires et il revient là à l'État de s'assurer que le système de formation répond pleinement à leurs besoins en compétences.

Mais ne devrait-on pas demander à ces grandes entreprises non pas d'embaucher, c'est leur affaire d'en décider, mais de faire un effort en matière d'apprentissage ?

L'apprentissage, le vrai, c'est celui qui fait alterner périodes scolaires et périodes en entreprises afin que le jeune acquière à la fois les connaissances théoriques et les connaissances pratiques nécessaires à l'exercice d'un métier, à la tenue d'un emploi, validé par un diplôme d'État. D'un point de vue pédagogique, il n'y a d'ailleurs rien de mieux que cette dialectique théorie/pratique pour comprendre et donc apprendre.

C'est pourquoi nous proposons que des conventions soient signées entre ces grands groupes, le ministère de l'Enseignement professionnel et celui de l'Enseignement supérieur, organisant des formations par l'apprentissage, convention qui prévoiraient les cursus, les savoirs, les compétences et les savoir-faire à acquérir, et ce tant pour le niveau ouvrier que celui de manager. Nous disons aussi l'enseignement supérieur, car on peut aussi faire un master ou un doctorat par apprentissage. C'est banal dans de nombreux pays.

Ces entreprises trouveraient d'ailleurs dans ces contingents d'apprentis leurs futurs collaborateurs et l'État verrait sa formation professionnelle gagner en qualité.

Les grandes entreprises ont aussi un rôle social à jouer, elles pourraient donc le faire utilement par leur engagement dans la formation des jeunes.

Il faut tout de même être conscient, concernant ces grandes entreprises, et plus précisément pour la banque et le commerce, qui se sont beaucoup développées jusqu'ici, qu'elles ne créeront plus beaucoup d'emplois du fait d'une informatisation rapide, qui se traduit entre autres par la disparition des caissières de supermarché et la réduction drastique des guichets de banque.

Si les services informatiques et juridiques sont eux appelés à un bel avenir, on voit bien tout de même que les grands pourvoyeurs d'emplois potentiels restent l'agriculture, celle du 21e siècle, utilisant plus de main-d'œuvre et moins de chimie, le tourisme et l'industrie manufacturière.

19.6. Les services à la personne

En Europe, un secteur se développe et crée de l'emploi, car il était très sous-développé jusqu'ici, ce qu'on appelle l'aide à la personne : accompagnement des personnes âgées, aide-ménagère, garde d'enfant. Au Sénégal, ce secteur est déjà très développé puisque l'aide familiale, ici non rémunérée, occupe 13 % de la population.

19.7. La commande publique

L'État joue un rôle direct sur l'emploi, au-delà de l'embauche de ses propres agents, par la commande publique. Lorsqu'il s'attaque à la rénovation de l'assainissement ou qu'il commande un stade, il crée de l'emploi. Les grands travaux engagés par ce gouvernement, tous ces grands chantiers qui fleurissent au Sénégal, sont un important levier pour l'emploi. C'est pourquoi nous plaidons pour la poursuite de cette politique, non seulement dans le domaine des transports, mais dans celui des services de base pour l'eau et l'assainissement qui impactent directement le mode de vie des citoyens.

19.8. Le noyau dur : Chômage des jeunes et certificat d'apprentissage

Il est désespérant et inquiétant de voir à toute heure les rues de Dakar et d'ailleurs pleines de jeunes gens dans la force de l'âge trainant et désœuvrés. Ces jeunes qui ne sont pas dans l'emploi sont massivement sans formation, c'est le cas de 45 % d'entre eux. Leur offrir une formation est donc une condition de retour à l'emploi et le moyen de leur redonner confiance en eux-mêmes et dans le pays.

La tâche est immense : le niveau de départ de ces jeunes est faible, ils sont nombreux, les systèmes de formation classiques sont peu adaptés ; les faire revenir sur les bancs est illusoire et inaccessible en termes de moyens à déployer.

C'est pourquoi le Sénégal doit inventer un dispositif spécifique. Nous proposons le dispositif des **« certificats d'apprentissage »** visant à donner à ces jeunes gens souvent illettrés de vraies compétences professionnelles. La remise en circuit de cette jeunesse est une nécessité sociale, économique et politique.

Tous les acteurs économiques doivent se mobiliser pour que cette jeunesse soit dans l'emploi.

Dans la restauration et l'hôtellerie comme d'ailleurs dans la coiffure, le transport des personnes (taxi, bus), le bâtiment (électricité, carrelage…), le gardiennage, l'alimentation, chez les exploitants agricoles, de très nombreux métiers sont exercés aujourd'hui par des personnes qui ont parfois reçu une formation sur le tas, mais qui n'a été certifiée par personne, ou qui n'ont reçu aucune formation du tout, même pas élémentaire.

Du coup, ces métiers sont mal exercés, les prestations sont médiocres et les employeurs et les clients sont sans information fiable sur la personne qu'ils souhaitent embaucher ou à laquelle ils veulent commander une prestation.

Ces ouvriers sont souvent illettrés sinon analphabètes, non francophones, et en tous cas n'ont pas les prérequis pour suivre une formation de CAP.

Pour ces métiers, un premier niveau de qualification appelé **« certificat d'apprentissage »** permettrait aux employeurs et aux clients de connaître, grâce à un **livret de compétences**, les qualifications dont dispose l'ouvrier qui le détient.

Ce livret est un document officiel dans lequel l'État garantit que son titulaire a satisfait à l'évaluation d'un certain nombre de compétences de base du métier exercé.

En créant un niveau de qualification reconnue en amont du CAP, on évite ainsi la tentation de tirer le CAP vers le bas, on professionnalise ces métiers de base en élevant les niveaux de qualification de ceux qui les exercent, et on ouvre la perspective à terme d'une réglementation des professions qui, à tous égards (responsabilité, santé publique...), mériteraient de l'être un tout petit peu.

Par exemple pour des chauffeurs de taxi, les items pourraient être : accueil du client, conduite sécurisée, entretien du véhicule, connaissance des destinations, éthique sur les tarifs ; pour des peintres : connaissance des traitements préalables adaptés à chaque surface, calcul simplifié des quantités nécessaires, respect de l'environnement, règles de sécurité (échafaudage), nettoyage du chantier.

Chaque compétence ferait l'objet d'une évaluation et d'une certification séparées.

La réussite à la totalité des rubriques d'un métier donnerait droit au titre de : ***ouvrier certifié,*** titre garanti par l'État, le titre d'ouvrier qualifié étant réservé lui au titulaire du CAP.

Il s'agit bien entendu de compétences accessibles sans besoin d'un enseignement général complémentaire, dans la langue maternelle et sur une période maximale d'une semaine par item, mais cohérentes entre elles pour le bon exercice du métier.

Sont visés les jeunes en apprentissage sur le tas, qui n'ont pas de système de reconnaissance de leurs compétences, les jeunes sans qualification qui tiennent les murs et qui veulent se lancer dans une profession, les talibés, mais aussi ceux qui exercent le métier et qui souhaiteront pouvoir afficher leurs compétences.

Comment procéder ? Il faut d'abord établir la liste des items par métier et leur contenu en termes de compétences. Seront chargés de ce travail des professionnels et des enseignants de la filière habitués à passer des savoir-faire aux compétences.

Où les stagiaires des certificats d'apprentissage seront-ils formés ? Ils seront placés auprès de professionnels, agréés comme tuteurs, qui leur apprendront les contenus de chaque item et qui auront reçu une formation, une initiation au transfert de leurs savoir-faire, par le ministère de la Formation professionnelle. Des « enseignements » un peu plus formels pourront être dispensés en établissement quand une compétence l'exige, mais cela devra rester accessoire par rapport à la formation in situ.

Comment se fera l'évaluation ? Il ne s'agit pas de faire passer un examen, ce qui serait contraire à l'esprit de ces formations. Cela devra plutôt fonctionner sur le mode du dispositif dit de « validation des acquis de l'expérience », ou l'examinateur demande au stagiaire d'exposer ce qu'il sait faire, de décrire ce qu'il a fait, ce qui suffit pour juger si la compétence est acquise ou pas.

On voit donc le schéma d'ensemble : des livrets de compétences établis par métier avec des items, les certificats d'apprentissage, dont la totalité donne accès au titre d'ouvrier certifié ; ces livrets sont établis par des commissions mixtes, professionnels/enseignants ; des professionnels sont initiés par le ministère de la Formation professionnelle à la démarche de formation par l'acquisition des compétences ; un réseau de tuteurs est constitué ; les jeunes sont formés par ces professionnels ; la validation donne lieu à l'inscription de l'item sur le livret.

Reste bien sûr à discuter de l'éventuelle rémunération de ces tuteurs. Elle doit exister à notre avis, mais à un niveau modeste. D'une part, parce que la tâche de transmettre son métier est agréable, valorisante et, d'autre part, parce qu'il s'agit aussi d'un appel à la mobilisation du pays, d'une sorte de service national pour l'emploi. Un peu de patriotisme que diable !

Bref, un jeune doit être au travail ou en formation.

19.9. Prévision et projection en matière d'emploi

Pour ce qui est de l'emploi en général, ce n'est pas lorsqu'on ouvre une entreprise qu'il faut se préoccuper de la disponibilité de la main-d'œuvre nécessaire. À ce moment-là, c'est bien tard.

Former prend du temps : des années en général, auxquelles il faut souvent ajouter la mise en place des formations elles-mêmes, c'est dire des écoles, des profs, qu'il faut former également, des programmes, des ateliers, etc.

En fonction de la stratégie de développement retenue, les services de planification peuvent, filière par filière, décliner à moyen terme la liste des compétences qui seront nécessaires, et l'éducation nationale, ainsi informée, de ce qu'on attend d'elle, mettre en place les spécialités correspondantes.

À plus long terme, les prévisions sont plus délicates ; on rentre dans le domaine de la prospective. Mais ce n'est pas une raison pour ne rien anticiper, car les données même aléatoires donnent des indications sinon sur les métiers tout au moins sur les compétences générales qu'il faudra posséder.

Les emplois à venir et l'acquisition des compétences de ceux qui les occuperont, ça se planifie.

Les prévisions et projections en matière d'emploi doivent être la feuille de route de tout le système éducatif.

19.10. Secteur informel : prendre les choses par le bon bout

Le poids du secteur informel au Sénégal est considérable : 97 % des entreprises non agricoles, 9 emplois sur 10 hors agriculture, 42 % du PIB.

Précisons que 56 % de l'informel, c'est du commerce (chiffre bien entendu pléthorique), 18 % ce sont les services (restauration, blanchisserie…), 22 % relèvent de l'industrie, en réalité des ateliers de quartier pour l'essentiel (menuiserie, petite confection, ferronnerie), et 4 % dans le bâtiment.

Sur le plan social, c'est 100 % qui n'ont pas de protection sociale, 80 % pas de bulletin de salaire, et plus de la moitié mal payée par rapport à la norme sénégalaise, qui est de 125.000 frs pour le salaire national moyen avec la moitié gagnant moins de 75.000 frs CFA par mois (115 euros).

Ajoutons que l'informel accueille 98 % des personnes sans formation, 96 % de ceux qui ont le seul niveau du primaire, et encore plus surprenant, 88 % de ceux qui ont le niveau du secondaire et encore plus étonnant, 40 % de ceux qui ont connu l'enseignement supérieur.

Rappelons qu'est considérée comme appartenant à l'informel une entreprise non déclarée et ne tenant pas de comptabilité formelle, que 64 % de ces entreprises de l'informel sont en réalité des autoentrepreneurs (le patron travaille tout seul) et qu'au total, 88 % des travailleurs de ce secteur ont au mieux le niveau du primaire.

Très naturellement, l'État veut que l'informel se transforme progressivement en formel : déclaration, inscription, comptabilité. Les raisons ne manquent pas. L'informel ce sont, en effet, des entreprises fragiles, des revenus très bas (la moitié de ceux qui y travaillent gagnent moins de 37.000 frs CFA par mois, 60 euros), des conditions de travail difficiles, des prestations souvent déficientes, l'absence de contribution fiscale, etc.

Or la formalisation n'avance pas beaucoup. Pourquoi ?

Pour chercher la réponse, nous allons faire comme nous l'avons fait pour les produits alimentaires en allant faire notre marché panier en main.

Commençons par la rue Médina 22, entre le stade Iba Mar Diop et la RTS, où se loge la zone des garages de réparation automobile, garages à ciel ouvert, ça va sans dire, et qu'on veut faire déguerpir du centre-ville !

Dans un entrelacs de ruelles en terre battue (et gorgées d'huile de vidange), on se fraie difficilement un chemin au milieu d'un amoncellement de véhicules démembrés jusqu'à l'atelier de M. Fall. L'atelier est une cour délimitée par des carrosseries, moteurs, ponts, pneus dressés jusqu'à hauteur d'homme, plantée d'un manguier sous lequel un mouton attend la Tabaski, et des poulets la Korité.

Rien de bien engageant pour y laisser sa voiture. Et pourtant.

Dans ce *no man's land*, des carrossiers habiles avec marteau et mastic vont redonner forme à votre aile, des peintres pauvrement équipés d'un pistolet toussotant vont effacer vos rayures, un électricien réglera vos problèmes de démarrage et des mécaniciens changeront votre embrayage, regarniront vos freins ou même effectueront un échange standard de moteur !

Plage de Yoff, 17 h. Des escouades de femmes viennent prendre le poisson à peine débarqué et quelques heures après, avec l'aide de force charrettes, ils seront à la vente dans tout Dakar. Votre serrure est bloquée, le serrurier arrive en quelques minutes, mal équipé lui aussi, mais enfin à bon prix il vous permet de rentrer chez vous.

L'entreprise qui construit votre maison n'a pas de carreleur en son sein, pas de problème, une équipe de Casamançais va venir dormir sur le chantier et donner de l'éclat à vos futures pièces. Le secteur informel, les statistiques et les rapports officiels l'oublient trop souvent, ce sont d'abord pour les gens du peuple des prestations à prix accessibles.

Certes, les prestations ne sont pas toujours nickel, mais qui peut aller faire réparer sa voiture à la Sénégalaise de l'Automobile ? Qui peut acheter le poisson sur lit de glace à Casino, deux fois plus cher que dans la rue à Ouakam ?

Ce sont aussi des centaines de milliers d'emplois qui n'ont pas d'alternative réelle. Bien entendu, les lacunes de ce secteur sont nombreuses : des conditions de travail difficiles, pas de retraite, pas de sécu, des accidents du travail, une grande précarité, des adolescents bien trop jeunes pour avoir déjà quitté l'école, et donc des prestations pas toujours satisfaisantes. La formalisation, objectif poursuivi par les autorités, consiste pour l'essentiel à être déclaré auprès des administrations compétentes. Les résultats ne sont pas probants.

Le seul intérêt objectif pour l'entrepreneur informel, à part la satisfaction morale d'être en règle, serait l'accès au financement. Mais il n'y croit pas parce qu'il sait que même pour les PME déclarées, obtenir un crédit bancaire est extrêmement difficile.

Il y voit donc une série de démarches à effectuer, une source d'éventuelles contraintes, sans gain clairement identifié.

Comment mieux inciter ces entreprises de l'informel à se formaliser ?

Une des grandes lacunes de ce secteur est celle des compétences professionnelles acquises souvent très imparfaitement sur le tas.

Informel : la paille et la poutre - New

Dans les cénacles de l'administration on entend régulièrement pis que pendre du secteur informel, pas inscrit et sans comptabilité. Mais comme le dit le proverbe « on voit la paille dans l'œil du voisin et pas la poutre qui est dans le sien ». Car en matière d'informel, l'Etat se distingue.

Quelle est la forme du Parc de Djoudj ? Aucune, ni statut juridique ni comptabilité. Et la forme des plages de débarquement, par où passe pourtant l'essentiel des poissons pêchés au Sénégal. Quel statut, quelle comptabilité ? Néant. Et la nappe phréatique des Niayes qui appartient à l'Etat, dans laquelle tout le monde puise de manière inconsidérée. Quel statut, quelle comptabilité ? Idem.

Et la station aquacole pilote de Sédhiou ? Et le marché aux poissons de Pikine, qui appartient également à l'Etat comme tout ce qui est cité ici ? Comme le reste, ni statut, ni comptabilité. Et le patrimoine foncier de l'Etat, cédé à gauche et à droite, comme on le sait. Quelle comptabilité patrimoniale ? Aucune. Qu'y a-t-il en effet de plus informel que la gestion de la terre et des terrains au Sénégal, propriété de l'Etat ?

Bref, charité bien ordonnée commençant par soi-même, il serait bien que l'Etat donne l'exemple de l'organisation formelle.

19.10.1 La formation aussi pour l'informel

La mécanique est complexe et surtout très évolutive. Où peut-on en apprendre ses subtilités et ses progrès sinon dans des formations un tout petit peu théoriques ? Comment être un bon électricien sans savoir lire des schémas, un bon carreleur sans savoir déchiffrer un calepinage, un bon maçon sans savoir lire un plan et y repérer les réservations avant de couler la chape ?

Comment peut-on se prévaloir du titre de restaurateur si, ignorant les règles d'hygiène, on laisse traîner la marmite de midi à température ambiante jusqu'au soir au risque de laisser se développer moultes bactéries ?

Comment être une bonne coiffeuse si on ne connaît pas les produits dont on va badigeonner la tête de ses clientes parce qu'on ne sait pas lire les notices ?

Comment être un bon chauffeur de taxi si on ne connaît ni le plan ni le nom des rues de Dakar, un bon boutiquier si on ne lit pas les dates de péremption et si on laisse les baguettes de pain tripotées par tous les clients ?

Comment être un bon chef de chantier si, non sensibilisé à la sécurité, on laisse ses ouvriers monter sur des échafaudages brinquebalants ?

C'est par là qu'il faudrait commencer avec la formule des certificats d'apprentissage que nous venons d'exposer et la mise en place d'un label d'État, ouvrier certifié, non pas pour interdire au non labellisés d'exercer, mais pour informer le consommateur que celui-là a reçu une formation qui offre des garanties.

Que la cliente sache par le macaron apposé sur la boutique de la coiffeuse qu'elle a été initiée au bon usage des produits, que le restaurateur ou l'épicier ont été informés des règles d'hygiène, que le chauffeur de taxi connaît Dakar (et a reçu une formation à la conduite prudente), que le mécanicien a bénéficié d'une formation à la sécurité : freinage, stabilité, éclairage, etc.,

Il s'agirait de mettre en place, dans une première étape, un dispositif informationnel assurant au consommateur qu'a minima, des règles de sécurité et de qualité de base sont appliquées.

Ces certificats d'apprentissage, délivrés par le ministère de la Formation professionnelle, seraient accordés à ceux qui, soit en établissement, soit auprès d'un maître expérimenté, auraient bénéficié d'une formation sur ces compétences de base, un nombre cohérent de ces certificats d'apprentissage permettant de bénéficier du macaron « ouvrier certifié ».

Ce pourrait être là un triple point de départ. D'abord pour la formalisation, en invitant les entrepreneurs à s'inscrire administrativement pour recevoir leur label, ensuite pour les inciter à continuer leurs formations dans d'autres items d'acquisition de compétences de leur métier, enfin pour l'accès au financement.

L'idée est celle d'une contrepartie réelle à l'entrée dans le formel, en premier lieu donc celle d'une petite formation gratuite sur des items essentiels en termes de sécurité et de qualité accompagnée d'un label.

Ultérieurement, quand suffisamment de travailleurs du secteur auront été labellisés, il sera temps d'envisager de procéder à des mesures d'agrément pour exercer certaines professions.

19.10.2 La question du financement : une microfinance adaptée

Elle est cruciale. Qui n'a pas vu le faible outillage de toutes les professions qu'on vient d'évoquer ?

Combien de plombiers travaillent-ils sans une trousse d'outils digne de ce nom, combien de bouchers n'ont-ils pas de vitrine réfrigérée, combien d'éboueurs privés ne disposent-ils pas d'une charrette adaptée à leur tâche, alors que c'est grâce à eux que Dakar est propre 7 jours sur 7 ?

Les banques ne sont pas aptes à répondre à ces besoins de financement qui relèvent plutôt de la microfinance. Les banques, lorsqu'elles ont à faire à des TPE fragiles, demandent en garantie, si elles daignent ouvrir le dossier, 3 fois la somme prêtée. Du coup, si un plombier veut améliorer son matériel, par exemple pour 300.000 francs CFA (500 euros), il doit mettre en garantie 900.000 frs. Comment pourrait-il le faire quand on sait que la valeur moyenne du capital des TPE de l'informel est de 400.000 frs et que la moitié de ces entreprises de l'informel ont un capital d'une valeur inférieure à..... 27.000 frs (40 euros).

La microfinance suppose une souplesse, un suivi individualisé qui est plus du domaine des ONG que des banques.

Pourquoi ne pas construire un système à double étage avec des ONG ayant reçu une mission, une délégation de service public, un agrément, qui leur permettrait de recevoir des fonds de l'État, des banques, de la

coopération et qui ensuite assureraient des prêts en microcrédits adaptés aux entreprises de l'informel ?

L'informel n'est pas une plaie. C'est un acteur économique essentiel qui donne accès à des prestations à prix compatibles avec les revenus de la grande masse, qui permet à de très nombreux jeunes d'accéder à l'emploi et de s'insérer socialement, mais qui présente des faiblesses. La formalisation ne doit pas se résumer à un processus de régulation administrative et comptable, mais doit être sinon précédée du moins accompagnée de manière concomitante d'un progrès réel en matière de formation - avec labellisation - et de financement.

Les ministères concernés ne sont pas seulement ceux du Commerce, des PME et de l'Économie, mais tout autant celui de la Formation professionnelle qui a vocation à élever le niveau du secteur et offrir en même temps une motivation pour la formalisation.

Bien entendu, le premier concerné dans le temps est celui de l'Éducation nationale qui doit réduire sensiblement les départs tellement trop précoces de l'école. Rappelons-le, 88 % des travailleurs de l'informel n'ont pas atteint le collège.

La formation de base, la formation professionnelle, clé de l'émergence ici comme ailleurs.

Les prérequis pour avancer sont là, car tous ces travailleurs de l'informel sont avant tout des gens courageux, et c'est déjà beaucoup.

Le grand Keynes avait théorisé l'affaire en disant qu'il pouvait y avoir un équilibre économique de sous-emploi, c'est-à-dire une société qui tourne avec plein de chômeurs. Contrairement aux libéraux, qui eux pensaient que le chômage faisant baisser mécaniquement les salaires, les entreprises se mettraient à embaucher jusqu'au plein emploi qui les ferait à nouveau remonter. Les libéraux avaient tort. Les salaires ne peuvent pas baisser indéfiniment et le sujet est plus complexe ; Keynes, pour résoudre le problème, proposait que l'État intervienne en injectant des dépenses publiques dans le circuit économique pour relancer la machine. Les fameuses politiques Keynésiennes qui divisent toujours les économistes et les politiques. Sauf que si on injecte de l'argent dans l'économie et qu'il n'y a pas immédiatement la réponse des entreprises pour produire, on aura juste créé de l'inflation et du déficit commercial, suivis rapidement d'une dévaluation. On a vu ça mille fois dans le monde. C'est comme si pour aller plus vite on injectait plein d'essence dans une vieille 404. On pourrait juste mettre le feu au moteur !

La dépense publique, nécessaire, doit s'accompagner pour avoir des effets réels des politiques de formation et de création d'entreprises qu'on vient d'esquisser.

19.10.3 Des coopératives de production

Le secteur informel, on vient de le voir, est une pépinière d'entrepreneurs, mais qui, faute d'équipements (de captal), de savoirs techniques modernes, de réseaux d'achats, de soutien en gestion, a du mal à décoller.

Il y a pourtant là incontestablement une base, un atout réel, pour l'émergence, pourvu qu'on trouve la bonne formule pour monter en gamme.

Il nous semble qu'une des solutions pourrait être la coopérative de production, de même inspiration que les coopératives agricoles ou de l'agroalimentaire. Avec leurs coopératives, les agriculteurs de nombreux pays, tout en gardant la maîtrise de leur exploitation, ont su mettre en commun l'achat en gros d'intrants, la négociation en position de force de la commercialisation de leur production, le partage des équipements onéreux, les conseils techniques et de gestion.

Avec les adaptations nécessaires, il y a sûrement ici un dispositif pour faire progresser le secteur informel.

Dans la couture, on trouve des milliers de tailleurs habiles, mais qui n'offrent pas au Sénégal l'industrie de la confection dont il a besoin.

Pour passer à des ateliers de confection industrielle, ou semi-industrielle, il faut monter en compétences dans tous les domaines, dans le design, dans le modélisme, dans la fabrication et la commercialisation, ce qui suppose désormais de recourir par exemple aux logiciels de productique en matériaux souples et aux techniques de montage en série.

Une coopérative de producteurs permettrait à ces artisans talentueux, mais esseulés, d'embaucher de jeunes techniciens formés à ces métiers, d'obtenir les crédits nécessaires aux équipements, ordinateurs, logiciels, découpe automatisée, de gérer mieux leur entreprise, y compris dans leurs rapports au fisc, et de promouvoir leurs marques.

L'artisanat du bois sénégalais, malmené par les importations chinoises, pourrait lui aussi, grâce à des coopératives, accéder aux outils numériques de la production de bois et aux équipements de fabrication en série, ou encore aux traitements de surfaces modernes, et reprendre ainsi la place que ces menuisiers méritent d'avoir. Des sections de formation aux métiers du bois, du CAP au BTS, doivent ouvrir dans les lycées techniques pour que ces coopératives puissent recourir à de la main-d'œuvre au fait des techniques les plus modernes.

On peut imaginer des démarches similaires pour la maintenance automobile, avec des équipements de garage partagés, qui sont très onéreux, bancs de diagnostic, ateliers de peinture, etc., ou encore pour la fabrication de matériaux pour le bâtiment et pour le secteur de la serrurerie/tôlerie.

Bref, grâce à la coopération, on peut mettre en synergie l'ingéniosité, la vaillance de l'informel et les techniques modernes acquises par la jeunesse, pour un triple objectif : développer des secteurs industriels sur une base nationale, relever le niveau des gains des travailleurs de l'informel, tellement faible, et offrir des emplois à la jeunesse qualifiée.

Des obligations pour les coopératives de production

Les formules de sociétés coopératives de production sont diverses mais reposent toutes sur le principe démocratique selon lequel ce sont ceux qui y travaillent qui y détiennent le pouvoir, chaque membre disposant d'une voix quel que soit le poids de son apport, de son activité. Il n'est donc pas possible de faire appel à une augmentation du capital via des actionnaires comme dans n'importe quelle autre société anonyme. Comment trouver alors des ressources hors le crédit bancaire ?

On pourrait imaginer que ces coopératives de production puissent émettre des obligations, permettant à des épargnants externes de contribuer à des projets leur tenant à cœur.

On voit tout l'intérêt que ce type de formule pourrait revêtir pour ces artisans de la couture, du meuble, de la mécanique, etc.., disposant là de l'outil financier idoine pour attirer une épargne personnalisée, « affective », de ceux qui veulent investir dans leur quartier ou dans leur ville, tels que par exemple les membres de la diaspora.

19.11. Les Politiques dites de l'emploi

Si un tronçon de route est dangereux et cause beaucoup d'accidents, il faut bien entendu en urgence organiser un système de secours de proximité pour prendre en charge efficacement les blessés.

Mais il faut surtout améliorer la route pour la rendre moins accidentogène.

Si dans un quartier il y a une forte prévalence de dysenterie, il faut en développer la prise en charge au dispensaire du coin, mais surtout améliorer le réseau d'adduction d'eau pour éviter les maladies microbiennes.

On pourrait penser que le même raisonnement est appliqué en matière d'emploi, qu'il faut éviter le chômage plutôt que de « le traiter ». Or, il semble que ce ne soit pas tout à fait le cas.

La « politique de l'emploi » consiste à aider les chômeurs en leur versant éventuellement un revenu social en attente d'un retour au travail, et surtout en la mise en place de tout un système d'insertion pour les aider à remettre le pied à l'étrier, avec des dispositifs d'accompagnement et de formation, formation de base, de type alphabétisation, et formation professionnelle. Ce sont aussi des chantiers spécifiques, par exemple de réfection de routes ou de grand nettoiement, qui offrent à ces jeunes des subsides et une activité ponctuelle.

Aider ceux qu'on décrit comme étant loin de l'emploi à revenir sur le marché du travail est sûrement une réponse nécessaire, mais il serait bien meilleur d'éviter autant que faire se peut ces situations, car ces dispositifs de rattrapage coûtent très cher et ont finalement un impact limité.

En premier lieu, en réduisant ces sorties massives de l'école primaire de jeunes illettrés, voire analphabètes. En redoublant donc d'efforts au niveau de l'école élémentaire. Ensuite, en dotant les jeunes d'un bagage professionnel en relation avec les secteurs nécessaires au développement du pays. Davantage de CAP agricoles et industriels, davantage d'élèves en lycée technique dans ces filières industrielles et agricoles. Davantage de licences professionnelles à l'université.

Enfin, en faisant bien fonctionner l'économie de marché pour favoriser les emplois solides et utiles, par la mobilisation de tous les outils qui stimulent la création d'entreprises.

Voilà une politique de l'emploi efficace : le marché, l'éducation de base, la formation professionnelle des jeunes.

La dualité contre l'inclusion - New

Inclusive ! Dans certains textes des politiciens et de l'administration, le mot est aussi fréquent que les virgules. Ce qui n'est jamais bon signe. Au Sénégal les exclus, aux faibles revenus et très fragiles, sont nombreux : mécaniciens de rue, petits piroguiers, femmes transformatrices de sardinelles, pauvres agriculteurs, gestionnaires d'un campement, menuisiers de terrain vague, vendeurs de trottoir, coiffeuses en surnombre, ferronniers et plombiers sans outillage, carreleurs nomades, boutiquiers laminés par *Auchan*, *China Mall* ou *Exclusive*, etc.

La tentation est grande, et souvent exprimée, de moderniser le pays à côté d'eux : par exemple l'agrobusiness **à côté** de l'agriculture traditionnelle, la pêche industrielle **à côté** des pirogues, des ateliers de type industriel **à côté** des artisans traditionnels, etc.

L'expérience prouve que, quand on fabrique ce type de société duale, les poches de pauvreté ne se résorbent jamais. Ce que nous proposons ici c'est que le progrès, la modernité technique et organisationnelle, tirent ces travailleurs pauvres eux-mêmes vers le haut, sans les marginaliser. C'est possible, nous en donnons ici le cheminement pratique, tant pour l'agriculture, l'artisanat où la pêche que pour le secteur informel en général.

19.12. Secteur informel, une pépinière d'entrepreneurs.

Dès que le marché présente une opportunité, le secteur informel répond, on pourrait presque dire dans l'heure. À l'arrivée des téléphones portables, les boutiques de dépanneurs et débloqueurs ont immédiatement fleuri, domaine pourtant très technique. À l'arrivée des deux roues sur Dakar, interdites jusqu'à peu, les ateliers de réparation se sont multipliés. Une coupure d'eau ? Il ne faut pas attendre longtemps pour que des livreurs passent dans le quartier avec force bombonnes, etc. La réactivité entrepreneuriale de ces acteurs de l'économie est impressionnante. Il leur manque des capitaux et la formation pour aller plus loin, mais il y a bien ici une mine d'initiatives et d'énergie pour développer le pays. Le secteur informel est à regarder à notre avis plus comme un potentiel à faire fructifier, comme une réserve d'entrepreneurs, que comme une lacune.

Tel est le sens de toutes nos propositions ci-dessus, la formation, les certificats d'apprentissages et les coopératives de production.

Infernales Jakarta !

Dakar a été pendant longtemps épargné par le bruit et la fureur des deux roues à moteur. Depuis la fin de la Covid, telle une nuée de cricket, ces motos ont envahi les rues de la capitale, au grand dam des taxis, qui les accusent de concurrence déloyale, des piétons, qu'ils ne respectent pas, ou des femmes qui, exagérant beaucoup, les indexent pour faire du vol de sacs à main et de perruques à l'arrachée.

Mais relevons quelque chose de remarquable. En quelques semaines, des centaines d'ateliers de réparation de ces « machines roulantes » ont éclos, illustrant une réactivité bluffante de ce qu'on appelle « l'informel ».

20

LA DÉMOCRATIE SOCIALE, OUTIL DU DÉVELOPPEMENT

« Le rassemblement des citoyens dans des organisations, mouvements, associations, syndicats est une condition nécessaire au fonctionnement de toute société civilisée bien structurée. »

Vaclav Havel, Homme de Théâtre, Ancien Président de la République tchèque

20.1. Améliorer pour attirer

Attirer des jeunes vers l'industrie, l'agriculture et les formations qui y préparent suppose naturellement une amélioration des rémunérations et des conditions de travail : les salaires doivent augmenter, et l'hygiène et la sécurité être mieux surveillées.

C'est pourquoi nous plaidons pour une démocratie sociale qui ne peut réellement exister sans des organisations syndicales de salariés, représentatives et indépendantes. Le dialogue politique doit avoir lieu au parlement entre majorité et opposition, le dialogue social se tenir d'abord dans l'entreprise et au niveau des branches professionnelles entre les patrons et les salariés, représentés par leurs syndicats.

Le dialogue social complète la démocratie politique, il est un gage de progrès économique et d'inclusion réelle : des salariés informés, impliqués et donc mobilisés sont le meilleur atout dont puisse disposer une entreprise.

Des syndicats forts vont contribuer doublement à l'inclusion. En premier, en obtenant une meilleure répartition de la valeur et des améliorations dans les conditions générales du travail.

En second lieu, et c'est souvent une dimension oubliée du syndicalisme, en faisant mieux fonctionner la démocratie et la culture économique du pays.

20.2. La revendication syndicale au service de l'économie

Que fait d'abord un syndicat ? Il élabore des revendications. Or, dans un syndicat, les revendications ne sont pas avancées n'importe comment. Elles sont le résultat de débats entre les diverses catégories de personnels qui le composent, elles s'inscrivent dans une connaissance des réalités et donc des contraintes économiques, dans une culture de la négociation, bref la revendication est un objet réfléchi, mûri, qui peut venir légitimement, efficacement en discussion et si nécessaire, se traduire en action.

L'action syndicale, ce n'est pas la révolte, la formulation de revendications irréalistes, ce n'est pas la somme de mécontentements individuels, mais le fruit d'une réflexion collective.

En cela, le syndicalisme contribue à la gestion raisonnée des intérêts des différentes parties d'une société et plus largement à la culture économique de la nation.

Il aide à une approche apaisée, maîtrisée, des contradictions inhérentes à toute organisation humaine. Des manifestations où dominent les casseurs sont toujours le signe d'un déficit de syndicalisme.

Il est un atout, une condition même, du développement. Parmi ses maux, l'Afrique souffre d'un déficit de démocratie sociale. Rappelons-le, les pays les plus avancés économiquement ont des syndicats puissants.

Nous ne sommes pas dupes de l'instrumentalisation politicienne dont certains syndicats ont parfois été l'objet, ni du fonctionnement peu démocratique qui caractérise parfois ces organisations, ni non plus des actions de blocage irresponsable de tel ou tel service public. Il n'empêche que cette question syndicale se pose avec acuité en Afrique, et encore plus au Sénégal, pays démocratique, mature, qui marche vers « l'émergence inclusive ».

21

LES RISQUES

« Un homme averti en vaut deux. »

La vie d'un pays n'est jamais celle d'un long fleuve tranquille. Il est constamment menacé par des périls externes et internes. Les connaître est le meilleur moyen de les surmonter s'ils survenaient. Il faudra les surveiller comme le lait sur le feu. La réaction sera d'autant plus appropriée qu'ils auront été anticipés.

21.1. Le risque politique : places publiques et coups d'État, les cousins germains

Aucun pays n'est à l'abri de la mise en cause de l'ordre constitutionnel, puisqu'on a même vu il y a peu les démocraties américaines et brésiliennes être l'objet de tentatives de coup d'État. Le Sénégal est entouré de pays ou l'ordre constitutionnel est en permanence bafoué.

Le Sénégal a heureusement un peuple attaché à la démocratie et à l'État de droit. Il l'a prouvé. Mais nul n'est totalement immunisé. Il suffit que cet ordre constitutionnel soit ne serait-ce qu'égratigné pour que la boîte de Pandore soit ouverte.

Aussi est-il de la responsabilité supérieure de tous les responsables politiques d'être exemplaires dans son respect scrupuleux.

Coups d'État et démocratie directe, les cousins germains

Rien ne semble plus éloigné qu'une équipe de putschistes et des partisans de la démocratie directe rassemblés sur une place. Et pourtant.

Dans une démocratie représentative, les responsabilités sont clairement réparties. Chacun connaît les organes exécutifs et leurs administrations, les assemblées délibératives, nationales et locales, les « contre-pouvoirs », la justice, la presse, les syndicats. Le rôle et le champ d'intervention de chacun de ces acteurs sont établis, leur désignation très organisée, les procédures sont rodées et les frontières entre le public et le privé formelles.

Lorsque des militaires prennent le pouvoir, toutes ces distinctions s'estompent : les capitaines se donnent un pouvoir d'intrusion absolu et peuvent décider de tout ; il n'y a plus de frontières, plus de compétences strictement réparties, plus de procédures établies, tout relève de l'arbitraire.

La démocratie directe et ses assemblées, nuits et jours sur des places, relève de la même logique qui consiste à s'attribuer tous les pouvoirs, à s'autoproclamer omni compétent. Ainsi voit-on des assemblées hétéroclites, des « acteurs » sans mandat ni compétence, ni modestie, discuter de tous les aspects de la société sans aucune vergogne, sans se demander si toutes les personnes concernées sont là, si la société n'a pas déjà débattu longuement de ces questions avant de trouver la bonne formule et de la peaufiner par l'expérience (du passé faisons table rase ! y entend-on), faisant fi de toute complexité en hurlant des solutions-slogans, ce cirque laissant naturellement très vite le premier rôle aux démagogues et à ceux qui crient le plus fort.

Le cousinage entre ces places publiques et les coups d'État ne s'arrête pas à cette approche totalitaire, grossière, des choses de la société, mais au fait que ces phases de démocratie directe, lorsqu'elles perdurent, lorsqu'elles ne se contentent pas de féconder la démocratie représentative et l'organisation des pouvoirs, mais qu'elles veulent les remplacer, s'imaginant constituantes et rêvant de marcher sur « le Palais », finissent par… des coups d'État. On mesure à ces événements l'importance des partis politiques, des syndicats et des associations.

Le Sénégal a la chance d'avoir des pouvoirs publics bien établis et de savoir les protéger.

Les deux phrases qui ont fait le succès de la Chine - New

En 1961, alors que venait de s'achever la catastrophe économique et humaine du « Grand bond en avant » lancé par MAO, DENG Xiaoping prononçait cette fameuse phrase.

« Peu importe qu'un chat soit blanc ou noir, s'il attrape des souris c'est un bon chat ».

Et Mao fût mis de côté.

Quatre ans plus tard, Mao, prenant sa revanche, déclenche la « Révolution culturelle », pendant laquelle cette pensée bien trop empiriste de DENG aux yeux de l'ultra-gauche fût voué aux gémonies, et DENG lui-même relégué loin de Pékin.

Bis repetita, ladite « Révolution culturelle » finit mal, en 1976, comme le « Grand bond en avant », et un disciple de DENG, l'universitaire HU Fuming, écrivit le 11 mai 1978, dans un journal régional, avant d'être repris par le Quotidien du Peuple : « La pratique est le seul critère pour éprouver la vérité ».

Cette fois la Chine était définitivement sur de bons rails, Deng revint à la Cité interdite, et on en connait le résultat.

Une leçon de portée universelle ; gare aux emportements idéologiques !

La délégation de responsabilité, un management efficace – New

Cette métaphore féline est plus qu'une formule, elle est une appréhension globale des modalités de gestion, reposant sur « la délégation de responsabilité », méthode qui consiste, une fois les objectifs fixés par les dirigeants, des entreprises ou de l'Etat, à laisser les acteurs de terrain décider des meilleures options pour les atteindre. Les dirigeants considèrent ici que ce sont bien ceux qui sont face au concret de la vie qui sont les plus aptes à trouver le bon chemin. Pas de planification centralisée ! Cette méthode a le gros avantage de rendre tout le monde actif, créatif, y compris lorsqu'on est au niveau de la simple exécution,

C'est cette méthode, qui dynamise toute une société, qui a permis à l'Allemagne de retrouver en 20 ans sa puissance industrielle après la deuxième guerre mondiale, et à la Chine de passer du sous-développement à la place de première puissance mondiale en quelques décennies, comme nous l'évoquons en début de livre.

21.2. Le risque monétaire

Un pays est gravement déstabilisé quand sa monnaie est ravagée par l'inflation et s'effondre. Non seulement parce que l'économie est en péril, mais surtout parce qu'il y a une perte de confiance dans ce qui constitue le cœur même de l'État, la manifestation de son autorité légitime, la monnaie.

Le Sénégal bénéficie d'une monnaie forte, stable, échangeable. Les pays qui ne la possèdent pas voient la leur s'écrouler au moindre signe économique négatif. En septembre 2022, le Ghana qui a pourtant une économie dynamique et diversifiée a vu les prix augmenter de 40 % en un mois et sa monnaie s'effondrer.

Or, des forces intérieures et des dynamiques externes, sous des prétextes divers, tous aussi fallacieux les uns que les autres, plaident pour son abandon. Ce serait le retour de la planche à billets, le règne de l'illusion monétaire, qui se termine toujours très mal : le peuple, ruiné, se révolte et un régime autoritaire se met en place.

21.3. Le risque social

Ce livre plaide pour que la croissance soit inclusive, non seulement pour des raisons de justice, non seulement pour s'assurer que cette croissance s'autoentretienne, mais parce que la vision d'une société où les écarts se creusent, où seuls quelques-uns participent au banquet, aboutit à des mouvements sociaux pouvant aller jusqu'à l'explosion.

On le sait, la jeunesse est bien plus disponible pour la révolte que les aînés. Le Sénégal a une population très jeune dont une grande partie est « flottante », sans travail ni formation, et donc à tout instant disponible pour participer à des mouvements violents.

Elle constitue une masse de manœuvres de premier ordre pour le populisme et la démagogie, d'autant qu'elle est concentrée dans la banlieue de la métropole dakaroise.

Lui offrir des perspectives de formation et d'emploi est le seul moyen de se prémunir contre ces désordres potentiels.

21.4. Le risque du sectarisme religieux et ethnique

Deux poisons rongent l'Afrique, les conflits ethniques et religieux. Le Sénégal en est heureusement largement préservé. L'appartenance ethnique est au Sénégal un supplément d'âme, presque folklorique, et c'est très bien ainsi. On est Sérère ou Diola comme on est Breton ou Bourguignon en France, juste pour s'amuser de ses origines, ce qui n'empêche pas d'être attaché à sa langue ou à ses spécialités culinaires !

Comme ces conflits ethniques sont partout, y compris chez les voisins immédiats, il faut veiller à ne jamais les instrumentaliser, car les dérapages incontrôlés arrivent vite.

Le Sénégal est un pays laïc. Cette laïcité est d'autant plus forte que son Islam est organisé par des confréries dont on voit bien le rôle positif qu'elles jouent quand on compare à d'autres pays. Elles sont un facteur de modération, de rationalité qui assure la paix civile.

Reste que les forces extrémistes sont aux aguets, tapies dans l'ombre, prêtes à saisir la moindre opportunité, le moindre prétexte pour introduire des éléments de discorde.

Ce risque, sûrement encore minime, doit quand même être surveillé de près, ne serait-ce que parce que beaucoup de jeunes se sont éloignés des confréries et sont sensibles aux discours radicaux.

21.5. Le risque de thrombose

Les pays en voie de développement ont du mal à maîtriser la croissance anarchique de leurs capitales-mégapoles. Les populations s'y entassent dans des conditions de grande pauvreté, les travaux d'urbanisme y deviennent prohibitifs et l'insécurité y augmente de manière exponentielle. Dakar n'en est pas encore là, mais pourrait y arriver sous le double choc de la démographie et de l'exode rural. C'est pourquoi, comme nous l'avons souligné à diverses reprises dans ces lignes, il est important de développer une agriculture de main-d'œuvre rentable sur tout le territoire, de développer des activités manufacturières dans toutes les villes du pays et de faire en sorte que Diamniadio réussisse à devenir cette métropole d'équilibre. Des campagnes prospères, facteur de paix sociale.

21.6. Le risque de l'argent gris

L'agent gris, qu'il vienne de la corruption ou des trafics, a un premier effet qui ronge une société : le travail productif est dévalorisé. Pourquoi travailler pour un salaire modeste si ceux qui sont dans l'économie souterraine s'enrichissent vite et exposent leur train de vie, venant narguer le peuple besogneux ?

Il y a avec l'argent gris non seulement un problème moral, on empoisonne la jeunesse avec la drogue et on vole l'argent des citoyens avec la corruption, mais en premier un impact économique immédiat par l'affaiblissement du travail productif.

Quant à l'argent de la drogue, il est illusoire de croire qu'il traverse un pays incognito, sans laisser de trace. Les réseaux de trafiquants finissent toujours par vendre dans le pays de transit et par consommer eux-mêmes, développant des addictions dont on ne sait plus comment s'en débarrasser.

Combien d'adolescents ratent leurs études pour avoir fumé un joint avant d'aller en cours où ils vont alors dormir ?

Le Sénégal ne doit pas s'accommoder de ces deux poisons, particulièrement pervers, destructeurs, sous peine de réveil douloureux.

21.7. Le risque pétrolier

C'est un comble qu'on ait dû inventer la formule de « la malédiction du pétrole » pour décrire les guerres civiles et les coups d'État des pays pétroliers, alors que l'accès à un bien aussi précieux et miraculeux que le pétrole ne devrait être que source de prospérité.

On en connaît les causes. Un clan s'approprie la manne pétrolière au détriment de la population ou d'autres clans, ce qui débouche inévitablement sur des conflits violents.

Le Sénégal s'est prémuni contre un tel risque par la transparence des contrats et l'affectation de la rente pétrolière à un fonds d'investissement assurant l'avenir du pays.

21.8. Le risque climatique

21.8.1 L'eau

Pic de chaleur, manque d'eau, érosion côtière sont au menu de l'humanité pour les décennies à venir du fait du changement climatique qu'on commence à ressentir concrètement.

Le Sénégal est habitué à la rareté de l'eau. Il ne découvre pas comme nombre de pays que c'est un bien à gérer avec parcimonie. Et ce comportement responsable ne concerne pas que les autorités, mais toute la population. Mais les risques d'aggravation de la situation doivent conduire à des anticipations drastiques.

L'agriculture de contre-saison, qui consiste à produire des fruits et des légumes en hiver pour le Nord, semble de plus en plus « hors de saison », tellement ces cultures sont consommatrices d'eau. Le Maroc le découvre, qui après avoir fait pousser des pastèques dans le désert pour l'Europe, s'aperçoit qu'il a vidé ses nappes phréatiques ! Priorité à l'agriculture pour l'autonomie et la sécurité alimentaire.

Les spéculations locales, de civilisation, le mil, le sorgho, le fonio, au-delà de leur qualité nutritionnelle, sont peu gourmandes en eau et donc des céréales d'avenir. On constate hélas que les milieux urbains ont tendance à s'en détourner au profit du riz, gourmand en eau, et du blé, importé. Ne serait-il pas opportun d'engager des campagnes de promotion de ces céréales traditionnelles pour les remettre au goût du jour ?

Relevons encore que trop d'eau se perd dans des réseaux vétustes. Les rénover est une urgence climatique, est source d'économie et créateur d'emplois.

21.8.2 Le trait de côte et les inondations : submersion et érosion

La montée de la mer, il y a un siècle, n'aurait pas provoqué beaucoup de drames, ni à Dakar, construit sur un plateau ni à Saly où se tenaient quelques maisons de pêcheurs. C'est l'entassement des humains sur les zones côtières et au niveau de la mer qui pose aujourd'hui des problèmes dramatiques. Que devient Saly, ses investissements et ses emplois s'il n'y a plus de plage ? Comment évacuer l'eau d'hivernage à Thiaroye sur Mer ? Les avertissements quant aux risques que comportait la construction en zone inondable ou sur la côte même n'ont pas été écoutés, alors que nous savions que les mers ont souvent bougé dans le passé. Et c'est ainsi que l'hivernage, qui était une bénédiction dans les Niayes, car remplissant les nappes souterraines pour la saison sèche, devient une catastrophe pour les habitants qui maintenant y résident.

Que faire ? D'abord, ne pas aggraver les choses en continuant à construire en zone inondable ou juste en bordure de côte. Préparer un repli qui sera nécessaire, et qui sera long et douloureux, et ne pas se laisser mystifier par des aménagements pharaoniques, ruineux et vains, proposés par des apprentis sorciers, soucieux de leur seul chiffre d'affaires.

Des brise-lames et des digues de taille raisonnable ont été posés sur la langue de Barbarie à Saint-Louis et à Saly, ainsi qu'à Rufisque ou encore à Joal. Ces ouvrages permettent de gagner du temps, mais ne doivent pas faire l'économie d'une réflexion de long terme. La politique de l'autruche ne serait pas de bonne méthode.

Ne pas fragiliser les écosystèmes, qui ont fait leur preuve, par exemple en continuant à bétonner la côte, au risque de briser la circulation naturelle du sable qui a su créer de vastes plages, en sanctionnant durement le prélèvement de sable marin pour le bâtiment, enfin en continuant à replanter les mangroves, meilleure barrière de protection des deltas et frein à la remontée du sel vers l'amont des cours d'eau.

Il faut préparer sur 30 ans un plan « trait de côte-inondations » qui doit être l'occasion d'une réflexion de fond sur l'occupation du territoire.

L'anthropique n'est pas que climatique - New

L'élévation de la température terrestre est incontestable puisqu'on la mesure. La cause en est démontrée, la combustion d'énergie fossile et ses émissions de gaz à effet de serre. Bien. Mais mettre sur le dos du changement climatique tous les problèmes environnementaux que rencontre l'humanité, ce qui est devenu désormais une rengaine, ce n'est vraiment pas faire preuve de beaucoup de rigueur.

L'eau des nappes phréatiques, des Niayes et d'ailleurs, devient de plus en plus salée. Le coupable ? Le changement climatique entend-on dire, qui n'y est pourtant pour rien. Si l'eau de la mer pénètre dans la nappe d'eau douce c'est parce qu'on y puise de manière inconsidérée, que son niveau baisse, et que la nature ayant horreur du vide, l'eau salée remplace l'eau douce. La cause est bien anthropique, le fait de l'homme, mais rien à voir avec le climat.

Les habitants de Thiaroye sur mer sont régulièrement inondés ? Là encore le bouc émissaire est tout trouvé, le changement climatique. Vaste blague ! Comment a-t-on été assez stupide pour urbaniser des marais, des zones de Niayes, au niveau de la mer, là où les nappes affleurent, et qui plus est sans les assécher, les drainer ?

Les anciens ne l'auraient jamais fait. Les modernes, par arrogance à l'égard de la nature, et aussi faute de maitriser le développement des giga-pôles, ont construit dans des zones où les inondations ont été de tout temps, des siècles avant même qu'on brûle le premier litre de pétrole !

Les plages de Saly disparaissent ? Encore un coupable tout trouvé, le changement climatique. Alors que les vrais coupables sont connus mais c'est tellement commode d'escamoter les vraies responsabilités. Les vrais fautifs sont ceux qui ont autorisé des constructions illégales « pieds dans l'eau ». Si on avait construit tous ces hôtels à 300 m de la mer, comme la loi l'exigeait, la côte serait toujours protégée par des dunes et des filaos, les touristes auraient pris un petit sentier bucolique pour rejoindre les plages, qui seraient toujours là. Retenons la leçon pour la pointe Sarène.

On sait de surcroit que tous ces ports avec digues et jetées construits au nord de la petite côte modifient les courants marins qui venaient déposer du sable sur les plages qui ne sont alors plus rechargées naturellement.

De la même façon, ce sont les barrages sur les fleuves qui ralentissent l'apport d'alluvions vers les deltas qui se trouvent alors fragilisés face à la mer.

On pourrait allonger la liste de cette fausse explication, par exemple la baisse de la ressource halieutique, qui tient massivement à la surpêche et pas à l'élévation de la température de l'eau de mer, ... qui reste à venir, sans parler de la pollution du fleuve *Falémé* par les miniers ou encore du rejet en mer des eaux usées sans traitement, même primaire.

L'historien Leroy-Ladurie a montré dans son ouvrage sur le climat, « Histoire du climat de l'an mille à nos jours », qu'il n'a cessé de changer, alternant les périodes froides et chaudes, pluvieuses et marquées par la sécheresse, bien avant les gaz à effet de serre.

Car la terre ne cesse de bouger, de respirer, de se transformer, la mer de monter et de reculer, depuis les 5 milliards d'année de son existence. Si la montée de quelques centimètres du niveau de la mer est si problématique aujourd'hui c'est bien d'ailleurs parce que l'humanité a eu l'inintelligence de venir se coller par milliards contre les côtes.

Et ne parlons pas des microplastiques et des polluants permanents !

Bref, tous ces problèmes environnementaux ont bien des causes anthropiques, mais pas celle du changement climatique qui a bon dos. Et pour trouver les vraies solutions aux problèmes, il faut d'abord en identifier les causes réelles et ne pas s'accrocher à un bouc émissaire. Réduire rapidement les gaz à effet de serre est donc une exigence de plus qui vient s'ajouter à la longue liste des urgences environnementales.

Plateformes gazières : les ruses de la nature - New

Quand les projets de plateformes gazières au large de Saint-Louis ont commencé à prendre forme, les idéologues de l'environnement ont annoncé deux catastrophes certaines : la disparition des poissons et l'accélération de l'érosion côtière.

Cette dernière était déjà réelle et sévère, bien avant l'arrivée de ces installations gazières, puisque les vagues venaient taper les premières maisons de Guet Ndar, qu'il a fallu évacuer, et on a dû ériger dans la précipitation une digue de protection, faite d'enrochement, pour protéger le reste du quartier.

Or surprise, depuis que les plateformes sont en place, la mer a reculé naturellement de plusieurs dizaines de mètres, et la plage de Guet Ndar s'agrandit à vue d'œil. Que s'est-il donc passé ?

Pour protéger leurs plateformes, a plus de 10 km de la côte, les sociétés gazières ont construit de vastes brise-houle, qui ont modifié les courants, qui viennent désormais réensabler les plages, protégeant ainsi la langue de barbarie.

Deuxième ruse, après le sable, les poissons. Devant l'épuisement de la ressource halieutique, il était envisagé de créer des enrochements artificiels, immergés, pour favoriser leur reproduction. Il se trouve que pour des raisons de sécurité, les sociétés exploitantes ont interdit la navigation dans un vaste périmètre autour de leurs plateformes, et la surveillance y est rigoureuse.

Les poissons l'ont vite compris, pour qui cette zone d'exclusion maritime est devenue pour eux un refuge absolu où ils peuvent échapper aux filets et se reproduire.

Les pêcheurs de Saint-Louis se plaignent que ce regain de reproduction ne leur profite pas, car les poissons voyagent et partent loin au large, où ils ne peuvent pas accéder avec leurs pirogues. On retombe là sur le vrai sujet : la modernisation de la pêche.

Ainsi ces installations, accablées de tous les maux avant leur arrivée, ont-elles mis fin à l'érosion côtière et protégé les poissons. Qui l'eût cru ?

Retour de bâton anti-environnemental pour négligence économique - New

Un vent anti-environnemental se lève, qu'illustre le » drill baby, drill » de Donald Trump. Mais pas seulement aux USA. En France c'est une taxe à but environnemental sur l'essence qui a sonné la révolte des gilets jaunes. Partout c'est le » green bashing » comme en témoignent le retour en arrière sur des réglementations concernant les produits phytosanitaires pour l'agriculture ou encore la floraison de projets pétroliers et miniers.

Pourtant les études scientifiques sont là, qui montrent les risques que prend l'humanité avec le réchauffement climatique ou les dégâts de la chimie à tout va sur la santé des hommes.

Qu'est-ce qui explique ce retournement ? La négligence des questions économiques. L'alerte avait pourtant été donné par l'affaire des agro-carburants, défendus il y a quelques temps avec frénésie par les écologistes, qui avaient juste oublié que ça allait faire flamber le prix du maïs, et donc du repas de base des Mexicains et de bien d'autres, et aussi, un comble, dégrader des écosystèmes précieux en accélérant la déforestation.

Si les préoccupations environnementales ne s'articulent pas étroitement sur les mécanismes économiques, sur la vérité des prix, sur les conditions de vie des travailleurs les plus modestes, elles en feront les frais. On le voit avec l'éolien où par pure idéologie on a sous-estimé les coûts de l'électricité qu'elle produit.

On le voit encore au Sénégal, lorsque des experts en ressources halieutiques viennent faire la leçon aux pêcheurs, en mettant en avant une question secondaire, les filets en plastique, dits mono-filament, sans se préoccuper de leurs conditions de vie, de survie, passant du coup à côté des causes profondes de la surpêche et donc des bonnes solutions.

Nous pensons au contraire qu'il faut inscrire les questions environnementales dans une démarche économique rigoureuse afin d'éviter que les principales victimes de la dégradation du climat, des sols et de l'eau, les populations laborieuses les plus modestes, ne participent-pas-elles aussi à ce green bashing, pressées qu'elles sont par les nécessités économiques du quotidien.

Cette approche, qui lie solidement économie, social et environnement reste bien entendu étrangère à tous ceux qui font une allergie infantile à l'économie de marché et à l'entreprise privé, au détriment de la cause qu'ils disent servir.

On se souvient de la formule de référence des gilets jaunes s'adressant aux élites : « vous parlez de la fin du monde, nous de fin du mois »

Tel est la ligne directrice de ce livre, apporter des solutions concrètes aux problématiques environnementales par l'amélioration des conditions de travail, de revenus et de vie des populations grâce à une plus grande efficacité économique.

21.9. Le risque sanitaire

L'humanité a cru être débarrassée des grandes épidémies avec les progrès de l'hygiène et la vaccination de masse. Avec Ebola et la Covid, on a vu qu'il n'en était rien, et que l'impact économique de ces épidémies pouvait être considérable. Il faudrait tirer publiquement et sans tabou toutes les leçons de l'épidémie de Covid, pour apprécier ce qui a marché et qui doit être consolidé, et ce qui a raté et qui doit être corrigé, en termes de détection, de parole publique, de réponse de l'appareil sanitaire, de comportement de la population, etc.

Faire un bilan partagé et public, sans chercher des boucs émissaires, est le bon moyen d'anticiper la prochaine épidémie.

21.10. Le risque complotiste

Les rumeurs, fondées sur de fausses informations, ne datent pas d'aujourd'hui. Mais avec les nouveaux réseaux de communication, elles se répandent dans le monde entier à la vitesse de la lumière. Ainsi a-t-on vu les rumeurs les plus saugrenues, par exemple que les vaccins contre la Covid contenaient une puce pour organiser la surveillance de la population, avoir un succès tel, que les campagnes de vaccination en furent compromises.

Le risque complotiste est aujourd'hui à prendre pleinement en compte, tellement il peut amener les masses à adopter des comportements politiques et sociaux aberrants.

Comment les combattre ? D'abord, à l'école par l'enseignement des sciences et de rationalité.

Ensuite, en rendant toute sa crédibilité à la parole publique. Si le peuple ne croit plus en la parole publique parce qu'il constate qu'elle ne dit pas la vérité sur des choses qu'il peut constater dans sa vie quotidienne, alors il ne lui accordera pas plus de crédit quand elle devra combattre des *fake news*.

21.11. Le risque budgétaire

S'endetter pour investir est une excellente chose. Mais un investissement doit s'amortir et rapporter. Construire un port est bien, mais il faut ensuite qu'il soit rempli de containers, à l'export si possible ! Une autoroute qui désenclave une région est un progrès, mais il faut ensuite que les camions, signe de son activité économique, l'empruntent, etc.

L'endettement pour investir doit être suivi de la croissance économique pour laquelle ces infrastructures ont été prévues.

Sinon, la dette ne sera pas amortie et le déficit budgétaire se creusera dangereusement faute de ressources supplémentaires. Une politique agricole et industrielle volontariste doit accompagner ce volontarisme de l'investissement de base. Il y va de la santé des finances publiques.

21.12. Le risque de la dépendance

Le Sénégal est une voix écoutée au plan international. Il le doit à sa sagesse, à la pertinence de ses prises de position et à son indépendance de jugement.

Il n'y a pas de prêt innocent. Tout prêteur étatique entend tirer de son prêt un avantage, économique bien entendu, mais aussi politique. Trop emprunter à des États tiers fait courir le risque de perdre une partie de son indépendance, le prêteur ayant des moyens de pression par des taux d'intérêt avantageux, des reports d'échéances, des reconductions ou non, etc.

D'où l'importance de ne pas se mettre dans les mains d'un prêteur qui, par son poids dans la dette extérieure, pourrait être tenté de peser sur les orientations diplomatiques du pays. La dette extérieure doit être aussi diversifiée que possible pour garder son indépendance politique et économique. On ne met pas toute sa dette dans le même panier.

21.13. Le risque de décrochage scientifique

Plus que jamais l'économie et la puissance sont déterminées par le progrès scientifique. Les programmes de recherche du Nord et de l'Asie mobilisent des milliards de dollars dans les biotechnologies, le numérique, les énergies ou le spatial. Ceux qui ne seront pas dans la course seront dépendants. Comment le Sénégal peut-il s'insérer dans ces programmes ? Le plus opérationnel aujourd'hui serait de placer un maximum de chercheurs sénégalais dans des laboratoires de haut niveau en lien avec les préoccupations du Sénégal. On pense bien sûr aux biotechnologies appliquées à l'agriculture et à la santé, au numérique, à l'énergie ou encore aux matériaux.

Il serait opportun de mettre en place un plan « docteurs pour l'autonomie scientifique » qui consisterait à financer (et à faire financer) des bourses de recherche pour de brillants étudiants sénégalais sous l'égide de l'Académie des sciences qui piloterait ce dispositif. Des places dans des labos étrangers pour des doctorants et des docteurs devraient être un chapitre régulier des accords de coopération avec les pays tiers. Il reviendrait ensuite à l'Académie des sciences et aux universités concernées de voir comment faire bénéficier le pays de ces compétences : recherches partagées, pilotage de labo au Sénégal, etc. Ce qui vient d'être réalisé pour le premier satellite sénégalais en partenariat avec les universités de Montpellier, ou encore ce qui est en train de naître sur les vaccins, doit prospérer.

21.14. Le risque économique

Le risque majeur, qui déclencherait ou aggraverait tous les autres, est celui de la panne économique. Si la croissance voulue du PIB n'était pas au rendez-vous et ne pouvait accompagner ni la poussée démographique ni l'amélioration du sort des populations, alors nous rentrerions dans une période de turbulence, dans une crise systémique, à l'issue imprévisible.

C'est pourquoi nous sommes convaincus qu'il faut prendre à bras-le-corps les questions économiques abordées dans ces pages, qu'il faut faire sauter les verrous qui empêchent le pays de se développer comme il le pourrait, afin d'avoir l'agriculture puissante et l'industrie manufacturière diversifiée qui assureront sa prospérité et sa stabilité.

21.15. Un crash-test pays pour mesurer sa résilience

Après la crise de 2008 et la faillite de Lehman Brother, qui aurait pu dégénérer en effondrement généralisé comme en 1929, les organismes régulateurs du secteur bancaire ont exposé les banques à des tests de stress ou de crash pour regarder leur capacité de résilience face à une nouvelle crise financière.

L'essentiel de l'exercice visait à vérifier que leurs fonds propres étaient suffisants pour résister à une crise de confiance, à vérifier que leurs engagements n'étaient pas hasardeux au point de compromettre leur viabilité en cas de nouvelles crises monétaire.

Les États ne seraient-ils pas bien inspirés de se soumettre à des crash-tests ?

À quoi vient-on d'assister ? Un virus arrive et de nombreux États s'aperçoivent qu'ils sont démunis, que leur capacité de résilience n'est pas brillante : ni masques, ni médicaments, ni procédure. Les Japonais font régulièrement des crash-tests pour se prémunir contre les tremblements de terre, car les séismes sont leur lot quotidien. En 2020 au contraire, les épidémies paraissaient appartenir à une époque révolue. On connaît la suite, panique et improvisation.

On semblait aussi n'avoir aucun problème d'énergie et de nourriture à venir, surtout pas de manquer de pétrole et de gaz qu'il fallait au contraire remiser pour cause de réchauffement climatique. Et encore une fois, panique et improvisation pour se passer du gaz russe et du blé ukrainien à la veille de l'hiver 2022.

Ne parlons pas des microprocesseurs dont la rareté met des secteurs industriels entiers en panne, ou de… la moutarde qui a disparu des rayons pendant des mois.

Tous ces exemples montrent que la culture du risque avait disparu, qu'on vivait en matière économique, avec la mondialisation heureuse, la fin de l'histoire que nous avait annoncée Francis Fukuyama.

Il n'en est rien comme on le voit avec l'angoisse qui s'empare de tous les industriels du fait de la rareté, ou du contrôle par quelques heureux pays, des métaux et des terres rares ou des puces.

Certes, les pays les plus riches peuvent toujours se rassurer en pensant qu'avec l'argent on peut acheter ce dont on a besoin. Mais outre que l'addition peut être salée, il ne faut jamais négliger les déterminants géopolitiques, car, comme le disait Yves Lacoste, « La géographie, ça sert d'abord à faire la guerre ».

Ces risques que nous venons d'évoquer mériteraient, à notre avis, d'être formalisés dans des exercices par lesquels le Sénégal se préparerait à des événements qui lui sont extérieurs, mais qui peuvent l'impacter lourdement et directement.

Lançons quelques pistes.

Le premier est le risque alimentaire. Un pays qui voit sa population exploser et qui importe une large part de sa consommation alimentaire est exposé, par exemple, à une forte hausse des cours mondiaux. Si on mesure son taux de résilience par le rapport entre la production locale et la consommation nationale, on voit qu'il est problématique. Surtout si on ajoute comme indicateur la part importée d'intrants et de matériels agricoles dans sa propre production.

Ayant mesuré les défauts dans la cuirasse, on doit pouvoir améliorer les ratios et réfléchir aux hypothèses de crise. En l'occurrence, ici, en renforçant significativement l'agriculture et la pêche vivrière ainsi que son autonomie à l'égard des intrants importés, comme le font les banques quand elles renforcent leurs fonds propres. Ou encore mettre en place des dispositifs législatifs et organisationnels anti-spéculation, car il y a toujours des profiteurs de crise.

Le même exercice peut être conduit pour la santé, l'énergie, l'industrie pour laquelle on pense à l'impact des hausses brutales des matières premières, et aussi pour le domaine financier, avec la dette publique, et l'impact que pourraient avoir des hausses de taux sur la charge de la dette et les risques liés de banqueroute. Bref, c'est la question d'une économie autocentrée et de responsables lucides.

Car tout de même, quand on réfléchit à la grosse décennie qui vient de s'écouler, de la crise financière de 2008, à l'épidémie de Covid et à l'invasion de l'Ukraine, le moins qu'on puisse dire, c'est que la plupart des pays n'étaient pas préparés. D'autant moins qu'on mesure à quel point une absence de résilience dans un domaine donné peut se prolonger très vite en crise systémique.

Ne serait-il pas opportun de mettre en place une cellule crash-test au ministère de l'Économie, vigie du pays ?

22

LA BONNE GOUVERNANCE

Gouverner, c'est maintenir les balances de la justice égales pour tous.

Franklin Delano Roosevelt

Dit autrement

Gouverner ne consiste pas à aider les grenouilles à administrer leur mare !
Michel Audiard

22.1. Ali contre Machiavel

On connaît les conseils de Machiavel au Prince. Pour se maintenir au pouvoir, il ne faut penser qu'aux rapports de force et savoir faire preuve de cynisme. *« Le Prince est souvent obligé, pour maintenir l'État, d'agir contre l'humanité, contre la charité, contre la religion même. Il faut que tant qu'il le peut, il ne s'écarte de la voie du bien et qu'au besoin, il sache entrer dans celle du mal.* » (Machiavel, *Le Prince*, 1532). Nous ne pensons pas qu'il s'agisse là d'une bonne méthode pour gouverner intelligemment un pays moderne. Nous y préférons les conseils que Ali (Qu'Allah soit satisfait de lui), le cousin du Prophète (PSL), donnait à Mâlick qui partait gouverner l'Egypte. Nous les reprenons à notre compte dans la perspective de ce livre qui est celle de l'émergence du Sénégal.

Pour progresser, en économie comme en toutes choses, un pays, qu'il soit régi par la démocratie ou par des règles héréditaires, a besoin d'être, en effet, bien gouverné, de bénéficier de ce que les instances internationales appellent « la bonne gouvernance » et qu'on appelait sous les régimes non démocratiques un « gouvernement éclairé », voire même un « despote éclairé ». Qu'est-ce bien gouverner ? On sait en tous cas ce qu'est mal gouverné.

Lutte contre la corruption : Mille Bravos

« Piscis primum a capite foetet » : ***Le poisson pourrit par la tête*** **(Erasme)** - New

S'il y a un domaine pour lequel on peut créditer la nouvelle équipe d'aller de l'avant à marche forcée, c'est bien celui de la lutte contre la corruption. Inutile d'insister sur ses dégâts, véritable gangrène économique, politique et morale de la société.

Reddition des comptes, publication du patrimoine non seulement des hommes politiques mais aussi des fonctionnaires, renforcement des corps de contrôle, protection des lanceurs d'alerte, digitalisation des opérations douanières, fiscales et foncières, toute la panoplie nécessaire à l'éradication de ce mal est mobilisée sans faiblesse.

22.2. Lettre d'Ali au gouverneur d'Egypte

22.2.1 Les prédécesseurs au pilori

Le premier signe d'une mauvaise gouvernance consiste à minorer voire à dénigrer le travail de ses prédécesseurs, à faire comme si, enfin, le bon travail allait commencer avec soi. Réflexe d'autant plus fréquent que pour conquérir le pouvoir, on ne s'est pas privé de critiquer les sortants, y compris de manière outrancière. Qui ne se souvient de la célèbre (et ridicule) phrase de Jack Lang, en mai 1981, après la victoire de François Mitterrand, « *la France vient de passer de l'ombre à la lumière* » ? Lequel Jack Lang, baiseur de babouche s'il en fut, pour justifier ensuite cette phrase qu'il consentait à reconnaître un peu excessive, citait parmi les raisons de son enthousiasme, la nationalisation massive des entreprises, qui s'avéra être une catastrophe économique et budgétaire !

Mauvais réflexe donc, d'abord parce que le peuple n'est pas dupe, ensuite parce qu'on va ainsi entretenir les plaies ouvertes pendant la période nécessairement tendue de la conquête du pouvoir au lieu de refaire l'unité, aussi parce que le sort qu'on réserve à ses prédécesseurs reviendra inévitablement comme un boomerang, et enfin parce que souvent, c'est tout simplement faux, les prédécesseurs ont fait bien plus qu'on veut bien le reconnaître. Ajoutons que ce n'est pas élégant.

Chacun a, dans son époque, avec les contraintes de son temps, apporté sa pierre à l'édifice. Quand le Président Macky Sall donne le nom d'Abdoulaye Wade au grand stade, il reconnaît légitimement tout ce que ce dernier a engagé. Quand il donne le nom Abdou Diouf au centre des conférences internationales, il reconnaît ce que celui-ci a fait pour la démocratie et la renommée du Sénégal. En donnant au nouvel aéroport le nom de Blaise Diagne, personnalité pourtant controversée, on inscrit l'histoire du Sénégal dans la longue durée.

« Les gens critiqueront tes actions de la même manière que tu critiquais celles de tes prédécesseurs et diront de toi ce que tu disais d'eux ». Ali (Qu'Allah soit satisfait de lui)

22.2.2 Du passé faisons table rase

Le deuxième mauvais comportement consiste à vouloir faire « table rase du passé » comme le propose le chant « l'Internationale », comme si tout le passé, c'est-à-dire l'histoire du pays, était à effacer.

Attitude funeste qui n'a conduit qu'à des catastrophes. Les excès de ce culte de la rupture qui s'est emparé de la Révolution française a conduit à la Terreur et à la destruction d'un patrimoine exceptionnel. Le pays traîne encore les cicatrices de ces excès.

Même chose en Russie où la volonté d'anéantir le passé a conduit à la destruction des églises orthodoxes, aux famines et à Staline, avec ruse de l'histoire, l'inscription à nouveau aujourd'hui du culte orthodoxe dans la Constitution et la reconstruction des églises abattues. Et que dire de la Chine de Mao qui, voulant écrire une nouvelle histoire de la Chine à partir d'une page blanche, avait voué aux gémonies la Pensée Confucius et qui aujourd'hui voit ce pays baptiser du nom de Confucius ses centres culturels à l'étranger, reconnaissant l'apport de cette pensée à la civilisation chinoise.

En la matière encore, comment ne pas sourire, avec les Anglais, quand le Président Mitterrand qui se préparait à célébrer en grande pompe le bicentenaire de la Révolution française, et dont les affidés dénonçaient de manière caricaturale l'ancien régime, recevait, peu de temps avant, pour un sommet international, les très conservateurs Ronald Reagan et Margaret Thatcher...au Château de Versailles du roi Soleil

« Apprends que je t'envoie dans un pays qui a connu avant toi des situations marquées par la justice comme par l'oppression ». Ali (Qu'Allah soit satisfait de lui). Bref, prend connaissance, respecte et fait tienne toute l'histoire du pays.

22.2.3 Le sel de la terre

Nous avons beaucoup insisté dans ce livre sur l'importance de l'agriculture pour réussir l'émergence. Il est très étonnant de lire la modernité des propos ci-après d'Ali, y compris en termes de préservation de la terre dans la durée, une préoccupation écologique bien avant l'invention du terme.

« Occupe-toi de la terre dans l'intérêt de ceux qui la travaillent, car l'abondance des produits de la terre et la prospérité des producteurs conditionnent le bien-être d'autrui, pour la simple raison que les hommes sont tributaires de la terre et de ceux qui en assurent la mise en valeur. Sois plus préoccupé du bon état des terres que des entrées qu'elles peuvent rapporter, car ces dernières ne peuvent te parvenir que si les premières sont bien entretenues. Celui qui demande l'impôt sur les terres, sans s'occuper de leur entretien, ruine le pays et rend la vie difficile au peuple, et son autorité sortira de cette situation affaiblie ».

Et comment ne pas approuver ce propos qui s'apparente à ce slogan qui a fait florès dans le monde entier : « La terre à ceux qui la travaillent ».

N'accorde aucune terre à tes proches ou à tes conseillers, ne donne jamais ton accord sur ce qu'ils convoitent si cela risque de léser les intérêts d'autrui dans la répartition de l'eau ou le partage du fruit d'une entreprise commune, et de permettre à ton entourage de faire travailler les autres hommes pour leur compte. Car la responsabilité de tels actes t'incombera aussi bien dans ce monde que dans l'au-delà. » Ali (Qu'Allah soit satisfait de lui)

22.2.4 L'unité du peuple

Les nouveaux gouvernants ont, en général, été portés au pouvoir par tels ou tels groupes économiques, sociaux ou culturels qui se reconnaissaient dans leur programme contre ceux qui se reconnaissaient dans les programmes de leurs adversaires. Ainsi, certains régimes vont-ils être plus soutenus par les classes populaires alors que d'autres le seront plutôt par les classes aisées, ou encore plutôt soutenus par les campagnes que par les banlieues, etc.

Continuer à privilégier ceux qui vous ont porté au pouvoir, pour les remercier en quelque sorte, au risque de fracturer le pays dans la durée, n'est sûrement pas la bonne attitude.

Un pouvoir éclairé doit, au contraire, s'atteler à vite retrouver les suffrages de ceux qui n'ont pas voté pour lui, dans un souci d'unité et d'efficacité, car les progrès d'un pays sont proportionnels à la mobilisation de tout le peuple. Si une fraction traîne les pieds, ce sont nécessairement des points de PIB en moins.

Les forces économiques d'un pays sont extrêmement diverses et toutes nécessaires. Clouer au pilori, quand on est à gauche, les entrepreneurs et les capitalistes est suicidaire, car les pays où on l'a fait se portent particulièrement mal et ce sont les pauvres qui en paient le prix le plus lourd. Symétriquement, ne pas voir la contribution des plus modestes à la marche de la société est injuste et peu rationnel. Tout le monde connaît le rôle des « invisibles » à la bonne marche de l'économie, comme le dit si bien Stromae dans son dernier tube.

« Sache que tes administrés se retrouvent en catégories intimement liées les unes aux autres de telle sorte qu'aucune d'entre elles ne saurait être saine si les autres ne le sont pas ». Ali (Qu'Allah soit satisfait de lui).

22.2.5 Les baiseurs de babouche

Le pouvoir enferme et coupe des réalités. Raison pour laquelle il faut se méfier des flagorneurs, des baiseurs de babouches qui ne sont là que pour être servis et non pas pour servir, qui masque la vérité au Prince, et qui retourneront casaque dès que les vents seront moins favorables. Savoir écouter, sans se formaliser, ceux qui disent ce qui est, y compris – et surtout - si ce n'est pas à l'avantage du Prince, est gage de lucidité et de durée.

« À l'égard du chef, personne n'est plus préoccupant que l'élite en période de stabilité, moins assistant en temps de difficultés, plus réticent à agir selon la justice, plus insistant en demande, moins reconnaissant des offres, moins disposé à comprendre en cas de refus, et moins tenace en cas de malheurs » Ali (Qu'Allah soit satisfait de lui).

22.2.6 Rester modeste

Les fastes, les ors, la cour, les caravanes de grosses cylindrées, tout cela fait parfois perdre les pédales à ceux qui sont au pouvoir. *« Prends garde de ne pas vouloir t'élever à la hauteur de Dieu et de Lui ressembler dans Son omnipotence. Allah avilit tout oppresseur et méprise tout orgueilleux »*. Inutile d'épiloguer.

22.2.7 Le courage de la modération

L'histoire montre hélas que ce sont souvent les discours les plus radicaux qui recueillent les faveurs du peuple, comme si les modérés n'étaient pas capables de répondre à ces aspirations. On peut comprendre que ceux qui souffrent se laissent convaincre par cette idée qu'il faut renverser la table, alors que ce n'est là que la politique de l'éléphant dans un magasin de porcelaine : on casse tout et ensuite il faut tout rebâtir.

On le perçoit avec le dossier du francs CFA, dont bien entendu le nom et la gouvernance doivent changer, mais jeter le bébé avec l'eau du bain, à savoir abandonner le principe d'une monnaie forte, serait payé au prix fort d'abord par les plus modestes. *« Que ton choix tombe toujours sur la solution la plus médiane dans la vérité, la plus générale dans la justice, celle qui réussit le plus à recueillir le consentement des administrés. Car l'irritation du peuple rend inefficace le consentement de l'élite, alors que l'irritation de la seconde peut être compensée par le consentement du premier »*. On pourrait ajouter surtout dans une démocratie !

22.2.8 Une économie de marché fluide et prospère

Un bon gouvernement, c'est celui qui offre aux acteurs de l'économie le cadre - infrastructures, dispositions juridiques, etc. - qui permet à leurs activités de s'épanouir. Il doit veiller à l'exercice d'une concurrence saine, à défaire tout ce qui l'entrave, les filets de la bureaucratie, le harcèlement, la suspicion. Il doit veiller à ce que la concurrence soit stimulante en évitant les situations de monopole. *« Que le négoce se déroule dans une ambiance de mutuelle bienveillance, que les mesures soient justes et que les prix ne lèsent ni l'acheteur ni le vendeur. Prohibe tout acte de monopole, car le Messager de Dieu l'a interdit »*. Bref, un juste équilibre entre Auchan et ses fournisseurs ! Comment ne pas acquiescer à ces propos sur les commerçants et les artisans qui sont trop souvent vilipendés ?

« Veille sur les négociants et les artisans, recommande qu'on les traite avec bienveillance, qu'ils soient établis, ambulants ou bien travailleurs manuels. Car ils sont sources de biens et de profits qu'ils drainent de loin par terre, par mer, à travers les plaines et les monts, assurant aux gens ce qu'ils sont incapables d'obtenir. Cela te garantira une paix durable et un pacte respecté. Examine leurs activités dans les coins les plus reculés de ton État ».

Personne ne paie, rien ne va - New

Les plages de débarquement du poisson ne sont pas gérées comme on l'a vu. Les pêcheurs ne paient pas de « droits de port ». Comme personne ne paie il n'y a pas de sou, et les plages ne disposent alors d'aucun équipement et sont bien peu entretenues, pour ne pas dire pas du tout.

Le Grand marché aux poissons de Pikine, lui également sans autonomie budgétaire, donc sans véritable gestion, n'est pas en bon état. Pour disposer tout de même de quelques sous sa direction a voulu faire payer 100 frs, oui cent francs, aux acheteurs, comme les paient déjà les vendeurs, les mareyeurs. Lesquels acheteurs ont fait alors une grande bagarre. La mesure a été reportée.

On a entendu un haut fonctionnaire du ministère de l'agriculture dire qu'il ne se voyait pas faire payer l'eau aux agriculteurs. Pourtant, si on veut gérer durablement l'eau des nappes des Niayes et d'ailleurs, il faudra des équipements partagés, de la gestion, toutes choses qui ont un coût. Sans compter que quand on paie on ne gaspille pas.

Les taxes et impôts locaux sont dérisoires eu égard aux besoins d'une ville et à ce que sont les revenus de l'immobilier. Qui plus est, personne ne paie vraiment son faible dû. On voit du coup quel est l'état des rues et de l'assainissement. Etc.

On connait l'argument, mille fois entendus : « on ne paie pas parce qu'ils ne sont pas honnêtes ; on ne sait pas ce qu'ils vont faire réellement avec nos impôts et nos redevances ».

On voit quelles sont les deux importantes conditions à remplir pour qu'une économie de marché tourne rond, pour qu'elle soit fluide et prospère comme le dit Ali : donner leurs vrais prix aux biens et aux services, et faire échec à la corruption.

22.2.9 Les bonnes et les mauvaises traditions

Voici un sujet délicat, car chacun voit midi à sa porte. Comment concilier progrès et respect des bonnes traditions ?

Les mesures de progrès sont indiscutables, quand on proclame l'égalité entre les hommes et les femmes contre des traditions archaïques millénaires, où quand on supprime les châtiments corporels des enfants, car on le sait, un enfant battu battra. Nous sommes convaincus que la tradition de la propriété communautaire de la terre n'est pas une bonne tradition, car, la preuve en est là, elle plombe l'agriculture sénégalaise.

Mais il y a tellement de bonnes traditions à préserver. La Teranga, cette disposition à l'accueil des étrangers, bien sûr, excellente pour le climat des affaires et le tourisme, la solidarité familiale, qui peut certes conduire à des abus, mais qui solidifie la société, la cuisine traditionnelle, qui est le support de l'agriculture locale et de la santé ! Citons enfin l'islam des confréries et ses pèlerinages qui assurent au pays la tolérance et la paix civile. *« N'abolis pas une bonne tradition instituée par les anciens de cette nation, et ayant été l'objet d'un consensus pour le bien des administrés »* Ali (Qu'Allah soit satisfait de lui).

22.2.10 La science contre les superstitions

Comment ne pas avoir été frappé par la vitesse à laquelle l'irrationnel a pu se développer avec les réseaux sociaux pendant la pandémie de Covid, porté par les antivax et les complotistes ? Il revient au pouvoir de faire prévaloir la science contre les superstitions,

« Fréquente assidûment les gens de science, discute souvent avec les sages pour pouvoir affermir les bons principes qui assurent la bonne marche du pays et consolider les bonnes pratiques qui ont été celles de tes prédécesseurs ». Ali (Qu'Allah soit satisfait de lui).

22.2.11 Ah les fonctionnaires !

Le peuple n'a jamais affaire directement au Prince, mais à ses fonctionnaires. Rien de pire pour le peuple que des fonctionnaires absents quand ils devraient être là, arrogants, incompétents, faisant traîner le règlement des dossiers, et ne parlons pas de la corruption. Voici ce qu'en disait Ali (Qu'Allah soit satisfait de lui) :

Observe bien le comportement de tes fonctionnaires et choisis-les après les avoir mis à l'épreuve, ne les nomme pas par favoritisme ou par égoïsme, ces deux défauts font partie des ferments de l'iniquité et de la trahison. Contrôle leurs activités, fais-les inspecter par des gens loyaux et sincères. Tu les inciteras ainsi au respect de la confiance mise en eux et les rendra bienveillants envers les administrés. Mets à la tête de chaque service tout fonctionnaire qui ne craint pas les affaires difficiles et qui ne s'embrouille pas par leur diversité. T'incombera la responsabilité de toute défaillance de la part de tes fonctionnaires sur laquelle tu aurais fermé les yeux.

22.2.12 L'inclusion, un but et un moyen

C'est le thème de ce livre, par la formation, le travail, l'industrialisation, l'aménagement du territoire : inclure, réduire la pauvreté, pour assurer une croissance durable et s'assurer du soutien de l'opinion. *« Par Dieu ! Par Dieu ! Je t'adjure de veiller sur la classe déshéritée et dépourvue ; celle des pauvres, des nécessiteux, des miséreux et des invalides. Parmi eux il y en a qui se plaignent et d'autres qui se résignent ».* Ali (Qu'Allah soit satisfait de lui).

Communautés et bonne gestion - New

Les Sénégalais savent désormais que la soi-disant appartenance communautaire des terres a permis surtout aux spéculateurs et prédateurs de s'enrichir sans vergogne. Mais il n'y a pas que dans le foncier où l'alibi communautaire masque d'autres problèmes.

Combien de plateformes dites de « femmes transformatrices », où on fume, sale, sèche, fermente le poisson, notamment des sardinelles, sont dans un triste état ? Beaucoup, dont les cuves de fermentation, les fumoirs, les séchoirs, y sont déglingués, non entretenus, privant les Groupements de ces femmes de leur outil de travail.

La raison n'en est pas un défaut d'engagement de leur part, qui est total, elles qui font preuve d'un grand courage et de beaucoup de résilience dans l'adversité, ne peuvent que forcer l'admiration.

D'où vient le problème alors ? En réalité ces femmes n'ont aucun pouvoir. C'est quoi le pouvoir dans une entreprise ? C'est de voter son budget après avoir établi une stratégie commerciale et industrielle, c'est de décider des investissements à effectuer et des emprunts à contracter, ou encore de choisir les compétences techniques et commerciales dont il faudra s'entourer.

Or, rien de tout cela ne leur est ouvert, car le cadre dans lequel ces pouvoirs de gestion pourraient s'exercer n'existe pas. Nous sommes ici, comme dans nombre de lieux similaires, dans l'informel. Une vraie coopérative de production comporterait un Conseil d'administration (CA), où, en tant que salariés-actionnaires, elles auraient le pouvoir de gérer, à côté d'autres membres apporteurs de capitaux.

Ce CA voterait un budget, une comptabilité d'exploitation et patrimoniale serait tenue, ce qui permettrait de dégager les dotations aux amortissements nécessaires à l'entretien des équipements, le recrutement des collaborateurs techniques nécessaires au bon fonctionnement de l'activité y serait décidé.

La coopérative serait propriétaire de son terrain, de ses bâtiments, de ses machines, de ses labels, elle aurait alors des garanties à fournir pour emprunter, bref elle serait une entreprise apte à aller à la conquête des clients, entreprise coopérative donc, conciliant l'esprit de communauté et une organisation formelle outillée pour l'économie de marché.

Mais non, qui s'occupe de tout cela à la place de ces entreprises coopératives ? L'Etat, qui n'en a ni les compétences, ni les moyens, qui laisse tout aller à vau-l'eau, dans l'impossibilité d'entretenir ces installations et de dérouler la moindre stratégie industrielle et commerciale.

C'est la même chose pour l'agriculture, nous en avons déjà longuement parlé, et aussi pour la pêche, puisque les Comités Locaux de Pêche Artisanale, comme on l'a vu, n'ont pas plus de pouvoir et de moyens que leurs collègues femmes transformatrices.

On pourrait multiplier les exemples, avec encore les sublimes parcs nationaux, peu entretenus par l'administration faute de moyens, et leurs campements, gérés par les communautés villageoises, aux chambres bien trop rudimentaires pour attirer des touristes un tant soit peu fortunés.

Bref, insistons car l'Etat profond résiste, se cabre : du fait de l'absence de cadres juridiques appropriés, Coopératives agricoles ou de production, Etablissements publics administratifs, ou industriels et commerciaux, Sociétés d'économie mixte, Ports autonomes, Sociétés nationales, faute de modèle économique rigoureux, aussi du fait de graves déficits en compétences techniques, d'une dilution des responsabilités, d'un manque de procédure adaptée à la résolution des conflits et à la prise de décision, le monde communautaire continue à vivre dans la pauvreté et à sous valoriser, à son corps défendant, l'énorme potentiel maritime, agricole et naturel du pays.

Il est temps que l'Etat passe la main et que partout des structures autonomes disposant de la personnalité juridique et de l'autonomie financière se substituent à ce monde d'Etat informel.

Ajoutons que l'Etat invoque régulièrement le recours au Partenariat Public-Privé, mais un contrat peut-il être signé entre une société privée et une « structure » qui n'existe pas ? Puisque son interlocuteur potentiel n'a aucune forme en effet, ni réalité juridique ni responsabilité, ledit Privé devrait alors signer directement avec l'Etat. Qui signerait un contrat pour des chambres froides ou des lodges avec l'Etat ?

On le voit, il est aisé de concilier les bonnes pratiques de gestion et cet esprit communautaire.

Le Premier Ministre vient dans sa déclaration de politique générale du 27 décembre 2024 d'inviter le pays à changer de logiciel.

On ne peut qu'approuver !

22.2.13 Communiquer

Un plan, en l'occurrence le Plan Sénégal Emergent, ne saurait être un document technique ou politique. Il ne peut réussir que s'il entraîne toute la nation, que s'il est l'outil de sa mobilisation. Pour cela, il faut informer, expliquer, combattre les fausses solutions et les mirages. *« De plus, apparais le plus souvent au public, car la non-apparition des dirigeants inquiète les administrés, entraîne l'ignorance des affaires de l'État et coupe le peuple des réalités ; alors les questions importantes leur apparaissent minimes et les minimes importantes, les mauvaises actions bonnes et les bonnes mauvaises ».* Ali (Qu'Allah soit satisfait de lui).

22.2.14 Le poids de la parole donnée

Il est de bon ton chez les adeptes de Machiavel de reprendre ce mauvais « bon mot » selon lequel « les promesses n'engagent que ceux qui les écoutent ». Funeste considération qui tue la confiance, fait le lit des populistes, et plus grave, peut tuer la démocratie.

« Car de toutes les obligations divines faisant l'unanimité des gens, malgré la divergence de leurs souhaits et la disparité de leurs opinions, il n'est rien qui soit aussi important que le respect de la parole donnée. Ne rabâche pas, à tout bout de champ, tes bienfaits destinés à tes

administrés, n'exagère point la portée de ton œuvre, ne fais pas suivre tes promesses par le contraire de ce que tu as promis. Le rabâchage annihile les bienfaits, l'exagération fait disparaître la vérité, les promesses non tenues te vaudront le mépris de Dieu et des hommes » Ali (Qu'Allah soit satisfait de lui).

22.2.15 Agir sans trembler, pas de pusillanimité

Quand une réforme est nécessaire et prête, bien instruite, la main ne doit pas trembler, il faut la faire. *« Méfie-toi de la précipitation qui te pousse à régler les affaires avant leur terme, à les négliger alors qu'elles sont prêtes, à trancher alors qu'elles sont encore confuses, à tergiverser alors qu'elles sont claires. Donne à chaque affaire l'importance et la place qu'elle mérite ».* Ali (Qu'Allah soit satisfait de lui).

D'Ali à Jean Tirole, Prix Nobel d'économie

Il ne faut pas confondre les « biens communs », les « biens collectifs » et le « bien commun ». Nous avons dit toutes les réserves que nous inspire cette idée de « biens communs », en agriculture, mais pas seulement, notion imprécise qui vise en réalité à une socialisation rampante de l'économie et à substituer l'État à la propriété privée et au marché. Cela dit bien entendu sans ignorer qu'il y a des « biens collectifs » par nature, l'air, la mer, etc., et d'autres par choix de société, comme l'école, les hôpitaux où les routes. Nous préférons cette notion de biens collectifs à celle de biens communs, car la première renvoie à des entités clairement identifiées, formellement et juridiquement, de l'organisation sociale : la collectivité nationale, les collectivités territoriales.

Jean Tirole, Prix Nobel d'économie, a recours à la notion de « bien commun », au singulier, pour dire que le but de l'économie est de concourir au « bien-être » le plus large, que sa vocation est de poursuivre le bien commun.

Pour cela, il prône également une économie de marché régulé par l'État, où la morale a toute sa place. Un certain nombre de ses détracteurs lui font remarquer que si l'État n'est pas capable de produire, pourquoi serait-il capable de réguler mieux que le marché lui-même ?

La réponse est dans la pratique : une société équilibrée, harmonieuse a besoin, comme tout groupement de personnes, d'un règlement intérieur et d'un modérateur, qui fixe des droits et des devoirs, des repères permettant à chacun d'agir sans écraser les autres et nuire au bien commun. Réguler sans étouffer, car comme le disait Georges Pompidou à des technocrates qui voulaient multiplier normes et règlements : *« Cesser d'emmerder les Français »*. Mais se pose alors une question délicate, l'État c'est qui ? Qui concrètement va décider de telle politique fiscale, de telle priorité budgétaire, de tel investissement plutôt que tel autre ?

Les élus, les hommes politiques ne sont-ils pas tentés par le court terme et l'électoralisme ? Alors que les bonnes décisions sont celles qui préparent l'avenir ? Et l'homme politique est-il suffisamment au fait des choses, coupé qu'il est du peuple dans ses Palais ? Faut-il alors avoir recours davantage aux experts ? Mais ceux-ci n'ont-ils pas l'arrogance que leur donnent leurs « sciences » ? Ne sont-ils pas eux aussi coupés du peuple, enfermés qu'ils sont dans leurs certitudes ?

Ali (Qu'Allah soit satisfait de lui) vient de nous donner la solution : le Prince, élu ou pas, doit bien s'entourer pour être éclairé, surtout pas par des baiseurs de babouche, mais par des experts lui disant sans ambages ce qui est et quels sont les chemins possibles, avant qu'il lui revienne de prendre sa décision guidée par une seule étoile, le bien commun.

22.3. L'ANSD, les pauvres et Shakespeare

L'Abbé Pierre, défenseur des pauvres, disait *« Les hommes politiques ne connaissent la misère que par les statistiques. On ne pleure pas devant les chiffres »*. Il y a sûrement une bonne dose de vérité dans son jugement sur les hommes politiques. C'est pourquoi nous avons commencé notre livre par la DQ, la dépense quotidienne, panier en main. Car il est exact que les statistiques, désincarnées, parfois arrangées par omission, ne cernent pas la vie avec le réalisme, la sensibilité, l'humanité qui conviendraient pour une juste appréhension des situations les plus difficiles.

Mais nous ne le suivons pas quand il sous-entend qu'elles seraient inutiles puisqu'elles ne font pas pleurer. Le boulot d'un homme politique, en effet, n'est pas de pleurer, c'est d'agir pour résoudre les problèmes.

Or, s'il est bienvenu qu'ils aillent sur le terrain se frotter aux réalités de la pauvreté, pour en peser la souffrance, cela n'est pas suffisant pour se faire une juste idée de la taille des problèmes. C'est là que la statistique intervient et est irremplaçable.

Les hommes politiques doivent bénéficier, en sus des informations recueillies lors de leurs tournées dans les quartiers, d'un système d'information statistique complet et fiable leur permettant de décider à bon escient.

Ce besoin ne concerne pas que les hommes politiques. L'entrepreneur qui décide d'investir va bien entendu aller voir si le terrain où il veut implanter son atelier est correct, si la ville de son choix dispose de services publics, etc. ; mais il veut savoir aussi si les formations qui lui sont nécessaires sont organisées par l'Éducation nationale, quel est le pouvoir d'achat de sa future clientèle, disposer de données douanières et fiscales, etc., bref, il a besoin de statistiques concernant son domaine pour prendre une décision judicieuse.

Les citoyens eux aussi demandent des statistiques pour voter en pleine connaissance de cause. Les politiques, c'est naturel, ayant tendance à embellir leurs résultats en matière de croissance, d'inflation ou de pouvoir d'achat, il est essentiel au fonctionnement de la démocratie qu'il y ait sur la place publique les bons chiffres afin que l'élection soit honnête.

Les grands services régaliens, police, justice, impôts sont souvent cités comme étant les socles d'un état de droit, administrations dans lesquelles le pays doit avoir confiance pour qu'il adhère à son fonctionnement démocratique.

Dans cette liste, on oublie trop souvent les services statistiques qui sont non seulement l'outil nécessaire au bon pilotage de l'économie, mais la base même de la vie démocratique.

À cet égard, le Sénégal est bien outillé. L'ANSD est une administration dont chacun s'accorde à reconnaître la compétence et l'exactitude.

Au-delà de la culture démocratique du pays, nous voudrions en souligner deux aspects. Le premier, c'est la compétence de ses agents, statisticiens, mathématiciens, informaticiens, économistes, sociologues ; pour rentrer à l'ANSD, il faut « sortir ses diplômes ». La deuxième considération décisive, c'est qu'elle a les moyens de sa mission.

Culture, compétences, moyens, le Sénégal dispose de données sur ce qu'il est, en ligne, à la disposition de tous, dont il existe peu d'autres exemples en Afrique.

Ceci dit, il y a des marges de progression en la matière dans ce qu'on appelle les ministères techniques. Chaque ministère technique, Éducation, Agriculture, etc., s'est doté de son propre service statistique, ambition normale. La lecture attentive de leurs derniers recueils montre que ces services propres à chaque administration n'ont pas la même maîtrise technique du sujet que leur grand frère de l'ANSD, d'autant moins que ces recueils tournent parfois au plaidoyer pro domo, ce qui n'a rien d'étonnant compte tenu de leur proximité avec leur ministre.

Pour paraphraser Shakespeare, quand un statisticien dîne avec son ministre, il doit s'équiper d'une cuillère au long manche pour garder la distance.

Aussi faisons-nous une suggestion simple et qui ne coûte rien : que les chefs des services de la statistique des ministères soient des agents de l'ANSD détachés. On y gagnerait en cohérence, technicité et rigueur.

Comme on l'a vu, cette réforme est annoncée par le Premier Ministre

22.4. Pauvres juges, 2 sur 3 iront en enfer !

Il est fréquent d'entendre de la part d'un justiciable ou d'un avocat, « *j'ai confiance en la justice de mon pays* ». Il est plus rare d'entendre un contribuable dire « j'ai confiance au fisc de mon pays », ou un agriculteur « j'ai confiance en mon ministère de l'Agriculture ». La confiance est réservée à la justice, c'est dire sa place unique. La Déclaration des droits de l'homme et du citoyen, intégrée au préambule de la constitution du Sénégal, y consacre quatre de ses dix-sept articles.

On peut y lire (art. 7), que *« nul homme ne peut être accusé, arrêté ni détenu que dans les cas déterminés par la Loi et que ceux qui sollicitent, expédient, exécutent ou font exécuter des ordres arbitraires, doivent être punis ».*

Et encore (art. 8), *« que la Loi ne doit établir que des peines strictement et évidemment nécessaires, et nul ne peut être puni qu'en vertu d'une loi établie et promulguée antérieurement au délit, et légalement appliquée ».*

Et enfin (art. 9), *« que tout homme étant présumé innocent jusqu'à ce qu'il ait été déclaré coupable, s'il est jugé indispensable de l'arrêter, toute rigueur qui ne serait pas nécessaire pour s'assurer de sa personne doit être sévèrement réprimée par la Loi ».*

Inutile de préciser que l'art. 10 proclame que *« nul ne doit être inquiété pour ses opinions, même religieuses, pourvu que leur manifestation ne trouble pas l'ordre public établi par la Loi ».*

Ce besoin d'équité judiciaire est bien antérieur à la démocratie et aux siècles des Lumières, car cette équité face à la loi est le fondement même du vivre ensemble.

Ainsi, à la suite de son élection comme premier Calife, Abou Bakr Saddiq, (qu'Allah soit satisfait de lui) déclara : « *Le plus faible d'entre vous sera puissant auprès de moi, jusqu'à ce que je lui obtienne son droit ; et le plus puissant d'entre vous sera faible auprès de moi, jusqu'à ce que je lui arrache le droit qui revient aux autres, et ce par la volonté de Dieu ! »,* conscient qu'il y avait dans la justice la clé de voute de son califat en cours de construction.

Son successeur, Omar ibn Al Khattab (qu'Allah soit satisfait de lui), deuxième Calife, dans une lettre qu'il adressa à Abou Moussa Al Achari, gouverneur de Bassorah, ajoutait : « *La justice est la base de toute civilisation : elle est nécessaire à l'épanouissement de la société par la garantie des droits et devoir de chaque citoyen ».*

Jusque-là, tout va bien, il y a un consensus universel au travers des siècles sur cette nécessité d'une justice juste, et depuis Locke et Montesquieu, précédés en partie par Omar Ibn Al Khattab (qu'Allah soit satisfait de lui), qui mit sur pied un code judiciaire, de la tout autant nécessaire séparation des pouvoirs législatif, exécutif et judiciaire.

Les traductions concrètes de ces principes largement proclamés sont connues : ni passe-droit, ni abus de droit, et cela qu'ils s'agissent d'affaires pénales, civiles, commerciales ou administratives, une instruction à charge et à décharge, un procès public, des avocats protégés, des témoignages libres et honnêtes, des lois établies selon les règles constitutionnelles et connues de tous, des délais de traitement raisonnables, des peines proportionnées à la faute, des possibilités d'appel et de révision, etc.

C'est dans la pratique que ça se gâte, car ce sont des juges qui vont rendre la justice. La clé de voute de la justice est alors celle de l'indépendance effective des juges à l'égard des pouvoirs. Aussi la constitution du Sénégal porte-t-elle pour s'en assurer (art.90) : « *Les juges ne sont soumis qu'à l'autorité de la loi dans l'exercice de leurs fonctions ».* Ils doivent donc, pour être équitables, manifester une absolue indépendance à l'égard des pouvoirs politiques, des puissances d'argent, des lobbies philosophiques, claniques ou religieux.

Le Prophète (Paix et salut sur lui), connaissant les hommes et la société, a dit que : *« Sur trois juges, deux iront en enfer, et un seul ira au Paradis »*. Le jurisconsulte du 13e siècle ibn Taimiyya ajoute : *« Être nommé juge, c'est être assassiné sans qu'il y ait besoin d'un poignard, car la fonction de juge, c'est être responsable du sang, de l'honneur et des biens d'autrui, tous trois sacrés. C'est pourquoi les vrais juges vivent dans un état d'inquiétude permanent et doivent consentir à beaucoup d'effort »*.

Alors la question est la suivante : comment faire pour que tous les juges sénégalais aillent au Paradis ? Pour se prémunir des tentations de servir les puissants plutôt que le droit (et donc d'aller en enfer), on connaît les mesures efficaces : des procédures de nomination, promotion, mutation qui relèvent le moins possible du fait du Prince, des rémunérations suffisantes pour éviter toute tentation, des systèmes de contrôle interne s'assurant de l'absence de connivence avec telle ou telle organisation, et le rôle d'une opinion publique informée.

Les mouvements de contestation se nourrissent plus fréquemment de l'injustice sociale que de l'injustice judiciaire, encore que…, mais ces injustices judiciaires sapent les fondements de la société peut-être plus gravement que les premières, car elles touchent à l'essentiel, le désir de faire la nation.

23

SOUS L'ÉCONOMIE, DES VALEURS

« Le marché ne peut exister qu'à condition de s'appuyer sur une morale. »

Vaclav Havel (dissident, 5 ans de prison sous la dictature soviétique)

23.1. Marxisme, socialisme, libéralisme, Islam, quelle inspiration pour l'économie du Sénégal ?

Les crises de la mondialisation et de l'environnement conduisent chaque pays à rechercher une voie de développement spécifique, à redéfinir son modèle de développement, là où il n'y avait depuis les années 80 qu'un seul modèle, celui d'un libéralisme échevelé et d'un commerce mondial sans frontières. Nous avons examiné dans ce livre la stratégie que le Sénégal devrait adopter et les mesures concrètes qu'il devrait prendre pour réussir son émergence, de l'agriculture au tourisme, de la formation à l'aménagement du territoire.

Cela ne saurait se résumer, on l'a compris, à une série de mesures techniques. L'économie est toujours fortement liée à une culture et à des valeurs. Le capitalisme allemand ou américain, le socialisme de marché chinois, reposent chacun sur un système de valeurs, pas toujours explicite, mais réel.

La question est alors celle-ci : peut-il y avoir une voie originale du Sénégal vers l'émergence, et si oui sur quel système de valeurs pourrait-elle s'appuyer ? La question mérite d'autant plus d'être posée que les pays africains sont massivement en crise économique, politique et morale.

23.1.1 L'héritage sénégalais

Le Sénégal est un pays africain avec des spécificités culturelles fortes, qui manifestement préservent sa vie politique et sociale, et qui à notre avis doivent servir de substrat à son modèle de développement. Nous pensons que les mesures préconisées dans ce livre sont réalistes, que les objectifs visés sont atteignables parce qu'ils s'appuient sur des ressorts culturels, sur des valeurs propres au pays. L'histoire nous a légué une civilisation originale : un État laïque dans un pays pleinement religieux, une démocratie moderne dans un pays attaché à ses traditions, un sens du vivre en commun unique, basé sur une grande tolérance, qui permet aux différentes ethnies, langues, cultures et religions, de cohabiter en parfaite harmonie.

Travail, formation et culture, justice sociale, indépendance nationale, on a vu tout au long du livre que c'est autour de ces quatre thématiques que se construit une économie performante.

23.1.2 L'indépendance

Cette exigence d'une nation sourcilleuse sur son indépendance nous conduit à plaider pour ***« une économie de marché autocentrée »***. Nous entendons par là une économie qui participe certes à des ensembles plus vastes, mais qui doit organiser en son sein tous les principaux secteurs d'activité. Sa participation au commerce sous-régional et mondial, sa place dans la division internationale du travail ne doit pas aliéner de manière excessive toute la panoplie des domaines de l'économie qu'il doit promouvoir sur son territoire, notamment l'industrie.

C'est là la base de nos préconisations, une économie autocentrée et non extravertie. Les raisonnements sur les avantages comparatifs des coûts de production des pays tiers doivent être examinés avec vigilance et mis en œuvre sinon avec parcimonie du moins de manière maîtrisée. Cela à des conséquences pratiques comme nous l'avons vu : une seule illustration ici, pas prosaïque du tout : *« On ne veut pas voir »* du poulet brésilien ou français même s'il est moins cher. C'est une question d'emploi, de plein usage des capacités humaines et matérielles du pays et d'indépendance nationale.

23.1.3 Le Travail, les Mourides

Au cœur du Mouridisme fondé par Cheikh Ahmadou Bamba, il y a la valeur travail et celle de la science religieuse. En faire le cœur battant de notre économie emporte de nombreuses conséquences comme nous l'avons vu également. Énumérons rapidement quelques dimensions essentielles : la terre à ceux qui la travaillent ; une économie de production et non de spéculation ; une juste répartition de la valeur du travail entre salariés et patrons ; la lutte contre la pauvreté par le travail plutôt que par l'assistanat ; un financement de l'économie reposant plus sur l'épargne des citoyens, qui est du travail accumulé, que sur les

« capitaux flottants ». En cela, le Mouridisme est cousin germain de l'éthique protestante calviniste dans laquelle le travail est une ascèse, une fin en soi, éthique qui a porté haut l'efficacité économique des pays adhérents à la doctrine de Calvin, comme l'a si bien montré Max Weber.

23.1.4 Culture et formation, les Tijanes

Le Tijanisme, quant à lui, prône deux valeurs d'importance pour une économie performante, l'éducation et la culture. Nous avons relevé que la formation au Sénégal n'est pas à la hauteur ni des besoins du pays pour son émergence ni des aspirations de la jeunesse. En accord avec cette grande valeur d'une de ces deux principales confréries, il faut mettre en place le grand service public d'éducation que la nation attend. La culture, en particulier scientifique et historique, est non seulement un élément de la formation et un précieux adjuvant pour l'économie, mais plus largement un facteur qui conforte le civisme et la démocratie.

Savoir d'où on vient, être instruit de tous les possibles qu'ouvre la science, voilà de quoi équiper le peuple pour construire son avenir en toute connaissance de cause. Il faut maintenant examiner une dimension décisive de la vie de toute collectivité sociale, la justice. La justice sociale qualifie le type de développement qu'on veut conduire, inclusif ou pas.

Ce qui va nous amener à regarder comment les différentes théories économiques, communisme, socialisme, libéralisme, économie islamique, ont répondu à cette question de l'équité en économie, et comment on peut en faire son miel ici, au Sénégal.

23.1.5 L'équité, la justice sociale, l'âme du Sénégal.

On l'a souligné en introduction, le Sénégal est culturellement et historiquement attaché à la justice sociale. Mais les hommes étant ce qu'ils sont, et l'égoïsme étant une des choses les mieux partagées dans le monde, pour que ces fermes proclamations et intentions deviennent réalités, pour qu'elles prennent chair, il est préférable de mettre en place des mécanismes sociaux et institutionnels concrets. La juste répartition des revenus est une des questions les plus débattues de la pensée économique. Quels sont les outils doctrinaires sur lesquels s'appuyer pour trouver les bonnes formules ?

23.1.6 Justice sociale, l'approche marxiste.

Pour Marx, le propriétaire des moyens de production, le capitaliste titulaire du capital, vole, exploite l'ouvrier, par définition même, puisqu'il ne lui verse sous forme de salaire qu'une partie de toute la valeur, de toute la richesse que cet ouvrier a produite, s'accaparant l'autre part sous forme de profit. Marx sait bien qu'en tout état de cause, on ne peut pas payer en salaire 100 % de la valeur produite, car il faut non seulement renouveler le capital productif, mais surtout investir pour préparer l'avenir.

Il résout le problème par le communisme, c'est-à-dire par l'appropriation des biens de production par la collectivité, ce qui dans la vraie vie, dans celle de l'histoire des pays socialistes, a donné un accaparement d'une bonne part de la valeur ajoutée par le soviet suprême, les apparatchiks, la nomenclatura, bref par tous ceux qui, ayant confisqué le pouvoir en 1917, avaient des datchas au bord de la mer Noire.

L'économiste Charles Bettelheim, spécialiste de la planification socialiste, constatant que le communisme réel avait abouti à la mise en place d'une nouvelle classe d'exploiteur, qu'il qualifia de capitalisme d'État, qui se là coulait douce avec la part de la valeur ajoutée qui avant Lénine revenait aux capitalistes et au Tsar, proposa un système assez utopique, pour ne pas dire fumeux, où il distinguait la propriété de l'appropriation, qui revenait en fait, s'il est possible d'en faire l'exégèse, à une sorte d'autogestion où les salariés devenaient dans chaque entreprise les propriétaires du capital. Le seul pays qui a pratiqué une forme d'autogestion fut la Yougoslavie qui, comme tout le bloc de l'Est, et bien qu'ayant rompu avec Staline, n'a pas convaincu par ses résultats, c'est le moins qu'on puisse dire.

Quand, en Europe, des systèmes autogérés ont été mis en place, sous forme de coopératives ouvrières de production, ce n'est jamais allé bien loin pour une raison simple et d'évidence : pour survivre, le capital doit être mobile, parce que tout change vite, les techniques, la demande, les lieux de production.

Une coopérative ouvrière est par nature ancrée sur un territoire donné, souvent même sur des process techniques figés, en réalité elle ne veut pas bouger de là où elle est née, puisqu'elle est justement créée en général contre la mobilité inhérente au capitalisme. Cela peut donc être une solution pour faire du fromage de pays, du jus de bissap ou de la confiture avec des fruits locaux, mais sûrement pas pour des produits industriels complexes.

Charles Bettelheim vit même dans le « Grand bond en avant » et dans la « Révolution culturelle et prolétarienne » chinoise, les deux folies de Mao, la reprise de son idée phare de rapports sociaux sans dominant ni dominé, les deux ayant abouti à des millions de morts de faim et à la terreur. Car le Marxisme est avant tout une idéologie, le communisme, exposé par Marx en 1848 dans le « Manifeste du parti communisme », qu'il a essayé ensuite de légitimer, 20 ans plus tard, en lui donnant une « base scientifique » dans sa grande œuvre « le Capital ».

Non seulement les démonstrations du « Capital » sont laborieuses, confuses et factuellement souvent erronées, mais en science l'épreuve de vérité est celle de l'expérience. Et l'expérience a tranché, la théorie n'était pas valable, puisque partout où cette théorie fut expérimentée cela tourna à la catastrophe.

S'il était besoin de souligner le caractère « martien » des théories communistes, il suffirait encore de citer le philosophe marxiste Alain Badiou, à la mode dans certains cercles parisiens, qui considère que le communisme n'a été mis en œuvre réellement qu'à trois reprises : par Lénine arrivant par le train en novembre 1917 à Saint-Pétersbourg et déclarant *« tout le pouvoir aux soviets »,* ça n'a duré que le temps de le dire ; un peu avant, en 1871, pendant les 2 mois anarchiques de la Commune de Paris, sous l'œil goguenard des Prussiens, et pendant la révolution culturelle chinoise ! Tout un programme !

23.1.7 Justice sociale, l'approche des Libéraux

La Capitalisme, l'économie de marché, le libéralisme furent avant tout des pratiques issues de la nuit des temps. Les théories favorables à l'économie libérale, les plus anciennes, celle d'Adam Smith, et sa « main invisible du marché » qui règle tous les problèmes, puis celle célèbre en micro-économie de Léon Walras, selon laquelle la concurrence libre et parfaite ne peut qu'aboutir à des optimums de bonheur et d'efficacité pour chacun, comme les plus récentes, celles des prix Nobel Gérard Debreu et Kenneth Arrow, ont toutes tenté de montrer que si on laissait faire le marché tout irait bien, les équilibres seraient trouvés pour la satisfaction générale, dénonçant du coup comme contre-productif et source des problèmes tout ce qui contrevenait à cette liberté du marché, comme par exemple l'État ou les syndicats, lesquels en empêchant les salaires de baisser jusqu'au niveau d'équilibre de leurs équations perturberaient son bon fonctionnement.

Ces économistes ont eu en outre recours à force mathématiques, comme si les équations et les algorithmes étaient par eux-mêmes source de vérité.

On a vu même un économiste italien, Vilfredo Pareto, expliquer que, quels que soient les pays et les époques, il y avait toujours 20 % de classes aisées et 80 % qui tiraient la langue, et donc qu'il était inutile de chercher à réduire ce taux de pauvreté qui était comme une loi naturelle, tellement bien qu'on l'a appelé la loi de Pareto. Thomas Piketty a montré, chiffres à l'appui, que cette loi n'était pas vérifiée et qu'au contraire, la répartition de la valeur entre salaires et rémunération du capital variait beaucoup selon les périodes et les politiques publiques.

Le grand Keynes a tempéré cet optimisme en montrant que « l'équilibre de marché » pouvait s'accompagner de beaucoup de chômeurs, ne serait-ce que parce qu'on ne pouvait pas baisser les salaires indéfiniment même en temps de crise, et donc que des politiques publiques pouvaient être utiles.

Le péché du capitalisme fut ses excès et ses crimes mêmes, historiques bien sûr avec l'exploitation éhontée de la classe ouvrière du début de la révolution industrielle jusqu'à l'entre-deux-guerres, avec l'exploitation coloniale, mais aussi les excès de tous ses zélateurs, qui ont voulu en faire un dogme, rejetant toute intervention sociale et étatique, comme Milton Friedman, dont les Africains payèrent le prix de sa radicalité doctrinale avec les fameux ajustements structurels des années 80.

23.1.8 Justice sociale, l'approche des sociaux-démocrates

Du coup, les socialistes sociaux-démocrates, réalistes, constatant que l'économie de marché avait bien des avantages et que de toute façon on ne savait pas par quoi la remplacer, s'attelèrent à une tâche plus modeste, mais finalement bien plus utile, corriger les défauts de l'économie de marché. Les Allemands prirent ce tournant au fameux congrès de leur parti socialiste de 1959, avec le programme dit de Bad Godesberg, qui remplaça les utopies marxistes de 1925, par le réalisme social-démocrate, et depuis ce système allemand, qui va jusqu'à la cogestion des entreprises privées par les syndicats, a fait ses preuves.

Ainsi ont été mis en place les mécanismes sociaux qu'on connaît et qui ont été particulièrement développés en Europe du Nord : salaire minimum, conventions collectives, participation au bénéfice, syndicats puissants, droit syndical, assurances chômage et de santé assises sur la valeur ajoutée, place dans les conseils d'administration, etc.

Pour être complet et juste, il faut préciser que de nombreux libéraux-sociaux, partageant une approche nuancée des choses ont été aussi à l'origine de grandes avancées sociales, comme le Général de Gaulle en

France qui a mis en place la Sécurité sociale à la libération, ou encore Macky Sall qui vient de faire de même au Sénégal avec les Bourses de sécurité familiale.

Le plus grand exploit de cette économie de marché régulée est d'avoir permis que la Chine communiste sorte de la pauvreté en quarante ans, soit tout de même un cinquième de l'humanité. On le voit alors que le marxisme est une idéologie que des théoriciens ont essayé de justifier et qui finalement a échoué dans la pratique, le capitalisme est une pratique que là aussi des théoriciens trop zélés ont outrageusement durcie, et qui finalement a été rendu pertinent grâce aux onguents sociaux-démocrates ou… du parti communiste chinois.

23.1.9 L'apport de l'Islam

Né au temps des marchands, il a toujours considéré le marché comme une réalité allant de soi comme un état de fait satisfaisant pour le commerce des hommes. Ali (Qu'Allah soit satisfait de lui) le dit dans sa lettre que nous commentons précédemment : *Veille sur les négociants... recommande qu'on les traite avec bienveillance, qu'ils soient établis, ambulants... car ils sont sources de biens et de profits qu'ils drainent de loin par terre, par mer, à travers les plaines et les monts, assurant aux gens ce qu'ils sont incapables d'obtenir.* Son approche de la question économique s'appuie sur deux piliers, la morale et le réalisme.

L'islam déclare que son approche de l'économie n'a pas de prétention scientifique, qu'elle est avant tout pragmatique et finalement se caractérise par la modération, la raison, pour ne pas dire le bon sens, comme le dit Ali à Malîk, choisit toujours une position médiane. Partisan de l'économie de marché, l'islam défend l'intervention de l'État dans la mesure de ce qui est juste nécessaire, il préconise l'adaptation aux réalités de terrain et à chaque niveau de développement ; il indique qu'il faut régler, et c'est là un point crucial, les contradictions entre l'individu et la société, l'intérêt individuel et collectif, par la morale.

Le marché est affaire d'individus, de bénéfices individuels, de propriétés privées. Apparaissent inévitablement des contradictions entre l'intérêt individuel et l'intérêt collectif. Le marxisme résout le problème en supprimant la propriété privée des moyens de production et le marché. On connaît la suite, plus d'initiative, plus de régulation entre l'offre et la demande, l'échec très vite.

Les ultralibéraux préconisent de résoudre la contradiction entre l'individu et la société par un ultra-libéralisme qui aboutirait nécessairement à la meilleure solution pour l'individu et la société.

Les sociaux-démocrates résolvent cette contradiction par le recours à l'État et par des mécanismes de protection sociale, la sécu, l'assurance-chômage, le salaire minimum.

L'islam est très soucieux de la résolution de cette contradiction, car il appréhende la société par la notion de communauté. Il accepte les mécanismes de protection sociale sans en être lui-même un créateur ou un militant, car il compte sur la morale pour résoudre cette contradiction et réduire sinon supprimer tous les comportements peu charitables que l'éloignement de la morale génère.

Par exemple, le droit de propriété doit être exercé avec le sens de l'humanité et de la responsabilité et n'est pas un droit absolu sur ses salariés. C'est en cela, au nom de la morale, de la fraternité, que l'islam condamne l'usure, qui étrangle l'emprunteur, par définition modeste quand on est réduit à être exposé à un taux usuraire, et le capitalisme de spéculation et de rente, on dirait aujourd'hui également prédateur, qui loin de venir servir le travail en finançant ses activités vient sucer sa valeur ajoutée comme un vampire. Ou encore que le propriétaire terrien est dépositaire d'un pouvoir d'exploitation d'un bien commun, la terre, et qu'il doit préserver son intégrité par des pratiques culturales idoines parce que d'autres viendront après lui.

En plaçant la morale au cœur de sa vision de l'économie, il apporte un concept original, qui peut s'accommoder de mécanismes divers, mais où le bien et le mal sont distingués. Il prend ainsi le contrepied exact de ce que disait du marxisme un de ses thuriféraires, Louis Althusser, le qualifiant « d'anti humanisme » pour mieux montrer sa dimension scientifique, opposant les écrits de jeunesse humaniste de Marx à son œuvre « scientifique », « Le Capital ». Comme d'ailleurs Milton Friedman qui se souciait bien peu des conséquences sur les gens de son approche « scientifique » de l'économie libérale.

Bien évidemment, les gardiens de la foi musulmane connaissent l'homme et sa capacité à s'arranger avec la morale quand leurs intérêts privés sont en jeu. D'où cette nécessité de corriger ici non pas les lacunes de l'économie de marché, mais le comportement défectueux des hommes qui s'éloignent du chemin du bien. *« Celui qui a perdu sa maison, je lui en offre une, et celui qui a laissé une dette impayée, c'est moi qui la règle »,* car la pauvreté et la privation ne sont pas nées de la nature elle-même, elles sont le produit de la mauvaise distribution et de la déviation des rapports sains qui doivent lier les riches aux pauvres : *« Un pauvre n'est affamé que par ce dont jouit un riche »*. On voit ici des préceptes qui légitiment l'action sociale.

Si on y ajoute à cette idée qu'il faut remettre la mosquée au centre du village, c'est-à-dire remettre l'agriculture au centre de l'économie, on voit que toutes nos préconisations reposent sur des valeurs qui habitent profondément le pays. Or, ce n'est que lorsque valeurs et organisation économique vont de pair que les Plans sont susceptibles de réussir, car ils ne peuvent aboutir que par la mobilisation du peuple qui agit toujours selon ce qu'il croit.

Mais l'islam, né au 7e siècle, s'est implanté dans des régions du monde qui, pour l'essentiel, n'ont pas pleinement participé à la révolution industrielle et à ses années de prospérité. Du coup, sans être hostile « aux filets sociaux », bien au contraire, il n'en a pas été un acteur direct. C'est pourquoi nous proposons la synthèse ci-après pour le Sénégal qui s'appuie pleinement sur ses valeurs.

23.1.10 La laïcité, école de tolérance

Dans ce pays massivement musulman, les chrétiens sénégalais vivent leur foi en toute liberté et sérénité, car la laïcité est une valeur partagée par toute la population. La laïcité, qui consiste à respecter le droit de l'autre dans le domaine religieux, est une école globale de tolérance. Cette capacité à vivre ensemble au-delà de sa religion s'applique, en effet, aussi aux appartenances culturelles et ethniques, aux familles politiques et même aux classes sociales. Le Sénégal est un pays où les groupes culturels et sociaux discutent tranquillement sans recours à l'anathème ou à l'ostracisme. C'est là une force précieuse pour la réussite économique qui suppose des débats apaisés et des solutions nécessairement de compromis.

23.1.11 Une synthèse sénégalaise

L'éducation et le travail chers au Mouride, plutôt que l'assistanat, la formation et la culture chères aux Tijanes, une morale économique renforcée comme valeur cardinale de la doctrine de l'islam en matière de rapports sociaux, une économie de marché régulée à bon escient selon cette même doctrine, ainsi toujours selon cette même doctrine une gestion de la terre de long terme, mais le tout accompagné des dispositifs sociaux que nous lèguent la pensée sociale-démocrate : un code du travail (salaire minimum, durée du travail, jours de repos, etc.), des services publics consistants, une fiscalité raisonnablement redistributrice, des organisations professionnelles de défense des salariés, des systèmes d'assurance en matière de santé accessible à tous, une laïcité source de tolérance qui favorise le dialogue social.

Reste une question, comment renforcer la morale collective, comment faire en sorte que les règles et les aides sociales viennent en appui d'une économie plus spontanément égalitaire parce que bien que libérale conduite par la morale ?

Le comportement exemplaire des dirigeants bien sûr, la valorisation des réussites économiques qui s'accompagnent en même temps d'un comportement social ou du soutien à l'intérêt général, l'opprobre à l'égard de ceux dont l'enrichissement est ostentatoire, provocateur et infondé, l'éducation morale partout où elle a sa place à l'école, à la télévision, dans les mosquées et dans les églises, etc. On voit en cela comme nous l'avons égrainé au long des chapitres, que le Plan Sénégal Émergent, loin d'être une affaire purement économique, est dépendant des forces morales qui se mobiliseront pour sa réussite.

Le nouveau Pape et le Jub, Jubal, Jubbanti - New

Léon XIV a explicité les raisons du choix de ce nom. Il revendique une filiation avec le Pape Léon XIII parce que, nous dit-il, celui-ci a publié, en 1891, en plein essor à la fois du capitalisme industriel et des idées socialistes, un texte fondateur sur la doctrine sociale de l'Eglise, toujours d'actualité, et aussi, ajoute-t-il, parce que l'arrivée de l'intelligence artificielle pose aux sociétés humaines des défis tout aussi redoutables que ceux qu'elles devaient affronter au tournant du 20ème siècle. A la lecture de ce texte de référence donc, du nom de « Rerum Novarum » (des choses nouvelles), consacré aux questions économiques et sociales essentielles, on est frappé à la fois par leur pertinence contemporaine, et par leur parfaite harmonie avec ce qu'on vient de lire ici, les conseils d'Ali au futur gouverneur d'Egypte.

Premier sujet, en pleine actualité, celui du nécessaire partenariat entre les forces sociales, comme vient de le concrétiser l'accord signé, ce 1er mai 2025, à l'initiative et sous l'égide du gouvernement, entre les organisations patronales et celles de salariés, *« Le pacte national de stabilité sociale pour une croissance inclusive et durable »*.

« Ainsi, nous dit Léon XIII, *dans la société, les deux classes sont destinées par la nature à s'unir harmonieusement dans un parfait équilibre. Elles ont un impérieux besoin l'une de l'autre : il ne peut y avoir de capital sans travail, ni de travail sans capital. La concorde engendre l'ordre et la beauté. Au contraire, d'un conflit perpétuel il ne peut résulter que la confusion des luttes sauvages ».*

Puis, sujet particulièrement prégnant s'il en est au Sénégal, celui la propriété privée, gage de liberté et de prospérité, comme l'a si bien souligné le Premier Ministre dans sa déclaration de politique générale du 27 décembre 2024, et comme le montre les études économétriques développées en annexe. Léon XIII : « *Si donc, en réduisant ses dépenses, un ouvrier est arrivé à faire quelques épargnes et si, pour s'en assurer la conservation, il les a par exemple réalisées dans un champ, ce champ n'est assurément que du salaire transformé. Le fonds acquis ainsi sera la propriété de l'ouvrier, au même titre que la rémunération même de son travail. Or, il est évident qu'en cela consiste précisément le droit de propriété mobilière et immobilière.*

Ainsi, cette conversion de la propriété privée en propriété collective, préconisée par le socialisme, n'aurait d'autre effet que de rendre la situation des ouvriers plus précaire, en leur retirant la libre disposition de leur salaire et en leur enlevant, par le fait même, tout espoir et toute possibilité d'agrandir leur patrimoine et d'améliorer leur situation.

Mais, et ceci paraît plus grave encore, le remède proposé est en opposition flagrante avec la justice, car la propriété privée et personnelle est pour l'homme de droit naturel ».

Qu'on n'oppose pas non plus à la légitimité de la propriété privée le fait que Dieu a donné la terre au genre humain tout entier pour qu'il l'utilise et en jouisse. Si l'on dit que Dieu l'a donnée en commun aux hommes, cela signifie non pas qu'ils doivent la posséder confusément, mais que Dieu n'a assigné de part à aucun homme en particulier.

Il a abandonné la délimitation des propriétés à la sagesse des hommes et aux institutions des peuples. Au reste, quoique divisée en propriétés privées, la terre ne laisse pas de servir à la commune utilité de tous, attendu qu'il n'est personne parmi les mortels qui ne se nourrisse du produit des champs ».

Ensuite Léon XIII aborde un autre thème sensible, la juste rémunération du travail, à une époque où on faisait travailler les ouvriers dès l'enfance 12 heures par jour dans les mines et les usines textiles pour des salaires de misère, situations d'exploitation qui frappent hélas toujours des millions de gens dans le monde. Aussi ne peut-on que saluer les récentes décisions du gouvernement, comme celle sur le salaire des femmes de ménage ou celles contenues dans le protocole du premier mai que nous venons de citer.

Léon XIII : « *D'une manière générale, que le riche et le patron se souviennent qu'exploiter la pauvreté et la misère, et spéculer sur l'indigence sont choses que réprouvent également les lois divines et humaines. Parmi les devoirs principaux du patron, il faut mettre au premier rang celui de donner à chacun le salaire qui convient. Ce serait un crime à crier vengeance au ciel, que de frustrer quelqu'un du prix de ses labeurs. "Voilà que le salaire que vous avez dérobé par fraude à vos ouvriers crie contre vous, et que leur clameur est montée jusqu'aux oreilles du Dieu des armées". (9)*

Mais nous dit Léon XIII, le rôle de l'Etat ne doit pas se limiter à fixer un salaire minimum, son rôle protecteur doit être plus étendu.

« *C'est pourquoi, parmi les graves et nombreux devoirs des gouvernants qui veulent pourvoir comme il convient au bien public, celui qui domine tous les autres consiste à avoir soin également de toutes les classes de citoyens, en observant rigoureusement les lois de la justice dite distributive. L'équité demande donc que l'Etat se préoccupe des travailleurs. Il doit faire en sorte qu'ils reçoivent une part convenable des biens qu'ils procurent à la société, comme l'habitation et le vêtement, et qu'ils puissent vivre au prix de moins de peines et de privations. Ainsi, l'Etat doit favoriser tout ce qui, de près ou de loin, paraît de nature à améliorer leur sort. Cette sollicitude, bien loin de préjudicier à personne, tournera au contraire au profit de tous, car il importe souverainement à la nation que des hommes, qui sont pour elle le principe de biens aussi indispensables, ne se trouvent point de tous côtés aux prises avec la misère.*

L'Etat doit les protéger chez tous les citoyens en prévenant ou en vengeant leur violation. Toutefois, dans la protection des droits privés, il doit se préoccuper d'une manière spéciale des faibles et des indigents. La classe riche se fait comme un rempart de ses richesses et a moins besoin de la tutelle publique. La classe indigente, au contraire, sans richesses pour la mettre à couvert des injustices, compte surtout sur la protection de l'Etat. L'État doit donc entourer de soin et d'une sollicitude toute particulière les travailleurs qui appartiennent à la classe pauvre en général.

Parmi ces pauvres, il y a ceux qui subissent des conditions telles qu'ils n'ont d'autres choix que d'immigrer. Léon XIII écrit au moment où, en cette fin du 19ème siècle, de nombreux pays du Sud, notamment l'Italie, et de L'Est de l'Europe, ou encore l'Irlande, sont frappés d'une grande misère, conduisant des millions de leurs habitants à s'expatrier vers le nouveau Monde.

« Un troisième avantage (à une économie solidaire) *sera l'arrêt dans le mouvement d'émigration. Personne, en effet, ne consentirait à échanger contre une région étrangère sa patrie et sa terre natale, s'il y trouvait les moyens de mener une vie plus tolérable ».*

Et Combien sont d'actualité ses propos sur la dialectique entre probité et prospérité ! « *Or, ce qui fait une nation prospère, c'est la probité des mœurs, l'ordre et la moralité comme bases de la famille, la pratique de la religion et le respect de la justice, c'est un taux modéré et une répartition équitable des impôts, le progrès de l'industrie et du commerce, une agriculture florissante et autres éléments du même genre, s'il en est que l'on ne peut développer sans augmenter d'autant le bien-être et le bonheur des citoyens ».*

Comme on le dit ici, *Jub, Jubal, Jubbanti,* Transparence, Justice, Redressement.

Enfin Léon XIII reprend à son compte les réflexions de Saint Thomas d'Aquin, sur une question économique primordiale, celle du juste prix, qui fût un de ses sujets de prédilection. Saint Thomas d'Aquin, au 13ème siècle, a posé les bases d'une doctrine économique de l'Eglise en se penchant longuement donc sur le sujet redoutable du juste prix, celui qui va rémunérer correctement à la fois le producteur et satisfaire l'acheteur, prenant appui, comme l'a fait Ali avant lui, sur les références morales tirées des textes sacrés.

Les femmes de Palmarin qui cèdent leur sac de 25 kg de sel à 1000 frs, les pêcheurs qui vendent leurs sardines à 200 frs le kg, le maraicher qui doit solder ses pommes de terre à 180 frs le kg, touchent-ils le juste prix de leur travail ? Bien sûr que non. Leur travail, harassant n'est pas payé proportionnellement à l'effort consenti et à leurs besoins vitaux d'être humain.

Mais c'est le marché, la demande qui fait la loi. Or, l'équilibre entre les deux est loin de se réaliser toujours aisément dans la vraie vie. Il est évident qu'un acheteur ne paiera pas un produit plus cher que celui qu'offre la concurrence au motif qu'il a coûté beaucoup d'efforts à ceux qui l'ont fabriqué, fût-il imprégné lui-même du sentiment de justice et de patriotisme.

La conciliation entre les deux parties, le producteur et le consommateur, sur des bases équitables, impose tout simplement aux producteurs d'être compétitifs : aux femmes de Palmarin de mettre en place des labels, aux producteurs de pommes de terre de s'équiper de frigo, et aux pêcheurs de passer aux bateaux et à des conserveries modernes.

Car c'est là la source du progrès. Quand dans les systèmes planifiés on supprime cette compétition et cette vérité du marché, on impose aux consommateurs des produits chers et qui ne le satisfont pas, alors que les producteurs, face à ces consommateurs captifs, se laissent aller, et tout cela se termine par un effondrement économique de l'entreprise voire du pays, dont les producteurs sont d'ailleurs les premiers à faire les frais. Nous avons cité suffisamment d'exemples pour ne pas y insister.

Ali, Saint Thomas d'Aquin et Léon XIII fondent leur approche économique, qu'on peut qualifier à la fois de libérale et de sociale, sur des valeurs supérieures, celles de leur foi, celles de la Bible et du Coran. Mais, est c'est là leur formidable leçon, en articulant préceptes moraux et regard lucide et pragmatique sur le fonctionnement de la société des hommes.

Chez eux point de recommandation de formules planificatrices ou socialisantes, car ils savent, et nous aussi, que l'enfer est pavé de bonnes intentions.

Telle est bien également la doctrine du gouvernement qui réitère à chaque occasion les trois piliers d'une économie prospère, l'entreprenariat, l'économie de marché et l'inclusion.

L'intelligence artificielle va donc nous poser de nouveaux défis, tel que le risque de la perte de la souveraineté nationale face aux détenteurs des bases de données et aux logiciels d'IA, et aussi tel que la perte du libre arbitre pour chacun d'entre nous.

On mesure que si par le passé des réponses pertinentes ont su être apportées c'est parce qu'elles s'appuyaient à la fois sur un socle de valeurs humanistes et sur, tout simplement, un examen attentif de ce qui marche et de ce qui ne marche pas.

23.2. Riches et Pauvres : la redistribution est-elle réellement possible dans une économie de marché ?

L'économie de marché, de par sa dynamique même, provoque des inégalités. Sont-elles injustes ? Peut-on les atténuer ? Si ces enrichissements sont dus à une réussite économique, et s'ils sont donc mérités, ils profitent à tout le monde, pourvu que l'activité en question et la dépense des profits qui en ont été tirés aient lieu sur place et entraînent des embauches, c'est le ruissellement, pourvu aussi que les salaires versés soient corrects, c'est le partage de la valeur, et pourvu enfin que les services publics fonctionnent au service de tous, c'est la redistribution par l'impôt.

23.2.1 Le ruissellement

Quand un riche allemand achète une Porsche, son argent va ruisseler en Allemagne, il donne du travail à des ouvriers allemands, car les Porsche sont toutes fabriquées en Allemagne.

Quand un Français achète un sac Louis Vuitton, ou du Champagne, ou du fromage Comté, son argent va ruisseler en France, car tous ces produits sont fabriqués en France.

Quand un riche sénégalais achète un iPhone ou une grosse Mercédès ou un parfum Dior, l'argent va ruisseler en Californie chez Apple, en Allemagne chez Mercédès ou à Paris chez LVMH. Même dans le bâtiment, pourtant par définition construit sur place, le ruissellement se fait en bonne partie à l'extérieur, tellement les matériaux les plus onéreux sont importés : sanitaires, matériels électriques, carrelages, etc. Il pourrait il n'y avoir non pas un ruissellement, mais disons une économie circulaire chez les pauvres, qui en achetant des oignons, du riz ou des aubergines donnent du travail à leurs frères agriculteurs de Gandiol, du Fleuve ou des Niayes.

Mais non, la proportion de produits agricoles importés étant encore importante, 50 % pour le riz ou les oignons, ils donnent en bonne partie du travail aux riziculteurs asiatiques, aux Hollandais pour les oignons – un comble pour un pays sans terre ! et aux maraîchers marocains ou espagnols pour les tomates ! Produire plus à la maison, c'est la base du ruissellement.

23.2.2 Le partage de la valeur et la démocratie sociale

Pour le Sénégal, pays de civilisation musulmane et de culture humaniste, la prospérité ne peut être que partagée. Cette culture de l'égalité est d'autant plus forte que dès l'indépendance, elle a été portée par deux présidents socialistes, Léopold Sédar Senghor et Abdoulaye Diouf. Et même leurs deux successeurs, parce qu'ils appartiennent à la mouvance sociale des libéraux, ont toujours mis la justice sociale au premier plan de leur politique.

La répartition de la valeur ajoutée entre salaires et profit contribue-t-elle au Sénégal à la lutte contre la pauvreté ? Au vu des salaires qui sont pratiqués, que ce soit celui de la bonne venue du village au service des urbains, celui de l'ouvrier du bâtiment ou celui de l'employé de banque, et comparativement au train de vie des « patrons », gageons que la répartition pourrait être plus équitable, et la croissance plus inclusive.

Les couches populaires souffrent du fait que le Sénégal, démocratie politique, est une démocratie sociale encore à construire. À l'exception de quelques secteurs, le syndicalisme y est faible ou inexistant, ce qui empêche les travailleurs, par leur action collective, d'obtenir une juste part de la valeur ajoutée. Il est en effet indéniable, il suffit de voir ce qui se passe dans le monde, qu'il y a une corrélation forte entre répartition de la richesse et puissance des organisations de travailleurs.

La démocratie sociale est un élément évident de la croissance inclusive, et de la croissance tout court. Car des salariés mieux payés peuvent mieux éduquer leurs enfants, sont plus productifs et contribuent ainsi davantage à l'enrichissement général.

23.2.3 La redistribution

La croissance inclusive peut aussi s'opérer par la redistribution.

Redistribuer, c'est prélever des impôts ensuite répartis sous forme d'aides sociales ou de services publics gratuits : écoles, hôpitaux, routes, assainissement, etc. Or, au Sénégal, cette redistribution peut progresser : les impôts sont au total peu élevés, 17,5 % du PIB, faute de production suffisante, du fait aussi d'une administration pas assez intrusive, et ils ne sont pas toujours redistribués en faveur des plus défavorisés quand les investissements se concentrent beaucoup trop en zone urbaine pour les familles motorisées. Un objectif de 20 % du PIB semble bien raisonnable.

Ruissellement, partage de la valeur, redistribution se font donc au travers de la production. Il n'y a de ruissellement, de partage et de redistribution que si l'économie tourne. Faute de produire, on importe et on crée de l'emploi et des revenus ailleurs.

23.3. Organisations charitables, de la solution aux symptômes

De tout temps, et partout dans le monde, des organisations charitables prennent en charge les orphelins, veuves, indigents et vieillards qui ne peuvent pas subvenir seuls à leurs besoins élémentaires et qui ne bénéficient ni de l'aide de leur famille ni de celles des autorités publiques. Hospices, orphelinats, soupes populaires, « ateliers de chiffonniers », secours populaires, ONG caritatives, ces organisations sont à la fois une solution pour tous ceux qui sont dans les plus extrêmes difficultés, et en même temps un symptôme des lacunes de la société.

L'histoire montre que même dans les sociétés les mieux organisées et les plus solidaires, il existe des interstices, des failles qui laissent des personnes sans solution autre que celles offertes par de ces organisations de secours. Elles sont bien alors une solution. Si leur place est réduite, marginale, surtout si les personnes qu'elles prennent en charge sortent rapidement de leur giron pour retrouver une place plus satisfaisante, on peut à la rigueur considérer qu'on est dans l'ordre inévitable des choses. En revanche, si leur rôle est déterminant dans la société, on ne peut alors que s'interroger sur le fonctionnement de ladite société elle-même.

Au Sénégal, la solidarité familiale n'est pas un vain mot, ce qui permet d'assurer à presque tout le monde un filet de sécurité pérenne, filet auquel vient s'ajouter le développement progressif, mais par nature lent et incomplet, de systèmes de protection collective notamment dans la santé.

Reste le cas des enfants que les familles ne peuvent pas prendre en charge et qu'elles confient à des daaras. Il nous semble que le réseau des daaras gagnerait à améliorer la sortie de ses talibés en développant en leur sein, en partenariat avec les ministères en charge de la Formation, de l'acquisition de compétences professionnelles de base.

Le Pape François et les comptes en banque - New

Le Pape François a déclaré, en 2015, *« Saint Pierre n'avait pas de compte en banque »*, comme s'il était donc vertueux de ne pas en avoir. Les pauvres eux, rêvent pourtant d'en avoir un. Et s'ils n'en ont pas c'est parce que les banques refusent de leur en ouvrir un, faute de revenus suffisants.

Et il a ajouté : *« gardons-nous de devenir des entrepreneurs »*, comme si les entrepreneurs appartenaient au monde du pêché. Heureusement, Saint Père, qu'il y a des entrepreneurs pour faire tourner l'économie, créer de la richesse, donner du travail et des revenus. Ici, et partout dans le Monde, les pauvres se désespèrent de pouvoir trouver un employeur, un contrat de travail, un salaire pour pouvoir aussi ouvrir un compte en banque.

L'économie, l'argent ce n'est pas sale, c'est ce qui permet aux milliards d'êtres humains de vivre décemment. Bien évidemment il y a aussi de l'argent sale, partout. Mais jeter l'opprobre sur l'économie en général n'est vraiment pas une bonne idée. C'est pourquoi nous regardons à la fois avec sympathie et esprit critique l'action humanitaire. Elle est indispensable pour pallier les lacunes des systèmes économiques et des mécanismes institutionnels de redistribution. Mais si on la considère pour ce qu'elle doit être, une réponse aux défaillances de l'économie et des politiques publiques, c'est bien alors à corriger ces insuffisances qu'il faut d'abord et avec détermination s'attaquer. La pauvreté est une calamité, qu'il faut exécrer et combattre avec les armes de l'économie et de la politique. C'est la seule façon de l'éradiquer, comme le montrent tous les pays à l'économie performante et inclusive. Donc Saint-Père, bravo pour vos déclarations sur les immigrés, mais on ne vous suivra pas sur l'économie.

23.4. L'amour du bien public

« Nul ne veut le bien public que quand il s'accorde avec le sien. » « Il est très vrai que, pour faire un puissant ministre, il ne faut qu'un esprit médiocre, du bon sens et de la fortune ; mais, pour être un bon ministre, il faut avoir pour passion dominante l'amour du bien public. »

Jean-Jacques Rousseau

Dans un pays, les biens communs, qui fondent la communauté nationale, sont nombreux : le drapeau, l'hymne national, l'équipe de foot, la langue, la culture, la foi, la musique, l'histoire, les personnalités emblématiques, le patrimoine, les institutions, la géographie, la constitution. Pour ces biens-là, l'adhésion est naturelle, forte, ne se discute pas, et tout est fait pour qu'ils soient en permanence entretenus et respectés. Et puis il y a les biens communs du quotidien, plus prosaïques, mais combien prégnants, les services publics et les équipements publics : l'école, l'hôpital, les forces de sécurité, l'électricité, l'eau, l'assainissement, les routes, les rues, les places, les bus, etc.

Le peuple en connaît l'importance, il sait à quel point sa vie quotidienne en dépend, et pourtant il ne manifeste pas toujours à leur égard l'attachement qu'ils mériteraient. Ce n'est pas par méfiance à l'égard de ce qui est collectif, comme le montrent les sentiments prodigués aux biens communs introduisant notre propos, ou comme l'atteste encore le fait que les mosquées, lieux collectifs s'il en est, sont l'objet des soins les plus attentifs, car les croyants n'accepteraient pas que la maison dédiée à Dieu soit négligée. Non.

Pourquoi les services publics ne bénéficient-ils pas de la même empathie, alors qu'ils sont d'une certaine façon la « maison commune » sur terre ? C'est d'autant moins compréhensible que la population mesure chaque jour leur importance. Il nous semble qu'il y a plusieurs raisons fondamentales à cette prise de distance.

Au Sénégal, les équipements et les services publics, c'est l'État. La quasi-totalité des biens et des services publics lui appartiennent en effet ou à des sociétés nationales. Or, le rapport à l'État et à la classe politique est distendu, car l'État est perçu comme une machine lointaine, anonyme, qui ne se préoccupe pas réellement des citoyens, d'autant moins que la classe politique qui gère cet État est regardée comme pensant plus à ses intérêts qu'à ceux de la population. Du coup, cette défiance à l'égard de l'État rejaillit sur ces biens communs que sont les équipements et les services publics lui appartenant.

La deuxième raison est qu'ils dysfonctionnent trop souvent et sont mal entretenus, comme s'ils n'étaient pas essentiels, pire comme s'ils n'avaient pas d'âme. Une promenade dont les arbres sont morts faute d'avoir été arrosés a-t-elle une âme, fût-elle au bord de la mer ? (Et bravo au nouveau Maire de Dakar qui vient de replanter la corniche !). L'atelier de mécanique d'un lycée où plus aucune machine-outil ne fonctionne, et donc où plus aucun élève ne travaille la matière, a-t-il encore une âme ?

Un service public qui n'est pas réellement au service du public par négligence, mauvaise organisation ou indélicatesse peut-il être porté dans le cœur des citoyens ? On voit tout de suite quels sont les axes de progrès pour faire en sorte que ces équipements et services publics rejoignent dans l'estime des citoyens le drapeau ou les héros, afin que la surface des biens ressentis comme collectifs, ainsi élargie, consolide les ressorts de la nation.

Le premier, c'est l'éthique, celle de la classe politique et des fonctionnaires. Nous n'y revenons pas ici puisque nous avons déjà abordé le sujet. Soulignons juste que c'est ici aussi, dans le bon fonctionnement des services publics, que se joue le consentement à l'impôt. Le budget bien commun ? Il faut en apporter les preuves sur le terrain du quotidien, disent les citoyens. C'est pourquoi il faut se féliciter du développement récent de toutes les infrastructures qui équipent de plus en plus le Sénégal, autoroutes, ponts, trains, stades, etc., équipements qui se voient, que le citoyen touche du doigt, qui lui démontrent que l'impôt est bien utilisé au service du développement, ce qui ne peut que renforcer la culture du bien commun.

Encore faut-il les entretenir. Le deuxième sujet, qui peut paraître terre à terre, mais qui fait le quotidien de la population et qui compte donc plus que les proclamations, est celui **de la maintenance et du bon fonctionnement.**

Le troisième est le sentiment d'éloignement qui doit être corrigé par le rapprochement des lieux de décision et de gestion des services publics du citoyen, ce qui passe inéluctablement par la **décentralisation de l'État.**

23.4.1 La maintenance, une question cruciale

En matière d'entretien de son patrimoine public, il y a au Sénégal des marges de progrès ! Qui ne connaît l'état de non-entretien de certains établissements scolaires, de leurs ateliers, de l'éclairage public, des réseaux d'assainissement, des bâtiments administratifs, des glissières de sécurité, des routes, des rues, et même de l'emblématique tunnel de Soumbédioune !

La maintenance, c'est d'abord des budgets. Tous les équipements, bâtiments, machines ou réseaux se dégradent et il faut donc prévoir leurs crédits d'entretien. Les ratios sont connus, et il n'y a pas d'échappatoire. Pour chaque type d'installation, il faut provisionner les sommes nécessaires à leur fonctionnement régulier. Faute de le faire, on attend la panne ou la dégradation irréversible qui exigent alors une « maintenance réparatrice » dans l'urgence, qui va coûter bien plus cher que la maintenance préventive qui aurait pu éviter ces gros soucis.

Ce sont aussi des méthodes de travail qui consistent à veiller sur les équipements, à être à leur écoute, à être attentif aux premiers toussotements, mieux encore, ce sont des méthodes visant à planifier le remplacement préventif, car on sait, il n'y aucun miracle, qu'un joint de pompe dans un réseau n'est pas éternel pas plus qu'une toiture ou un lampadaire. Inutile donc d'attendre la fuite, la gouttière ou la panne. Dès la construction, il faut se soucier de la maintenance à venir.

Les matériaux choisis sont-ils les bons pour l'usage considéré et notre climat ? Les contrats de maintenance à la charge de la société qui a eu le marché sont-ils bien rédigés et la société sera-t-elle en capacité d'assurer ses obligations ? Une fois la période de garantie passée, tous les plans seront-ils disponibles pour que le propriétaire-gestionnaire puisse effectuer la maintenance et les réparations facilement et à bon escient ?

Ces questions budgétaires et techniques posent des questions d'organisation administrative : qui fait quoi, qui est responsable de quoi ?

23.4.2 Loin des yeux, loin du cœur, la nécessaire décentralisation

Certains équipements publics, tels que les réseaux qui traversent tout le territoire, comme ceux de l'électricité, des autoroutes, des trains, ou de l'approvisionnement de base en eau ne peuvent être gérés que nationalement. Mais, pour le reste, écoles, établissements de santé, routes locales, rues, places, éclairage public, réseaux d'assainissement, l'État est-il le bon niveau de gestion ? Si on en croit justement la qualité de la maintenance, la réponse est plutôt non, car loin des yeux, loin du cœur. L'État est loin de tout ça ; le concret, le quotidien, le local, le terrain, ce n'est pas son truc, c'est l'affaire de ceux qui sont à « portée de baffes » des usagers et des électeurs, les élus des collectivités territoriales.

Pour améliorer la maintenance de tous ces équipements publics, il faudrait, à nos yeux, accélérer le transfert aux communes, aux départements et aux régions, sinon de la propriété du moins de la responsabilité du bon entretien de ces équipements, en fonction de leur place dans le territoire, par exemple les écoles aux communes, les lycées aux régions avec, ça va de soi, les transferts de ressources fiscales correspondants comme on le suggère dans notre chapitre **décentralisation et fiscalité**.

Les collectivités devenues responsables, maîtres d'ouvrage, s'appuieraient sur les entreprises privées ou sur les sociétés nationales devenues prestataires de services, telles que l'ONAS (assainissement) par exemple, pour passer commande de cette maintenance et en assurer la bonne exécution. Si un équipement public est négligé, c'est la relation même à la notion de bien commun qui se dégrade. Entretenir convenablement le bien public, c'est lui marquer du respect et recueillir l'adhésion des citoyens. Un service public qui dysfonctionne affaiblit la culture du bien commun.

Manquer d'attention au bien public, c'est affaiblir le sentiment national. On mesure là l'impact de la bonne gestion de son patrimoine par l'État et du comportement irréprochable des fonctionnaires, véritable ciment de la nation.

23.4.3 L'exigence de qualité

Ce dossier de la maintenance a une portée qui va bien au-delà du confort ou de l'inconfort des usagers et du sentiment d'appartenance à la collectivité. Il a une dimension culturelle, industrielle même, très importante, qui consiste à ne pas s'accommoder de l'à-peu-près. Lorsque les usagers s'habituent, par la force des choses, à un fonctionnement dégradé des biens publics, c'est toute la société qui perd ses repères. Si la pompe de Keur Momar Sarr lâche régulièrement, comme une fatalité, privant Dakar d'eau, comment peut-on reprocher au gestionnaire de l'immeuble que la pompe du rez-de-chaussée ne fonctionne qu'un jour sur deux ? Comment reprocher au même gestionnaire de ne pas remplacer l'ampoule de l'escalier si le lampadaire de la rue ne fonctionne pas ?

Il y a dans la qualité de la maintenance une sorte de bonne tenue de la société, d'exigence collective à l'égard de soi-même et du bien public qui rejaillit indiscutablement sur tous les aspects de la vie. À service public dégradé, environnement, production et au total société dégradée. Le diable se loge dans les détails. Les pouvoirs publics ont bien une responsabilité considérable par l'exemple qu'ils donnent ou pas de cette culture du bon usage du patrimoine collectif.

23.4.4 Décentraliser

La décentralisation est indispensable à une maintenance régulière. Elle l'est plus largement pour l'efficacité de l'action publique en général. Décentraliser l'aménagement du territoire par les équipements et services publics, c'est démultiplier les compétences, agir près du terrain et des citoyens et, à coup sûr, par cette nouvelle proximité, renforcer les liens qui les relient à la population et celle-ci au bien commun.

L'école, la télé, les chefs de quartier doivent jouer pleinement leur rôle en formant et éduquant à l'attention à apporter à tout ce qui est collectif. Nous faisons avec force dans ce livre la promotion de l'économie de marché, des entreprises privées ou encore d'une réforme foncière privatisant la terre des exploitations agricoles. Ce n'est là en rien négliger la question des biens communs.

Chacun a son rôle dans une société harmonieuse et efficace ; l'esprit public et l'esprit d'entreprise loin d'être contradictoires s'épaulent mutuellement. Qu'est-ce qu'une école sans des entreprises auprès de qui l'État peut collecter l'impôt parce qu'elles créent de la valeur ? Qu'est-ce qu'une entreprise sans école pour les enfants de ceux qui y travaillent ?

24

TOUT CECI A UNE HISTOIRE, DE L'INDÉPENDANCE AUX AJUSTEMENTS STRUCTURELS

« Aussi longtemps que les lions n'auront pas leurs historiens, les récits de chasse tourneront toujours à la gloire du chasseur. »

Voilà donc où nous en sommes. Pourquoi les espoirs légitimes de ce moment historique et sublime qu'a été l'indépendance n'a-t-il pas tenu toutes ses promesses économiques ? Pourquoi la souveraineté politique n'a-t-elle pas été suivie de la prospérité économique ? Rembobinons le film.

En 1960, dans la légitime euphorie des indépendances, les nouveaux dirigeants africains, et leurs peuples avec, ont manifestement surestimé le pouvoir de la politique et sous-estimé l'économie. Ils ont pensé pouvoir s'affranchir de ses lois, de ses règles, celles de la gestion rigoureuse, de la vérité des prix, de la compétitivité, et de celle, encore plus fondamentale, selon laquelle on ne peut jamais distribuer que ce qu'on a préalablement produit. D'une certaine façon, on a cru que ça pouvait être « open bar ».

Il y a eu ceux qui rompirent carrément avec le « système » en adoptant le modèle soviétique. On connaît le résultat, ils ne s'en sont pas encore remis.

24.1. Des choix paradoxaux

Paradoxalement, ceux qui choisirent le camp occidental s'affranchirent également des règles de base de l'économie de marché. Ils mirent en place un État pléthorique et omnipotent, s'attachèrent plus à former une élite pour les administrations de la capitale que pour les champs et les ateliers du pays. En effet, même si le Président Senghor trancha politiquement en faveur d'une économie libérale contre son Premier ministre socialisant Mamadou Dia en 1962, ses actes économiques ne suivirent pas vraiment ses orientations politiques.

Ainsi, alors qu'avant l'indépendance la commercialisation des productions agricoles et la fourniture des intrants et des équipements à cette agriculture étaient assurées par des commerçants privés, en général non sénégalais, le Président Senghor, pour des raisons politiques, les remplaça par des réseaux de coopératives d'État, sous tutelle de deux administrations, l'OCA et la SONADIS, qui n'avaient de coopératives que le nom. Cette éviction, ajoutée à la nationalisation des terres avec la loi du 17 juin 1964 comme on l'a vu, firent qu'en réalité, l'agriculture sénégalaise fut pleinement soviétisée en 1964 par un...libéral.

La Banque mondiale dans un rapport de 1966 pointait déjà les difficultés à venir : « *L'un des principaux objectifs du Premier Plan était d'accroître le rôle de l'État dans l'économie par une modification de la structure de l'agriculture traditionnelle du Sénégal et du système de commercialisation rurale. Ce but a été atteint dans une très large mesure, mais le gain net pour la production a été médiocre et les difficultés qui se sont présentées au début de l'exécution du plan ne sont pas encore surmontées* ». On pourrait ajouter, 55 ans plus tard, elles ne le sont toujours pas.

Ces difficultés de l'agriculture étatisée vont se traduire, dans le deuxième plan quinquennal 1964/1969, par une forte hausse des crédits publics pour ce secteur agricole, 24 milliards, soit 2I % du total du plan, plus que les investissements pour les transports et les télécoms, eux arrêtés à 20 milliards, trois fois plus que pour le total de l'éducation, 8 milliards, et 10 fois plus que pour l'école primaire, 2 milliards ! Et ce, alors que les investissements privés attendus pour l'agriculture sont établis à moins de 1 milliard ; c'est dire si le secteur avait été nationalisé. Au lieu de nourrir le pays, l'agriculture mange le budget !

24.1.1 La surestimation du politique

Une des raisons peut-être de cette surestimation du politique et du rôle que l'État pouvait jouer fut, à la décharge des dirigeants de l'époque, la sous-estimation des réalités économiques dont chacun de leur pays héritait. L'économie des pays colonisés était incontestablement extravertie, incomplète, déséquilibrée, sous-qualifiée.

Elle reposait sur des activités agricoles et d'extractions d'exportation au service de la métropole, elle dépendait d'importations toujours de la métropole dans tous les secteurs, y compris alimentaire, les ressources humaines nationales dans les domaines techniques étaient dérisoires eu égard aux nouveaux besoins, les infrastructures sous-développées, les territoires déséquilibrés avec une capitale qui résumait bien souvent à elle seule la modernité.

Cette économie spécifique a longtemps masqué ses lacunes, d'une part, parce qu'il y avait des mécanismes de protection dus au système colonial, par exemple la vente de l'arachide au-dessus du cours mondial (système qui a pris fin par les accords de Yaoundé de 1964, où la France est remplacée par la CEE), et aussi parce que les activités commerciales et industrielles de Dakar, capitale de l'Afrique de l'Ouest, bénéficiaient de ce vaste marché sous-régional qui a éclaté avec les indépendances de chaque pays, éclatement aggravé par de sérieuses dissentions avec les voisins du Mali et de la Guinée.

Les industries de biens de base implantées dans les régions de Dakar et de Thiès (agroalimentaire, chaussures...) vont considérablement souffrir de cette restriction des débouchés, qui fut rapidement suivie d'un désinvestissement. Ce rétrécissement de la zone d'influence de Dakar, au-delà même de la fermeture du chemin de fer vers le Mali, s'est traduit par exemple par la nécessité d'absorber un nombre de fonctionnaires considérable qui était jusque-là calibré pour toute l'Afrique de l'Ouest.

Bref, l'immersion dans le grand bain de l'économie mondiale n'était pas évidente, puisque le pays devait supporter de nombreuses ruptures, avec des lacunes économiques structurelles, et qui plus est avec de nouvelles charges, telles que l'armée ou la représentation diplomatique, au moment où en outre, il faut le souligner, c'est la Communauté économique européenne qui prenait le relai de la France en matière d'échanges commerciaux, ce qui entraînait naturellement un changement de paradigme.

24.1.2 Les prémonitions de René Dumont

Dès le départ, René Dumont sentit que ça commençait mal et publia son célèbre *« L'Afrique noire est mal partie »*, qui lui valut bien des anathèmes. Il insistait sur deux points, l'agriculture et la formation technique et professionnelle. L'agriculture, comme on vient de le voir, est toujours l'enfant malade de l'Afrique. Quant à la formation technique et professionnelle, les deux auteurs ne pouvaient, dans leur rapport pour la Banque mondiale d'il y a dix ans sur le Sénégal, soit 50 ans après l'indépendance, que dire à quel point, à bien des égards, la situation était dramatique.

Cela venait de loin : dans le deuxième plan quinquennal de 1964, dont nous venons de donner quelques chiffres, l'enseignement technique ne recevait que 1,4 milliard de frs CFA, soit 17 fois moins que l'agriculture. Cherchez l'erreur !

Pourtant, dès 1970, la Banque mondiale relevait que *« la sénégalisation de l'emploi revêtait la plus grande importance, mais qu'elle ne progressait que très lentement du fait du nombre restreint de Sénégalais ayant une qualification ».* Le remplacement effectif des Français qui occupaient bon nombre de postes techniques et de gestion supposait un effort prioritaire et puissant de formation professionnelle qui ne fut pas consenti.

Si les grands équilibres furent tant bien que mal maintenus dans les premières années, notamment grâce à des aides qui continuaient à être substantielles (le Sénégal étant le premier bénéficiaire africain de l'aide des bailleurs), en réalité tous les éléments étaient en place pour qu'ils se dégradent rapidement : l'agriculture étatisée stagnait, qu'elle soit d'exportation ou vivrière, l'industrie s'effritait du fait du rétrécissement de ses marchés et du non-remplacement des Européens partis et ce, alors que la population progressait, les dépenses publiques augmentaient du fait des charges d'un nouvel État et sous la pression d'un nombre de fonctionnaires important, à quoi il faut ajouter que des libertés étaient prises avec les règles de bonne gestion des entreprises publiques.

Un seul exemple sur ce dernier point qui en dit long : juste avant sa faillite retentissante, Air Afrique, société panafricaine, employait 3 fois plus de salariés par avion qu'Air France, qui n'était pourtant pas un modèle de productivité. La tragédie des biens communs…

Vingt ans après, fin des années 70, début des années 80, tous les signaux étaient au rouge dans toute l'Afrique, déficits publics, balance commerciale négative, inflation, productivité en berne. Or, c'était l'époque où, d'une part, la guerre froide tirait à sa fin, l'URSS étant exsangue et ne pouvant plus soutenir ses anciens protégés, et où en Occident les ultras libéraux avec Ronald Reagan et Margaret Thatcher venaient de prendre le pouvoir.

24.1.3 Les Chicago boys

Leurs hommes étaient les « Chicago boys » de Milton Friedman, qui étaient aux manettes au sein du FMI et de la Banque mondiale, qui imposèrent à l'Afrique ce remède de cheval que furent les fameux et vilipendés « ajustements structurels », qui ont consisté à serrer la ceinture de plusieurs crans d'une population pourtant déjà peu nourrie.

Les ajustements structurels étaient absolument inévitables, car le pays vivait largement au-dessus de ses moyens et tardait à corriger spontanément ses lacunes, s'habituant à une aide internationale généreuse. Mais il aurait fallu les accompagner de réformes de fond sur la production, les échanges, la formation pour repartir du bon pied.

Ce ne fut pas le cas au Sénégal. Le pays plia l'échine sous le choc, mais ne prit pas le taureau par les cornes, comme en témoignent les tergiversations du Président Abdou Diouf dans le domaine agricole en 1984 que nous avons déjà évoquées. Ces ajustements structurels, à forte connotation monétariste, ne concernèrent pas que l'Afrique, mais de nombreux pays de par le monde, qui pour beaucoup prirent les mesures de base leur permettant de refonder leur économie et de rebondir. Ce fut en particulier le cas en Asie.

Sans oublier que c'est à la même époque que la Chine, qui était pourtant encore à ce moment-là hors système du commerce international et du FMI, prit des dispositions similaires comme nous l'avons largement relevé et s'apprêtait à devenir l'atelier du Monde, imposant aux autres pays une concurrence insoutenable.

Ainsi, la Banque mondiale écrivait-elle en 1984 que « *le Sénégal, au moment d'aborder le milieu de l'actuelle décennie, est en proie à une grave crise de développement qui persiste depuis la fin des années 70. Depuis l'indépendance, les habitants de cette nation sahélienne ne sont pas parvenus pour la plupart à augmenter ni leur productivité ni leur revenu réel* ».

Les causes de cette situation étant exposées sans détour. « *La première manifestation de la crise en 1978 était le reflet d'une conjonction de facteurs : des politiques médiocres en matière de finances et d'investissement (notamment l'hypertrophie du secteur public, l'utilisation des fonds d'emprunt pour la consommation plutôt que pour la production de biens et services ayant une valeur marchande, et l'aggravation des déficits du secteur public), la détérioration des termes de l'échange* ».

La dette ayant explosé, des plans de rééchelonnement successifs furent mis en place de 1979 à 1984 avec les mesures d'austérité habituelles pour les accompagner, réduction des dépenses budgétaires et hausse des tarifs des produits importés, notamment agricoles, augmentant brutalement la pauvreté. Et la Banque de poursuivre : « *De même que la crise persistante du Sénégal a des origines structurelles à long terme, le processus d'ajustement sera lui aussi un processus de long terme : il n'existe pas de solution facile ni rapide, seul un effort soutenu et déterminé pour corriger les problèmes les plus importants en commençant par le commencement, finira par prévaloir.*

24.2. La quadruple faute de la Banque mondiale

Les solutions avancées par la Banque mondiale sont classiques, apparemment de bon sens, mais vont comporter quatre biais, quatre erreurs d'analyse, lourdes de conséquences. Elle écrit :

« Le Sénégal n'étant pas riche en ressources naturelles, cela suppose une combinaison de méthodes, entre autres, utiliser plus complètement la capacité de production existante dans l'agriculture, la pêche, l'industrie manufacturière et le tourisme, et continuer à mettre l'accent sur les investissements directement productifs (il faut entendre par là ceux qui font croître la production de biens et services, ayant une valeur marchande) de préférence à ceux qui fournissent des biens de consommation, tels que l'éducation, la distribution d'eau et le logement ».

24.2.1 La négligence de l'éducation

Première faute, monumentale, mettre l'éducation dans les biens de consommation ! Alors que tout le monde devrait savoir que ce qui fait la force productive d'un pays, c'est sa capacité de travail, le niveau de compétences et d'organisation de sa main-d'œuvre. Ainsi, les budgets de l'éducation, et en premier lieu celui de la formation technique, sont-ils désignés comme dépenses superfétatoires alors qu'ils sont, au contraire, la clé du développement.

Ce mauvais choix continue à peser sur le présent et l'avenir du Sénégal, tellement l'échec scolaire est encore aujourd'hui massif et la formation professionnelle insuffisante. Ces propos n'étonnent qu'à moitié les auteurs qui, comme nous l'avons indiqué, ont pu constater in situ, en 2010, donc 30 ans plus tard, les insuffisances de la Banque mondiale en matière de compréhension du rôle des qualifications professionnelles et techniques dans le développement, même si les choses ont semble-t-il changé depuis, mais bien tard.

La Banque mondiale cite à juste titre le tourisme comme secteur important pour le Sénégal. Mais la connaissance un tout petit peu intime du secteur l'aurait conduit à insister sur la nécessité de développer les formations dans un domaine où la qualité du service, donc des compétences du personnel, est décisive. En parle-t-elle ? Pas du tout.

24.2.2 Une vision abstraite de l'industrialisation

Deuxième erreur, demander de ralentir « *les dépenses sur le logement et la distribution de l'eau* ». On se frotte encore les yeux. Non seulement c'est aggraver de manière sévère la pauvreté, donc faire baisser la productivité, sans parler du mécontentement social, mais surtout c'est ne pas voir qu'au contraire, le bâtiment et le génie civil sont des facteurs de croissance, créateurs d'emploi, qui ont l'avantage d'être inclusifs comme on y insiste en début de livre.

Comme si la production était pour les experts de la Banque un concept abstrait, ânonné le long des rapports, sans s'interroger sur les conditions réelles de mise en œuvre. Bref, ils étaient, ils sont dans le « macro », les grands agrégats alors que l'économie réelle c'est du « micro », du concret, des hommes, des opportunités.

24.2.3 Une approche superficielle de l'agriculture

Enfin, la Banque répète de manière automatique, formelle, qu'il faut augmenter l'efficacité de l'agriculture. Or, au même moment, en 1984, le Président Diouf lui-même s'interrogeait sur l'organisation de ce secteur et notamment sur la « gestion » collective des terres. À cette date de 1984, la situation financière du Sénégal est telle que les bailleurs ont la main. Pourquoi n'ont-ils pas aidé le Président Diouf à réformer de fond en comble l'agriculture en la privatisant ?

Car si la Banque a raison de dénoncer l'étatisation via de pseudo-coopératives du commerce des productions agricoles et des fournitures (engrais, semences, etc.), elle ne dit pas un mot sur l'essentiel, qui explique tout le reste, la gestion collective des terres et l'absence d'exploitation agricole. C'est cela qu'il fallait révolutionner avant tout.

Sur les trois questions clés que nous abordons dans ce livre, la privatisation de l'agriculture, l'industrie s'appuyant sur les biens inclusifs, notamment le logement et l'eau, et sur la formation, la Banque mondiale est à l'époque à côté du sujet.

24.2.4 Une Opposition contre-productive entre le social et l'économie

Dix ans plus tard, elle continue à être à côté de la plaque. Constatant que la situation ne s'est pas vraiment améliorée, elle met en cause le pilotage du pays dans des termes tout aussi étonnant que ceux cités plus haut. On ne va pas se frotter les yeux cette fois, mais se pincer ! Elle écrit. « *Il semble que la détermination du gouvernement se soit érodée après les élections de 1988, lorsque l'influence des technocrates s'est affaiblie sous l'effet des pressions politiques* ».

Comme si c'était avec des technocrates qu'on mobilisait un pays ! Comme si c'était avec des technocrates qu'on allait entraîner la paysannerie, des chefs d'entreprises et des ouvriers. Comment peut-on reprocher à un gouvernement de tenir compte des élections ? La Banque se plaint également : « *Le marché du travail n'a été que partiellement libéralisé (libéralisation des règles d'embauche, et assouplissement des restrictions à l'emploi de personnels temporaires). En raison de la persistance de ces rigidités, les coûts salariaux restent un sérieux obstacle à l'investissement, à la croissance et à la compétitivité* ».

Comment peut-on dire qu'il y a des rigidités dans un pays où 94 % des travailleurs sont dans l'informel ? C'est-à-dire protégés par aucune règle ? Que les coûts salariaux sont un obstacle à la compétitivité alors que les salaires sont au seuil de pauvreté et sans charge sociale puisqu'il n'y a pas de protection sociale ? Qu'il y ait trop de fonctionnaires à la capitale, nous soulignons, à la capitale, sûrement, mais porter un jugement aussi abrupt sur les salaires en général dans un pays massivement au seuil de survie est un pur non-sens.

Le frein à la productivité est plutôt celui du niveau de compétences des salariés, dont de ces budgets de formation insuffisants depuis le départ, et non pas le niveau des salaires ou les rigidités du Code du travail. On a le sentiment d'un copié-collé d'un manuel de libéralisme pour les nuls. Nous pensons d'ailleurs, à l'inverse de cette prose, qu'un des facteurs du développement est l'existence d'organisations syndicales capables de défendre les conditions de travail, car on ne fait pas de bons produits dans l'insécurité, capables de défendre une juste répartition de la valeur, c'est-à-dire des salaires corrects, car un bon ouvrier se paie et rapporte.

Au total, tant sur le fond que sur la conduite du processus, la Banque mondiale n'a pas su accompagner les ajustements structurels qui étaient bien entendu nécessaires. Il ne s'agit pas de disculper le Sénégal, ses dirigeants, qui ont été étatistes, passéistes, velléitaires, clientélistes, ni ses élites, largement défaillantes quand elles ne sont pas prédatrices, et puis aussi sa population qui ne s'est pas mobilisée sur des objectifs sérieux, mais sur des demandes de courte vue, comme en 1968, mais d'expliquer pourquoi on est là aujourd'hui et pourquoi il ne faut pas persévérer dans l'erreur.

Depuis le début des années 2000, les gouvernements libéraux se sont évertués à sortir l'économie sénégalaise de son étatisme paralysant, de sa somnolence, qui aura duré 40 ans, notamment par des investissements d'avenir. La tâche est d'autant plus grande que la population explose. Au moment où dans le rapport de 1984 que nous venons de citer est écrit il y a 6 millions de Sénégalais, aujourd'hui trois fois plus. Pendant cette période de stagnation, le Sénégal a tenu en bonne partie grâce à une aide internationale substantielle, de loin la plus favorable de tout le continent, mais faute d'avoir pris les mesures nécessaires, il est toujours en difficulté.

Aujourd'hui, le pays continue à bénéficier d'un crédit international qui lui permet d'emprunter dans des conditions toujours favorables. S'il ne veut pas se retrouver dans la même situation que celle de la fin des années 80, il doit d'urgence et courageusement traiter les problèmes toujours latents : l'agriculture, la formation, l'industrialisation en basculant résolument et culturellement dans l'économie d'entreprise.

Le Sénégal, grâce à ses vertus propres, est un de rares pays d'Afrique qui n'est pas (et qui n'a pas été) ravagé par une guerre civile ou des coups d'État. Comment ne pas voir dans tous ces conflits religieux, ethniques, territoriaux, claniques qui ravagent l'Afrique le résultat d'abord de ces échecs économiques ? Il n'y avait là rien d'inéluctable, car les potentialités considérables sont là, géographiques et humaines. C'est sûrement le rôle historique du Sénégal que de montrer enfin le chemin de la prospérité dans la paix.

24.3. L'affaire Dakar

La capitale moderne de l'Afrique de l'Ouest ne s'est toujours pas vraiment remise de la perte de son statut au moment des indépendances. Elle y a perdu en bonne partie sa base industrielle, du fait de la restriction de sa zone de chalandise et du départ des Français, mais a continué à développer les administrations et à négliger le reste du territoire, devenant une tête hypertrophiée pour un territoire exigu et exsangue. Elle aurait pu compenser ces pertes en devenant une grande place financière et de services, mais l'esprit n'était pas à la finance et Abidjan lui a damé le pion.

Asphyxiée par l'exode rural et la démographie, il ne faut plus qu'elle continue à manger le Sénégal. C'est bien sûr de la responsabilité des politiques publiques que de se préoccuper davantage de Saint-Louis ou de Ziguinchor, mais aussi des mentalités. Tant que sera vu comme une punition le fait d'être obligé de vivre et travailler à Kaolack, le Sénégal ne tirera pas parti de toutes les potentialités de son territoire. Il ne peut pas se résumer au triangle Thiès-Mbour-Dakar que, paradoxalement, la ville nouvelle de Diamniadio vient renforcer la géographie, une des données clés de l'avenir économique du pays.

25
CONCLUSION OPÉRATIONNELLE, UNE AUTRE ORGANISATION DES ADMINISTRATIONS DE L'ÉTAT

« Patience et longueur de temps font plus que force ni que rage... » Jean de la Fontaine

Nous avons associé étroitement tout au long de ces pages inclusion et industrialisation. L'industrialisation est la clé de l'émergence et l'émergence doit être immédiatement inclusive. Pour ce faire, nous proposons une stratégie et une méthode nouvelles, puisqu'il faut bien constater que celles qui existent n'ont pas vraiment marché.

25.1. Une stratégie

La stratégie, c'est d'appuyer l'industrialisation sur les domaines de base de l'économie sénégalaise, qu'il faut servir en premier pour les conforter, et faire en sorte que cette industrialisation réponde **immédiatement,** par les produits fabriqués et les emplois créés, à la lutte contre la pauvreté. Pour être solide, l'industrialisation doit s'appuyer sur ce qui constitue les fondements de la société, une agriculture performante et un développement harmonieux du pays.

Le Sénégal souffre d'un profond déséquilibre territorial. Le pays se vide au profit du triangle Thiès/Mbour/Dakar. Son rééquilibrage passe par une plus grande autonomie des collectivités locales, par la réforme fiscale qui doit l'accompagner, et par l'industrialisation de ces villes moyennes afin de leur donner les moyens de leur propre développement. Surtout, de substantiels progrès doivent être accomplis par le système éducatif pour doter le pays des compétences qui lui manquent. La richesse durable ne vient que du travail dont l'efficacité dépend du degré de formation.

25.2. Un contexte : capitalisme, « main noire », complotisme et guerre de tous contre tous

Marx et ses disciples nous ont expliqué que ce sont les mécanismes mêmes du capitalisme qui le conduiraient à sa perte, à sa chute inéluctable, du fait des déséquilibres entre le secteur 1, celui des biens de production, et le secteur 2, celui des biens de consommation, liés à l'extorsion de la plus-value, et à la baisse tendancielle du taux de profit, etc.

L'effondrement ne s'étant pas produit, et les crises cycliques permettant ses rebonds permanents, selon la formule schumpétérienne de la « destruction créatrice », l'hypothèse de la chute mécanique et inéluctable a un peu vieilli.

Alors apparaît celle de « la main noire ». On se souvient que dans le Parain II, Robert de Niro, qui va devenir le boss sous les traits de Marlon Brando dans le Parrain I, via un flashback, s'impose dans son quartier de Little Italie en éliminant le mafieux local, « la main noire ».

Les marxistes contemporains, de l'époque du « capitalisme de monopole mondialisé », ne dénoncent plus la mystification de la « main invisible » qui régule le marché, chère à Adam Schmit, mais la « main noire », celle qui se réunit à Davos, celle des GAFAM, du Big Pharma, du Big Agro, des 15 banques et fonds de pension qui piloteraient la bourse, servis par leurs « fondés de pouvoir », Messieurs Macron, Blair et compagnie, dixit Samir Amin, qui parle alors de triade, terme pas innocent, qui ne renvoie pas simplement aux trois parties du « Dominium », USA, Europe, Japon, mais, jouant de la polysémie du mot, aux mafias de ce dernier pays.

Cette théorie du gouvernement mondial par les monopoles, qui a des relents de complotisme, est tous les jours démentie par les faits : les BRICS, les mutations technologiques qui détruisent brutalement des positions dominantes, le rôle des nations et des États qui ne s'en laissent pas compter, et surtout la concurrence, la compétition qui sont des obstacles formels à l'entente, autre que circonstancielle.

Pas plus que la mafia sicilienne, la Cosa Nostra n'a pu imposer sa loi au monde du crime, il n'y a de « Coupole » du capital qui impose la sienne. Le croire, c'est accorder bien peu de crédit aux peuples et aux nations.

Autre accusation récurrente, initiée par Lénine, celle du Capitalisme fauteur de guerre par nature, reprise régulièrement, par exemple par le philosophe marxiste Jean Claude Michéa. L'économie de marché, le capitalisme, ne serait que la guerre de tous contre tous. Les faits prouvent le contraire. L'Europe, en guerre permanente pendant 2000 ans, a enfin trouvé la paix grâce au **Marché** Commun. Quel rapport entre Alexandre le Grand, Jules César, Gengis khan, Napoléon, ces fauteurs de guerre et le capitalisme ? Aucun ! La compétition dans une économie de marché est arbitrée par les clients, et les conflits du Capital se règlent à la bourse, devant les tribunaux de commerce et à l'OMC.

Les guerres dites impérialistes du 19ième siècle pour le contrôle des empires coloniaux, étaient plus le résultat d'ambitions nationalistes, fondées sur la maitrise de territoires, que celui de la logique de l'économie de marché.

L'Afrique a son destin entre ses seules mains.

25.3. La méthode

« Une méthode fixe n'est pas une méthode. »
(proverbe chinois)

25.3.1 Le marché, l'État, chacun dans son rôle

Il ne s'agit en aucun cas pour l'État de s'improviser producteur, comme il est tenté régulièrement de le faire, mais de servir de facilitateur, de catalyseur. Car comme le disait même l'ultra libéral Léon Walras, c'est à l'État d'organiser le marché. Dans une économie libérale, l'État doit, en effet, jouer pleinement son rôle en favorisant l'initiative, l'entreprise et le bon fonctionnement du marché, tout en veillant à l'effectivité des mécanismes de la solidarité nationale, notamment au travers des services publics. C'est à cette aune, d'une administration au service des entreprises et de l'inclusion, que doit être évaluée son action.

Un pays adulte et performant ne peut pas être assisté. Le gouvernement, comme l'administration, doivent, par leur communication, aider les citoyens à distinguer ce qui relève de la logique des services publics et de la solidarité de ce qui relève des entreprises et de l'économie de marché afin de stimuler les initiatives. La communication du gouvernement et de l'administration doit contribuer à développer dans la population une culture économique. C'est essentiel au bon fonctionnement de la démocratie, à la mise en échec des populismes et des fake news.

Les différents items que nous avons examinés dans ces chapitres ne sont pas les morceaux d'un puzzle, qu'il suffit d'assembler, car l'exercice à conduire n'est pas celui d'un assemblage statique. Il s'agit pour l'État d'enrôler toutes les forces économiques et sociales dans une dynamique organisée.

C'est là la difficulté, celle de faire avancer chaque acteur au même rythme, pour qu'aucun ne souffre des déficiences de l'autre. Produire de l'huile d'arachide pour le Sénégal, c'est régler les problèmes du foncier agricole, c'est disposer d'agriculteurs-entrepreneurs compétents, ayant accès aux financements, agriculteurs qui doivent trouver des collaborateurs formés, qui doivent pouvoir acheter par eux-mêmes leurs biens de production et leurs semences, lesquels sont progressivement à produire au Sénégal, et gagner correctement leur vie grâce à des prix rémunérateurs obtenus sur un marché organisé et si nécessaire protégé, puis des sociétés de raffinage compétitives et de bons circuits de distribution.

Dans cette chaine, l'entrepreneur, le banquier, le transporteur, le commerçant final, le fournisseur d'équipements sont tous indépendants de l'État, et ne sont légitimement motivés que par leur propre intérêt. L'État, tel le chef d'orchestre, doit veiller à ce que chacun puisse jouer correctement la partition commune pour que la musique se développe harmonieusement sans fausse note. Comment ? C'est le rôle du Plan.

25.3.2 Un plan en économie libérale. Une autre organisation de l'État : des Tours de Table par Filière

Non pas d'un plan à la soviétique, qui fixait des objectifs quantitatifs qui relevaient en réalité de la propagande, et dans lequel en plus l'État prétendait remplir le rôle des acteurs, mais un plan de coordination, d'animation, de facilitateur, de mise à disposition des services publics et des cadres juridiques dont a besoin l'économie, bref d'un Plan stimulateur d'une économie libérale.

Se pose alors la question de l'organisation de l'État.

Sa structure actuelle, classique, avec ses ministères calqués sur ceux des pays développés, est-elle vraiment adéquate ? Nous n'en sommes pas convaincus.

Supposons qu'on veuille mettre en place les conditions favorables à l'accueil d'investisseurs étrangers pour fabriquer, par exemple, du matériel pour l'agriculture et l'aquaculture. Il faudra réunir les ministères de l'Industrie, de l'Agriculture, de la Pêche, de l'Économie, des Finances, de la Formation professionnelle et toutes les agences spécialisées. Chacun ayant son agenda, ses logiques et ses intérêts, la mise en œuvre sera laborieuse, d'autant que des acteurs indispensables à la conduite de ce type d'opérations, comme par exemple les banques ou le réseau commercial, ne seront pas invités à ces cénacles administratifs. Les auteurs parlent d'expérience.

Dans la décision d'un investisseur qui prend le risque d'implanter une manufacture au Sénégal, il y aura des éléments objectifs, les garanties formelles en matière de logistique, fiscale, douanière, commerciale, mais tout autant une dimension psychologique, liée au sentiment d'être accueilli à bras ouverts ou non, d'avoir affaire à des administrations qui vont lui faciliter la tâche ou au contraire la lui compliquer par des comportements tatillons et des lenteurs en tout genre.

Pour attirer des entrepreneurs, il faut être efficace, rapide, simple et faire preuve… d'empathie.

Une politique industrielle suppose une tout autre organisation que celle existante.

Pour avancer réellement dans le domaine de la production, alors qu'on part souvent de zéro, ce qui est le cas pour l'essentiel en matière manufacturière, il faut réunir de manière permanente, structurée, tous les acteurs directs et indirects afin de lever les obstacles un par un et concomitamment.

Ce ne sont donc pas des conférences ou des séminaires, dont le caractère opérationnel est inversement proportionnel à la longueur des discours, ***mais des Tours de Table par Filière****,* que nous proposons de mettre en place.

Ces tours de table, **permanents,** sous l'égide du ministère de l'Économie, rassemblent les acteurs de chaque filière clairement identifiés : les acheteurs potentiels des produits « made in Sénégal », par exemple les agriculteurs pour le matériel agricole, afin de bien apprécier les besoins et les exigences des futurs clients, les responsables de la formation professionnelle et de l'enseignement supérieur pour s'assurer de la disponibilité des compétences, les entrepreneurs du domaine, existants ou intéressés, nationaux ou non, les banquiers de la place, les responsables des douanes et du commerce extérieur pour apprécier la concurrence et envisager des mesures de protection, etc.

Ces tables rondes, que nous appellerons donc **« Tour de Table Filière »,** des **T2F**, relèvent, on l'a compris, de l'esprit des tours de table qu'on organise quand on veut monter une affaire. Un regroupement d'acteurs concernés et motivés pour aboutir à un résultat opérationnel rapide.

Il s'agit bien de traiter des dossiers concrets, visant des dévelop-pements industriels et de services, et non pas de faire des rapports.

Le ***T2F agriculture*** visera à promouvoir l'installation d'industriels pour les engrais et produits phytosanitaires, les semences et les matériels et équipements de production et de stockage de base, en particulier dans le domaine de l'irrigation. Il veillera à favoriser leur implantation en zone rurale pour développer ce que nous avons appelé l'industrie rurale (relevons d'ailleurs que cette industrie rurale a déjà existé du temps des forgerons).

Des sous-groupes seront mis en place autant que de besoin, par exemple pour résoudre les problèmes de post-récolte de la mangue ou des oignons, pendant depuis des décennies.

Le ***T2F aquaculture*** cherchera à favoriser l'arrivée d'aquaculteurs, d'écloseries, de producteurs d'alevins, d'aliments pour poisson et d'équipements.

Le ***T2F agroalimentaire*** s'intéressera plus particulièrement à la création d'une filière performante dans le domaine des boissons naturelles issues des productions locales ; il veillera encore à l'installation des transformateurs nécessaires aux filières céréalières pour répondre aux exigences des consommateurs (riz) et de l'exportation (sésame).

Le ***T2F spécial arachide*** s'évertuera à favoriser l'installation d'une chaine de raffinage enfin efficace à hauteur des enjeux de cette filière nationale historique.

Le ***T2F bâtiment***, au-delà du ciment et des fers à béton, établira la liste des produits pour lesquels progressivement le Sénégal doit remplacer ses importations par des productions locales : matériaux de second œuvre (carrelage, sanitaire, plomberie), électricité du bâtiment, chauffe-eau solaire, etc.

Le ***TDF bois*** aidera à la modernisation des entreprises traditionnelles pour que leur design et leurs techniques de fabrication répondent à la nouvelle demande des consommateurs et réduisent ainsi d'autant les importations.

Le ***T2F cuir*** travaillera sur la question du tannage et sur la valorisation des peaux par l'artisanat local.

Le ***T2F santé*** cherchera à implanter les fabrications d'équipements et de médicaments de base, premier pas d'une filière ayant vocation à s'élargir progressivement.

Le ***T2F énergie*** se consacrera plus particulièrement à l'industrie du solaire et des éoliennes et des pompes à chaleur.

Le ***T2F beauté*** s'évertuera à faire monter en gamme la production de cosmétiques à partir des ressources locales (karité, baobab, etc.), jusqu'aux baumes et onguents répondant aux standards internationaux pour l'exportation.

Le ***T2F plasturgie***, transversal, aura pour mission de construire une filière capable de répondre aux besoins de l'agroalimentaire (conditionnement) jusqu'aux pièces nécessaires pour l'électroménager ou l'automobile.

Le ***T2F chaudronnerie/tôlerie***, lui aussi transversal, aura pour mission de construire un secteur sénégalais ayant une vocation sous-régionale, des citernes des camions aux cuves pour l'agroalimentaire en passant par l'industrie du pétrole et du gaz.

Le ***T2F électroménager*** favorisera l'installation d'unité de montage de produits de base, frigos et gazinières en toute priorité, non seulement pour créer de l'emploi, mais pour faire faire un bond de confort aux familles sénégalaises les plus modestes.

Le ***T2F mécanique*** aidera à la modernisation des entreprises de fabrication mécanique et de fonderie pour les pièces de rechange nécessaires tant au transport qu'aux diverses machines de l'industrie et de l'agriculture.

Le ***T2F logiciels*** facilitera l'installation de startups plus particuliè-rement dans les domaines des logiciels éducatifs, dans ceux de la télémédecine et de la productique, en particulier la productique de matériaux souples, pour favoriser la modernisation du secteur de la mode.

Le ***T2F tourisme*** jouera un rôle stratégique pour aider chaque territoire à se doter des activités susceptibles de répondre à la nouvelle demande mondiale que nous avons largement exposée.

Liste non exhaustive ni définitive.

Dans le schéma ci-après, on peut lire quelles sont les chaines de compétences qu'il faut mettre en œuvre pour avancer : on ne peut fabriquer des frigos sans industrie de la plasturgie, de la chaudronnerie (tôles) et des pompes à chaleur, sauf à tout importer et ne faire que du montage. Implanter des activités de plasturgie et de chaudronnerie industrielles suppose que ces entreprises aient d'autres débouchés que lesdits frigidaires. Et bien entendu, les compétences à fournir aux entreprises sont nombreuses, spécialisées et par encore en place.

Le processus est complexe quand on part de loin. Il y faut de la méthode, de la détermination et de la patience.

Ces structures, ces T2F ont donc une mission claire : aider des entrepreneurs à s'installer avec succès, c'est-à-dire non seulement faciliter leur arrivée, mais leur réussite dans la durée. Les ministères qui participent à ces Tours de table par filière sont à leur service, mettent en œuvre les mesures qu'ils auront formulées, l'opérationnel et le privé commandant à l'administratif.

25.3.3 Schéma d’une chaine d’industrialisation à partir de quelques biens de base nécessaires à une croissance inclusive, avec l’aide des « Tours de table par Filière »

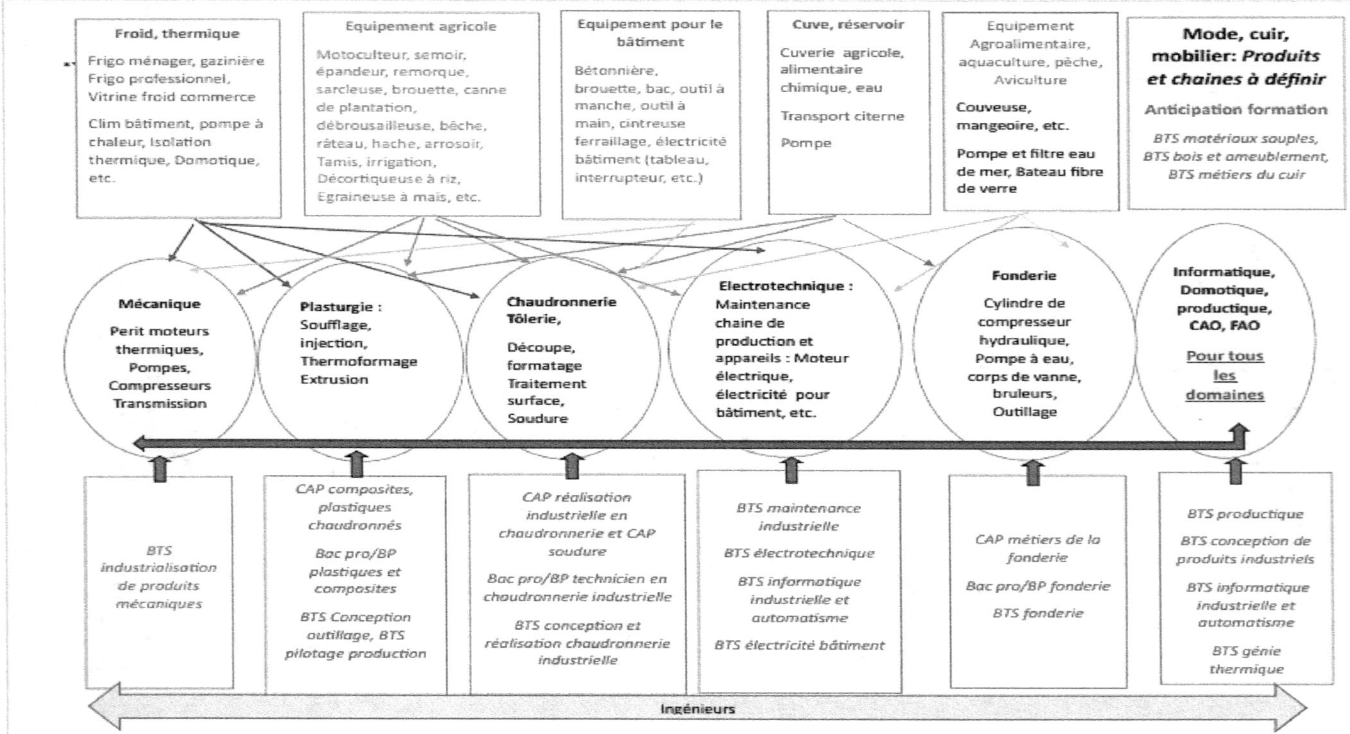

25.3.4 Une condition sine qua non : « embarquer » le peuple

Quatre choses nous paraissent importantes pour éviter de tomber dans un système technocratique coupé des réalités et voué à l'échec.

I) Les T2F doivent être effectivement composés principalement des acteurs professionnels.

II) Les commandes passées par les T2F, si elles doivent bien revêtir le caractère « d'ardentes obligations » pour les structures publiques, ne sont pour les acteurs privés que la mise en valeur d'opportunités, qu'un cadre les encourageant à s'engager. Car tel est bien le but d'un Plan de pilotage d'une économie libérale, libérer les initiatives en leur offrant des opportunités sincères.

III) Cela ne marchera que si tous les acteurs de terrain, et pas seulement leurs représentants, ainsi que l'opinion publique se sentent pleinement concernés, ce qui suppose, par une communication adéquate « d'embarquer le peuple » dans le mouvement. Le but du Plan est de remuer la société, pas de créer du papier ou du power point. Il n'est pas un outil de gestion de l'État, mais un outil de mobilisation de la nation de par sa clarté, son caractère concret et sa capacité à montrer rapidement en quoi il est bien l'outil et le cadre de la croissance inclusive.

IV) Chaque filière va exposer des ambitions qui, toutes rassemblées, dépasseront les moyens disponibles à un moment donné. Il revient à la direction du Plan de faire les synthèses, de rendre les arbitrages, de planifier dans le temps, pour que « l'intendance suive », que la montée en puissance se fasse dans l'ordre et de manière réaliste.

La question industrielle n'est qu'un aspect du développement du pays. Il revient au plan global de la nation, ***le Plan Sénégal Emergent,*** qui a en charge la dynamique d'ensemble, d'assurer la cohérence générale de la croissance, de l'urbanisme à la fiscalité, de l'endettement à la balance des paiements, de l'industrie à la formation.

V) Enfin, ces structures doivent être guidées par deux mots simples, terrain et réalisme. Pas de plan sur la comète ! Or, l'histoire de la planification montre qu'il y a en a eu beaucoup de par le monde.

Terrain, parce que, quels que soient les financements et les dispositions juridiques, les choses ne se feront que si dans les champs, dans les ateliers, dans les classes, il y a des ouvriers, des techniciens, des profs qui font le travail ou encore des épargnants qui placent effectivement leur argent et des entrepreneurs qui se lancent réellement. Réalisme parce qu'en économie, 5 % de croissance sur le moyen terme est un beau résultat, alors que les taux à deux chiffres sont exceptionnels et de courte durée. Rien de plus démobilisateur que des objectifs inatteignables.

25.3.5 Pas de commissariat au plan

Faut-il créer un Commissariat au plan pour faire fonctionner un Plan ? Nous ne le pensons pas. D'abord, parce que cela signifie des fonctionnaires de bureau en plus, ce qui n'est pas le but. Ensuite, parce que cela entraîne des conflits de légitimité avec les autres ministères, le Commissariat au plan se prenant pour un super ministère, conflits entraînant immanquablement des guéguerres et des blocages alors qu'il faut obtenir la mobilisation de toutes les administrations.

Enfin, parce que, comme nous l'avons dit, le Plan, c'est la mobilisation de la société et donc tous ceux qui font l'opinion, ministres, hommes politiques, hauts fonctionnaires, acteurs économiques, médias doivent en faire leur chose pour assurer sa promotion avec conviction. Il ne doit donc surtout pas être accaparé par une technostructure. C'est pourquoi nous plaidons pour qu'il participe de l'organisation et du fonctionnement ordinaire du ministère de l'Économie. Le Plan industrialisation consiste donc à faire vivre ces Tours de table par filière et à veiller à la mise en œuvre cohérente de leurs décisions dans le cadre du Plan Sénégal Émergent.

La photo que vous n'avez pas vue - New

Nous plaidons à maintes reprises pour qu'au Sénégal l'économie de marché prenne clairement le pas sur l'économie administrée. Est-ce que cela fait de nous des « fanatiques du marché » comme pourrait le dire le prix Nobel d'économie Joseph Stiglitz ? Pas le moins du monde. Mais on voit bien que quand l'Etat doit payer l'arachide à la place d'acheteurs solvables qui se présentent sur le marché, il vaudrait mieux, dans l'intérêt du contribuable sénégalais, que le marché fonctionne.

De la même façon, quand il faut envoyer des gendarmes pour surveiller la distribution des engrais subventionnés, il serait également mieux pour les contribuables et pour les agriculteurs que le marché des engrais fonctionne.

L'historien Emmanuel Todd explique que la préférence pour l'économie de marché repose sur des bases anthropologiques. Dans les familles nucléaires, composées des seuls parents et enfants, système dominant historiquement en France et en Angleterre, il est dans l'ordre des choses qu'à 20 ans les enfants quittent le foyer pour faire leur vie et, ainsi jetés tôt dans le grand bain de la vie, ils doivent adopter des comportements individualistes, de compétition, favorisant la culture de la concurrence, valeur cardinale de l'économie de marché. Il ajoute que cette émancipation survenant très tôt favorise les idées libérales qui viennent conforter l'économie de marché.

En revanche, nous-dit-il, dans les familles, où les générations ne se séparent pas, où le groupe familial est très large et perdure, dans ces familles dites « souche », la solidarité l'emporte sur l'individualisme, l'autoritarisme des anciens ne se conteste pas, toutes choses qui ne favorisent pas le goût de la compétition, ce qui se traduit en économie par la recherche de formules d'organisation plus collectives, qui préserveront les traditions, en lieu et place de la « création destructrice » chère à Joseph Schumpeter .

On mesure la part de vérité de cette approche au pays de la Teranga où cette tradition du grand groupe familial est venu structurer le goût pour l'économie des biens communs.

Le seul problème est que partout où la logique des biens communs s'est imposée, on vit dans la pauvreté. Ce fût le cas dans les régimes socialistes, et ça l'est encore ici.

Nous avons vu les boites de sardines multicolores produites au Portugal, pays de compétition et de marchés. Nous ne vous avons pas montré une photo des chaines de production ultra modernes et aseptisés de ces usines. Toutes les ouvrières sont des africaines. Voilà ce qui se passe quand le marché ne marche pas à la maison, on est obligé d'aller faire fonctionner le marché chez les autres.

Le jour où l'économie de marché agricole fonctionnera dans le Sine Saloum, les enfants d'arachidier ne seront pas contraints de s'exiler dans les plantations espagnoles, le jour où grâce à une stratégie de marketing efficace le Sénégal prendra sa place dans le marché mondial du tourisme, les enfants de Saint-Louis ne seront pas obligés de prendre une pirogue pour aller travailler dans des hôtels espagnols, français ou italiens.

Ils auront du travail ici, et pourront continuer à faire vivre la tradition de la grande famille. L'économie de marché, meilleur soutien de la vie familiale !

C'est là tout le problème des économistes en chambre, ils ne confrontent pas leurs raisonnements à la vie réelle du peuple.

26

POUR CHAPEAUTER LE TOUT, UNE « CONSTITUTION ÉCONOMIQUE »

« Même sous la constitution la plus libre, un peuple ignorant est esclave. »
Condorcet.

Nous avons trop souffert jusqu'ici en matière économique d'hésitations, de mesures contradictoires, de changements continus de politique. Le pays doit savoir non seulement où il veut aller, l'émergence, mais comment.

Cette route vers l'émergence exige de la clarté et de la continuité dans les choix, qu'il serait à nos yeux de bonne méthode de consolider dans une *« constitution économique »,* offrant un socle doctrinal, ferme et stable, aux politiques économiques du pays.

Aussi nous semble-t-il opportun de constitutionnaliser les principes fondamentaux d'une économie libérale et sociale souveraine, comme l'a fait par exemple la constitution allemande.

En affirmant le principe de la souveraineté alimentaire, qui commande la politique agricole, notamment en ce qui concerne les cessions de grandes exploitations pour des cultures industrielles et d'exportation :

« La souveraineté nationale revêt en particulier le principe de la souveraineté alimentaire, auquel doit concourir la politique agricole du pays »

Souveraineté non pas seulement proclamée, mais qui se donne les moyens de ses buts :

« La souveraineté alimentaire repose sur l'activité d'entreprises agricoles performantes, qui doivent pouvoir disposer de leur premier facteur de production, la terre, et du libre accès à l'économie de marché en matière de fournitures et de vente ».

« Les subventions qui peuvent être versées temporairement par l'État aux exploitations agricoles ont pour but d'assurer leur pérennité

face à l'instabilité des marchés et de conforter l'autosuffisance alimentaire du pays. »

Souveraineté qui est de la compétence du peuple

En soumettant aux représentants du peuple l'autorisation d'emprunter, car la dette est elle aussi tout autant un élément de la souveraineté nationale :

« La souscription d'emprunts par l'État est autorisée par la loi ».

Naturellement, en ayant recours aux mêmes procédures pour les ressources naturelles et les marchés publics :

« Les contrats d'exploitation des ressources naturelles, mines, pétrole, gaz, pêche, par des entreprises étrangères, sont communiqués au Parlement ».

« Les contrats de marchés publics de l'État sont communiqués à l'Assemblée nationale ainsi que leurs rapports d'exécution technique et financier. Ceux des collectivités territoriales à leurs assemblées délibératives ».

En faisant le choix d'une économie de marché effective, dans laquelle la puissance publique joue tout son rôle :

« La production et la commercialisation des biens et des services marchands relèvent de l'activité des entreprises privées ».

« Les missions de service public sont placées sous l'autorité de la puissance publique, État ou collectivités territoriales ; elles peuvent être confiées à des sociétés privées dans le cadre de la loi et après mise en concurrence ».

« Le rôle économique de l'État consiste à veiller au bon fonctionnement du marché, notamment en supprimant tout ce qui fait obstacle à une libre et saine concurrence.

Sans contrevenir à ce principe, il peut prendre les mesures fiscales et douanières, ciblées et limitées, visant à protéger ou favoriser des secteurs de l'économie qui engagent la souveraineté nationale ou sa stratégie de développement ».

En sanctuarisant la liberté d'entreprendre et le droit de propriété

« La liberté d'entreprendre concerne toutes les activités économiques, y compris l'agriculture. La liberté d'entreprendre consiste pour le chef d'entreprise, par un accès sans réserve au marché, à pouvoir librement

mobiliser, dans le cadre de la loi, tous les facteurs nécessaires à sa production, et à vendre cette production tout aussi librement ».

« Les agriculteurs en particulier, dans le cadre de la loi et des lois du marché, doivent pouvoir mobiliser le principal facteur de production de leur activité, la propriété foncière ».

« L'État, au travers des organismes habilités, attribue, par l'intermédiaire de baux de longue durée, le droit d'usage de la terre à des exploitants agricoles, en veillant à une répartition juste et équilibrée, dans le but de consolider une société rurale sénégalaise composée principalement d'entreprises agricoles familiales ».

« Les exploitations familiales titulaires d'un bail d'État depuis plus de 5 ans pourront se porter candidates de plein droit à l'achat de la propriété, selon des dispositifs juridiques et financiers fixés par la loi ».

« Lorsque l'État est conduit, à des fins d'utilité publique, à dénoncer un bail agricole ou à exproprier une entreprise agricole, il ne peut le faire que par une juste indemnisation et sous l'autorité du juge ».

« Les baux attribués par l'État pour des terrains destinés à la construction d'habitations ou pour une activité économique offrent à son titulaire les droits assimilés à ceux de la pleine propriété concernant la cession à un tiers, la succession, avec les droits afférents, la mise en garantie, et l'expropriation pour utilité publique avec juste indemnisation ».

« La fiscalité foncière et immobilière, les transactions et les successions afférentes contribuent par leurs assiettes et leurs taux aux ressources significatives de l'État et des collectivités, à réguler le marché, à contrôler l'évolution des prix et à orienter l'épargne vers les activités de production ».

En s'engageant résolument dans la protection de l'environnement

« L'État promeut une agroécologie qui assure à la fois des productions de qualité et le respect de l'environnement. Cette mission écologique des agriculteurs est reconnue par l'État comme une contribution essentielle de leur part à la sauvegarde des ressources naturelles de la nation, qui peut faire l'objet d'aides spécifiques ».

« Le principe de réparation des dégâts causés à l'environnement est celui dit du pollueur-payeur ».

« Nul ne peut prendre en otage les générations futures : les actions industrielles et d'aménagement du territoire susceptibles d'avoir des

effets à long terme seront soumises à ce titre à des études d'impacts préalables à leur autorisation ».

En confirmant la place des Collectivités territoriales

« Les collectivités territoriales, qui s'administrent librement par leurs conseils élus, et qui disposent librement des ressources créées et mises à leur disposition par la loi, sont compétentes pour toutes les actions publiques qui sont mises en œuvre avec le plus de pertinence à leur niveau ».

« La liberté d'administration des collectivités locales concerne, dans le respect des règles relatives à la commande publique, le libre choix des bénéficiaires de ces marchés publics ».

« Chaque transfert de compétences entre l'État et les collectivités territoriales est accompagné du transfert des ressources attachées ».

Et enfin, question essentielle, pour l'inclusion, la répartition de la valeur

« La richesse de notre nation ne résulte que de l'efficacité de notre travail collectif. L'État et les employeurs doivent veiller à la juste répartition de la valeur produite à la fois à proportion des mérites personnels, et du devoir de solidarité ».

27

ADDENDUM, DESTINS LIÉS

« Le choix en politique n'est pas entre le bien et le mal, mais entre le préférable et le détestable. » Raymond Aron

Nous venons de voir comment le Sénégal pourrait réussir son développement.

Pourquoi est-ce un enjeu pour l'Afrique et... pour l'Europe comme nous l'affirmons en titre ?

Un enjeu africain

L'économie et la politique appartiennent à des sphères différentes, autonomes : l'économie de marché a prospéré sous des régimes politiques antagonistes, la Chine communiste, la démocratie américaine ou en Espagne, sous le fascisme de Franco.

Le Sénégal se flatte à juste titre d'être une démocratie, dont on sait à quel point il s'agit d'un régime fragile, comme le monde entier, incrédule, a pu le mesurer lors de l'attaque du Capitole à Washington par une bande d'allumés.

C'est pourquoi, surtout dans le contexte généralisé de bruits de bottes africains, nous pensons qu'il ne faut pas se laisser déborder par des propos insurrectionnels, par des appels à la violation de l'État de droit ou encore au non-respect des échéances électorales prévues par la Constitution, car cela peut conduire au pire.

Il va de soi qu'une démocratie doit se défendre en respectant ses propres principes, notamment en matière de justice et de recours à la force publique, laquelle doit s'effectuer avec la proportionnalité et la modération qui honore et caractérise un État républicain.

L'Afrique étant secouée de conflits ethniques, religieux et frontaliers, les droits de l'homme et la démocratie y étant bafoués régulièrement, le développement y bégayant, les coups d'État s'y succédant, la réussite du Sénégal apportera donc au continent la preuve que la tolérance, les libertés publiques et l'économie de marché sont un bien meilleur chemin pour la prospérité que les régimes autoritaires, la xénophobie, la radicalité religieuse ou l'étatisme.

Un enjeu pour l'Europe. L'Afrique, c'est bientôt 2 milliards de personnes aux portes de l'Europe. L'échec de l'Afrique aurait inéluctablement un impact considérable sur l'Europe. La réussite de l'Afrique, sa stabilité, sont la condition de la stabilité même de l'Europe.

La circulation des personnes entre les deux continents doit être maîtrisée et humanisée dans une démarche de prospérité partagée. Cela ne deviendra possible que si les Africains sont de plus en plus heureux et libres en Afrique. C'est tout à fait possible si les bonnes mesures sont prises. L'Europe vieillissante aura besoin, a besoin depuis longtemps, d'une main-d'œuvre qui lui fait largement défaut, qui doit pouvoir venir dans un cadre normalisé et non plus par les canaux mortifères de l'immigration clandestine. L'Europe trouvera dans cet immense chantier de développement que doit devenir l'Afrique un regain d'activité pour des décennies.

De nombreux Européens sont d'origine africaine. Leur intégration sera d'autant plus naturelle que leurs pays d'adoption et leurs pays d'origine auront des relations apaisées et partageront des objectifs et des idéaux communs.

L'Europe a besoin des ressources africaines, l'Afrique des technologies européennes. L'échange doit désormais se faire sur des bases commerciales entre partenaires égaux, indépendants, rompant avec la prédation et la corruption, ce que permettra un développement soutenu. L'Europe est à bien des égards en perte de repères moraux et culturels. Des échanges débarrassés des tensions actuelles avec les civilisations africaines seront l'occasion de se réapproprier des questions aujourd'hui en déshérence, par exemple la famille... Et réciproquement : les valeurs de l'Europe, débarrassées des oripeaux de l'histoire, viendront nourrir les civilisations africaines. Senghor et Picasso ont montré la voie de ce qu'est un enrichissement mutuel de haut niveau.

Nous savons tous que nos destins sont étroitement liés. Il nous revient de les gérer intelligemment.

Nul doute que la réussite du Sénégal y contribuera

28.

POSTFACE À LA DEUXIÈME ÉDITION - NEW

La puissance de la Politique - New

La politique serait-elle impuissante face aux contraintes économiques, celles des marchés financiers, de la compétition internationale, du FMI ? La preuve qu'il n'en est rien, est qu'avec ces mèmes règles, le même cadre, certains pays réussissent et d'autres non.

Toutes les équipes de foot jouent avec le même règlement de la FIFA, or il y a le Real, qui gagne (en général), et le PSG, qui gagne beaucoup plus rarement. La différence entre les deux ? Le management.

Les contraintes économiques sont simples et connues. Si on s'en écarte c'est bien sûr le carton rouge, des marchés, du FMI et des agences de notation. Le cadre dont il ne faut donc pas sortir est aussi limpide qu'au foot, pas de tacle, pas de main, pas de hors-jeu. En l'occurrence, en tout premier lieu, pas trop de déficits budgétaires, c'est-à-dire pas trop de dettes qu'on ne pourrait pas rembourser.

Puis, pas de gestion laxiste de la monnaie, qui consiste à en mettre en circulation plus qu'il n'en faut à l'économie réelle, car la sanction est connue, l'inflation et la dévaluation. Certain pays, ces derniers temps, ont réussi l'exploit d'en fabriquer tellement qu'elle s'est dévaluée en moins d'un an de 70 %, et même pour un pays de 100% !

Enfin, un commerce extérieur le moins déséquilibré possible afin de créer des emplois chez soi et pas chez les autres, car quand j'exporte je gagne des devises et des emplois, quand j'importe je perds des devises et des emplois.

On le voit, rien de bien extraordinaire. Et c'est là qu'intervient la politique et ses larges marges de manœuvre.

La seule source de richesse, c'est le travail productif, efficace. C'est ici le dossier de la formation professionnelle, qui relève bien de l'action du gouvernement. Avec les mêmes sous, on peut développer un système éducatif performant ou bancal. Nous le montrons dans le livre. En promouvant, par exemple dès l'école primaire et le collège, l'enseignement des sciences et des technologies, on assure l'avenir de l'agriculture et de l'industrie.

En combattant avec détermination la spéculation foncière, on oriente l'épargne vers les investissements productifs dont les entrepreneurs ont besoin pour développer leurs affaires. En limitant le nombre de fonctionnaires à ce qui est strictement nécessaire au bon fonctionnement de l'Etat, on évite les dérapages budgétaires et on laisse les marchés fonctionner sans entrave.

Les équipes de foot qui gagnent sont celles qui ont le meilleur jeu collectif. C'est la même chose pour un gouvernement. Toutes les décisions concernent plusieurs ministères. Si chaque ministre court dans son couloir, si le gouvernement ne fonctionne pas en interministérielle, les décisions ne seront pas les bonnes.

C'est bien d'ailleurs ce que vient de rappeler avec force le Président de la République lors d'un récent conseil des ministres, car en la matière il y a chez nous de grandes marges de progrès.

Si les dirigeants d'une équipe de foot, classée au 50ème rang par la FIFA, annoncent à ses supporters que l'année prochaine ils seront dans le Top 5, alors qu'un tel bon est peu crédible, ils ne peuvent que générer de la déception.

De la même façon si des gouvernants font des promesses irréalistes, annoncent des résultats manifestement hors de portée, ils ne peuvent que générer de la désillusion et de la démobilisation. Parler vrai, ne pas promettre la lune, est une condition de la réussite.

Ajoutons pour finir que lorsque les bailleurs, les prêteurs, les exploitants miniers ou pétroliers, imposent trop fortement leurs points de vue, c'est en général parce qu'on n'a pas fait soi-même les efforts nécessaires pour construire une vision claire de ce qu'on souhaite, qu'on n'a ni la stratégie, ni la détermination qui doit l'accompagner.

On le voit, ce qui fait l'essentiel d'une bonne gouvernance ne relève pas des règles du jeu, des contraintes extérieures, qui sont de simple bon sens, et qui s'imposent à tous, mais de la liberté de choix des responsables politiques.

C'est l'objet de ce livre : montrer que les marges de manœuvre sont vastes et que le pays a bien son destin en main.

Les exemples de la puissance de la politique ne manquent pas.

On pourrait citer le Rwanda ou la Chine, ou le Maroc, mais citons l'Irlande. Ce pays n'a pas de déficit budgétaire, mais des excédents, il est un des plus riches de l'Union Européenne, et il a un des ratios d'endettement les plus bas de la zone euro, avec 43,7% du PIB. Or, il y a à peine douze ans, sa dette publique atteignait encore 120% de son PIB, et les Irlandais dépendaient de l'aide européenne. En plus, il y a un siècle il était tellement pauvre que ses habitants immigraient en masse. Et il n'a aucune ressource minière.

La diplomatie de voisinage ou la puissance de la politique - New

Le premier ministre l'a dit lors d'une conférence de presse le 12 juin 2025 à l'occasion de la visite de son homologue congolais : être ouvert sur le Monde ne doit pas signifier être extraverti. Les relations économiques entre pays africains sont très faibles en regard de ce qu'elles sont avec les pays non africains. C'est là une anomalie qui tient à la structure même de ces relations, où l'Afrique exporte essentiellement des produits bruts, qu'elle réimporte après transformation hors du continent.

Pour renverser le cours des choses il faut une vision politique qui consiste à mettre en synergie les économies africaines. Exemple, évoqué lors du voyage du PM en Guinée quelques jours auparavant. Ce pays est riche de bauxite, le minerai de l'aluminium, mais pour passer de l'un à l'autre il faut non seulement des technologies mais avant tout beaucoup d'énergie. Pourquoi alors ne pas relier le pétrole et le gaz sénégalais la bauxite guinéenne pour créer une industrie de l'aluminium régionale ?

Autre exemple, cité à l'occasion de cette visite du PM congolais. Ce pays est riche en bois, qui part jusqu'ici pour l'essentiel à l'état brut vers le Nord, ou l'Est, bois que le Sénégal va ensuite importer sous forme de meubles ou de contreplaqué. Pourquoi ne pas envisager une industrie de transformation régionale initiée par les deux pays ?

Citons encore la participation avec succès de la SENELEC à un appel d'offre congolais.

Les exemples d'opportunités d'écosystèmes panafricains ne manquent pas. Les relations SUD/SUD peuvent bien se décliner sous la forme de chaines de valeurs complètes, pour peu qu'on ait un cap et une volonté politique.

Il s'agit donc de concilier la formule de Mao, « Il faut compter sur ses propres forces », et la pratique de Deng, s'ouvrir à l'étranger pour en tirer le meilleur parti, mais sans ne jamais perdre le contrôle du manche.

L'outil BRVM

L'instrument clé pour cette économie panafricaine existe, c'est la BRVM, la bourse régionale des valeurs mobilières, qui a été jusqu'ici très sous utilisée.

Les appels réussis à l'épargne du marché sous-régional pour financer les emprunts publics montrent à la fois l'existence de capitaux disponibles et un sentiment patriotique. Mais il serait dommageable que cette épargne soit asséchée par des bons du trésor, au détriment des besoins des entreprises, que les obligations d'Etat l'emportent sur les actions cotées à la BRVM, car c'est elle qui a vocation à faire émerger un puissant secteur industriel de l'Afrique de l'Ouest. (Voir ce que nous disions sur le sujet au chapitre 10-3)

29.

APRES LE RAPPORT DE LA COUR DES COMPTES. NEW

29.1 L'état des finances publiques et la nécessité de réformes profondes - New

Le rapport d'audit de la Cour des Comptes sur les finances publiques et l'endettement du Sénégal pour la période 2019-2023 met en lumière des manquements graves dans la gestion des finances publiques, en particulier des écarts préoccupants entre les données réelles et celles publiées, qui résultent de la mauvaise gouvernance et de fraudes avérées et considérables (voir les chiffres dans le paragraphe sur la dette au chapitre 14-6-1).

Ces dérives ont non seulement contribué à la détérioration de l'état des finances publiques, mais ont également mis en péril la stabilité économique du pays. Il est désormais impératif de mettre en œuvre des réformes structurelles profondes, tant au niveau des systèmes de gestion des finances publiques que de la gouvernance des données, pour restaurer la confiance et la transparence.

L'une des principales causes de ces dérives est l'absence de rigueur dans l'enregistrement et le suivi des dépenses publiques. Le rapport révèle que des dépenses ont été financées par des emprunts pour des projets non enregistrées dans la comptabilité officielle, des charges ont été engagées sans autorisation budgétaire, et des avances de trésorerie n'ont pas été régularisées.

En 2023, par exemple, les dépenses financées sur emprunts bancaires ont été mal documentées, affectant gravement l'exactitude des comptes publics. En 2021, les dépenses extrabudgétaires ont atteint

quasiment 1000 milliards de Frs CFA (965,20 précisément), un écart significatif par rapport aux chiffres officiels, qui illustre la mauvaise gestion et l'absence de contrôle sur l'utilisation des ressources publiques.
Ces fraudes et manquements ont conduit à un déficit budgétaire croissant, avec un ratio du déficit sur le PIB qui est passé de 9,85% en 2019 à 12,30% en 2023. En parallèle, la dette publique a considérablement augmenté, passant de 65,59% du PIB en 2019 à 99,67% en 2023, une situation inquiétante qui met en péril la viabilité des finances publiques à moyen terme.

L'endettement de l'État a ainsi été frappé par une gestion inefficace des emprunts extérieurs et domestiques, qui ont atteint des niveaux critiques, sans que les fonds soient utilisés de manière productive pour soutenir les projets de développement.

En 2023 encore, à quelques mois des élections, la dette bancaire non-cadrée a continué d'augmenter, aggravant ainsi la charge financière du pays.

Pour remédier à cette situation alarmante, des réformes en profondeur doivent être engagées dans plusieurs domaines clés. Premièrement, il est urgent de moderniser le système d'information et de gestion des finances publiques. La mise en place d'un système informatique intégré des dépenses permettra d'en assurer la transparence, la fiabilité et in fine le contrôle.
Il est à ce titre crucial d'**instaurer une déclaration de responsabilité personnelle pour chaque agent impliqué dans la production des informations financières, afin d'éviter les manipulations et les erreurs**.

Deuxièmement, la gouvernance de la dette publique doit être réformée en profondeur. Il est nécessaire de centraliser les fonctions de négociation, de gestion et de mobilisation des financements publics. La création d'un service unique pour la gestion des emprunts et des garanties associées garantirait une approche plus transparente et une meilleure coordination de l'information financière. Cette réforme, doit permettre de mieux maîtriser les risques liés à l'endettement excessif et de réduire la vulnérabilité du pays face aux chocs économiques.

Enfin la mise en place d'un contrôle strict des projets financés par des ressources extérieures et la désignation d'agents comptables chargés du suivi de ces projets sont nécessaires à une gestion plus rigoureuse et à une meilleure traçabilité des financements.
Ces mesures, combinées à un contrôle plus strict des dépenses et à une régularisation rapide des avances de trésorerie, permettront de restaurer l'intégrité des comptes publics et de renforcer la crédibilité du pays sur le plan international.

Un acronyme mystérieux défraie la chronique judiciaire : DAGE

Pour en finir avec d'autres types de dérapages, qui sont révélés jour après jour, la solution est simple : appliquer strictement la règle de la séparation de l'ordonnateur et du comptable.

L'ordonnateur, principal si c'est le ministre, secondaire si ce sont ses directeurs, est celui qui engage la dépense. Mais il ne la paie pas, il n'a pas accès à la caisse. Celui qui paie c'est le comptable public. Lui, le comptable, ne juge pas de l'opportunité de la dépense mais de sa légalité : les sous sont-ils prévus au budget du ministère, sur la bonne ligne (on ne paie pas des équipements avec la ligne des salaires) ? Les appels d'offre et les mises en concurrence ont-ils été réalisés conformément à la loi et aux règlements ? Ai-je bien les bons de commande, les factures, les bons de livraison, les certificats de bon achèvement des travaux, prouvant la réalisation de la prestation ?

S'il s'agit de payer les salaires, ai-je bien les contrats de travail et les fiches de présence prouvant que le service a été fait ?

Si oui, le comptable paie, sinon, non. Et ce comptable n'est pas un subordonné de l'ordonnateur. Il en est indépendant puisqu'il relève de l'administration du Trésor public. Surtout, assermenté, il est responsable sur ses deniers personnels de toute irrégularité.
Le DAGE, donc, le directeur des affaires générales et de l'équipement est un ordonnateur secondaire. Il gère le budget du ministère au nom du ministre, mais n'a pas de caisse. Bref une séparation des rôles classique, universelle, élémentaire et indispensable.

29.2 La tout autant nécessaire réforme du Système Statistique National - New

Le Système Statistique National (SSN) du Sénégal constitue un pilier fondamental pour l'élaboration des politiques publiques et la prise de décisions stratégiques. Il repose sur la collecte, l'analyse et la diffusion de données économiques, démographiques et sociales permettant aux autorités et aux partenaires techniques et financiers d'orienter leurs interventions.

Or, malgré son importance, le SSN souffre de plusieurs dysfonctionnements qui entravent son efficacité, comme nous avons pu le lire à plusieurs reprises dans les pages précédentes. On note entre autres une fragmentation institutionnelle, un manque de coordination entre les différents producteurs de statistiques, ainsi qu'une insuffisance dans la qualité et l'accessibilité des données, notamment celles issues des ministères dits techniques. Il devient impératif d'engager une réforme profonde du SSN.

Le modèle de la comptabilité publique offre une voie pertinente pour restructurer le système statistique en introduisant des mécanismes de gouvernance rigoureux. En adoptant une approche comparable à celle du Règlement Général sur la Comptabilité Publique (RGCP), le Sénégal renforcera la transparence et la performance de son dispositif statistique, avec un processus structuré en plusieurs étapes, incluant l'identification et la collecte des données, le contrôle et la vérification, la validation et la publication ainsi que l'archivage et l'accessibilité.

Dans ce cadre, l'Agence Nationale de la Statistique et de la Démographie (ANSD) devrait jouer le rôle d'Autorité Statistique Nationale, supervisant l'ensemble du système et veillant à l'application de normes méthodologiques harmonisées.

Les responsables statistiques sectoriels, présents dans chaque ministère et institution publique, assureraient la collecte et le traitement des données spécifiques à leur secteur. On y trouverait donc *l'administrateur général des statistiques*, issu de l'ANSD, assermenté, qui garantirait la gestion centralisée des bases de données nationales, et les *administrateurs statistiques déconcentrés*, eux aussi issus de l'ANSD et donc assermenté, qui seraient chargés, en relation avec les services déconcentrés des ministères, des opérations locales de collecte et de remontée.

Cette structuration, inspirée du modèle de gestion budgétaire permettrait d'améliorer la coordination et d'assurer une meilleure redevabilité des différents acteurs impliqués dans le processus statistique.

L'un des grands enjeux de la réforme du SSN réside dans la mise en place d'un système de contrôle, garantissant la fiabilité et l'indépendance des statistiques produites.

En s'inspirant ici aussi du modèle de la comptabilité publique, la réforme devrait instaurer un double niveau de contrôle, interne et externe : **D'une part**, un contrôleur général des statistiques superviserait l'ensemble des opérations internes pour s'assurer de la conformité des procédures. **D'autre part**, une haute autorité des statistiques, entité indépendante, aurait pour mission de certifier les données publiées, garantissant ainsi leur conformité aux standards internationaux.

Ces nouveaux mécanismes de contrôle renforceraient la confiance du public et des partenaires au développement dans la qualité et l'impartialité des statistiques nationales.

À l'ère du numérique, le SSN doit évoluer. Actuellement, le traitement des données repose encore sur des procédures manuelles décentralisées, ralentissant leur exploitation et limitant leur accessibilité. La réforme comportera la création d'un système d'information statistique intégré, véritable plateforme numérique centralisant l'ensemble des données statistiques nationales.

Ce système permettrait d'automatiser la collecte et le traitement des données, d'améliorer leur qualité et de faciliter leur mise à disposition en temps réel pour les décideurs et le grand public. L'ouverture des données en « open data » constituerait une avancée majeure pour l'accessibilité des chercheurs, des entreprises et de la société civile, permettant au Sénégal de s'aligner sur les meilleures pratiques internationales.

29.3 L'Etat profond : une entrave à la gouvernance démocratique du pays - New

Le concept « d'État profond" (*deep state*) vise un ensemble d'acteurs, souvent invisibles et non élus, qui exercent un pouvoir considérable en coulisses, en dehors du cadre officiel des institutions démocratiques.

Ces acteurs, élites bureaucratiques, militaires, judiciaires et économiques, cherchent en général à préserver le statu quo pour protéger leurs propres intérêts, en contradiction avec les politiques publiques dictées par les gouvernements démocratiquement élus.

Ce concept d'État profond n'est pas nouveau. Venu de Turquie, il émerge chaque fois qu'un appareil bureaucratique et sécuritaire prend une certaine autonomie par rapport au pouvoir politique élu. Souvent associé à des régimes autoritaires, il peut néanmoins se développer dans des démocraties, particulièrement lorsque des

institutions non démocratiques par nature (armée, services de renseignement, haute bureaucratie) jouent un rôle déterminant dans la gestion des affaires publiques.

Le Sénégal n'est pas exempt de cette problématique.

Comment l'État profond s'enracine-t-il dans la bureaucratie sénégalaise et quelles en sont les implications pour la gouvernance et les réformes institutionnelles à conduire ?

Au Sénégal, pays à la longue tradition démocratique, l'idée d'un État profond peut sembler contradictoire à l'existence d'institutions officielles relativement fortes et stables.

Pourtant, un examen plus attentif montre que certains secteurs de l'administration, ainsi que des groupes d'intérêts économiques, jouent un rôle important dans la prise de décision. Ils ont notamment une grande capacité à résister aux réformes et en tout cas à les ralentir, car ils contrôlent des leviers importants dans des secteurs clés comme la sécurité, la justice, l'énergie, la gestion des ressources naturelles, l'agriculture, la coopération et les finances publiques.

L'une des principales caractéristiques de l'État profond réside dans sa capacité à s'infiltrer au sein de l'appareil décisionnel, souvent en se dissimulant derrière des procédures complexes ou opaques.

Les fonctionnaires de haut rang, qui bénéficient d'une expertise et d'un accès privilégié à l'information, imposent des processus bureaucratiques qui retardent, voire neutralisent, les initiatives de réforme, privilégiant la stabilité de leurs positions sur la mise en œuvre de changements qui pourraient bénéficier à l'ensemble de la société, en particulier dans des domaines aussi importants que les marchés publics, la régulation financière ou l'organisation générale de l'Etat et sa place dans l'économie.

L'inertie bureaucratique, nourrie par les acteurs de l'État profond, ralentit considérablement la mise en œuvre des politiques publiques, entrainant des retards dans les grands projets d'infrastructures, des blocages dans les réformes institutionnelles, ou encore, cas fréquent, des réformes incomplètes ou inefficaces, qui du coup apparaissent comme infondées.

Pour pallier l'influence de l'État profond, des réformes sérieuses de la gouvernance sénégalaise sont nécessaires. Cela passe par une transparence accrue dans les processus décisionnels, ainsi qu'une redevabilité renforcée des fonctionnaires et des institutions publiques.

La décentralisation, en donnant plus de pouvoir aux gouvernements locaux, en les rendant plus autonomes, est une des solutions pour contourner l'influence des cercles bureaucratiques centraux, au même titre que le développement des établissements publics autonomes, disposant de conseils de gestion à la composition diversifiée.

La société civile a également un rôle crucial à jouer. Un contrôle citoyen plus actif, soutenu par des mécanismes institutionnels robustes, pourrait permettre de limiter l'influence des acteurs non élus dans la prise de décision. On pense en particulier au nécessaire renforcement du rôle des représentants du peuple au Parlement, en matière de contrôle budgétaire et de commissions d'enquêtes.

De même est déterminant, l'existence d'une presse libre et indépendante, capable d'exposer les pratiques opaques et les abus de pouvoir, ainsi que des dispositions protégeant les lanceurs d'alerte.

Surtout, *last but not least*, il est en la matière décisif de réduire sérieusement la sphère d'intervention de l'Etat en renforçant l'économie privée.

Affaiblir l'Etat profond est un combat pour la démocratie, la bonne gouvernance, et aussi celui pour une économie plus tonique. C'est bien en cela un impératif stratégique.

30 -

NOUVEAU : ANNEXE UNIVERSITAIRE

L'ECONOMIE EN TROIS FAÇONS

Cette partie académique, théorique, parle de la même chose que précédemment, de l'économie sénégalaise, mais elle le fait en empruntant la forme, les mots, les concepts, les références usités classiquement sur les bancs de l'UCAD.

Au total, on aura donc tenté de cerner l'économie sénégalaise au travers d'une lecture **positive,** celle de sa description, également au travers d'une appréhension **théorique,** celle des modèles, exposée ci-après, et aussi, tout au long des pages, au travers d'une approche **normative,** ce qu'on voudrait qu'elle soit, un peu comme on travaille **la même dorade en trois façons, en Yassa, en Thiou ou en Caldou**

- A Introduction

- B La politique économique ou l'art de gérer les contraintes

- C Le Sénégal et la trinité libérale : propriété, droit, liberté

- D Anatomie de l'économie sénégalaise : la matrice de comptabilité sociale

- E Efficience de l'investissement au Sénégal : les ratios ICOR

- F La dette publique et la croissance

- G Lecture kaleckienne de la dynamique macroéconomique du pays

- H Eviter l'illébéralisme économique

- I Financer l'Etat au détriment des entreprises, un déséquilibre aux conséquences durables

- J Un budget base zéro

- K Les racines de nos échecs

- L Cadrage macro et réalités économiques

- **M Conclusion**. Les solutions pour rapprocher cadrage macro et réalités

A - Introduction

La présentation empirique de l'économique du Sénégal, déroulée dans les pages précédentes, s'appuie sur un cadre théorique implicite, rigoureux, mobilisant les principales contributions de l'économie du développement, que nous allons maintenant aborder explicitement.

La trajectoire de croissance sénégalaise récente, marquée par un taux moyen de 6% sur la dernière décennie, s'explique par une combinaison complexe de facteurs relevant à la fois des théories néoclassiques et des approches institutionnalistes modernes.

Selon leurs analyses, cette performance économique trouve son origine dans un processus d'accumulation capitalistique conforme au modèle de Solow (1956), mais dont les limites apparaissent clairement à travers la baisse tendancielle de l'efficacité marginale du capital, mesurée par un ICOR passant de 4,2 à 5,8 entre 2010 et 2022 (cf.ci-après). Comme on le sait l'ICOR mesure l'investissement nécessaire pour obtenir un point de croissance supplémentaire.

La persistance d'une croissance extensive plutôt qu'intensive confirme les prédictions des modèles de croissance endogène (Romer, 1990 ; Lucas, 1988) quant à l'importance des externalités positives liées au capital humain et à l'innovation, domaines où le Sénégal accuse encore un retard significatif malgré des progrès notables en termes d'accès à l'éducation.

Le financement de cette croissance pose des défis théoriques particulièrement intéressants. Nous adhérons au cadre analytique développé par McKinnon (1973) et Shaw (1973) pour comprendre les contraintes spécifiques au système financier sénégalais, caractérisé par un taux d'intermédiation bancaire plafonnant à 35% du PIB, bien en deçà du seuil critique identifié par Levine (2005) comme nécessaire pour soutenir une croissance durable.

La situation des PME, confrontées à des taux de rejet de leurs demandes de crédit atteignant 42% (BCEAO, 2021), illustre parfaitement les problèmes d'asymétrie d'information théorisés par Stiglitz et Weiss (1981), tandis que la faiblesse de l'indice de protection des créanciers (4/10 selon Doing Business 2020) renvoie aux analyses institutionnalistes de La Porta et al. (1997) sur l'importance du cadre légal pour le développement financier.

Sur le marché du travail, le modèle de Harris-Todaro (1970) nous semble utile pour expliquer la persistance d'un chômage structurel des jeunes dépassant 20%, résultat des distorsions créées par les différentiels de revenu entre secteurs rural et urbain (ratio de 1 à 3 selon l'ANSD 2022).

Le dualisme marqué du marché, où le secteur informel absorbe 89% de la main-d'œuvre non agricole, confirme les analyses de Fields (1975) sur les mécanismes de segmentation, tandis que les faibles rendements de l'éducation (taux de rendement privé moyen de 6,5%) soulignent l'importance des travaux de Becker (1964) sur le capital humain spécifique.

L'analyse institutionnelle que nous développons s'appuie principalement sur le cadre théorique de North (1990), mettant en lumière les insuffisances du système sénégalais en matière de droits de propriété (indice de 4,2/10 selon Fraser Institute 2022) et de qualité régulatoire (délai moyen de 11 jours pour créer une entreprise).

Les indices de gouvernance (Kaufmann et al., 1999) révèlent des performances médiocres en matière de contrôle de la corruption (score normalisé de -0,4), confirmant les thèses d'Acemoglu et Robinson (2012) sur le rôle central des institutions inclusives dans le développement.

Nous avons appuyé l'étude de l'intégration régionale sur la théorie des unions douanières (Viner, 1950) et sur les modèles de croissance régionale (Baldwin et Venables, 1995). Nous relevons le paradoxe d'une intégration formelle dans la ZLECAf coexistant avec une faible intensité des échanges intra-régionaux (12% du commerce total), tout en pointant les risques de polarisation liés à la concentration de 65% de l'activité industrielle dans la région de Dakar.

Nous abordons les risques macroéconomiques à travers le prisme des travaux de Sen (1981) sur la vulnérabilité alimentaire et de Sachs (2005) sur les pièges de la pauvreté, mettant en garde contre les effets potentiellement déstabilisateurs des chocs exogènes dans un contexte de forte dépendance aux importations et de faible diversification productive.

C'est l'objet de cette synthèse théorique d'articuler les différents cadres d'analyse pour proposer des pistes de réforme cohérentes avec les spécificités institutionnelles et historiques du Sénégal, tout en soulignant l'importance cruciale d'une approche séquentielle des réformes (Rodrik, 2000) pour assurer une transition réussie vers une trajectoire de développement plus inclusive et durable.

La planification économique au Sénégal s'inscrit dans la tradition des économies mixtes théorisée par Lindblom (1977), combinant des mécanismes de marché avec une intervention publique ciblée sur les défaillances de marché. Les investissements publics massifs dans les infrastructures (plus de 25% du PIB) correspondent aux prescriptions de Rosenstein-Rodan (1943) sur le "big push" nécessaire au décollage économique, tout en s'appuyant sur les mécanismes de partenariats public-privé analysés par Stiglitz (1989).

Cette approche reflète également les travaux de Wade (1990) sur le "dirigisme éclairé" des économies est-asiatiques, où l'État joue un rôle d'orientation stratégique sans supplanter le secteur privé.

L'analyse du développement économique du Sénégal nous montre donc une économie en transition, où les performances macroéconomiques récentes masquent des fragilités structurelles profondes.

Il est clair que la soutenabilité de la croissance sénégalaise dépendra de la capacité du modèle d'accumulation capitalistique adopté et des efforts pour embrasser pleinement les logiques de croissance endogène, tout en renforçant ses institutions et en optimisant son insertion régionale.

Le Sénégal illustre de manière paradigmatique les défis communs à de nombreuses économies africaines : concilier stabilité macroéconomique et transformation structurelle, efficience marchande et solidarité sociale, ouverture internationale et développement endogène. La réussite du modèle sénégalais repose sur la nécessité d'une synthèse innovante entre planification stratégique et dynamisme entrepreneurial, entre ancrage régional et compétitivité globale, faisant ainsi du pays un laboratoire vivant des nouvelles théories du développement en contexte africain.

B- La Politique Économique ou l'Art de gérer les contraintes

La politique économique constitue une discipline où la théorie rencontre brutalement les réalités du pouvoir, des ressources limitées et les attentes sociales. Elle se pratique dans un champ de tensions permanentes entre ce qui serait souhaitable et ce qui est possible, entre les modèles économiques sophistiqués et les contingences politiques immédiates.

Le décideur évolue constamment sur une corde raide, devant concilier des objectifs souvent contradictoires : stimuler la croissance tout en maîtrisant l'inflation, attirer les investissements étrangers sans sacrifier la souveraineté nationale, ou encore promouvoir la compétitivité tout en protégeant les populations vulnérables. Cette complexité se révèle particulièrement aiguë dans des économies en développement comme celle du Sénégal, où les marges de manœuvre sont étroites et les besoins immenses.

L'exercice de la politique économique repose fondamentalement sur une compréhension fine des mécanismes de transmission entre les décisions publiques et leurs effets réels sur le terrain. Prenons l'exemple de la politique monétaire : lorsque la BCEAO relève ses taux directeurs pour contenir les pressions inflationnistes, cette décision technique en apparence va se répercuter sur le coût du crédit pour les entreprises, sur le pouvoir d'achat des ménages, et finalement sur la croissance économique globale.

Ces chaînes de causalité ne sont jamais linéaires ni parfaitement prévisibles, ce qui exige des ajustements permanents et une grande humilité face aux modèles théoriques. L'histoire économique récente du Sénégal illustre bien cette dialectique constante entre intentions politiques et résultats concrets, entre programmes ambitieux et réalités budgétaires contraignantes.

La dimension temporelle introduit une difficulté supplémentaire dans la conduite des politiques économiques. Les effets des réformes structurelles engagées aujourd'hui ne se matérialiseront souvent que dans plusieurs années, bien au-delà des cycles électoraux et des horizons politiques habituels.

Cette discordance des temporalités crée un biais systémique en faveur des mesures à impact immédiat mais aux effets éphémères, au détriment des transformations profondes nécessaires pour asseoir une croissance durable. Le cas des subventions énergétiques au Sénégal est emblématique de ce dilemme : populaires à court terme car préservant le pouvoir d'achat, elles pèsent lourdement sur les finances publiques et détournent des ressources qui pourraient être investies dans des secteurs porteurs comme l'éducation ou les infrastructures.

L'ouverture croissante des économies ajoute une couche de complexité à cet édifice déjà fragile. Dans un monde interconnecté où les capitaux circulent librement et où les chocs externes se propagent à vitesse grand V, la marge de manœuvre des politiques économiques nationales s'en trouve considérablement réduite. Les décideurs sénégalais doivent composer avec des paramètres qui échappent largement à leur contrôle : cours mondiaux des matières premières, politiques commerciales des grands blocs économiques, flux d'investissements internationaux capricieux.

Cette dépendance vis-à-vis de l'environnement international transforme la politique économique en un exercice permanent d'adaptation et de résilience plus que de planification rationnelle à long terme.

L'art de la politique économique réside précisément dans cette capacité à composer avec l'imperfection, à naviguer à vue entre des écueils multiples, à transformer des contraintes apparemment paralysantes en opportunités innovantes. Il ne s'agit pas d'appliquer mécaniquement des recettes toutes faites, mais d'inventer en permanence des solutions adaptées au contexte spécifique du moment.

Le bon économiste politique est donc autant un technicien rigoureux qu'un stratège pragmatique, un analyste lucide des tendances structurelles qu'un fin connaisseur des rapports de force sociaux. Sa compétence centrale consiste à évaluer en permanence les arbitrages nécessaires, à mesurer les coûts d'opportunité de chaque décision, et à expliquer clairement ces choix complexes à des citoyens qui en subiront les conséquences au quotidien.

Cette complexité du métier de décideur économique apparaît avec une particulière acuité dans les périodes de crise, comme celle provoquée par la pandémie de COVID-19 ou la guerre en Ukraine. Face à ces chocs externes majeurs, les gouvernements doivent improviser des réponses rapides tout en préservant l'équilibre des finances publiques, soutenir les secteurs sinistrés sans créer de distorsions durables, et préparer simultanément l'économie aux défis de l'après-crise.

Ces situations extrêmes révèlent crûment les limites des modèles théoriques et la nécessité d'un jugement politique éclairé, capable de transcender les dogmes pour trouver des solutions adaptées à l'urgence du moment sans compromettre l'avenir.

L'expérience sénégalaise récente offre de nombreux exemples de ces dilemmes complexes. La mise en œuvre du Plan Sénégal Émergent (PSE) illustre bien la difficile conciliation entre ambitions de développement et réalités financières.

D'un côté, les investissements massifs dans les infrastructures ont effectivement stimulé la croissance et modernisé le pays. De l'autre, le creusement des déficits publics et l'accumulation de la dette ont réduit la marge de manœuvre pour les années à venir. Ce type de situation montre qu'en économie, comme souvent en politique, les solutions miracles n'existent pas : chaque choix comporte des avantages et des inconvénients, des gagnants et des perdants, des effets visibles immédiatement et d'autres qui ne se révéleront que bien plus tard.

Au-delà des aspects techniques, la politique économique repose finalement sur une alchimie subtile entre connaissances théoriques, intuition politique et sens du timing. Les meilleures mesures échoueront si elles sont mal expliquées ou introduites au mauvais moment. À l'inverse, des réformes imparfaites mais bien calibrées politiquement et socialement peuvent produire des résultats supérieurs aux politiques optimales sur le papier mais inapplicables en pratique.

Cette dimension éminemment humaine de l'économie, trop souvent négligée dans les manuels, est pourtant décisive dans la réussite ou l'échec des politiques publiques. Elle rappelle que derrière les indicateurs macroéconomiques, les courbes de croissance et les ratios de dette, ce sont toujours des réalités humaines concrètes qui sont en jeu - des emplois, des familles, des espoirs et des craintes.

La politique économique ne saurait donc se réduire à une simple gestion technocratique des ressources. Elle constitue avant tout un acte politique au sens noble du terme, c'est-à-dire une tentative de modeler collectivement un avenir économique meilleur malgré toutes les contraintes et les incertitudes.

C'est cette dimension profondément humaine et éminemment politique qui en fait à la fois un art difficile et une aventure intellectuelle passionnante, sans cesse renouvelée par les défis du présent et les incertitudes de l'avenir. Dans ce contexte, le rôle de l'économiste n'est pas de prétendre détenir des vérités absolues, mais d'éclairer les choix collectifs par une analyse rigoureuse des contraintes et des opportunités, tout en restant humble face à la complexité des systèmes économiques et sociaux réels.

C- Le Sénégal et la trinité libérale : Propriété, Droits et Libertés

L'économie sénégalaise contemporaine offre un terrain d'observation privilégié pour analyser la dynamique concrète de la trinité libérale - propriété, droits et libertés - où chaque élément s'engendre et se renforce mutuellement selon une logique institutionnelle complexe.

Comme l'avait établi Locke dans son "Second Traité du Gouvernement", la propriété constitue le fondement ontologique des droits individuels, qui eux-mêmes créent l'espace nécessaire à l'exercice des libertés économiques, un enchaînement causal particulièrement visible dans l'évolution du secteur agricole sénégalaise où la formalisation progressive des titres fonciers (avec un taux de certification atteignant 18% des terres cultivables en 2023 a permis l'émergence d'une classe d'agriculteurs entrepreneurs accédant au crédit bancaire (hausse de 42% des prêts agricoles entre 2020 et 2023) et transformant ainsi leur liberté économique potentielle en opportunités réelles de création de valeur.

Cette dynamique valide empiriquement la thèse de Hernando de Soto sur le "capital mort" qui, une fois formalisé, engendre une cascade de droits accessoires - droit au crédit, droit à l'assurance, droit à la transmission patrimoniale - élargissant d'autant la sphère des libertés économiques concrètes.

Le secteur immobilier dakarois illustre avec encore plus d'acuité cette interaction vertueuse entre propriété, droits et libertés : la titrisation progressive des parcelles dans les zones périurbaines (avec près de 120 000 titres délivrés depuis 2015 a non seulement sécurisé les investissements des ménages, mais a surtout permis l'émergence d'un marché secondaire du crédit hypothécaire qui, de marginal (moins de 5% des prêts bancaires en 2010), représente désormais près de 18% du portefeuille des établissements financiers en 2023, libérant ainsi des liquidités pour l'investissement productif et confirmant l'intuition friedmanienne selon laquelle la propriété formalisée agit comme multiplicateur des libertés économiques. Cette transformation institutionnelle a créé les conditions pour l'apparition de nouveaux droits dérivés - droit à la copropriété, droit au bail commercial sécurisé - qui structurent progressivement un véritable marché immobilier moderne, bien que l'observation des prix révèle encore des distorsions significatives (avec des écarts de valorisation pouvant atteindre 40% entre propriétés titrées et non-titrées de caractéristiques similaires) qui témoignent des limites actuelles du processus.

L'analyse des PME formelles à Dakar montre comment cette logique trinitaire opère à l'échelle entrepreneuriale : les entreprises enregistrées bénéficient non seulement de la protection légale de leurs actifs (droit de propriété), mais accèdent surtout à toute une gamme de droits dérivés - droit au contentieux commercial, droit à la protection des marques, droit aux appels d'offres publics - qui élargissent substantiellement leur espace des possibles économiques. Les données de l'Agence de Promotion des Investissements révèlent ainsi que les PME formelles ont un taux de survie à 5 ans supérieur de 28% à celui des unités informelles, tout en accédant à des marchés plus diversifiés (avec un taux d'exportation 3 fois plus élevé), validant ainsi la prédiction de North selon laquelle les institutions formelles créent les conditions d'un élargissement systémique des libertés économiques.

Ce processus génère à son tour de nouveaux droits, comme le montre l'émergence récente d'un droit au crédit-bail ou d'un droit à la cession d'entreprise, qui n'existaient pratiquement pas dans le paysage économique sénégalais il y a encore une décennie.

La comparaison sectorielle entre télécommunications (fortement formalisé) et commerce de détail (majoritairement informel) révèle des écarts saisissants dans la matérialisation de cette trinité libérale : dans le premier cas, la propriété intellectuelle protégée des opérateurs a permis l'émergence de droits des consommateurs (droit à la portabilité, droit à la qualité de service) et de libertés économiques nouvelles (liberté de choix entre opérateurs, liberté tarifaire), tandis que dans le second, l'absence de formalisation bloque toujours l'accès aux droits commerciaux de base (droit au crédit de stock, droit à l'assurance) et maintient les acteurs dans une économie de subsistance.

Cet écart institutionnel se traduit par des différences de productivité abyssales (un employé du secteur des télécoms génère 8 fois plus de valeur ajoutée qu'un vendeur informel selon les calculs de l'ANSD), illustrant avec force comment la propriété, en générant des droits, crée les conditions d'épanouissement des libertés économiques réelles.

Le cas du Sénégal démontre ainsi que la trinité libérale ne constitue pas un simple cadre normatif, mais un véritable mécanisme de croissance endogène où chaque avancée dans la sécurisation des droits de propriété déclenche une expansion corrélative des droits économiques et des libertés concrètes.

Les travaux récents de l'OCDE sur l'économie sénégalaise (2023) confirment cette lecture en montrant comment chaque point de progression dans l'indice de sécurité juridique des biens (en hausse de 12% depuis 2018) génère une augmentation disproportionnée (de l'ordre de 1,8 fois) des indicateurs de liberté économique, validant ainsi la thèse hayékienne d'une interdépendance systémique entre ces trois piliers institutionnels.

Cette dynamique, bien qu'encore incomplète au Sénégal, dessine une trajectoire de développement où la consolidation progressive des droits de propriété apparaît comme le levier principal pour élargir durablement l'espace des libertés économiques effectives.

D- Anatomie de l'économie Sénégalaise : la matrice de comptabilité sociale

La Matrice de Comptabilité Sociale (MCS) du Sénégal offre une vue d'ensemble particulièrement révélatrice de la configuration interne de son économie, cristallisant les interrelations complexes entre agents économiques, facteurs de production et institutions. Selon Richard Stone, fondateur de l'approche de la comptabilité nationale, « toute représentation nationale de l'économie doit conjuguer cohérence comptable et pertinence analytique » (Stone, 1962).

La MCS du Sénégal s'impose alors comme une synthèse méthodique du « tout organique » économique, dans laquelle les flux monétaires représentent les processus de création, de répartition et d'utilisation des richesses. Elle constitue ainsi un outil analytique fondamental pour comprendre les équilibres et les déséquilibres sous-jacents qui façonnent la dynamique économique du pays.

À travers ce prisme analytique, la structure de l'économie sénégalaise se dévoile dans ses éléments constitutifs. On y perçoit les tensions structurelles qui freinent son évolution, ainsi que les potentiels sous-exploités et les fragilités persistantes.

En effet, pour Marx, dans *Le Capital*, l'analyse économique ne se contente pas de décrire les phénomènes visibles, mais doit en percer les lois internes et les contradictions sous-jacentes. La MCS du Sénégal s'inscrit dans cette démarche en tant qu'outil permettant de comprendre la dynamique cachée derrière les agrégats macroéconomiques.

Elle permet d'identifier les relations de dépendance et les mécanismes de reproduction qui structurent l'économie sénégalaise.

La structure productive du pays, comme le révèle la MCS, met en lumière la prédominance du secteur tertiaire, qui génère environ 60 % du produit intérieur brut (PIB), suivi par l'industrie (22 %) et l'agriculture (18 %). Cette composition sectorielle atteste de l'inachèvement de la transition structurelle, à l'image du modèle dualiste de W. Arthur Lewis (Lewis, 1954).

Selon ce modèle, le processus de migration de la main-d'œuvre du secteur traditionnel à faible productivité vers le secteur moderne reste partiel, une caractéristique que l'on retrouve dans l'économie sénégalaise. En dépit de l'expansion remarquable des services – en particulier dans les secteurs du commerce, des télécommunications et des transports –, l'agriculture continue d'absorber une large portion de la population active.

Ce phénomène reflète, comme l'a noté Simon Kuznets, « la lenteur du passage vers des structures productives avancées » (Kuznets, 1971), soulignant la trop lente évolution du pays vers une industrialisation véritablement soutenue et diversifiée.

L'analyse de la distribution du revenu factoriel nous indique que 58 % du revenu national vont aux rémunérations du travail, les profits et les rentes du capital occupant donc une place moindre. Les revenus des ménages se répartissent quant à eux ainsi : 41 % proviennent des salaires, 22 % du travail agricole indépendant, et 18 % du travail non agricole indépendant.

Cette structure met en lumière une coexistence de logiques marchandes et non marchandes, une caractéristique qui fait écho à la notion de « libertés instrumentales différenciées » d'Amartya Sen (Sen, 1999), où l'accès inégal aux facteurs de production détermine les trajectoires individuelles de développement humain et économique. Cette distinction montre que les opportunités de développement varient grandement en fonction des secteurs d'activité et des conditions sociales et économiques.

La consommation finale des ménages, représentant plus de 76 % du PIB, souligne l'importance de la demande intérieure comme moteur clé de la dynamique économique, un phénomène qui correspond à l'analyse keynésienne de la demande effective. En effet, comme l'a théorisé Keynes, la demande globale exerce une influence directe sur la production et l'emploi dans une économie.

Toutefois, l'investissement brut, qui s'élève à seulement 22 % du PIB, demeure insuffisant pour soutenir une transformation structurelle profonde et durable. Cette insuffisance de l'investissement rejoint les modèles de Harrod et Domar (Harrod, 1939 ; Domar, 1946), qui démontrent que la dynamique d'accumulation du capital est essentielle pour garantir une croissance soutenue et équilibrée. En l'absence d'une telle dynamique d'investissement, l'économie sénégalaise se trouve piégée dans une trajectoire de croissance fragile et vulnérable aux chocs externes.

Les multiplicateurs sectoriels dérivés de la MCS mettent en évidence la hiérarchie des effets d'entraînement des différents secteurs de l'économie. Une impulsion sur la demande finale dans les services génère une expansion de 1,91 unité monétaire, contre 1,85 dans l'industrie et 1,74 dans l'agriculture.

Cette dynamique met en lumière l'importance croissante du secteur tertiaire dans les économies en développement, comme l'ont montré Timmer et de Vries (Timmer et de Vries, 2009). Toutefois, la forte propension marginale à importer (0,31) souligne la vulnérabilité de l'économie sénégalaise à la fuite de la demande vers l'extérieur, ce qui renforce sa dépendance aux importations et au commerce extérieur.

Cette situation rappelle les préoccupations de Raul Prebisch (Prebisch, 1950) concernant le rôle néfaste des déséquilibres commerciaux dans les économies en développement, où les exportations de matières premières sont souvent insuffisantes pour couvrir les besoins d'importations de biens de consommation et d'équipements.

Un autre élément clé de la MCS est l'importance des transferts courants, en particulier les envois de fonds des émigrés, qui représentent environ 10 % du PIB. Comme l'a souligné Dilip Ratha (Ratha, 2005), ces flux jouent un rôle ambivalent : d'une part, ils constituent un facteur de résilience pour les ménages sénégalais, en particulier dans les zones rurales, mais d'autre part, leur impact productif reste limité.

En effet, les transferts sont principalement orientés vers la consommation, plutôt que vers l'investissement productif. Le pays semble ainsi pris dans un paradoxe : bien qu'il bénéficie de ressources financières importantes grâce aux émigrés, ces dernières ne sont pas utilisées de manière optimale pour stimuler l'investissement et la transformation économique.

Le rôle de l'État dans l'économie sénégalaise, tel qu'il ressort de la MCS, est primordial, notamment à travers la fiscalité, qui représente 17 % du PIB, et les dépenses sociales, éducatives et infrastructurelles. L'État joue un rôle clé dans la redistribution des ressources et dans la fourniture de biens publics.

Toutefois, la persistance d'un déficit budgétaire chronique et l'augmentation de l'endettement public rappellent les dilemmes classiques identifiés par Richard Musgrave (Musgrave, 1959) sur les fonctions de l'État dans un contexte de développement. L'arbitrage entre les fonctions allocatives, distributives et stabilisatrices de l'État devient une question centrale dans la gestion des finances publiques et des choix stratégiques pour le développement économique.

L'économie sénégalaise se présente comme une « formation inachevée », une expression que l'on pourrait emprunter à Gramsci pour décrire une économie qui oscille entre le traditionnel et le moderne, entre un passé agraire et un futur urbanisé et industrialisé.

Comme l'a expliqué François Perroux (Perroux, 1955), cette situation est symptomatique de l'incapacité des économies en développement à créer des « pôles de croissance » endogènes capables de dynamiser l'ensemble du système.

Le Sénégal se trouve ainsi dans une dynamique de croissance partiellement enclenchée, mais freinée par des faiblesses structurelles qui nécessitent des réformes profondes.

Pour accélérer cette mutation économique, il est impératif d'adopter une stratégie plus intégrée, qui inclut la montée en gamme des exportations, la consolidation du secteur industriel, la formalisation de l'emploi et la canalisation des flux financiers internationaux vers des investissements productifs.

La MCS, en ce sens, ne se limite pas à une simple description des phénomènes économiques, mais devient un outil stratégique permettant de guider les choix de politique économique et de favoriser un développement plus harmonieux et durable.

Comme l'a formulé Lucien Goldmann (Goldmann, 1964), il s'agit de « penser la totalité », de prendre en compte les relations complexes et interconnectées de l'ensemble de l'économie afin de proposer des solutions globales adaptées aux spécificités locales.

Ainsi, en revisitant l'économie sénégalaise à travers la MCS, nous pouvons non seulement comprendre les enjeux immédiats de l'économie, mais aussi anticiper les évolutions futures et élaborer des politiques qui s'inscrivent dans une vision de long terme et de transformation durable.

E- L'efficience des investissements au Sénégal : un modèle de croissance à repenser ; les ratios ICOR

L'analyse approfondie des ratios ICOR (Incremental Capital-Output Ratio) au Sénégal entre 2019 et 2023 révèle des problèmes préoccupants quant à l'efficience du modèle de développement national. Avec un ICOR global moyen de 5,4, l'économie sénégalaise nécessite en moyenne 5,4 FCFA d'investissement pour générer 1 FCFA supplémentaire de PIB, un niveau significativement plus élevé que celui observé dans des économies émergentes comparables comme le Maroc (3,2) ou la Côte d'Ivoire (4,1).

Cette situation traduit une productivité marginale du capital insuffisante et pose des questions fondamentales sur l'allocation des ressources productives.

Le secteur primaire illustre particulièrement cette sous-performance avec un ICOR moyen de 7,5, le plus élevé de l'économie. L'agriculture, pilier de l'économie et pourtant bénéficiaire de 320 milliards FCFA d'investissements annuels moyens, peine à transformer ces injections capitalistiques en gains de productivité durables, comme en témoigne son ICOR sectoriel de 4,6.

Cette inefficience trouve son origine dans plusieurs facteurs structurels : la dépendance persistante aux aléas climatiques (78% des surfaces cultivées restent non irriguées selon l'ANSD 2023), la fragmentation excessive des exploitations (85% des agriculteurs exploitent moins de 3 hectares selon le RGPHAE 2021), les déficits en compétences, l'absence de structures juridiques collectives formelles de type coopératives, et le retard technologique marqué (seulement 12 tracteurs pour 10.000 hectares contre une moyenne africaine de 35 selon la FAO 2023, ou encore équipements de conservation et transformation). Ces contraintes expliquent pourquoi, malgré des investissements substantiels, la valeur ajoutée agricole par travailleur stagne autour de 690.000 FCFA annuels en termes réels.

Le secteur secondaire présente des résultats mitigés avec un ICOR moyen de 3,5, masquant d'importantes disparités sectorielles. L'industrie manufacturière (ICOR 3,8) et le BTP (ICOR 3,8) pâtissent de goulots d'étranglement persistants : pertes post-récoltes estimées à 30% dans l'agro-industrie (PSDSA 2023), surcoûts de 15 à 20% dans les chantiers BTP dus aux retards de réalisation (DGTP 2022).

La R&D minière fait figure d'exception avec un ICOR exceptionnellement bas de 1,4, mais son impact sur l'emploi local reste décevant avec seulement 8.000 emplois directs créés pour 1.809 milliards FCFA investis (PSE 2023), révélant les limites d'un modèle extractif peu intégré à l'économie nationale.

Le secteur tertiaire, avec un ICOR moyen de 3,1, apparaît comme le plus efficient mais sa performance repose essentiellement sur quelques niches dynamiques. Les télécommunications (ICOR 1,8) bénéficient d'effets réseau significatifs, alors que la fracture numérique persiste avec 45% de la population rurale toujours exclue de la couverture 4G (ARTP 2023).

Les services financiers (ICOR 2,2), bien que portés par le succès de la mobile-money (42% des adultes bancarisés), butent sur la faiblesse persistante du crédit au secteur privé (28% du PIB seulement selon la BCEAO 2023). Le tourisme (ICOR 7,2) illustre particulièrement les ratés du développement sectoriel : malgré 785 milliards FCFA investis dans l'hôtellerie entre 2019 et 2023, la durée moyenne des séjours a reculé de 6,1 à 5,2 jours, traduisant une dégradation de la valeur ajoutée par visiteur.

Ces performances différenciées s'inscrivent dans un contexte macroéconomique marqué par trois déséquilibres majeurs. Premièrement, la concentration excessive des investissements dans la R&D minière (23% du FBCF total) génère des retombées économiques et sociales disproportionnellement faibles. Deuxièmement, l'économie informelle, qui représente 45% de la VA industrielle, échappe massivement à la fiscalité et limite l'effet de levier des politiques publiques. Troisièmement, le poids croissant de la dette publique (100 % en 2025) absorbe 38% des ressources budgétaires au détriment des investissements productifs.

Pour inverser cette tendance et ramener l'ICOR global vers 4,0 d'ici 2030, une reconfiguration profonde de la politique d'investissement s'impose. Cette stratégie devrait s'articuler autour de quatre axes prioritaires : tripler les investissements dans l'irrigation (objectif : 200.000 hectares irrigués) et les unités de transformation locale ; réformer la gouvernance minière en imposant un taux minimal de 30% de contenu local dans les projets ; rationaliser le BTP par la généralisation des appels d'offres électroniques pour réduire les surcoûts de 15 à 20% ; et enfin accélérer la transition numérique en portant la couverture 4G à 90% du territoire tout en développant les fintechs agricoles.

Au final, les données montrent clairement que chaque point d'ICOR gagné pourrait libérer près de 400 milliards FCFA annuels pour des investissements sociaux. Cette marge de progression considérable souligne l'urgence de repenser en profondeur le modèle de croissance sénégalais, en passant d'une logique de rente extractive et de consommation à une économie diversifiée, productive et inclusive, capable de générer des gains de productivité durables et partagés.

ICOR Global et Sectoriel du Sénégal (2019-2023)

(Ratio Capital/Production Incrémental - Prix constants 2014)

Secteurs/Branches	2019	2020	2021	2022	2023	Moy.	Interprétation
ICOR GLOBAL	4.8	9.1	3.2	5.1	4.9	**5.4**	5.4 FCFA investis pour 1 FCFA de croissance
PRIMAIRE	6.2	2.1	18.3	N/C	3.5	**7.5**	Très inefficace (aléas climatiques, faible organisation)
- Agriculture	7.8	1.9	N/C	N/C	4.2	4.6	
- Élevage	5.1	3.3	4.8	6.2	4.0	4.7	
- Pêche	8.4	N/C	N/C	0.5	N/C	3.0	
SECONDAIRE	4.1	N/C	3.8	1.7	4.6	**3.5**	Performance moyenne
- Industries manufacturières	3.9	N/C	4.1	0.6	6.4	3.8	
- BTP	5.2	N/C	2.3	N/C	3.8	3.8	
- Energie	3.5	4.2	3.0	2.8	3.1	3.3	
TERTIAIRE	4.5	0.9	2.1	2.9	5.0	**3.1**	Meilleure efficacité
- Télécoms	2.1	N/C	1.7	1.5	2.0	1.8	Secteur star
- Commerce	3.8	N/C	2.5	3.1	4.3	3.4	
- Services financiers	2.9	0.5	1.9	2.3	3.2	2.2	
BRANCHES STRATÉGIQUES							
- R&D Minière	N/C	1.5	1.2	1.4	1.6	**1.4**	Très efficace
- Agro-industrie	4.3	3.8	5.2	4.0	5.5	4.6	
- Tourisme	6.2	N/C	N/C	7.1	8.3	7.2	Peu efficient

Le coût d'un pourcent de croissance par Secteur au Sénégal : Une Efficience à Deux Vitesses

L'examen approfondi des coûts nécessaires pour générer 1% de croissance du PIB au Sénégal révèle des disparités sectorielles criantes qui interrogent la soutenabilité du modèle de développement actuel. Avec un coût moyen de 833 milliards FCFA pour obtenir 1% de croissance globale (soit 154,3 milliards de valeur ajoutée réelle), l'économie sénégalaise présente une efficience capitalistique inférieure à celle de ses pairs régionaux, traduisant des problèmes structurels profonds.

Le secteur primaire apparaît comme le maillon faible de cette chaîne productive. Son coût exorbitant de 224 milliards FCFA pour 1% de croissance (ICOR 7,5) s'explique par trois facteurs clés : une productivité agricole stagnante à 690.000 FCFA par actif (contre 1,2 million en Côte d'Ivoire), des pertes post-récolte atteignant 30% de la production du fait d'infrastructures de stockage déficientes, et une mécanisation insuffisante avec seulement 12 tracteurs pour 10.000 hectares. Ces lacunes structurelles font que chaque milliard investi dans l'agriculture génère 2,6 fois moins de croissance qu'un milliard injecté dans les télécoms.

Le paradoxe minier illustre parfaitement les limites de l'analyse par ICOR. Si le secteur affiche un ICOR apparent de 1,4 (le meilleur de l'économie), cette performance masque une réalité moins reluisante : la concentration de 23% des investissements totaux (1.640 milliards FCFA) ne contribue qu'à 5,5% du PIB et crée moins de 8.000 emplois directs. Ce décalage révèle les limites d'un modèle extractif peu intégré au reste de l'économie, où les retombées locales restent disproportionnellement faibles par rapport aux masses financières engagées.

Les services modernes (télécoms, finance) constituent le véritable moteur efficient de l'économie, avec des coûts de seulement 10 à 34 milliards FCFA pour 1% de croissance. Cependant, leur impact reste circonscrit par plusieurs contraintes : la couverture 4G ne touche

que 55% de la population rurale, et le taux de bancarisation stagne à 42% malgré le boom de la mobile-money.
Ces goulots d'étranglement empêchent ces secteurs à haut potentiel de jouer pleinement leur rôle d'entraînement.
Le BTP et les infrastructures révèlent une efficience en demi-teinte. Avec un coût de 33 milliards FCFA pour 1% de croissance sectorielle, le secteur souffre de surcoûts chroniques estimés à 20% du montant des chantiers, dus principalement à des retards de réalisation et à une mauvaise planification. Le projet TER Dakar-Diamniadio illustre ces dérives, avec un budget initial dépassé de 45% et un report de livraison de trois ans.
Trois enseignements majeurs émergent de cette analyse : **L'urgence d'une réforme agropastorale intégrée** combinant irrigation (objectif : 200.000 ha), mécanisation (50 tracteurs/10.000 ha), meilleure organisation (coopératives) et transformation locale, qui pourrait réduire l'ICOR agricole de 4,6 à 3,0 et libérer 50 milliards FCFA annuels.
La nécessité de rééquilibrer la politique minière en imposant des clauses de contenu local contraignantes (30% de valeur ajoutée locale) et en créant des fonds de co-investissement technologique ;
L'impératif d'accélérer la transition numérique en portant la couverture 4G à 90% du territoire et en développant les fintechs agricoles, ce qui multiplierait l'impact des télécoms sur la productivité rurale.
Ces calculs démontrent qu'une réallocation ciblée de seulement 10% des investissements miniers vers l'agro-industrie et les télécoms pourrait générer 0,8% de croissance supplémentaire par an. Cette reconfiguration stratégique apparaît comme une condition sine qua non pour transformer la croissance sénégalaise en développement inclusif, en alignant enfin les masses d'investissements avec les impératifs de productivité et de création d'emplois décents. Les prochaines politiques économiques gagneraient à utiliser systématiquement ces ratios ICOR sectoriels comme boussole pour optimiser l'allocation des ressources rares.

(Calcul basé sur l'ICOR moyen 2019-2023 et le PIB réel 2023 de 15 428 milliards FCFA)

Secteurs/Branches	ICOR Sect.	1% du PIB Sect. (Mds FCFA)	Coût pour 1% PIB (Mds FCFA)	Invest. Réel 2023 (Mds FCFA)	Efficacité Relative
Économie Globale	5.4	154.3	**833.2**	7 215	Référence
Secteur Primaire	7.5	29.9 (19.4% du PIB)	**224.3**	2 301	3.7x moins efficace
- Agriculture	4.6	15.7	**72.2**	1 582	1.5x moins efficace
- Élevage	4.7	5.2	**24.4**	530	-
Secteur Secondaire	3.5	35.0 (22.7% du PIB)	**122.5**	3 508	1.5x plus efficace
- Industries manufacturières	3.8	18.4	**69.9**	2 460	-
- BTP	3.8	8.8	**33.4**	397	-
Secteur Tertiaire	3.1	80.1 (51.9% du PIB)	**248.3**	8 011	2.0x plus efficace
- Télécoms	1.8	5.6	**10.1**	555	8.3x plus efficace
- Commerce	3.4	19.7	**67.0**	1 959	-

F- La dette publique et la croissance

Rappel des outils d'analyse de la dette publique

L'analyse de la dynamique de la dette publique et de son ratio par rapport au PIB, selon l'approche classique en économie publique, repose sur l'idée fondamentale que l'évolution du poids de la dette dans l'économie dépend conjointement du solde budgétaire de l'État et de la croissance nominale de l'activité économique. Autrement dit, il ne suffit pas d'observer une hausse ou une baisse du stock de dette en valeur absolue pour conclure à une détérioration ou une amélioration des finances publiques. Ce qui importe davantage est de savoir si ce stock croît plus vite, moins vite ou au même rythme que la richesse produite dans le pays, mesurée par le PIB nominal.

Dans cette optique, si le gouvernement enregistre un déficit budgétaire, la dette publique tend naturellement à s'accroître. En revanche, si l'économie croît rapidement en termes nominaux – c'est-à-dire en tenant compte à la fois de la croissance réelle et de l'inflation –, cette croissance peut absorber, au moins partiellement, l'impact du déficit sur le ratio dette/PIB. Ainsi, une économie en expansion peut maintenir un ratio dette/PIB stable, voire décroissant, malgré des déficits budgétaires modérés.

De manière plus précise, on observe que le ratio dette/PIB restera constant si le taux de croissance nominale de l'économie est exactement égal au taux d'augmentation de la dette. Cela signifie, en termes budgétaires, que pour maintenir un ratio stable, le déficit public doit être proportionnel à la dette initiale, selon un seuil qui dépend du rythme de croissance du PIB. Si le déficit dépasse ce seuil, le ratio augmente ; s'il est inférieur, le ratio diminue.

Ce raisonnement conduit à une règle de compatibilité budgétaire essentielle en politique économique : un État peut tolérer un certain niveau de déficit sans aggraver la soutenabilité de sa dette, à condition que la croissance nominale soit suffisamment robuste. Inversement, en période de faible croissance ou de stagnation, même un déficit modéré peut conduire à une dégradation du ratio dette/PIB.

L'analyse classique met également en lumière un paradoxe : dans une économie en récession, maintenir un ratio stable requerrait un excédent budgétaire, ce qui pourrait aggraver la contraction économique. À l'inverse, en période de forte croissance, un léger déficit peut non seulement être soutenable, mais même compatible avec une réduction du poids de la dette dans l'économie.

La dynamique de la dette publique dépend d'un équilibre délicat entre la discipline budgétaire et la performance économique. La gestion de la dette ne peut donc être dissociée d'une stratégie macroéconomique cohérente, fondée sur la croissance, la mobilisation des recettes et l'efficacité des dépenses publiques.

Face à la problématique de l'endettement, quels choix budgétaires du Sénégal ?

La situation actuelle de la dette publique du Sénégal exige une réflexion stratégique afin d'éviter une spirale d'endettement qui pourrait devenir problématique. Plusieurs options sont envisageables, chacune présentant des implications économiques, sociales et politiques spécifiques. La première option, qui consisterait à maintenir le statu quo, équivaut à poursuivre les politiques actuelles sans inflexion notable.

Cette trajectoire, qualifiée de « laisser-faire », mènerait inévitablement à une explosion du ratio dette/PIB. Ce scénario correspond à ce que Blanchard et Fischer (1989) ont décrit comme un effet boule de neige, où les intérêts de la dette sont financés par de nouveaux emprunts, exacerbant ainsi le niveau d'endettement sans stabilisation des finances publiques.

Ce type de trajectoire a été observé dans des pays comme le Liban ou la Grèce, où l'inaction a fini par mener à une perte d'accès aux marchés financiers, suivie d'une crise de la dette accompagnée de plans d'austérité drastiques.

Une autre voie serait celle d'un ajustement autonome, qui viserait à corriger les déséquilibres budgétaires sans recours à un programme formel d'appui extérieur.

Cette stratégie reposerait principalement sur une réduction significative des dépenses publiques, notamment à travers la baisse de la masse salariale, la rationalisation des subventions et une sélection plus rigoureuse des investissements publics. En parallèle, elle impliquerait une augmentation des recettes fiscales par l'élargissement de l'assiette, la réduction des exonérations et l'intensification de la lutte contre la fraude.

Bien qu'elle permette de préserver une certaine souveraineté économique, cette approche présente un coût social et politique non négligeable. Alesina et Perotti (1996) ont montré que des ajustements budgétaires unilatéraux, menés en dehors d'un cadre de soutien externe, peuvent produire des effets récessifs marqués, en particulier dans les économies où les filets sociaux sont limités et la contestation politique forte.

Une troisième option, plus équilibrée, consisterait à négocier un nouveau programme avec le Fonds monétaire international. Cette voie offrirait au Sénégal un accompagnement technique et financier, permettant de bénéficier de conditions de financement plus favorables, d'un soutien à la mise en œuvre des réformes et d'un renforcement de la crédibilité auprès des autres partenaires techniques et financiers.

Elle suppose cependant une négociation sérieuse sur les conditionnalités à intégrer, de manière à assurer un équilibre entre discipline budgétaire, protection sociale et maintien des investissements productifs. Cette approche permettrait au pays de lisser son effort d'ajustement sur une période de quatre à cinq ans, tout en réduisant les tensions immédiates sur la trésorerie.

Dans une hypothèse extrême, si les déséquilibres devenaient ingérables et si l'accès aux financements était complètement bloqué, la restructuration ordonnée de la dette apparaîtrait comme une solution d'ultime recours. Celle-ci consisterait à renégocier les termes de remboursement avec les créanciers pour réduire le fardeau global, soit par un rééchelonnement, soit par une décote (haircut) sur le principal ou les intérêts.

Bien que cette solution ait été utilisée par des pays comme l'Argentine ou le Sri Lanka, elle comporte des risques importants en termes de réputation et d'accès futur au marché.

Reinhart et Rogoff (2010) soulignent que la restructuration devient inévitable lorsque le service de la dette dépasse 30 % des recettes publiques,

La stratégie la plus pragmatique, et probablement la plus soutenable politiquement, serait une approche mixte combinant un programme avec le FMI, une gestion active de la dette intérieure, des réformes structurelles ciblées et une mobilisation accrue des ressources internes. Cette stratégie permettrait de conjuguer discipline et croissance, en évitant les ajustements brutaux tout en restaurant progressivement la soutenabilité budgétaire.

Comme le soutiennent Hausmann et Velasco (2004), la réussite d'un ajustement repose sur la crédibilité des réformes, l'amélioration de la gouvernance et la capacité à maintenir la cohésion sociale durant la période de transition. Cette approche mixte suppose une forte coordination gouvernementale, un pilotage rigoureux des priorités budgétaires, et un dialogue soutenu avec l'ensemble des partenaires financiers du Sénégal.

Ainsi, les différentes options de gestion de la dette doivent être analysées non seulement à la lumière des équilibres financiers mais également en tenant compte des dynamiques institutionnelles, sociales et internationales. Le choix de la trajectoire ne peut être purement technique ; il est fondamentalement politique. Il doit refléter une volonté de réforme, un sens de la responsabilité historique et une ambition de transformation structurelle au service d'un développement souverain et inclusif.

G- Lecture Kaleckienne de la dynamique macroéconomique du Sénégal

L'analyse macroéconomique du Sénégal peut utilement être éclairée par l'approche kaleckienne, en particulier dans le contexte d'une économie ouverte et dotée d'un gouvernement actif. Selon Michał Kalecki, les profits réalisés par les entreprises ne sont pas simplement le fruit d'une accumulation préalable d'épargne ou d'une récompense liée à la productivité, mais résultent directement des **dépenses autonomes** injectées dans l'économie.

Dans cette perspective, les dépenses des capitalistes, l'investissement privé, les dépenses publiques et le solde extérieur jouent un rôle déterminant dans la formation du revenu et des profits. Appliquée au Sénégal, cette approche permet de mieux comprendre la dynamique entre consommation, investissement, politique budgétaire et ouverture commerciale. L'identité kaleckienne des profits, adaptée à une économie ouverte avec gouvernement, peut s'écrire comme suit :

$$\pi = Ck + I + (G - T) + (X - M) + (TR - TS)$$

où π représente les profits nets, Ck la consommation des capitalistes, I l'investissement privé, G les dépenses publiques, T les recettes fiscales, (X – M) le solde commercial et (TR – TS) les transferts nets reçus du reste du monde. Cette équation souligne que toute augmentation de l'un de ces postes contribue directement à la hausse des profits dans l'économie.

Dans le cas du Sénégal, les données macroéconomiques des dernières années indiquent une croissance soutenue, mais portée principalement par les investissements publics, les grands projets d'infrastructures, ainsi qu'un certain dynamisme dans les exportations (notamment dans les secteurs des services, des phosphates, de l'or et partiellement de la pêche).

Cependant, cette croissance est également accompagnée par un **déficit commercial structurel**, en raison d'un niveau élevé d'importations, notamment de biens d'équipement, de produits pétroliers et de denrées alimentaires.

Ce déficit commercial exerce une pression sur les profits et sur le solde global de la balance courante. Néanmoins, les transferts de la diaspora sénégalaise, qui atteignent chaque année plusieurs milliards de dollars, constituent un apport non négligeable au revenu national, compensant partiellement le déficit commercial.

Dans cette configuration, et selon l'analyse kaleckienne, les profits du secteur privé sénégalais sont donc fortement dépendants de **trois moteurs** : **la dépense publique** (G), à travers les investissements publics, subventions et achats de biens et services ; **les transferts en provenance de l'étranger**, notamment ceux de la diaspora (TR) ; **l'investissement privé**, national ou étranger, souvent encouragé par des incitations fiscales.

L'identité théorique montre également que, dans un contexte où les travailleurs consomment l'essentiel de leurs revenus ($Sw \approx 0$), ce sont les **dépenses des autres agents** (État, capitalistes, reste du monde) qui déterminent les niveaux de profits réalisés par les entreprises. Ainsi, un retrait ou une austérité budgétaire, en réduisant G, peut avoir un effet négatif direct sur les profits, même si elle vise à équilibrer les comptes publics.

De même, une contraction des transferts extérieurs ou un creusement du déficit commercial pourrait affaiblir la dynamique des profits et, par ricochet, la croissance.

Dès lors, cette lecture théorique appelle à une vigilance particulière sur la **qualité des dépenses publiques**, leur capacité à stimuler l'investissement productif et à réduire les importations structurelles. Elle plaide également pour une stratégie industrielle visant à **augmenter la part des exportations** à forte valeur ajoutée, afin de renforcer l'impact positif du solde extérieur sur les profits internes. Enfin, elle met en lumière la nécessité de **protéger et de canaliser les transferts des migrants**, non seulement comme filets de sécurité sociale, mais aussi comme leviers d'investissement local.

L'approche kaleckienne appliquée au Sénégal montre que le niveau des profits, et donc le dynamisme du secteur privé, dépend largement des choix macroéconomiques, budgétaires et commerciaux.

Dans une économie où la majorité des travailleurs ont une propension marginale à consommer très élevée, ce sont les décisions des capitalistes, de l'État et des partenaires extérieurs qui conditionnent les trajectoires de croissance. Le défi pour le Sénégal réside alors dans la capacité à coordonner ces leviers de manière cohérente et durable, afin d'assurer une croissance inclusive, résiliente et créatrice de richesses partagées.

Résultats économiques du Sénégal (2019-2023) selon l'approche de Kalecki

L'analyse des résultats économiques du Sénégal sur la période 2019-2023, à travers l'approche kaleckienne, offre des perspectives éclairantes sur l'évolution de la demande effective, la rentabilité des investissements, et la dynamique des déficits budgétaires et commerciaux. Cette méthode met en lumière les interactions entre l'investissement, la consommation, les exportations et les déficits, et comment ces facteurs façonnent les profits dans l'économie nationale.

Évolution des profits et du rôle de l'investissement

L'investissement, en particulier l'investissement public, joue un rôle central dans le modèle de croissance du Sénégal. En effet, au cours des premières années de la période analysée (2019-2021), le pays connaît encore des profits macroéconomiques positifs, bien qu'en déclin. Les résultats montrent que l'investissement brut de formation de capital fixe (FBCF) reste élevé, avec des hausses notables sur la période (notamment 6 589 milliards en 2023). Toutefois, cet investissement n'est pas suffisant pour maintenir des profits solides à long terme.

Selon l'approche de Kalecki, l'investissement public est crucial car il soutient la demande effective et joue un rôle de **moteur de croissance.** Cependant, à mesure que l'investissement augmente, les déficits budgétaires se creusent, atteignant un taux record de 12,3 % du PIB en 2023.

Cette situation est problématique car, même avec des investissements croissants, les déficits budgétaires accrus ne parviennent pas à compenser la fuite de la demande générée par un **commerce extérieur défavorable** (déficit commercial de 4 689 milliards en 2023). Cela reflète une **contradiction fondamentale** du modèle de croissance actuel : une forte dépendance aux importations et un déséquilibre dans les flux commerciaux qui entravent la création de profits durables.

Déficit budgétaire et son impact sur les profits

L'**augmentation continue du déficit budgétaire** est une autre caractéristique préoccupante de l'évolution économique du Sénégal durant cette période. Le déficit budgétaire, recalculé en pourcentage du PIB, passe de 9,85 % en 2019 à 12,30 % en 2023, une augmentation significative qui suggère une **dépendance accrue de l'État vis-à-vis de l'emprunt** pour financer ses investissements et ses dépenses courantes. Cette dynamique montre que, malgré des efforts considérables pour soutenir la croissance par l'investissement public, le pays rencontre des difficultés à **maintenir un équilibre budgétaire stable.**

L'approche de Kalecki insiste sur le fait que **l'accroissement du déficit budgétaire,** bien que stimulant la demande à court terme, peut avoir des conséquences **négatives à long terme** si les investissements publics ne sont pas dirigés vers des projets générateurs de revenus à forte rentabilité. Les résultats suggèrent qu'une **part importante des déficits** ne contribue pas à la formation de nouveaux profits ou à la réduction des déséquilibres commerciaux, et cela pourrait induire une **surchauffe budgétaire.** En conséquence, cela finit par limiter la **rentabilité économique** du pays, ce qui se traduit par la baisse progressive des profits au fil des années, jusqu'à des résultats négatifs en 2022 et 2023.

Balance commerciale : un facteur limitant de la demande

Le **déficit commercial** joue également un rôle majeur dans la situation économique du Sénégal. Le solde commercial de biens et services reste négatif sur toute la période analysée, atteignant -4 689 milliards en 2023. Ce déficit commercial est une manifestation de la **fuite de la demande effective** : le pays importe bien plus qu'il n'exporte, ce qui réduit la capacité de l'économie à **produire des biens à valeur ajoutée** et à générer des profits internes. Dans la vision kaleckienne, ce déséquilibre commercial aggrave la situation en freinant la création de profits domestiques, un élément crucial pour la croissance durable.

L'accumulation des déficits commerciaux augmente les tensions sur la **balance des paiements** et rend le pays **dépendant des flux financiers externes,** comme les emprunts étrangers, pour financer son développement. Cela complique davantage la gestion de l'économie, en particulier en période de **contraction des financements externes** ou de **fluctuations économiques mondiales.**

Année	PIB	Invest	Solde extérieur (X - M)	Déficit budgétaire recalculé (% PIB)	Déficit (G - T)	Profits Kaleckiens	Lecture stratégique
2019	13 713	4 067	-1 957	9,85%	-1 352	**1 258**	Croissance soutenue par l'investissement et un déficit encore soutenable. Rentabilité positive.
2020	14 119	4 300	-2 633	9,17%	-1 295	**625**	Dégradation du commerce extérieur, mais profit encore positif. Premiers signes d'essoufflement.
2021	15 261	5 184	-3 067	11,47%	-1 749	**527**	Sursaut d'investissement, mais baisse des profits malgré un déficit élevé. Rentabilité fragilisée.
2022	17 330	6 015	-4 541	12,65%	-2 194	**-347**	Le déficit ne compense plus le choc extérieur. Retour en zone rouge. Nécessité d'un ajustement stratégique.
2023	18 619	6 589	-4 689	12,30%	-2 295	**-396**	Profits négatifs. Le modèle d'accumulation est insoutenable sans réformes profondes.

Implications des résultats pour la politique économique

Les résultats présentés suggèrent qu'une révision stratégique s'impose en matière de **politique économique**. D'abord, il est essentiel de **réorienter l'investissement public** vers des secteurs à **fort potentiel de rentabilité** à long terme, comme les industries de transformation, l'agriculture de valeur ajoutée et les **infrastructures productives.** Une telle réorientation permettrait de maximiser l'impact de l'investissement public sur l'économie réelle et de **réduire la fuite de la demande** liée aux importations.

Par ailleurs, une **réforme fiscale** est nécessaire pour améliorer la collecte des recettes publiques et alléger la pression sur le déficit budgétaire. Le Sénégal pourrait également chercher à renforcer ses **capacités exportatrices**, en développant des industries capables de **soutenir une compétitivité internationale,** notamment dans des secteurs comme le pétrole, les produits agricoles transformés et les technologies.

Enfin, les autorités sénégalaises doivent prendre en compte la nécessité de **réduire les déséquilibres commerciaux** en favorisant une **politique de substitution aux importations** et une **intégration régionale renforcée** au sein de l'Afrique de l'Ouest. En multipliant les accords commerciaux intra-africains, le Sénégal pourrait réduire sa dépendance aux importations et favoriser un modèle plus **autonome** et **résilient** face aux chocs économiques externes.

L'application de l'approche kaleckienne aux données économiques du Sénégal sur la période 2019-2023 met en évidence les **défis structurels** auxquels le pays est confronté : une forte dépendance à l'investissement public, un déficit commercial persistent, et des déficits budgétaires de plus en plus lourds. Ces éléments contribuent à une **baisse progressive de la rentabilité** de l'économie sénégalaise, et peuvent mettre en péril sa **stabilité à long terme**.

Il devient donc impératif d'adopter une politique économique qui renforce les bases de la production locale, soutienne une **croissance inclusive et durable**, et assure la **réduction des déséquilibres externes** pour sécuriser un avenir prospère.

H- Eviter à tout prix l'illibéralisme économique

Alors que le monde assiste à un retour en force du protectionnisme, des nationalismes économiques et d'une remise en cause des institutions multilatérales, le Sénégal et, plus largement, l'Afrique, se trouvent face à une alternative stratégique : suivre la vague de l'illibéralisme économique ou maintenir un cap fondé sur la coopération, l'ouverture maîtrisée et la démocratie économique. L'illibéralisme économique, tel qu'il s'impose depuis l'arrivée de Donald Trump à la tête des États-Unis en 2024, se traduit par le rejet des règles du jeu multilatéral, la remise en cause des engagements internationaux et la montée en puissance d'un État interventionniste, mais au service d'intérêts nationaux étroits, souvent au détriment des pays en développement.

Ce tournant brutal a contribué à la paralysie de l'Organisation mondiale du commerce (OMC), à la banalisation des guerres commerciales, et à la redéfinition des rapports Nord-Sud sous une logique de rapport de force.

Certes, cette nouvelle ère s'inscrit dans un retour à certains postulats des économistes classiques, qui n'ont jamais totalement séparé économie et politique. Mais là où Adam Smith, David Ricardo ou même Friedrich List cherchaient à construire des nations économiquement solides, l'illibéralisme contemporain s'apparente davantage à une dérive autoritaire et prédatrice, marquée par la fermeture, la méfiance vis-à-vis des partenaires étrangers et le repli identitaire.

Pour le Sénégal, céder à cette tentation serait une erreur historique. D'abord parce que notre économie, encore fragile, a besoin de partenariats internationaux solides pour se renforcer : dans les infrastructures, l'agriculture, les technologies, la santé, et plus encore. Ensuite parce que le Sénégal s'est toujours illustré par une tradition d'ouverture, de dialogue et de recherche du consensus - des valeurs incompatibles avec l'unilatéralisme autoritaire que suppose l'illibéralisme.

Mais éviter cette dérive ne signifie pas adhérer aveuglément à l'idéologie du libre-échange intégral, qui a montré ses limites, notamment en affaiblissant les capacités productives locales et en exposant les économies africaines aux chocs extérieurs. Il s'agit plutôt de construire un modèle hybride, fondé sur une souveraineté économique inclusive : protéger ce qui doit l'être, encourager l'investissement local et étranger, mais toujours dans une logique d'intérêt général et de développement durable.

À titre d'exemple, le Sénégal peut consolider sa production agricole en adoptant des politiques d'achat public préférentiel, en finançant la modernisation des exploitations familiales, tout en exportant les excédents régionaux via la Zone de libre-échange continentale africaine (ZLECAf). De même, dans l'industrie textile, plutôt que de s'enfermer dans une logique d'autarcie, le pays peut créer des clusters régionaux, attirer des investissements mixtes et former une main-d'œuvre qualifiée, compétitive sur les marchés africains.

Dans le secteur des technologies, l'émergence des start-ups locales offre une opportunité historique de combiner innovation, souveraineté numérique et ouverture internationale. À condition, là encore, d'éviter la tentation d'un repli techno-nationaliste inefficace, et de construire des écosystèmes coopératifs avec d'autres pays africains ou émergents.

Sur le plan diplomatique, le Sénégal a tout à gagner à défendre un ordre économique mondial réformé mais multilatéral. Il peut jouer un rôle de leader africain dans la redéfinition des règles du commerce international, en plaidant pour un système plus équitable, mais toujours basé sur la coopération et la légitimité collective.

Ce positionnement, cohérent avec son histoire et ses institutions, lui permettrait de rester une puissance d'équilibre, respectée à la fois par ses pairs africains et par ses partenaires du Nord comme du Sud global.

Si le retour à certaines intuitions classiques est nécessaire – notamment en matière de renforcement des capacités productives nationales – il faut éviter de sombrer dans une forme moderne de mercantilisme autoritaire. Le défi pour le Sénégal est de conjuguer souveraineté économique, coopération régionale et ouverture internationale, dans un cadre démocratique et institutionnel solide. Autrement dit, il faut éviter à tout prix l'illibéralisme économique, qui enferme plus qu'il ne libère, et construire un projet national fondé sur la liberté, la responsabilité, la solidarité et l'intelligence stratégique.

I- Financer l'État sans soutenir les entreprises, un déséquilibre aux conséquences durables

L'histoire économique récente du Sénégal met en évidence une tension structurelle persistante entre les priorités de financement de l'État et la nécessité de soutenir durablement la création de richesse à travers l'activité des entreprises privées. Dans la mise en œuvre des politiques publiques, l'effort reste souvent centré sur la recherche de financements extérieurs, le maintien de l'équilibre budgétaire, ou encore le paiement de la dette et des charges courantes.

Or, cette approche, lorsqu'elle est conduite sans un appui conséquent au secteur productif privé, aboutit à un modèle de croissance déséquilibré, peu inclusif et surtout vulnérable aux chocs extérieurs.

Cette réalité se vérifie empiriquement à travers les données issues des comptes nationaux.

Le tableau des contributions moyennes des secteurs institutionnels à la croissance du PIB sénégalais entre 2015 et 2022 montre que la majeure partie de la croissance provient des ménages et des sociétés non financières, avec des contributions moyennes respectives de 2,1 et 1,8 points de pourcentage, soit près de 74 % de la croissance totale. En d'autres termes, ce sont la consommation des ménages et la production du secteur privé formel qui portent l'essentiel de la croissance économique nationale.

En comparaison, les administrations publiques et les impôts nets des subventions n'ont contribué chacun qu'à hauteur de 0,6 point, soit environ 11,3 % de la croissance totale. Le secteur financier, quant à lui, n'a représenté que 0,2 point de croissance en moyenne, équivalant à 3,8 %.

Ces chiffres révèlent que le financement public ne crée de croissance directe que dans une faible mesure, et que la fiscalité, si elle n'est pas adossée à une base productive solide, n'a qu'un effet limité sur le développement réel.

Dans un tel contexte, continuer à faire du financement de l'État le cœur de la stratégie économique, sans accompagnement structuré de la dynamique entrepreneuriale, revient à fragiliser la base même sur laquelle repose la soutenabilité budgétaire. En d'autres termes, on cherche à financer une machine étatique sans carburant productif suffisant. Cela crée un déséquilibre de plus en plus prononcé entre les charges à couvrir (salaires, subventions, remboursements d'emprunts) et les ressources internes réelles que l'économie peut générer.

Plus encore, le secteur privé, pourtant responsable d'un tiers de la croissance via les sociétés non financières, est souvent confronté à des obstacles multiples : accès limité au financement, lourdeurs administratives, instabilité fiscale, faiblesse des infrastructures et rareté des compétences techniques. Cela freine l'investissement, bride la productivité et empêche l'émergence d'un tissu économique capable d'assurer l'autonomisation de l'État vis-à-vis des bailleurs de fonds internationaux.

Par ailleurs, la contribution importante des ménages (près de 40 % de la croissance), en grande partie liée à la consommation interne et à l'économie informelle, souligne une autre fragilité : une économie tirée par la demande mais qui n'a pas encore réussi à transformer cette consommation en moteur d'industrialisation et de transformation locale. Cette situation conduit à une forte dépendance aux importations, ce qui pèse sur les réserves de change et aggrave les déséquilibres extérieurs.

Dans le même temps, la faible contribution du secteur financier (0,2 point en moyenne) interroge sur le rôle réel des institutions bancaires et financières dans le soutien à la croissance. Cela traduit une faible inclusion financière, un manque d'intermédiation efficace entre l'épargne nationale et le financement de projets productifs. Une réforme profonde de ce secteur serait donc nécessaire pour libérer tout son potentiel.

Enfin, l'apport marginal de l'État dans la croissance (11,3 %) ne doit pas être interprété comme une faiblesse, mais plutôt comme une invitation à recentrer son action sur les fonctions de facilitateur, de régulateur et de catalyseur de l'initiative privée. L'État doit investir dans les infrastructures économiques, les réformes administratives, l'éducation et la stabilité juridique, tout en veillant à libérer l'espace nécessaire à l'expression de l'entrepreneuriat privé.

Ainsi, la concentration sur le financement de l'État, sans un appui résolu à la production de richesse par les entreprises privées, conduit à un développement sous-optimal. Ce déséquilibre génère un système économique à deux vitesses : une sphère publique hypertrophiée mais inefficace, et un secteur privé dynamique mais entravé.

Pour éviter de reproduire ce schéma, il faut engager une réorientation stratégique, dans laquelle le financement public devient un levier d'accélération de l'investissement privé, et non une fin en soi.

Les données économiques montrent de manière claire que la création de richesse repose d'abord sur les ménages et les entreprises privées. Or, la logique dominante, qui consiste à faire du financement de l'État la priorité centrale, ignore souvent cette réalité de terrain. Pour construire un modèle de croissance plus robuste, plus inclusif et plus autonome, il est indispensable de repositionner le secteur privé au cœur de la stratégie nationale, en tant que partenaire stratégique de la transformation économique.

Cela suppose de repenser la politique fiscale, de fluidifier l'environnement des affaires, d'investir dans les compétences et de reconstruire le lien de confiance entre l'État et les producteurs de valeur.

J- Bâtir une nouvelle gouvernance budgétaire par l'approche du budget base zéro

Dans un environnement économique où les ressources sont limitées et les besoins sociaux immenses, la modernisation de la gestion publique au Sénégal passe nécessairement par une réforme profonde de l'élaboration budgétaire. Dans cette perspective, l'approche du budget base zéro (BBZ), développée dans les années 1970, offre une source d'inspiration importante.

Le principe fondamental du BBZ est que chaque dépense publique doit être rejustifiée chaque année, sans s'appuyer sur les allocations précédentes comme référence automatique. Contrairement au système budgétaire classique hérité de la tradition française, où l'on distingue les "services votés" des "mesures nouvelles", le BBZ propose de repartir de zéro pour évaluer et financer chaque action publique en fonction de son utilité réelle et de son impact concret.

Théoriquement, cela implique que le gouvernement doive se poser des questions fondamentales sur chaque secteur d'intervention. Il faudrait par exemple se demander ce que l'on ferait si l'on n'avait ni armée ni services de sécurité, ou encore réfléchir à l'organisation du système de protection sociale si celui-ci devait être reconstruit de toutes pièces. En pratique, aucun pays n'est allé jusqu'à cet extrême dans la mise en œuvre du BBZ.

Toutefois, plusieurs gouvernements ont appliqué une variante plus pragmatique de cette approche en invitant les administrations à hiérarchiser leurs priorités. Ainsi, au lieu de supposer la reconduction automatique des budgets, les ministères doivent déterminer quelles actions pourraient être abandonnées en cas de réduction contrainte de leurs crédits, par exemple en imaginant le scénario où ils recevraient seulement 90 % de leur budget précédent.

Appliqué au contexte du Sénégal, le BBZ nécessiterait un changement culturel majeur dans la manière de concevoir la dépense publique. Il ne s'agirait pas simplement de rechercher des économies pour elles-mêmes, mais de recentrer les efforts budgétaires sur ce qui est réellement prioritaire et efficace. Un programme de construction d'écoles rurales, par exemple, ne pourrait plus continuer à bénéficier de financements reconduits chaque année sans démonstration précise de ses résultats concrets, tels que le nombre effectif d'écoles construites, le taux d'occupation des classes ou l'augmentation mesurable du taux de scolarisation dans les zones concernées.

Ce même principe s'appliquerait également aux dépenses en agriculture. Si le ministère de l'Agriculture reçoit des subventions annuelles pour distribuer des engrais, l'octroi de nouveaux crédits devrait être conditionné à une évaluation rigoureuse de l'impact réel de cette distribution sur les rendements agricoles, sur l'amélioration des revenus des producteurs, et sur la sécurité alimentaire nationale. Il ne suffirait plus de présenter des statistiques de distribution, mais de démontrer l'efficacité de la politique comparativement à d'autres options d'intervention, comme le soutien au développement de semences adaptées au changement climatique ou la formation technique des agriculteurs.

Évidemment, dans un pays comme le Sénégal, où les systèmes administratifs ne disposent pas encore d'outils d'évaluation sophistiqués dans tous les secteurs, l'application du BBZ ne pourrait être que progressive. Il serait pertinent de commencer par des secteurs pilotes, en développant des exercices annuels de priorisation budgétaire et en mettant en place des mécanismes d'évaluation systématique.

Par exemple, dans le secteur de la santé, chaque grand hôpital pourrait être amené à construire son budget non pas sur la base des dépenses passées, mais sur la base de ses projets stratégiques annuels, tels que l'amélioration des services d'urgence, la modernisation des équipements de diagnostic ou la mise en œuvre de nouveaux programmes de soins spécialisés.

Dans l'enseignement supérieur également, les universités publiques pourraient être appelées à justifier leurs demandes budgétaires non plus en fonction du nombre d'étudiants inscrits seulement, mais en fonction du taux d'insertion professionnelle des diplômés, de la durée d'obtention des différents diplômes, de la qualité de la recherche scientifique produite, et du développement de partenariats internationaux ou de programmes d'innovation.

La réussite d'une telle réforme au Sénégal exigerait un renforcement significatif des capacités administratives. Il serait nécessaire de professionnaliser davantage les directions financières des ministères, de développer des outils d'évaluation de la performance publique, de renforcer la formation des cadres à l'analyse des coûts et des résultats, et de promouvoir une culture de la transparence et de la redevabilité dans la gestion des fonds publics.

L'adoption progressive du BBZ impliquerait également une volonté politique forte de remettre en question certaines dépenses historiques ou politiquement sensibles qui n'ont pas fait preuve de leur efficacité. Il serait crucial d'accompagner cette démarche d'une communication claire auprès de l'opinion publique pour expliquer que cette nouvelle approche n'est pas synonyme d'austérité, mais vise à mieux utiliser chaque franc du contribuable sénégalais pour maximiser l'impact économique et social.

L'adaptation du budget base zéro au Sénégal offrirait une formidable opportunité pour rationaliser l'action publique, pour libérer des marges de manœuvre financières, et pour recentrer les priorités nationales sur les projets véritablement porteurs de transformation économique et sociale.

Dans un contexte où l'État doit financer des ambitions telles que la couverture sanitaire universelle, l'accès universel à l'électricité, l'industrialisation et l'économie numérique, il devient vital que chaque dépense soit alignée sur les objectifs stratégiques de développement. En misant sur une introduction intelligente, progressive et adaptée du BBZ, le Sénégal pourrait franchir une nouvelle étape décisive vers la construction d'une économie émergente, inclusive et durable.

K- Les racines de nos échecs économiques

Depuis plusieurs décennies, les gouvernements successifs du Sénégal, soutenus par une diversité de partenaires au développement, se sont fixés des objectifs ambitieux de croissance économique, de réduction de la pauvreté et de transformation structurelle. Pourtant, malgré l'accumulation des programmes, des plans d'actions stratégiques, et des financements extérieurs, les résultats obtenus sont largement en deçà des attentes.

Cette situation paradoxale entre ambition proclamée et stagnation persistante s'explique en grande partie par une erreur fondamentale : **l'absence d'une identification rigoureuse des véritables problèmes économiques du pays**.

Trop souvent, les politiques publiques ont été conçues à partir de diagnostics superficiels, influencés par des modèles exogènes, sans prise en compte suffisante des réalités structurelles locales. Dans bien des cas, les approches ont été prescriptives, linéaires et sectorielles, là où il aurait fallu privilégier une lecture systémique des blocages économiques et sociaux.

Le déficit de rigueur analytique dans la définition des priorités stratégiques a entraîné un désalignement croissant entre les besoins réels du tissu économique sénégalais et les solutions apportées. Les politiques ont favorisé des réponses conjoncturelles, des projets souvent calibrés pour séduire les bailleurs de fonds, plutôt que des investissements profonds visant la transformation du système productif national. Il en a résulté une succession de plans sans articulation cohérente, une dispersion des ressources, et, surtout, une faible appropriation des réformes par les acteurs économiques eux-mêmes.

En réalité, nous n'avons jamais engagé le pays dans un processus structuré de construction d'une économie solide, saine et sérieuse. Une économie solide suppose des bases productives diversifiées, capables de générer une valeur ajoutée nationale significative, soutenue par un capital humain de qualité et des institutions efficaces.

Une économie saine repose sur une discipline budgétaire stricte, une maîtrise des déséquilibres extérieurs et une gouvernance économique rigoureuse. Une économie sérieuse implique un cadre d'incitation à la fois transparent et stable, garantissant la protection des investissements et la reconnaissance de l'initiative privée.

Le drame de l'économie sénégalaise contemporaine est de s'être enfermée dans un modèle de croissance peu inclusif, tiré par la consommation, les infrastructures publiques et l'aide extérieure, sans ancrage productif solide. Cette dynamique a mécaniquement limité les effets d'entraînement sur l'emploi et les revenus intérieurs.

Ainsi, l'emploi n'a jamais pu être durablement stimulé, car il ne peut naître que d'une croissance portée par une accumulation réelle de capital productif et un accroissement soutenu de la productivité globale des facteurs.

« L'emploi ne se décrète pas » comme le dit le Premier Ministre : il résulte directement de la vitalité économique. Là où la production augmente, où les entreprises se créent et se développent, où les chaînes de valeur locales s'étoffent, l'emploi se multiplie naturellement. Là où l'économie reste extravertie, dépendante des importations et des transferts financiers, l'emploi demeure rare, précaire, et inégalement réparti.

Pour sortir de cette impasse, une nouvelle approche est indispensable. Elle repose sur quelques principes fondamentaux :

- Premièrement, privilégier l'analyse structurelle rigoureuse pour identifier les véritables goulots d'étranglement à la croissance.
- Deuxièmement, refonder l'action publique autour de la construction de capacités productives nationales, en agriculture, en industrie et dans les services à haute valeur ajoutée.
- Troisièmement, assainir le climat économique pour encourager durablement l'initiative privée nationale.

- Enfin, investir massivement dans la formation, l'innovation, et les infrastructures stratégiques capables de soutenir l'intégration économique régionale et mondiale.

La transformation économique du Sénégal n'est pas impossible. Elle exige toutefois de rompre avec les cycles d'illusions programmatiques, et d'entrer résolument dans une logique de long terme, où la patience stratégique prime sur la rentabilité politique immédiate.

Ce n'est qu'à ce prix que le Sénégal pourra prétendre, dans les décennies à venir, bâtir une économie résiliente, génératrice d'emplois massifs, de prospérité partagée et de souveraineté économique réelle.

L- Du cadrage macroéconomique à la réalité économique au Sénégal : entre l'ombre et la proie

Au Sénégal, comme dans de nombreux pays émergents, le cadrage macroéconomique est souvent présenté comme l'armature rationnelle de l'action publique. Il s'appuie sur des hypothèses de croissance, d'inflation, de déficit budgétaire et de balance des paiements, élaborées avec méthode dans les documents stratégiques, les lois de finances, ou les programmes convenus avec les partenaires techniques et financiers. Pourtant, entre cette construction théorique et la réalité économique vécue par les ménages, les entreprises et les collectivités locales, le décalage est souvent manifeste, traduisant une tension permanente entre l'ombre : l'idéal projeté et la proie : la substance concrète de l'économie.

Le cadrage macroéconomique repose sur des agrégats globaux qui tendent à lisser les aspérités sociales, régionales et sectorielles. Ainsi, une croissance du PIB estimée à 8 % — comme celle projetée au Sénégal avec la mise en exploitation des ressources pétrolières et gazières — peut coexister avec un chômage endémique chez les jeunes, une informalité massive et des inégalités territoriales accrues.

Le modèle général masque alors les fractures silencieuses qui structurent la vie économique réelle. Derrière une trajectoire de croissance robuste, l'essentiel des richesses peut être capté par une minorité, tandis que de vastes segments de la population demeurent exclus des dynamiques de création de valeur.

Par ailleurs, le cadrage macroéconomique suppose des hypothèses optimistes sur la stabilité politique, la disponibilité des financements et la soutenabilité de la dette publique. Cependant, dans la réalité, l'État sénégalais est confronté à des contraintes d'accès au crédit international, à une dépendance persistante vis-à-vis de l'aide extérieure, et à des tensions budgétaires internes qui compliquent la mise en œuvre des politiques publiques.

Ainsi, l'ambition affichée dans les documents stratégiques, telle que la réduction rapide du déficit budgétaire ou l'accélération de l'investissement public, se heurte souvent à une gestion au jour le jour des urgences sociales et financières.

Le contraste est également frappant dans la conduite des grands projets d'infrastructure. Sur le papier, les autoroutes, les ports, les zones industrielles nouvelles doivent propulser le pays vers l'émergence. Mais dans la pratique, ces projets souffrent parfois de retards, de surcoûts, d'inadéquations avec les besoins réels des populations, ou encore d'une faible intégration dans le tissu économique local.

Ce décalage révèle que la modélisation macroéconomique, aussi sophistiquée soit-elle, ne saurait suffire si elle ne repose pas sur une analyse fine des capacités institutionnelles, des réalités sociales et des dynamiques locales.

Enfin, la dépendance du cadrage macroéconomique aux normes internationales et aux conditionnalités extérieures introduit un biais supplémentaire.

Les priorités fixées pour satisfaire aux exigences de stabilité monétaire, de discipline budgétaire ou d'ouverture commerciale peuvent entrer en contradiction avec les nécessités de développement endogène, d'industrialisation ou de soutien aux secteurs stratégiques. Le Sénégal, oscillant entre l'ombre des modèles importés et la proie des contraintes internes, peine alors à définir une trajectoire véritablement autonome et cohérente.

En définitive, pour sortir de cette tension entre l'ombre et la proie, il devient crucial de repenser le cadrage macroéconomique non pas comme une simple exigence de conformité statistique, mais comme un outil dynamique de pilotage adapté aux réalités profondes du pays.

Il s'agit de reconnecter les agrégats aux vécus sociaux, d'intégrer les risques politiques et institutionnels dans les prévisions économiques, et de construire des stratégies de développement qui s'enracinent réellement dans les forces vives du territoire. Car l'ombre d'une croissance théorique n'a de sens que si elle se traduit dans la proie tangible d'une prospérité partagée.

M-Conclusion. Quelles solutions pour rapprocher le cadrage macroéconomique de la réalité économique au Sénégal ?

Face à l'écart persistant entre un cadrage macroéconomique souvent optimiste et une réalité économique marquée par l'informalité, les inégalités et les vulnérabilités, le Sénégal se trouve à la croisée des chemins. Si le cadrage est indispensable pour donner une cohérence globale aux politiques publiques, il doit impérativement être adapté, enrichi et articulé aux réalités du terrain pour produire des effets durables et inclusifs.

Plusieurs pistes de solutions émergent pour corriger ce désalignement structurel.

Premièrement, il est urgent de repenser les outils de cadrage pour intégrer davantage les données sociales, régionales et sectorielles. Le PIB, l'inflation ou le solde budgétaire, s'ils sont nécessaires, restent des indicateurs partiels. À côté des prévisions macroéconomiques classiques, il faut systématiser la production d'indicateurs de pauvreté, de disparités territoriales, d'accès aux services de base et de développement humain. Par exemple, intégrer directement dans la préparation budgétaire des tableaux d'impact social et régional permettrait de mieux cibler les investissements publics vers les zones rurales et les groupes vulnérables.

Deuxièmement, il est essentiel de renforcer les capacités institutionnelles locales. Beaucoup de programmes échouent non par manque de financement, mais par incapacité d'exécution. Décentraliser véritablement l'élaboration et la gestion des projets de développement, en donnant aux collectivités locales les moyens humains, techniques et financiers d'agir, permettrait d'assurer que les ressources suivent effectivement les priorités du terrain. La réussite de programmes comme le PUMA (Programme d'Urgence de Modernisation des Axes et Territoires Frontaliers) ou passe par une gestion de proximité.

Troisièmement, il faut diversifier les stratégies de financement du développement, pour sortir d'une dépendance excessive à la dette extérieure. Cela suppose de renforcer la mobilisation des ressources internes à travers une réforme ambitieuse de l'administration fiscale (élargissement de l'assiette, fiscalité du secteur informel, lutte contre l'évasion), mais aussi de développer des instruments innovants comme les partenariats public-privé responsables, les financements verts ou les obligations sociales.

L'initiative récente d'un fonds souverain sénégalais pourrait jouer un rôle catalyseur en mobilisant l'épargne locale au service d'investissements stratégiques.

Quatrièmement, il est fondamental de reconnecter la stratégie économique à une vision nationale claire du développement. Cela implique de privilégier une approche structurante, en pariant sur des secteurs porteurs comme la pêche, l'agro-industrie, le tourisme, l'économie numérique, les énergies renouvelables ou la transformation locale des ressources naturelles. Le contenu local dans les projets pétroliers et gaziers, par exemple par le développement d'une filière des engrais ou encore de la plasturgie, doit être une priorité pour que l'exploitation de ces ressources soit une opportunité de transformation structurelle et non une simple rente d'appoint.

Cinquièmement, il convient d'impliquer plus fortement la société civile, les entreprises locales et les acteurs sociaux dans l'élaboration et le suivi des politiques économiques. La démocratie économique, par la concertation et la transparence, est un levier essentiel pour éviter que le cadrage macroéconomique ne devienne un exercice bureaucratique déconnecté des aspirations populaires.

Enfin, la souveraineté économique doit être un horizon stratégique assumé. À moyen terme, cela passe par un débat national sérieux sur la maîtrise monétaire, le renforcement de la politique industrielle, et la consolidation des bases de l'économie locale. La montée en puissance des économies africaines ne se fera pas par la simple application de cadres macroéconomiques calibrés de l'extérieur, mais par une maîtrise assumée des outils de développement au service d'une vision endogène.

Rapprocher le cadrage macroéconomique de la réalité économique au Sénégal est une tâche exigeante mais impérative. Cela demande de repenser nos méthodes, de renforcer nos institutions, de mobiliser nos ressources propres et surtout de replacer l'humain et le territoire au cœur de l'action économique. Car seule une économie enracinée dans ses réalités sociales pourra durablement convertir l'ombre des projections en la proie tangible du progrès partagé.

Nous espérons que ce livre, qui associe la description au théorique et au normatif va y contribuer.

RÉFÉRENCES BIBLIOGRAPHIQUES

AfDB/OCDE/PNUD (2015), Perspectives économiques en Afrique 2015 : Développement territorial et inclusion spatiale, Éditions OCDE, Paris. DOI : http://dx.doi.org/10.1787/aeo-2015-fr.

Afrobaromètre (2013), base de données, www.afrobarometer.org/.

AHJUCAF (2007), « L'indépendance de la justice - Actes du deuxième congrès de l'Association des Hautes juridictions de cassation des pays ayant en partage l'usage du français (AHJUCAF) », Cour de cassation du Sénégal et Organisation internationale de la francophonie, Dakar, http://www. ahjucaf.org/IMG/pdf/Independancejustice.pdf.

ANSD (2014), « Stratégie nationale de développement de la statistique (SNDS, 2014-19) », rapport final, Agence nationale de la statistique et de la démographie, http://www.ansd.sn/index.php?option=com_ docman&task=cat_view&gid=64&Itemid=277.

Banque mondiale (2016a), Indicateurs de développement dans le monde (base de données), http://databank. banquemondiale.org/.

Banque mondiale (2016b), Doing Business 2017 : Equal Opportunity for All, Washington, DC, DOI : http:// dx.doi.org/10.1596/978-1-4648-0948-4.

Banque mondiale (2015), Doing Business 2016 Measuring Regulatory Quality and Efficiency, Banque mondiale, Washington, DC, http://dx.doi.org/10.1596/978-1-4648-0667-4. Barreau du Sénégal (2016), « Tableau de l'Ordre des avocats du Sénégal », année judiciaire 2015/16, http:// ordredesavocats.sn/telechargement/6474/.

Behrman, L. (1968), "The Political Significance of the Wolof Adherence to Muslim brotherhoods in the Nineteenth Century", African Historical Studies, vol. 1, n°1, p. 63,

http://www.webafriqa.net/library/pdf_docs/wolof_muslim_brotherhood_19thc_216191.pdf.

Bertelsmann Stiftung (2016), BTI 2016 - Senegal Country Report, Gütersloh: Bertelsmann Stiftung. http://www.btiproject.org/fileadmin/files/BTI/Downloads/Reports/2016/pdf/BTI_2016_Senegal.pdf

Bossuyt, P. et I. Fall (2013), « Analyse d'économie politique au Sénégal : Dans quelle mesure le cadre global de la gouvernance au

Sénégal est-il réformable ? », République du Sénégal et Union européenne,
http://ecdpm.org/wp-content/uploads/Analyse-Economie-Politique-Senegal.pdf.

Buscaglia E. et P. Stephan (2005), "An Empirical Assessment of the Impact of Formal Versus Informal Dispute Resolution on Poverty: A Governance-based Approach", International Review of Law and Economics, vol. 25, n°89, p. 106,
http://people.virginia.edu/~pbs/Buscaglia.pdf.

Cabri (2016), « Projet pilote de dialogue sur l'utilisation des systèmes nationaux dans le cadre de la gestion de l'aide au Sénégal : Compte-rendu de la visite de Cabri », Étude préparatoire du dialogue sur les dimensions relatives à la planification, à la budgétisation et au reporting, mars, Initiative africaine concertée sur la réforme budgétaire, http://www.cabri-sbo.org/fr.

Diagne, A. (2012), Le Sénégal face aux défis de l'éducation – Enjeux et perspectives pour le XXIe siècle, Éditions Karthala, Paris et CRES, Dakar, ISBN 9782811106843.

DPEE (2016), « TOFE_2015_2018 et dette publique », ministère de l'Économie et des Finances, Direction de la prévision et des études économiques, Sénégal, http://www.dpee.sn/-TOFE-.html?lang=fr.

Ferraro, G., M. Brans, M. Dème et P. Failler (2011), "The Establishment of Marine Protected Areas in Senegal: Untangling the Interactions Between International Institutions and National Actors", Environmental Management, 47:564–572. DOI : http://dx.doi.org/10.1007/s00267-010-9612-1.

FMI (2017), Government Financial Statistics (base des données), Fonds monétaire international, Washington, DC,
http://data.imf.org/?sk=a0867067-d23c-4ebc-ad23-d3b015045405
FMI (2015a), "Faire du Sénégal un carrefour pour l'Afrique de l'Ouest", African Departmental Paper 15/1, ISBN : 9781498341240, Fonds monétaire international, Washington, DC, www.imf.org/.

FMI (2015 b), « Sénégal - 2015 demande d'un accord triennal au titre de l'instrument de soutien à la politique économique - Rapport des services du FMI, communiqué de presse et déclaration de l'administrateur pour le Sénégal », Rapport du FMI n°15/273, Fonds monétaire international, Washington, DC, www.imf.org/.

Frenk, C (2012), « Sénégal : des "Maisons de justice" pour promouvoir les médiations de proximité en Afrique », RFI Afrique, http://www.rfi.fr/afrique/20121125-senegal-maisons-justice-promouvoir-justice-proximite-afrique.

Gallup (2016), World Values Survey (base de données), http://www.worldvaluessurvey.org/wvs.jsp

Gifford, P (2016), 'Religion in Contemporary Senegal', Journal of Contemporary Religion, vol. 31, n°2, pp. 255-267, http://dx.doi.org/10.1080/13537903.2016.1152684.

Kenny, C (1998), 'Senegal and the Entropy Theory of Development', The European Journal of Development Research, vol. 10, n°1, pp. 160-188, http://dx.doi.org/10.1080/09578819808426706.

Ministère de l'Aménagement du Territoire et des Collectivités locales (2014a), « Acte III de la décentralisation – Rapport d'étape : diagnostic, proposition de réformes et perspectives », février 2014, République du Sénégal.

Ministère de l'Aménagement du Territoire et des Collectivités locales (2014 b), « Recueil d'informations pratiques sur la gestion des collectivités locales au Sénégal », septembre 2014, République du Sénégal.

Ministère de l'Environnement et du Développement durable (2015), « Lettre de Politique du secteur de l'environnent et du développement durable (LPD/SEDD) 2016-20 », République du Sénégal.

Ministre de la Justice (2011), "Programme Sectoriel Justice", République du Sénégal, www.justice.gouv. sn/fr/programmes-et-projets/programme-sectoriel-justice.

Ministre de la Justice (non daté), "Projet de gouvernance économique", République du Sénégal,

www.justice.gouv.sn/sites/default/files/spc_-_pge_-_brochure_12_pages_a4_0.pdf

Nations Unies (2016), Global SDG Indicators Database (base de données), http://unstats.un.org/sdgs/indicators/ database/.

Nolan-Haley, J. M. (2015), "Mediation and Access to Justice in Africa: Perspectives from Ghana", Harvard Negotiation Law Review, vol. 21, n°59. Fordham Law Legal Studies Research Paper n°2535887. Available at SSRN: https://ssrn.com/abstract=2535887.

OCDE (2016), Panorama des administrations publiques 2015, Éditions OCDE, Paris, DOI : http://dx.doi. org/10.1787/gov_glance-2015-fr.

OCDE (2015), Forum mondial sur la transparence et l'échange de renseignements à des fins fiscales : Rapport d'examen par les pairs : Sénégal 2015 : Phase 1 : cadre juridique et réglementaire, Éditions OCDE, Paris, DOI : http://dx.doi.org/10.1787/9789264244955-fr.
OCDE (2013a), "What drives tax morale?", Policy note, http://www.oecd.org/ctp/tax-global/TaxMorale_ march13.pdf.

OCDE (2013 b), Investir ensemble : vers une gouvernance multi-niveaux plus efficace, Éditions OCDE, Paris, DOI : http://dx.doi.org/10.1787/9789264200609-fr.

OCDE/SWAC (2002), Profil de l'économie locale de Saint-Louis et du delta du fleuve Sénégal, Éditions OCDE, Paris. DOI : http://dx.doi.org/10.1787/9789264063044-fr.

OCDE/UCLG (2016), Subnational governments around the world: Structure and finance, preliminary version, United Cities and Local Government et OCDE, http://www.uclg-localfinance.org/documents/publication/ subnational-governments-around-world-structure-and-finance.

PEFA (2011), "Cadre de mesure de la performance de la gestion des finances publiques au Sénégal Rapport sur la seconde évaluation du système de la GFP", https://pefa.org/sites/default/files/assements/ comments/SN-Jun11-PFMPR-Public.pdf

République du Sénégal (2016), "Décret n° 2016-1705 du 28 octobre 2016 modifiant la composition du gouvernement", http://www.gouv.sn/Decret-no-2016-1705-du-28-octobre.html.

République du Sénégal (2015a), "Faits Saillants du Rapport Public sur l'état de la Gouvernance et de la Reddition des Comptes", Présidence de la République.

République du Sénégal (2015 b), "Décret n° 2015-855 du 22 juin 2015 portant composition du gouvernement", http://www.gouv.sn/DECRET-no-2015-855-du-22-juin-2015.html.

République du Sénégal (2013a), "Rapport national sur la gouvernance au Sénégal", http://www.sn.undp.org/content/senegal/fr/home/library/democratic _governance/rapport-national-gouvernance-senegaljanvier-2013.html.

République du Sénégal (2013 b), "Programme d'amélioration de la qualité, de l'équité et de la transparence (Paquet) - Secteur Éducation-Formation 2013-2025", http://www.gouv.sn/Programme-d-Amelioration-de-la.html.

République du Sénégal (2012), "Décret n° 2012-1314 du 16 novembre 2012", Journal Officiel, http://www. jo.gouv.sn/spip.php?article9648.

République du Sénégal (2010), "Projet portant loi de Finances pour l'année 2010", ministère de l'Économie, des Finances et du Plan. Tetra Tech ARD (2013), "Democracy, Human Rights, And Governance Assessment of Senegal: Final Report", USAID, http://pdf.usaid.gov/pdf_docs/pnaec828.pdf.

Transparency International (2015), Corruption Perceptions Index 2015 (base de données), Berlin, Allemagne, http://www.transparency.org/.

Transparency International (2011), 2010/11 Global Corruption Barometer (base de données), Berlin, Allemagne, www.transparency.org/gcb201011/in_detail

World Justice Project (2015a), WJP Rule of Law Index 2015 (base de données), Washington, DC, http:// worldjusticeproject.org/.

World Justice Project (2015b), "Senegal Country Report - Prepared by the World Justice Project - 10-12 March 2015", Washington DC, http://worldjusticeproject.org/sites/default/files/senegal_report_030215_v3_0.p

Et bien entendu, tous les livres qu'on trouve dans les bibliothèques de tous ceux qui s'intéressent à l'économie, du Physiocrate François Quesnay, promoteur de l'agriculture, à la Prix Nobel Esther Duflot, économiste de terrain.

TABLE DES MATIÈRES

Les ajouts à la deuxième édition sont signalés par « **New** »

Structures éditoriales du groupe L'Harmattan

L'Harmattan Italie
Via degli Artisti, 15
10124 Torino
harmattan.italia@gmail.com

L'Harmattan Hongrie
Kossuth l. u. 14-16.
1053 Budapest
harmattan@harmattan.hu

L'Harmattan Sénégal
10 VDN SICAP AMITIE 3
BP 45034 Dakar-Fann
direction@senharmattan.com

L'Harmattan Cameroun
Tsinga/Derrière polyclinique FECAFOOT
BP 11486 Yaoundé
Jacques.koukam@harmattan.fr

L'Harmattan Burkina Faso
Villa 281, secteur 23 623, rue 14.32
Ouagadougou
zagbie@outlook.fr

L'Harmattan Guinée
Almamya, rue KA 028 OKB Agency
BP 3470 Conakry
harmattanguinee@yahoo.fr

L'Harmattan RDC
185, avenue Nyangwe
Commune de Lingwala – Kinshasa
matangilamusadila@yahoo.fr

L'Harmattan Congo
219, avenue Nelson Mandela
BP 2874 Brazzaville
deunovmikhael@gmail.com

L'Harmattan Mali
Immeuble Mgr Jean Marie Cissé
Aci Hamadallaye
BP 145 Bamako
syllaka@yahoo.fr

L'Harmattan Togo
Djidjole – Maison Amela
face EPP BATOME
02 BP 20680 Lomé
didieramela11@gmail.com

L'Harmattan Côte d'Ivoire
Résidence Karl – Cité des Arts
Abidjan-Cocody
03 BP 1588 Abidjan
harmattan.ivoire@gmail.com

L'Harmattan Bénin
Rue 604, (Immeuble à l'entrée
de la rue UCAO- Cite de Saint-Jean)
Cotonou
stepcorpus@gmail.com

Nos librairies en France

Librairie internationale
16, rue des Écoles
75005 Paris
librairie.internationale@harmattan.fr
01 40 46 79 11
www.librairieharmattan.com

Librairie des savoirs
21, rue des Écoles
75005 Paris
librairie.sh@harmattan.fr
01 46 34 13 71
www.librairieharmattansh.com

www.ingramcontent.com/pod-product-compliance
Lightning Source LLC
LaVergne TN
LVHW011225061026
849535LV00001BA/180
* 9 7 8 2 3 3 6 5 2 8 5 8 8 *